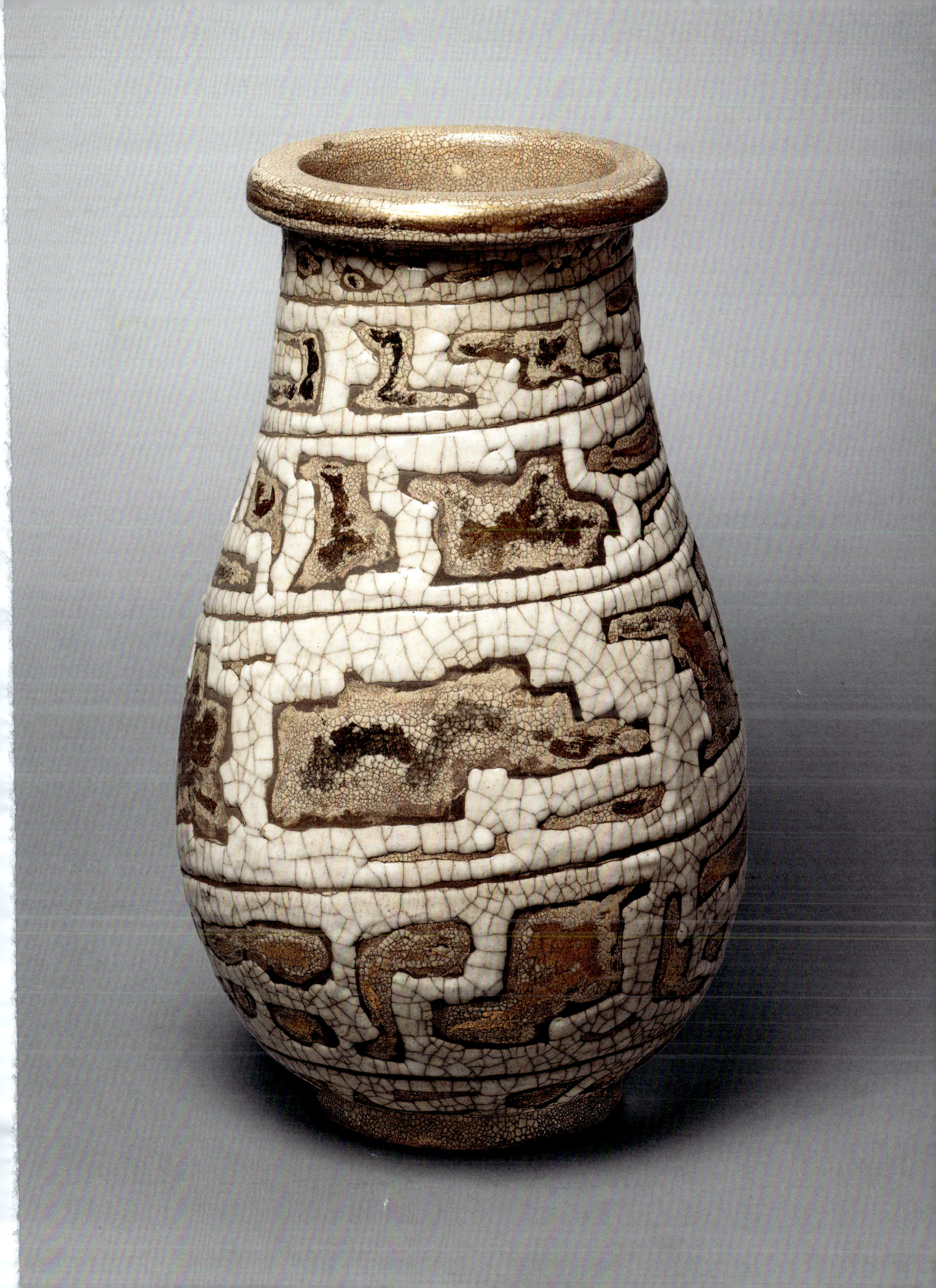

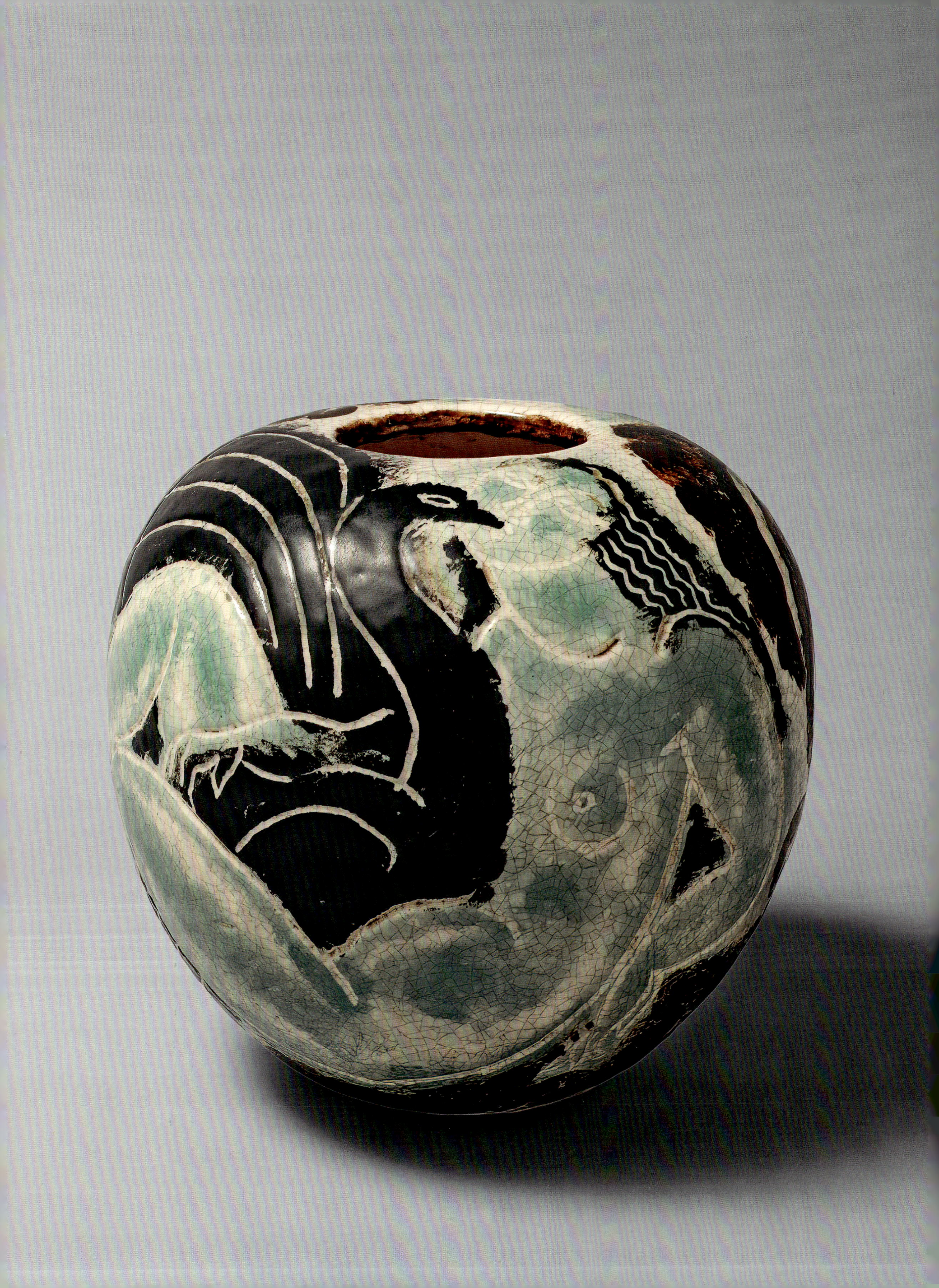

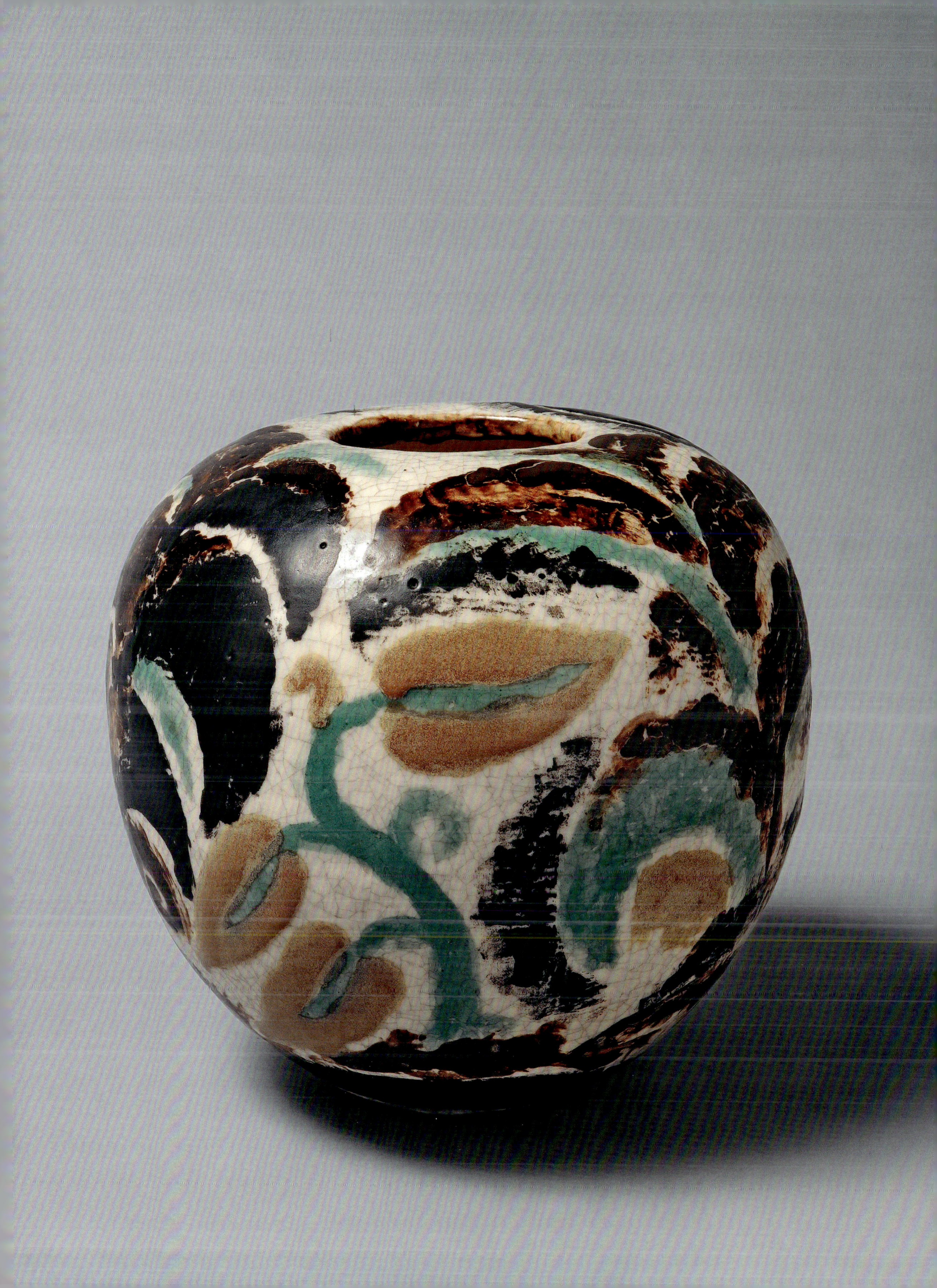

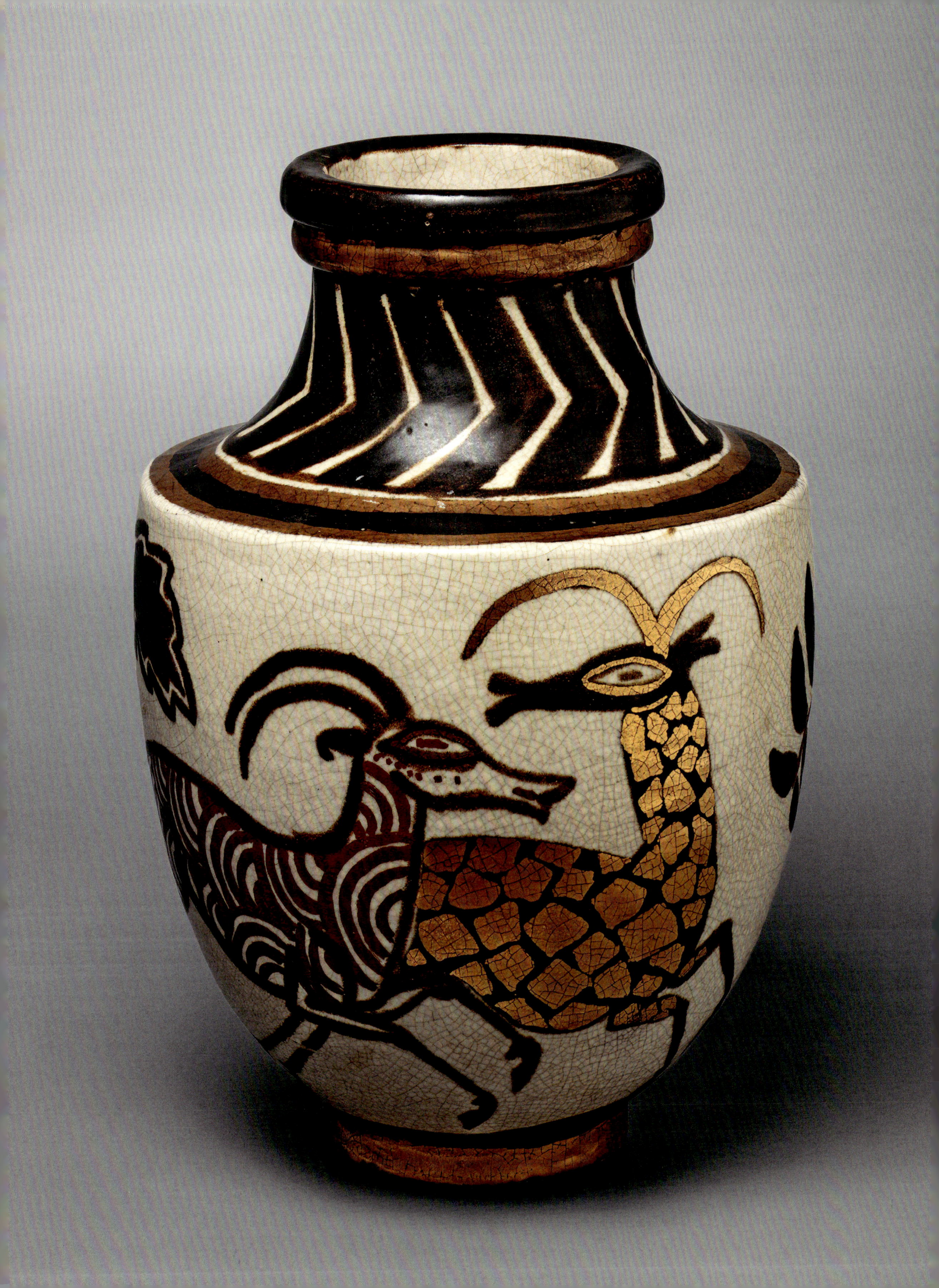

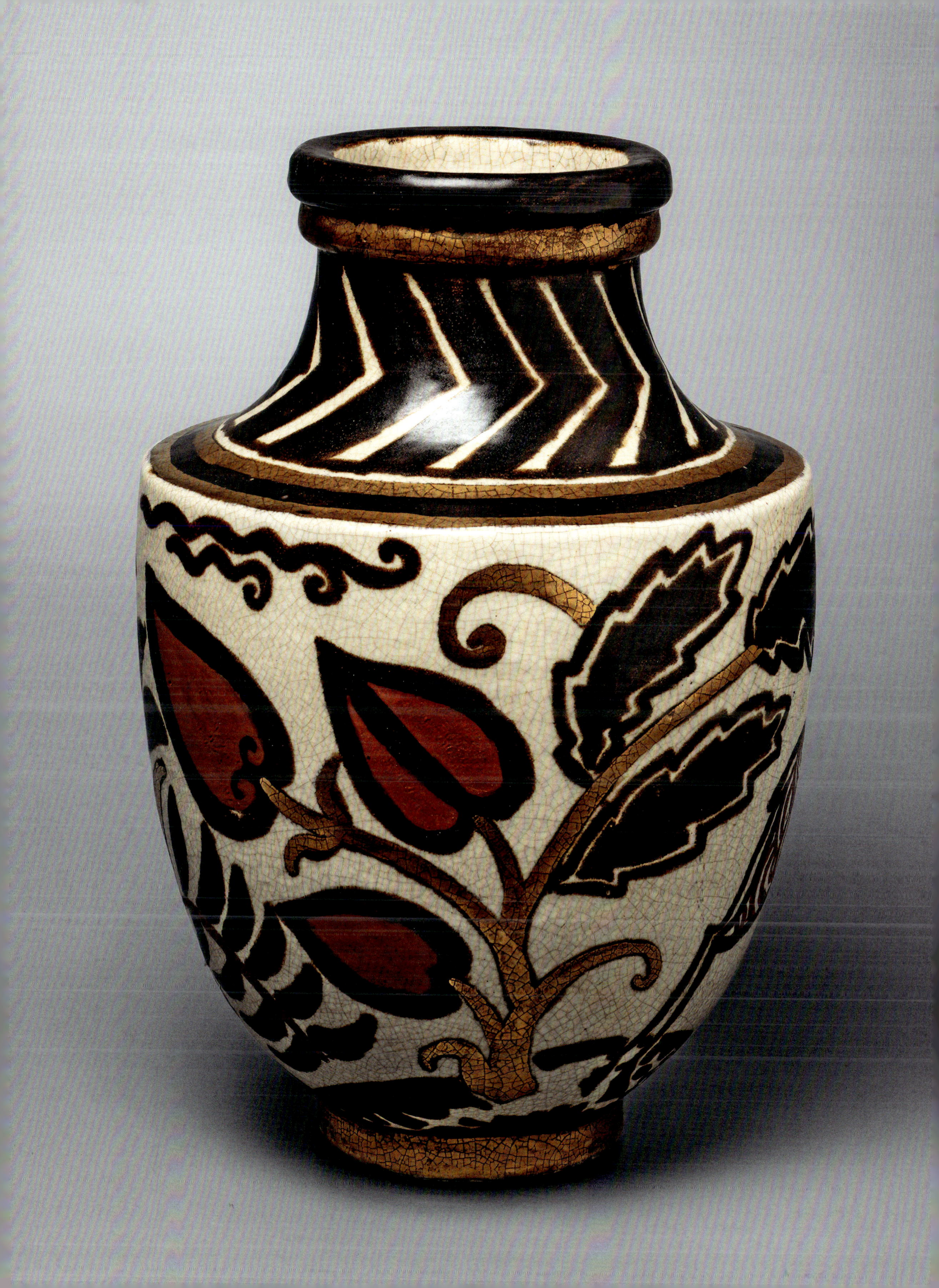

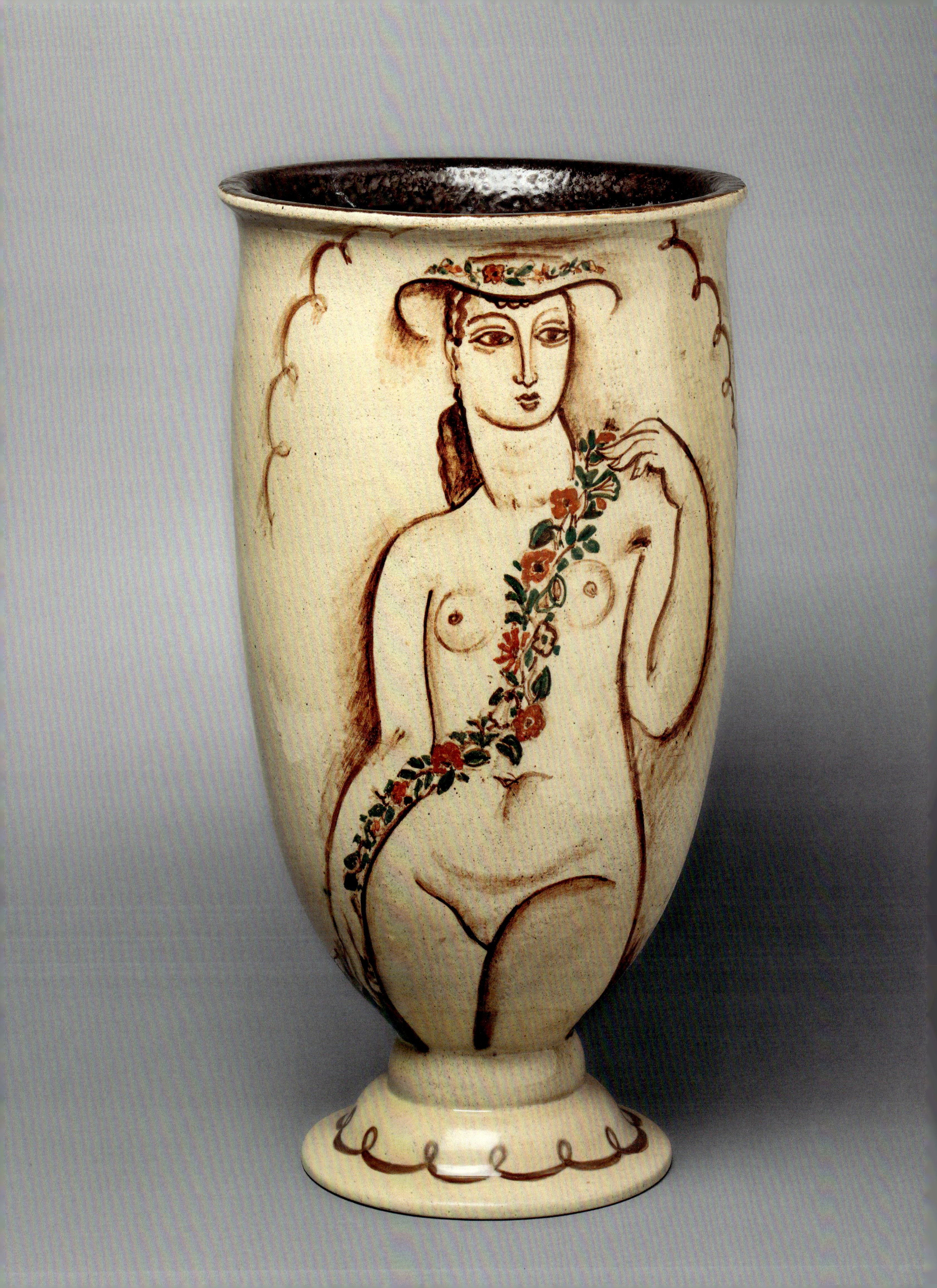

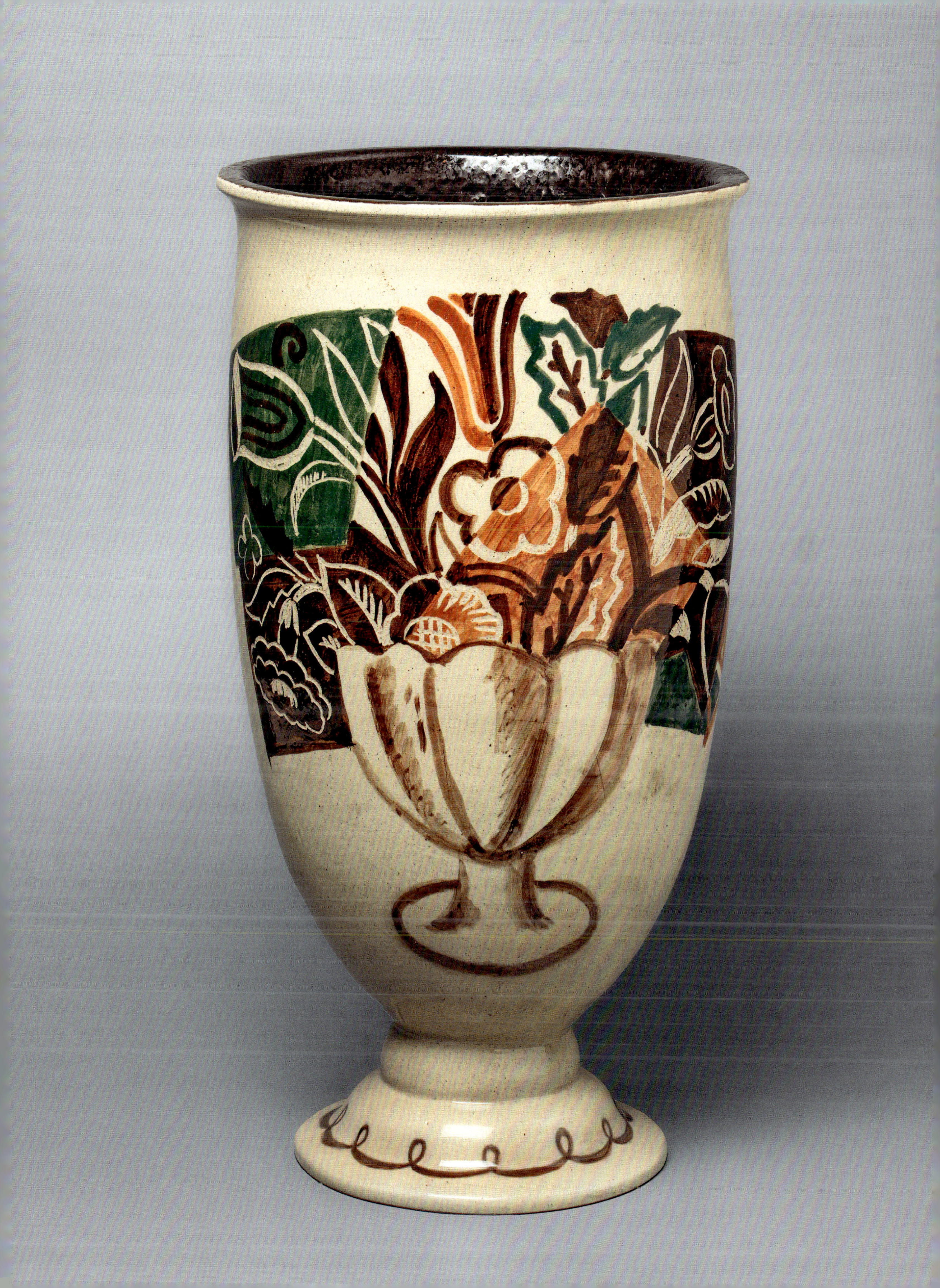

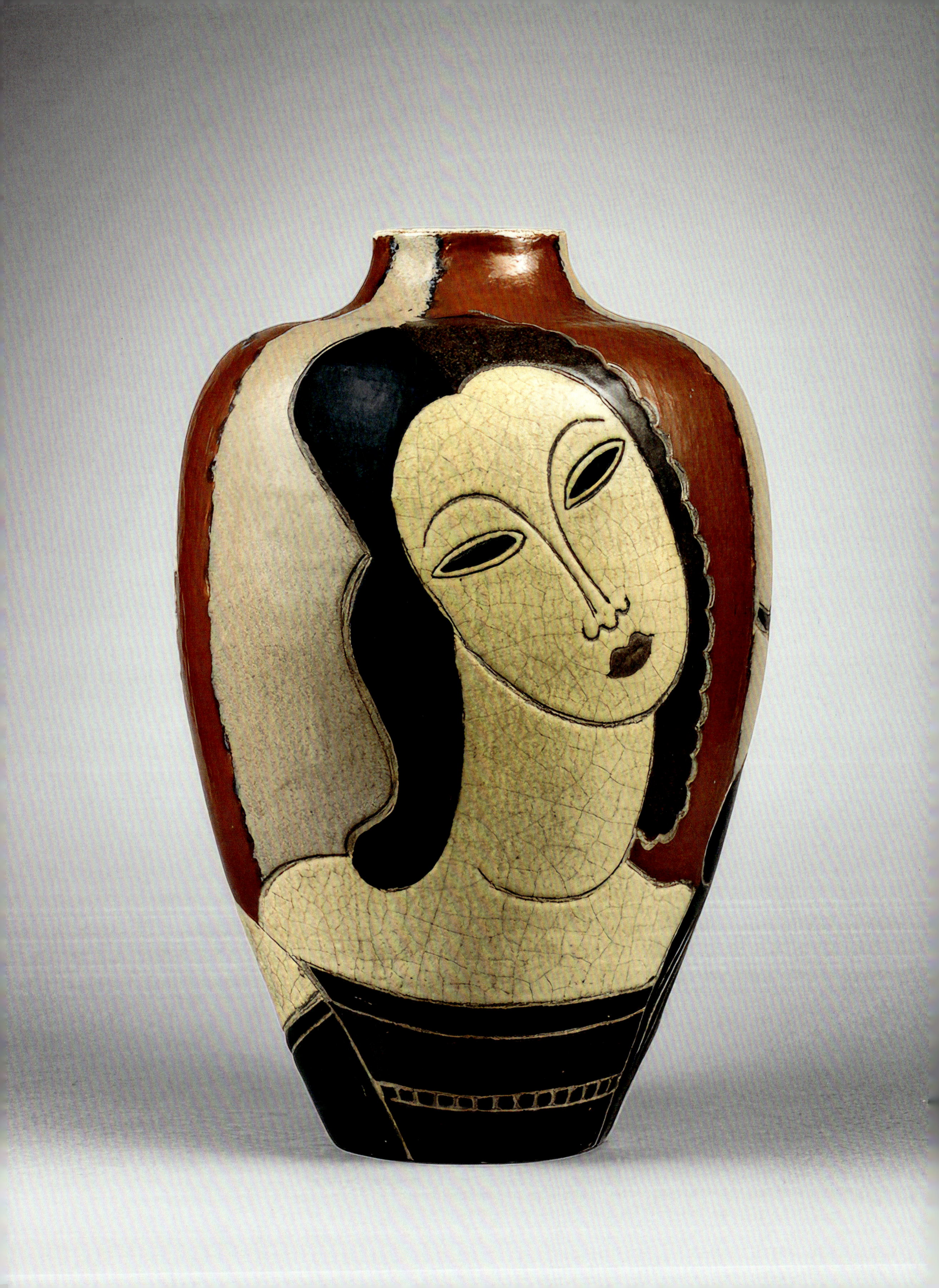

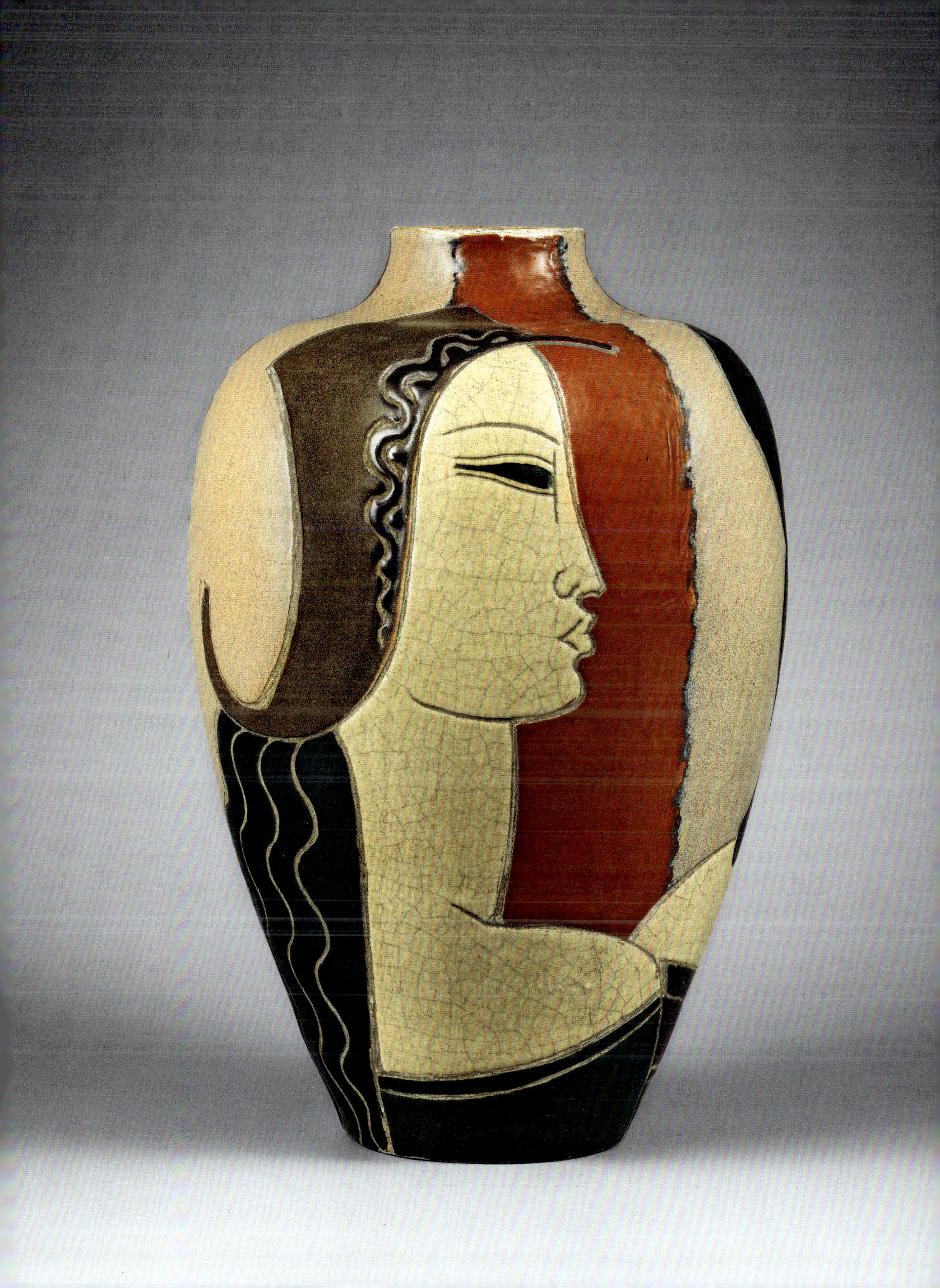

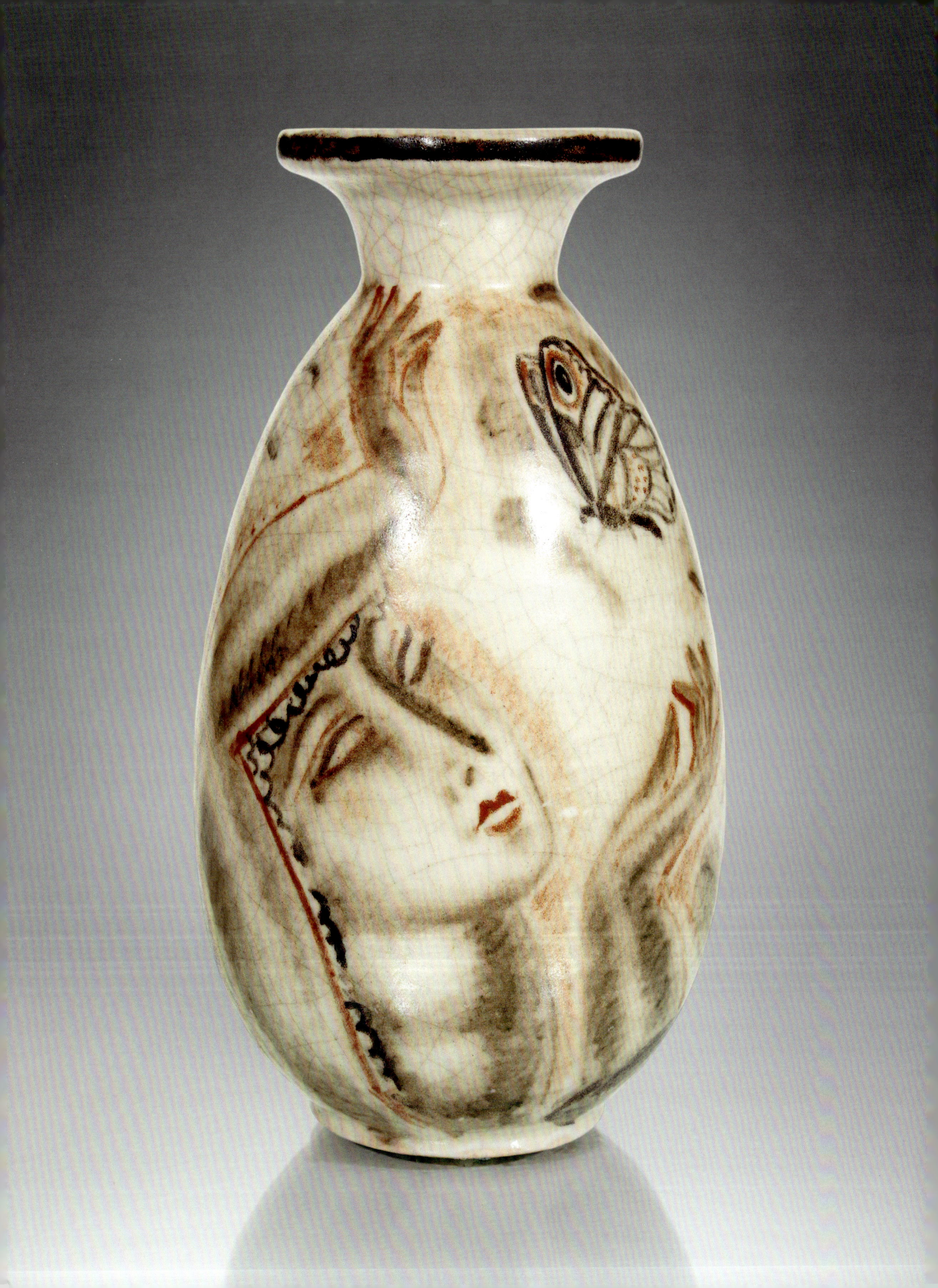

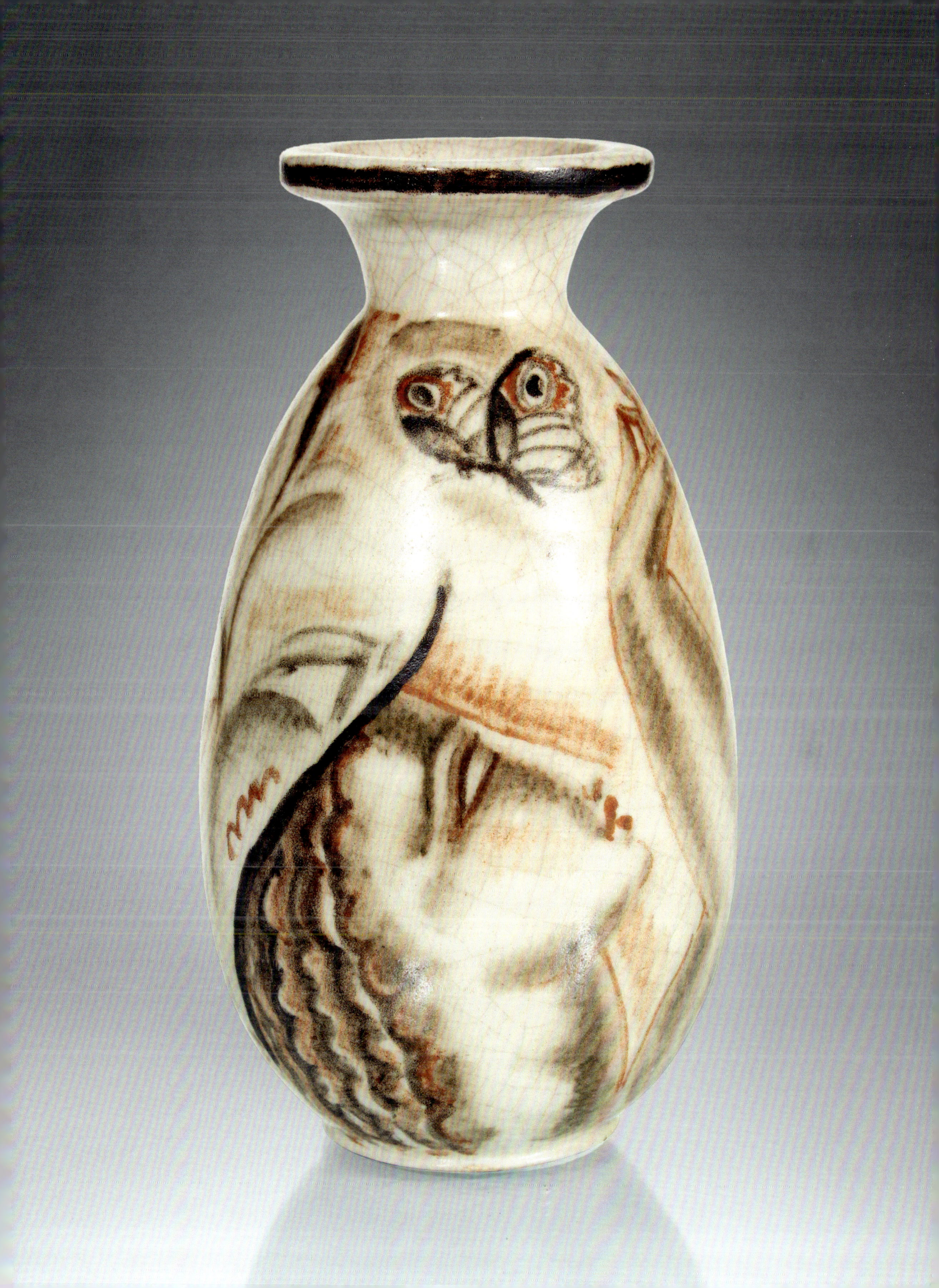

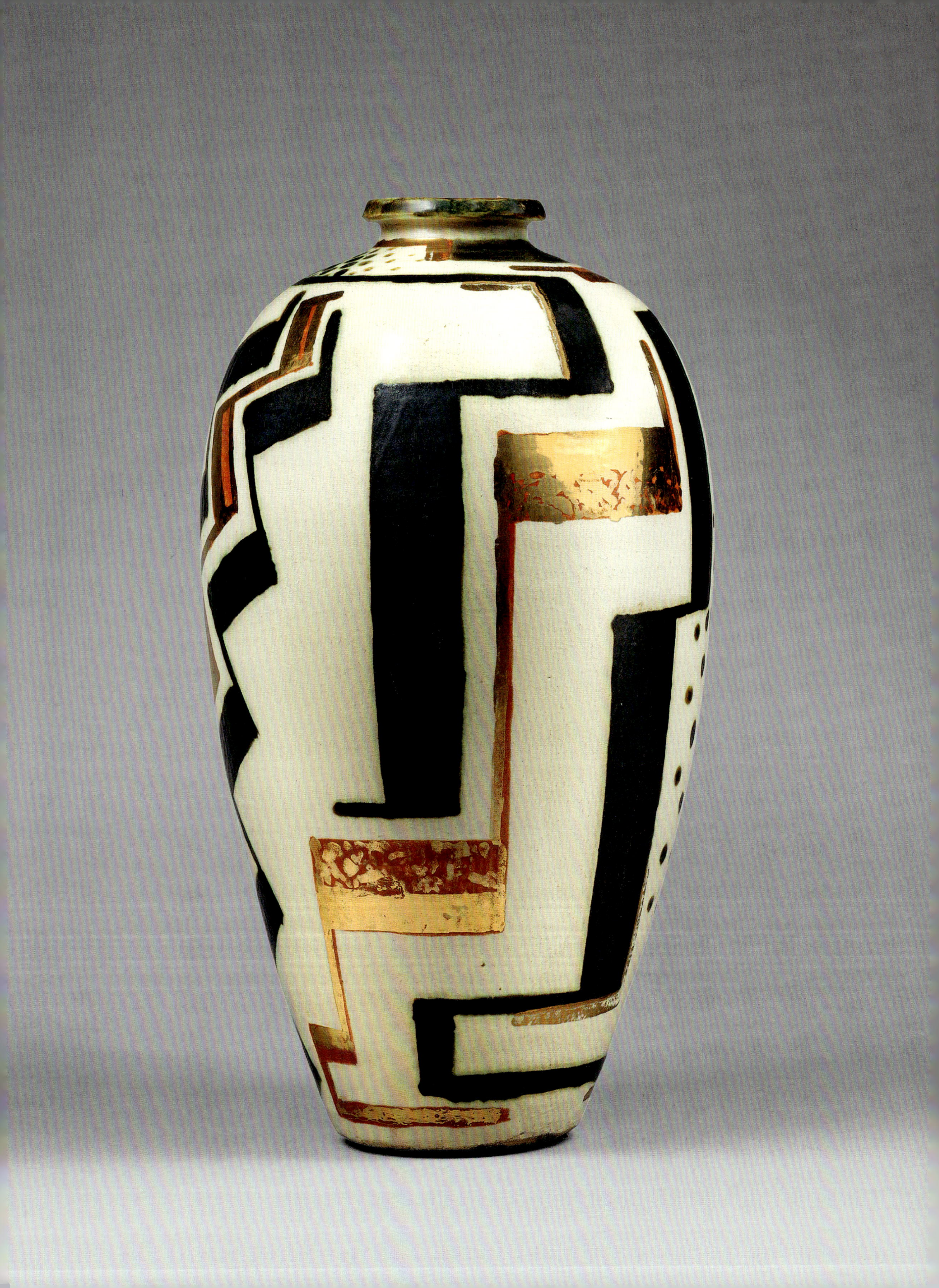

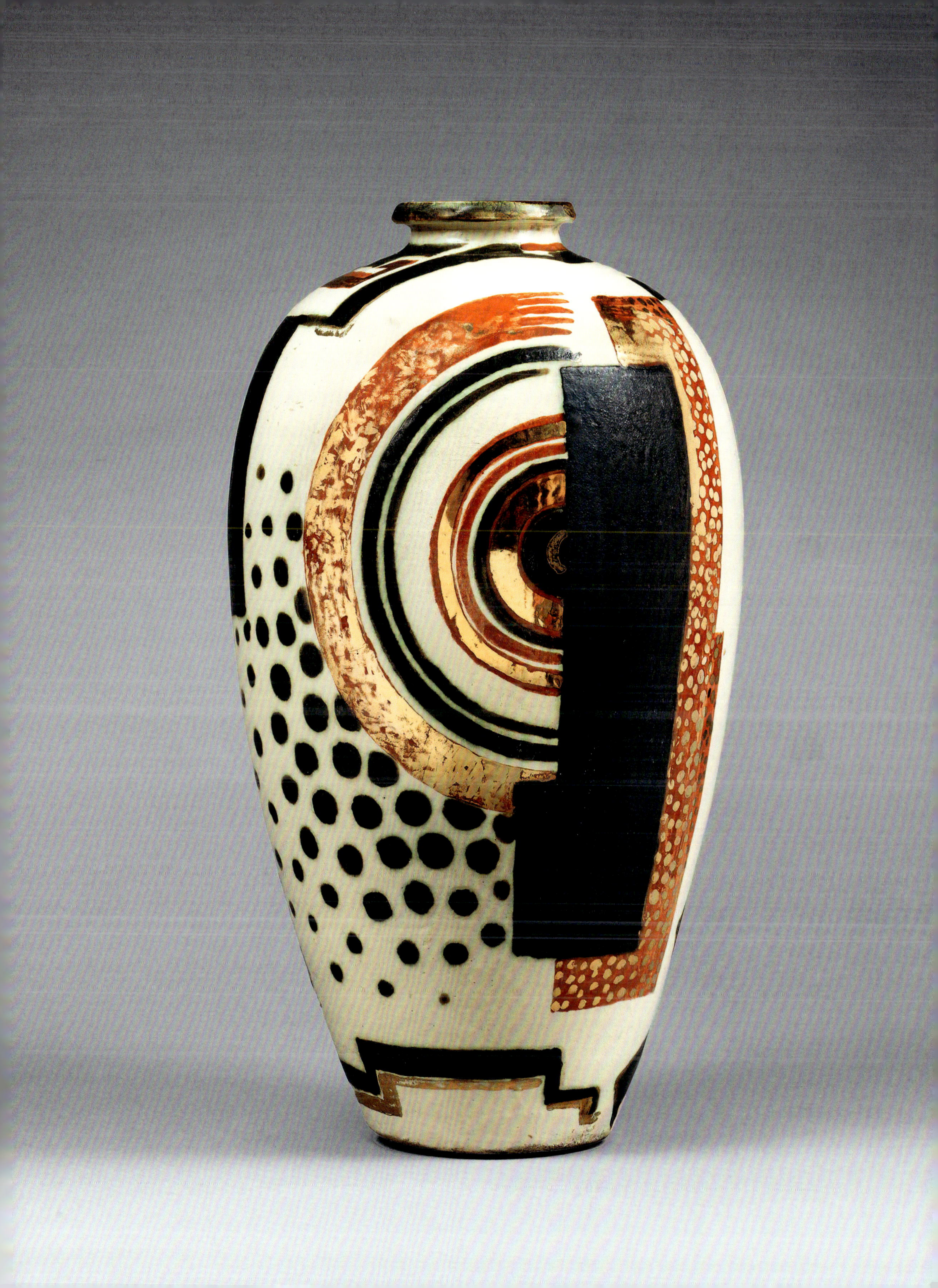

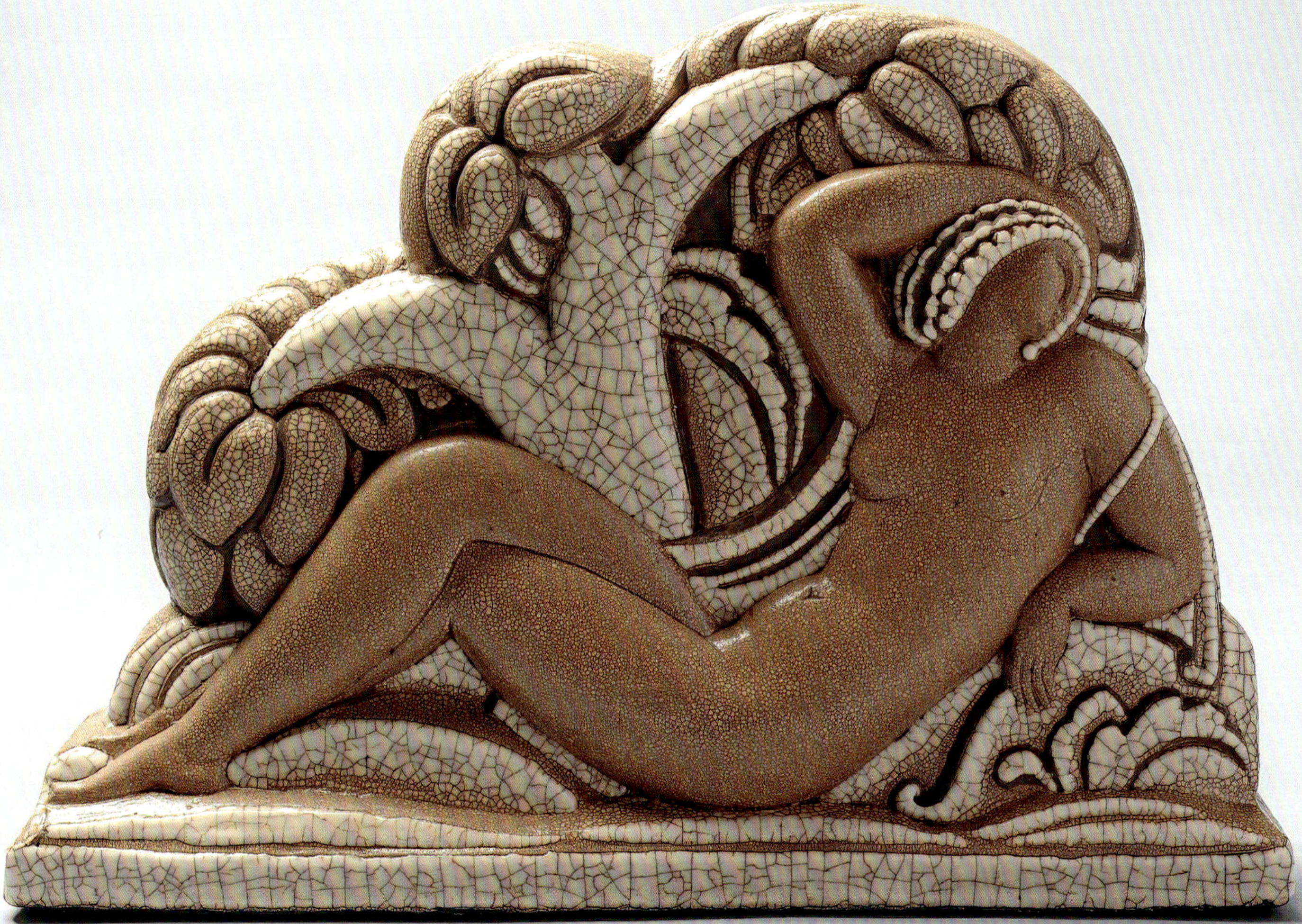

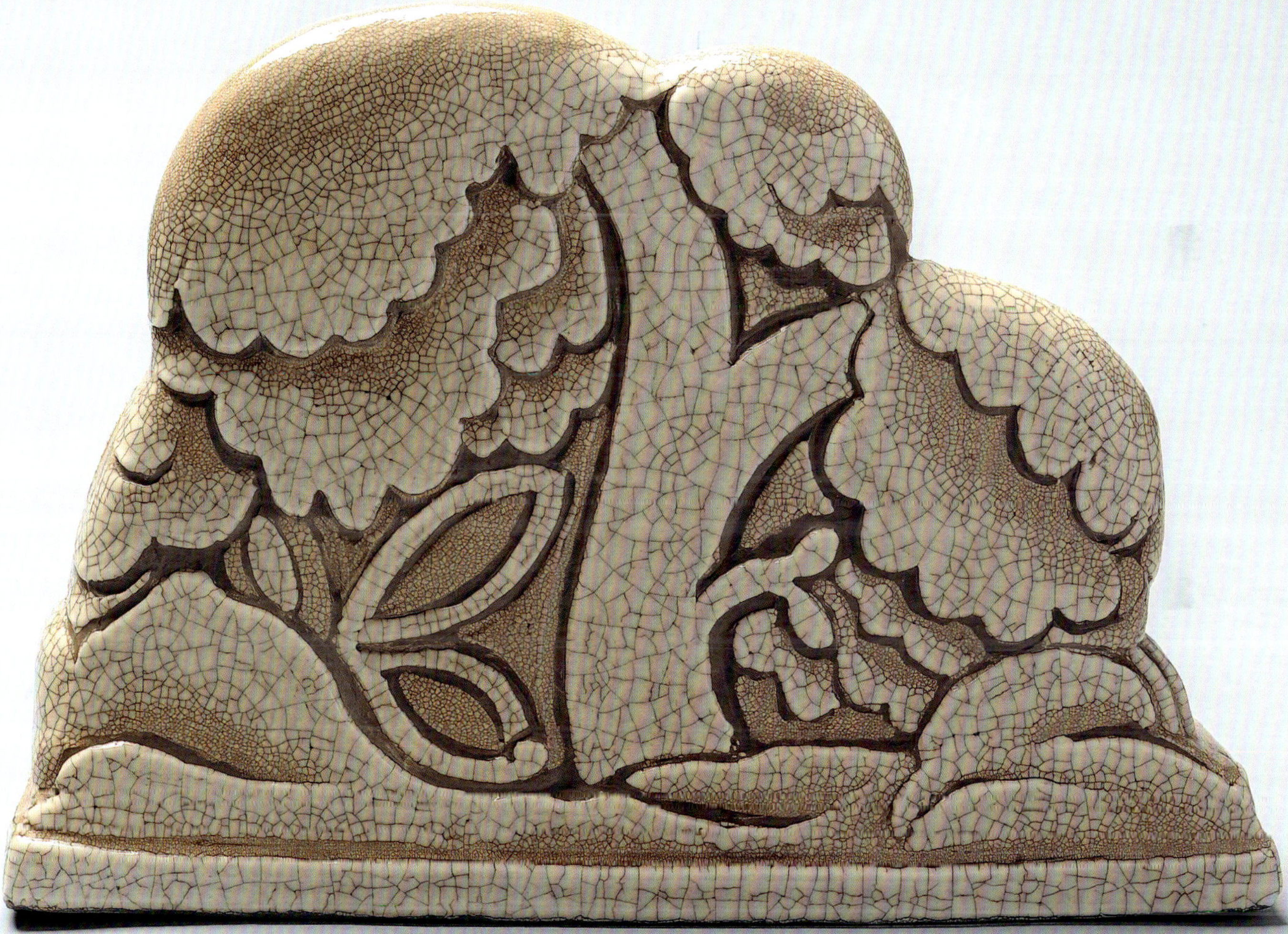

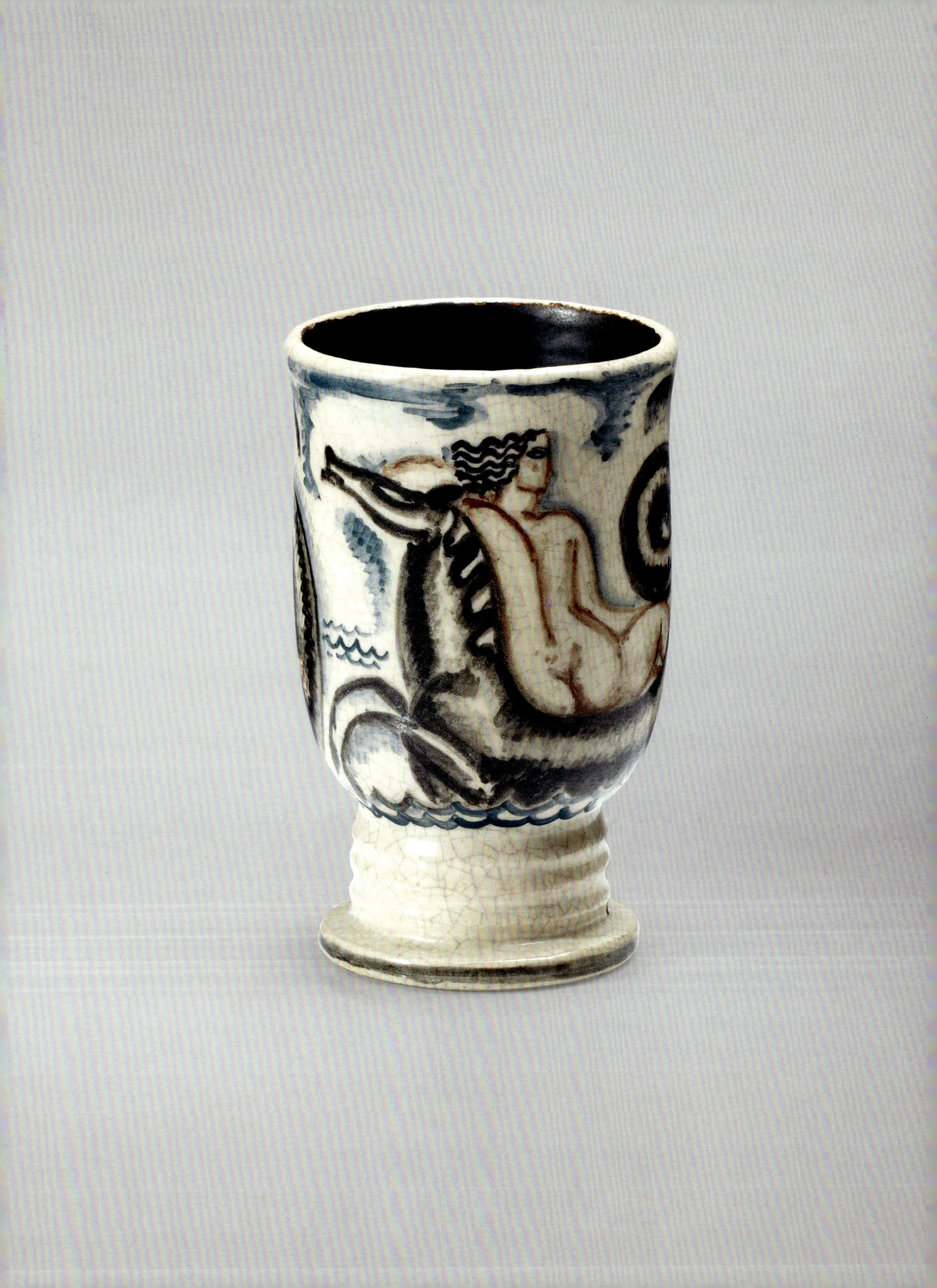

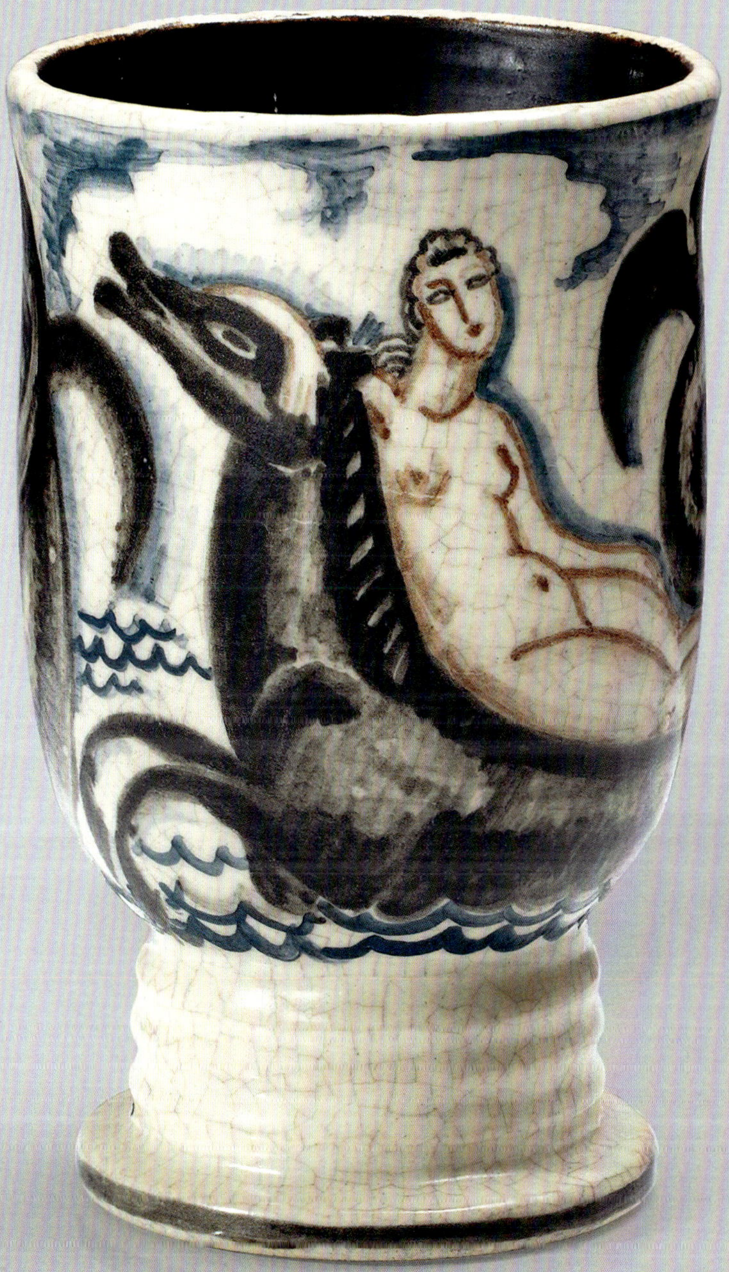

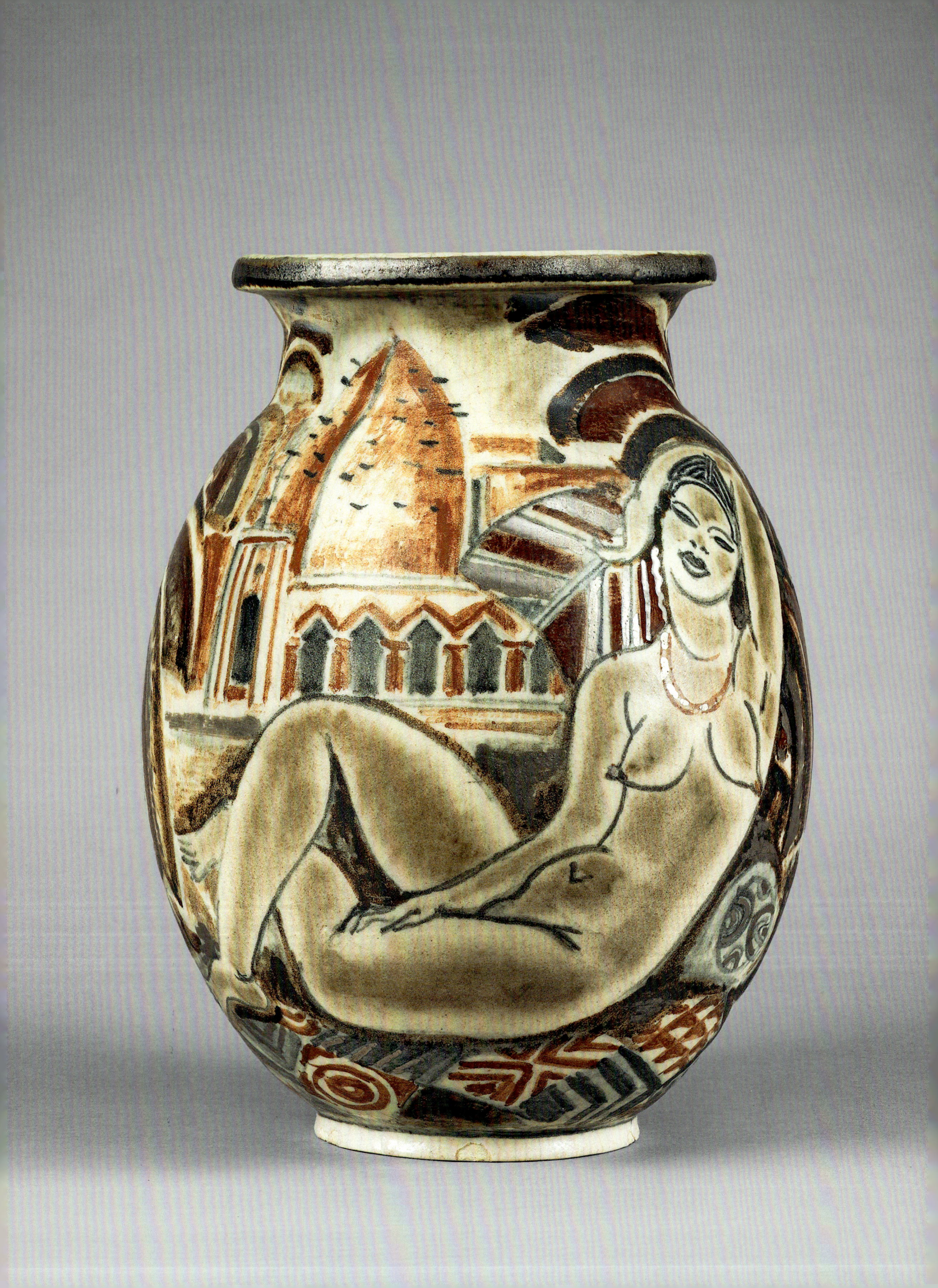

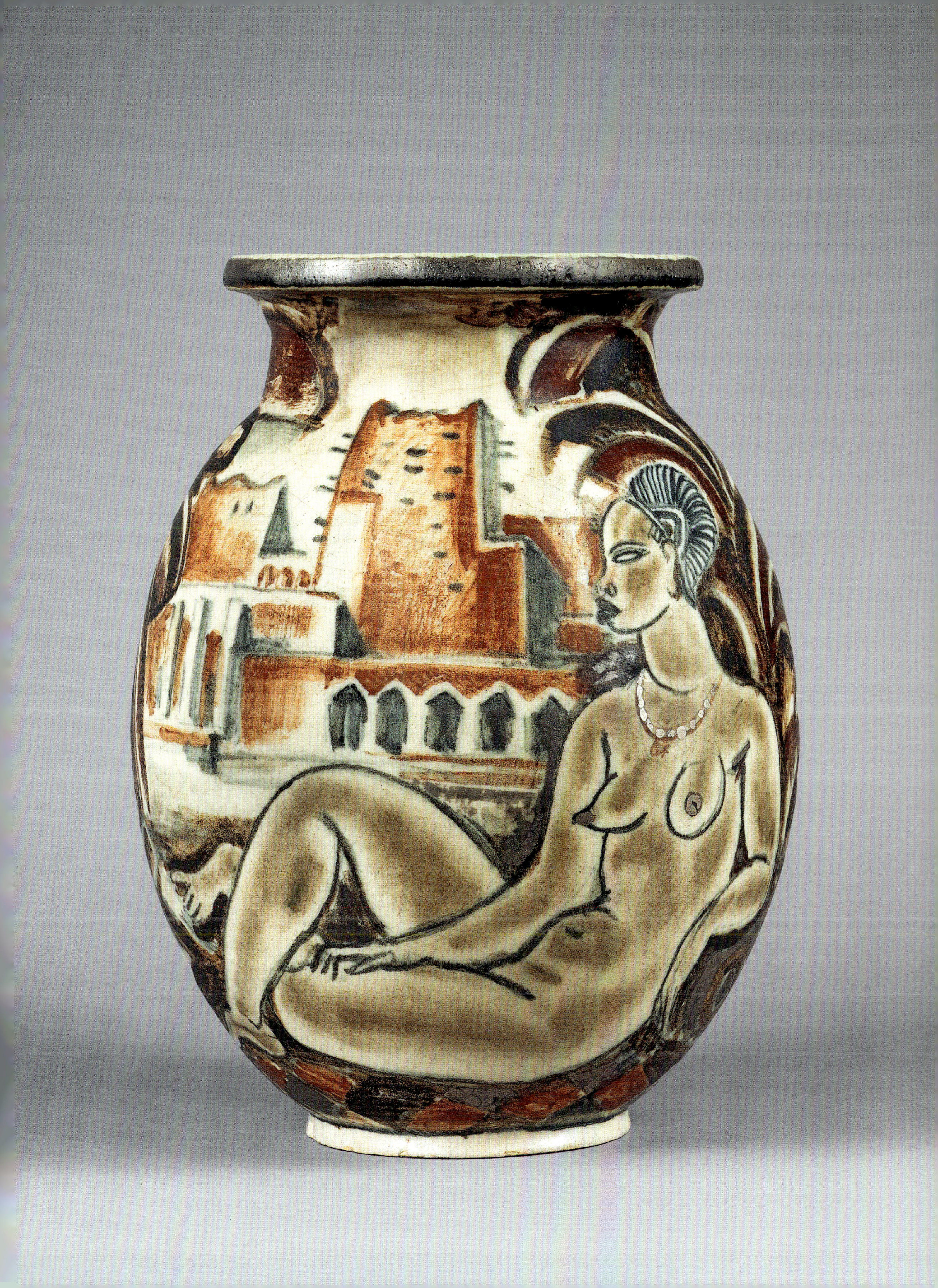

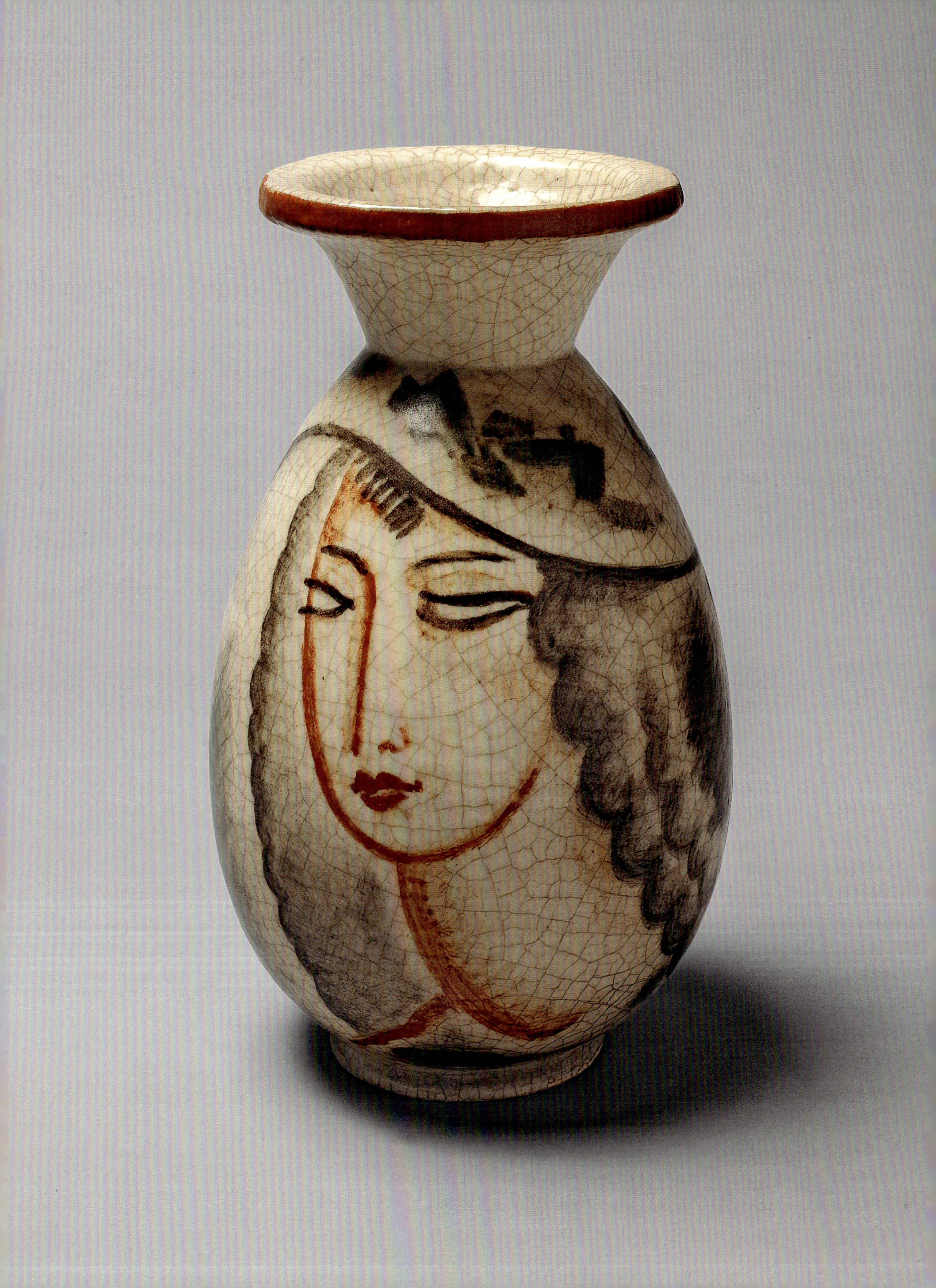

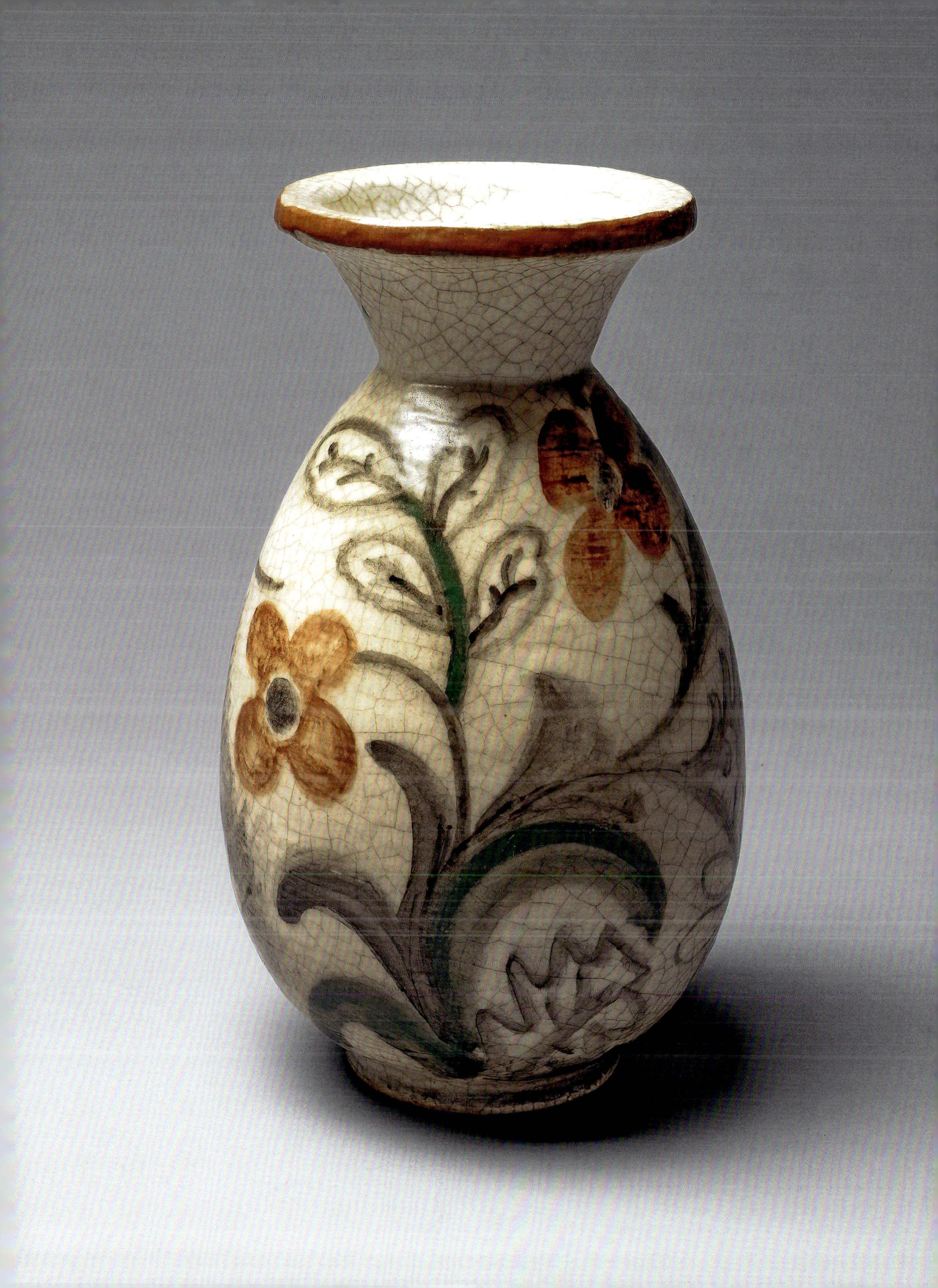

Page 1 : Vase, céramique pailletée d'or, h. 32 cm, 1923-1925. CFC.
Page 2-3 : Vase, céramique, h. 21 cm, 1926. Présenté au Salon des artistes décorateurs, 1927. CCF.
Page 4-5 : Vase, céramique, h. 32 cm, 1927. CCF.
Pages 6-7 : Vase, céramique, h. 41 cm, 1927. CCF.
Pages 8-9 : Vase, céramique, h. 30 cm, 1933. CCF.
Pages 10-11 : Vase, céramique, h. 27 cm, 1923-1926. CCF.
Pages 12-13 : Doris, vase, céramique, h. 35,5 cm, 1934-1940. Saint-Quentin, musée Antoine Lécuyer.
Pages 14-15 : Céramique, h. 25 cm, 1923-1926. CCF.
Pages 16-17 : Vase, céramique, h. 22,5 cm, vers 1925. Collection privée.
Pages 18-19 : *Mosquée de Djenné*, vase, céramique, h. 31 cm, 1931. CCF.
Pages 20-21 : Vase, céramique, h. 27 cm, 1929.
Pages 23 : *Nu aux gazelles*, vase, céramique estampée, h. 41,8 cm, 1931. Collection Christian Louboutin.

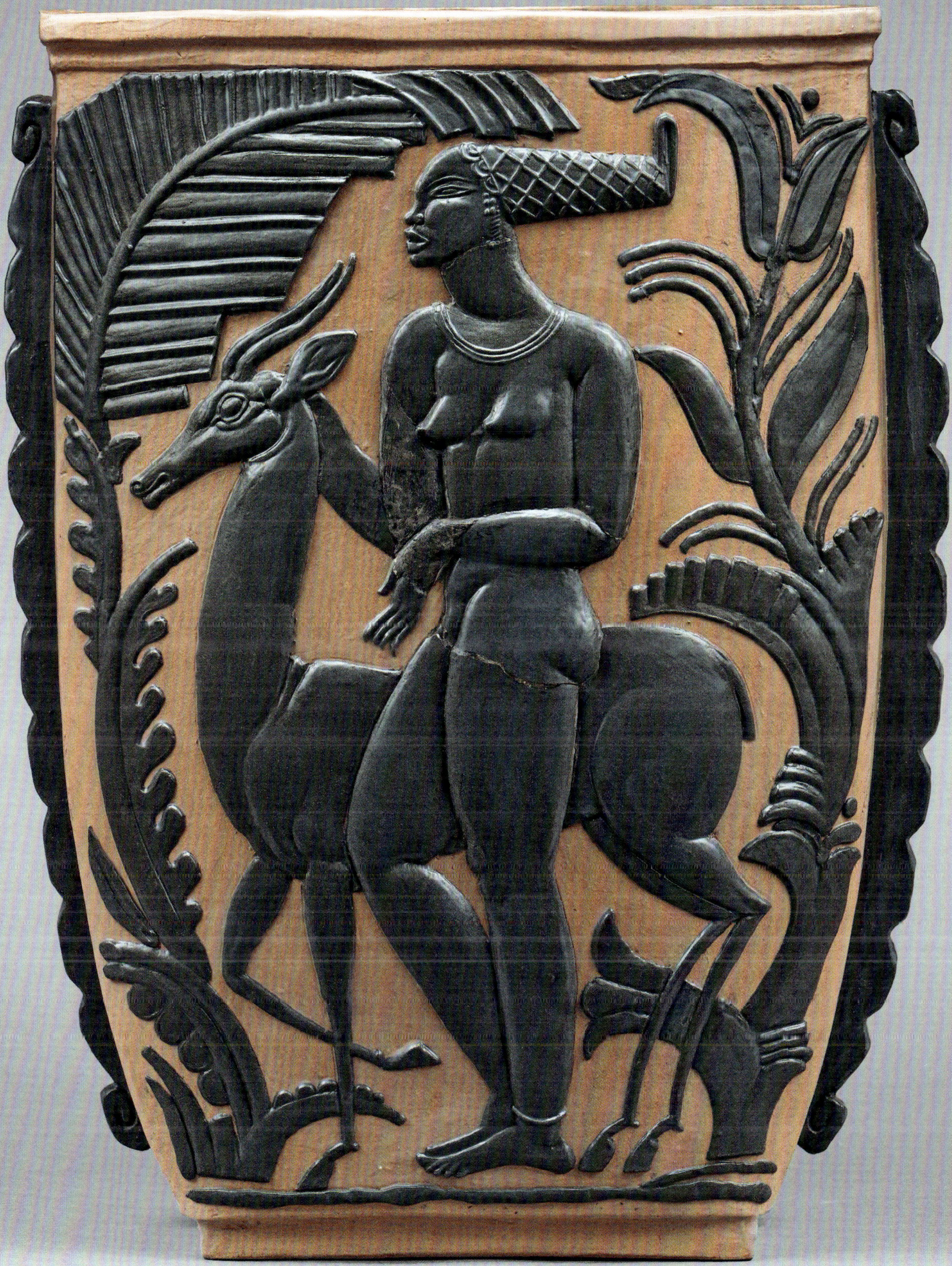

Cet ouvrage a été publié à l'occasion de l'exposition
« René Buthaud » au musée des Beaux-Arts Antoine Lécuyer,
Saint-Quentin, du 14 mai au 17 septembre 2023.
Commissariat : Emmanuel Bréon et Victorien Georges.

Avec la collaboration de France Cruège de Forceville.

CCF : Collection Cruège de Forceville.

ACF : Archives Cruège de Forceville.

René Buthaud et l'Art déco 1886-1986

Textes :
Emmanuel Bréon,
Hubert Cavaniol,
France Cruège de Forceville,
Amélie Marcilhac,
Bénédicte Mayer,
Étienne Tornier

Sous la direction de
Emmanuel Bréon et de
France Cruège de Forceville

Norma éditions

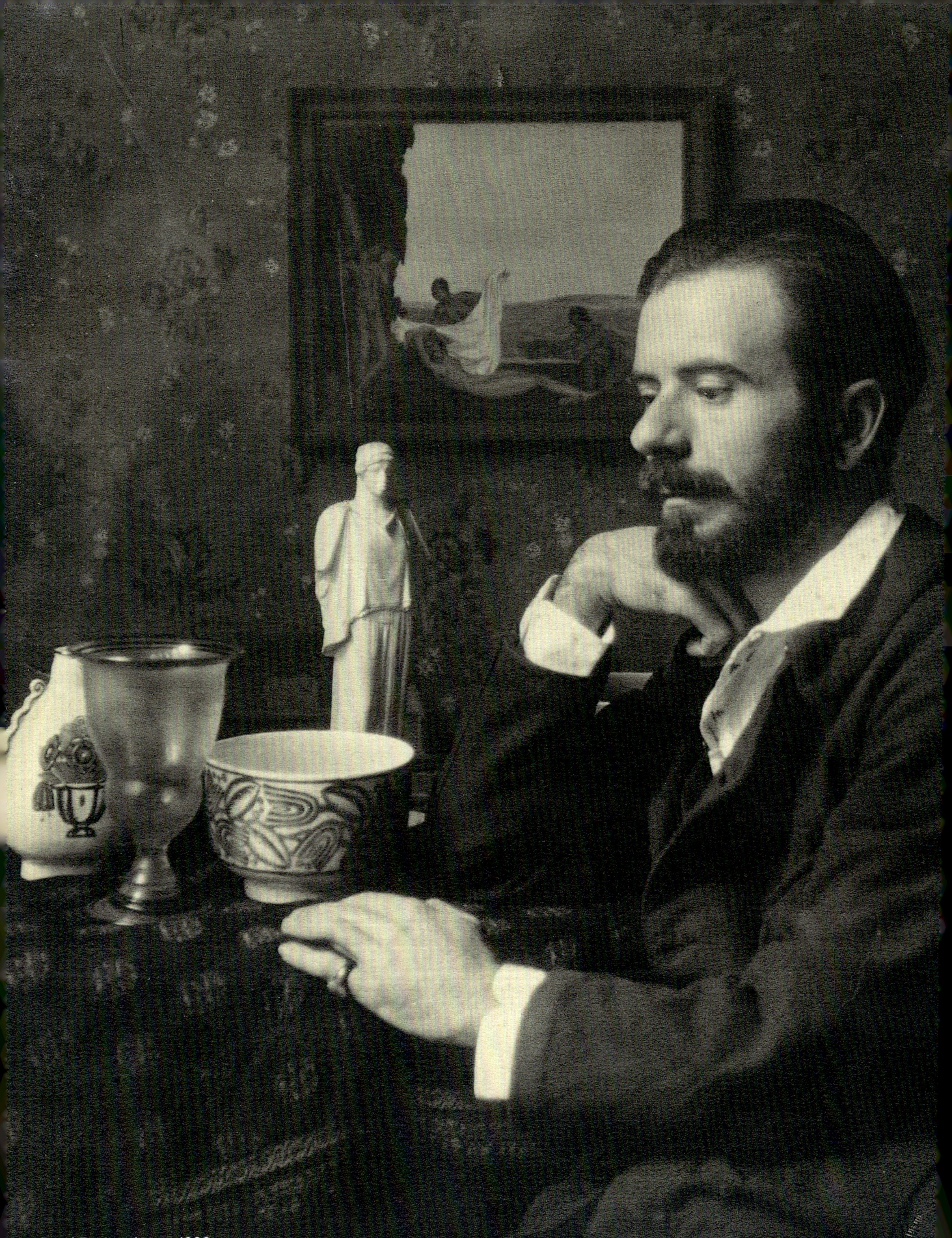

René Buthaud, vers 1920

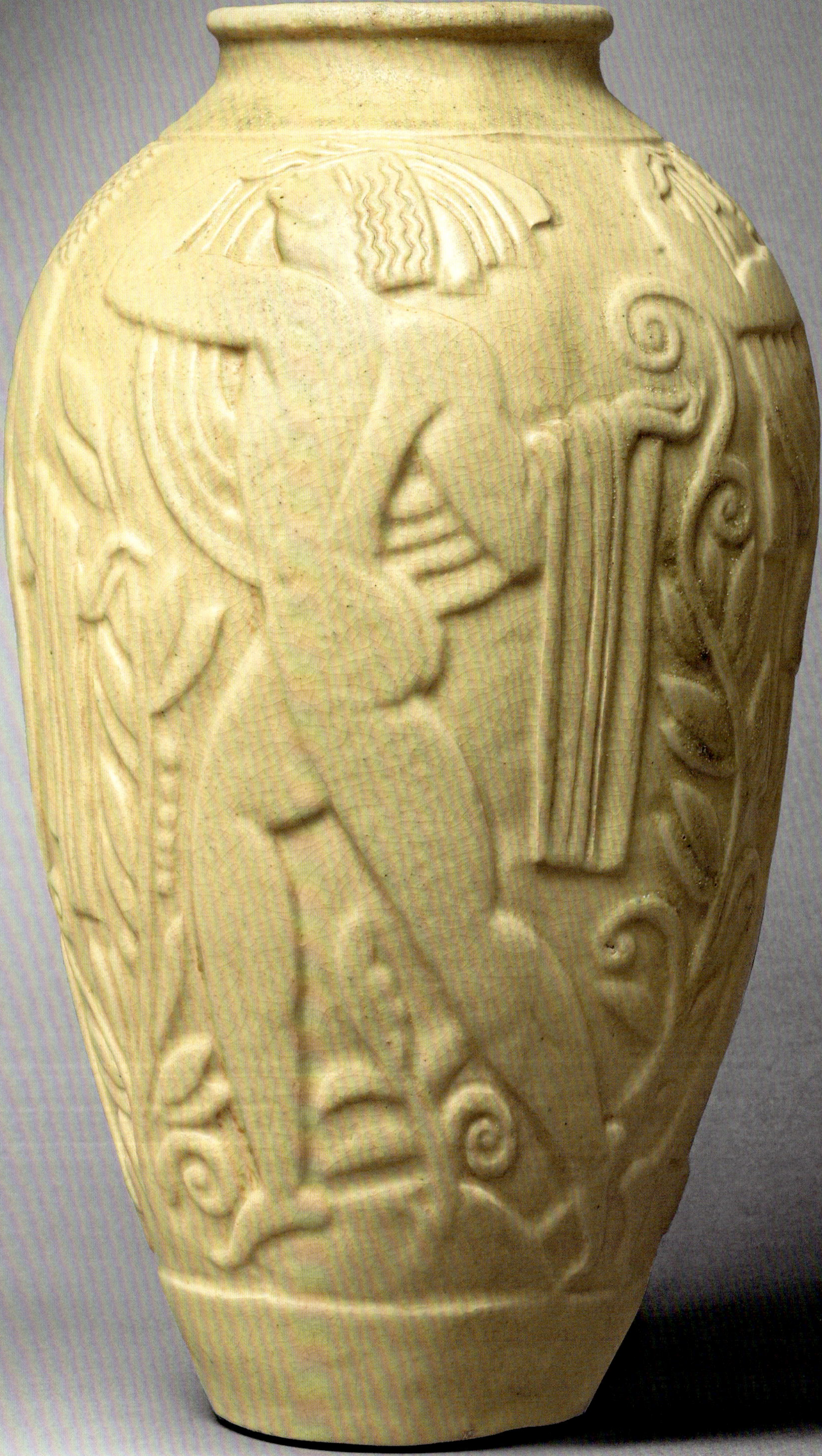

Danseurs, vase, céramique moulée, 1927. Saint-Quentin, musée Antoine Lécuyer.

PRÉFACE

La première ville Art déco de France qui met en valeur, jour après jour, son patrimoine construit durant les années de la Reconstruction, se veut aussi une Ville de Patrimoine et de Collections. Il appartient au musée Antoine Lécuyer de préserver ces dernières et de les enrichir. La conservation, après avoir mis en lumière le sculpteur Alfred Janniot, consacre de nouveau une exposition à un artiste, le céramiste René Buthaud, l'un des plus importants dans son domaine, de cette période si riche qu'est l'Art déco.

Pour l'occasion, légataire des archives de l'artiste, Françoise Cruège de Forceville prête sa collection de pièces enrichie par les collections du musée des Arts décoratifs et du Design de Bordeaux. Elle nous fait également l'immense honneur d'offrir deux des chefs-d'œuvre de cet ensemble afin d'abonder les collections municipales. Qu'elle en soit ici remerciée avec beaucoup de ferveur ! René Buthaud en devient ainsi un phare, rejoignant de manière très appropriée l'élite des artistes conservés au musée Antoine Lécuyer, dont ses amis de toujours Jean Dupas et Alfred Janniot.

Né à Saintes en 1886, René Buthaud obtient le premier second grand prix de Rome de gravure en taille douce, en 1914. Grâce à ce premier métier de graveur qu'il affectionne, l'artiste restera toute sa vie un dessinateur hors pair et original dans l'accomplissement de ses travaux ultérieurs. De retour du front, affecté au service géographique de l'armée, il consacre son temps libre à des essais de céramique dans un vieil atelier de poterie, encore tout à fait artisanal, où se réalisait de la vaisselle commune en terre. À Bordeaux, ses amis peintres Roger Bissière et Jean Dupas, admirant ses premiers essais, l'encouragent à persévérer dans cette voie. C'est le début d'une carrière prometteuse qui le hisse au plus haut niveau, aux côtés des meilleurs tels André Metthey et Jean Mayodon. À l'Exposition internationale des arts décoratifs et industriels modernes de 1925, il triomphe et entame une carrière internationale qui le mènera aux États-Unis. Multipliant les trouvailles et peaufinant une technique incomparable, il devient l'un des plus grands maîtres de la céramique Art déco.

Grâce au travail des commissaires de la manifestation, Victorien Georges et Emmanuel Bréon, le public de notre ville et tous les visiteurs passionnés par l'Art déco, vont pouvoir découvrir un artiste éminemment important de ce moment de grâce de la création française.

FOREWORD

Day after day, France's foremost Art Deco town proudly presents its architectural heritage built during the Reconstruction era, and strives to be a *Ville de Patrimoine et de Collections*. These collections are preserved and enriched by the Musée Antoine Lécuyer. After shining a spotlight on the sculptor Alfred Janniot, the curators are dedicating yet another exhibition to an artist, this time the ceramicist René Buthaud, who was one of the major figures in his field during the wonderfully rich Art Deco period.

For the occasion, the beneficiary of his archives, Françoise Cruège de Forceville, has lent us her collection enriched by works from the Musée des Arts décoratifs et du Design, Bordeaux. She has also done us the honor of donating two masterpieces from her collection for the enrichment of the town's collections. We would like to take this opportunity to thank her warmly. René Buthaud can now be seen as a guiding light, most aptly joining the artistic elite represented in the Musée Antoine Lécuyer, including his lifelong friends Jean Dupas and Alfred Janniot.

Born in Saintes in 1886, René Buthaud won the first second Grand Prix de Rome for engraving and intaglio in 1914. Thanks to his early work in engraving, a profession he enjoyed, Buthaud's exceptional and highly original draftsmanship remained visible throughout his life and in all his later works. After returning from the front and being assigned to the army's geographical unit, he spent his free time experimenting with ceramics in an old rudimentary pottery studio, where clay dishes used to be made. In Bordeaux, his painter friends Roger Bissière and Jean Dupas praised his initial attempts, urging him to continue. It was the beginning of a promising career where he would reach the very top in his field, ranking among the very greatest ceramicists including André Metthey and Jean Mayodon. At the 1925 International Exhibition of Modern Decorative and Industrial Arts, his creations were a triumph, leading him to embark on an international career which took him all the way to the United States. With his many inventions and exceptionally refined technique, he became one of the major figures of Art Deco ceramics.

Thanks to the work accomplished by the event's curators, Victorien Georges and Emmanuel Bréon, our town's inhabitants and Art Deco lovers alike will be introduced to an extremely important artist from an exceptionally creative period in the history of French art.

Frédérique Macarez
maire de Saint-Quentin

Marie-Laurence Maître
maire-adjointe déléguée
de la culture, Saint-Quentin

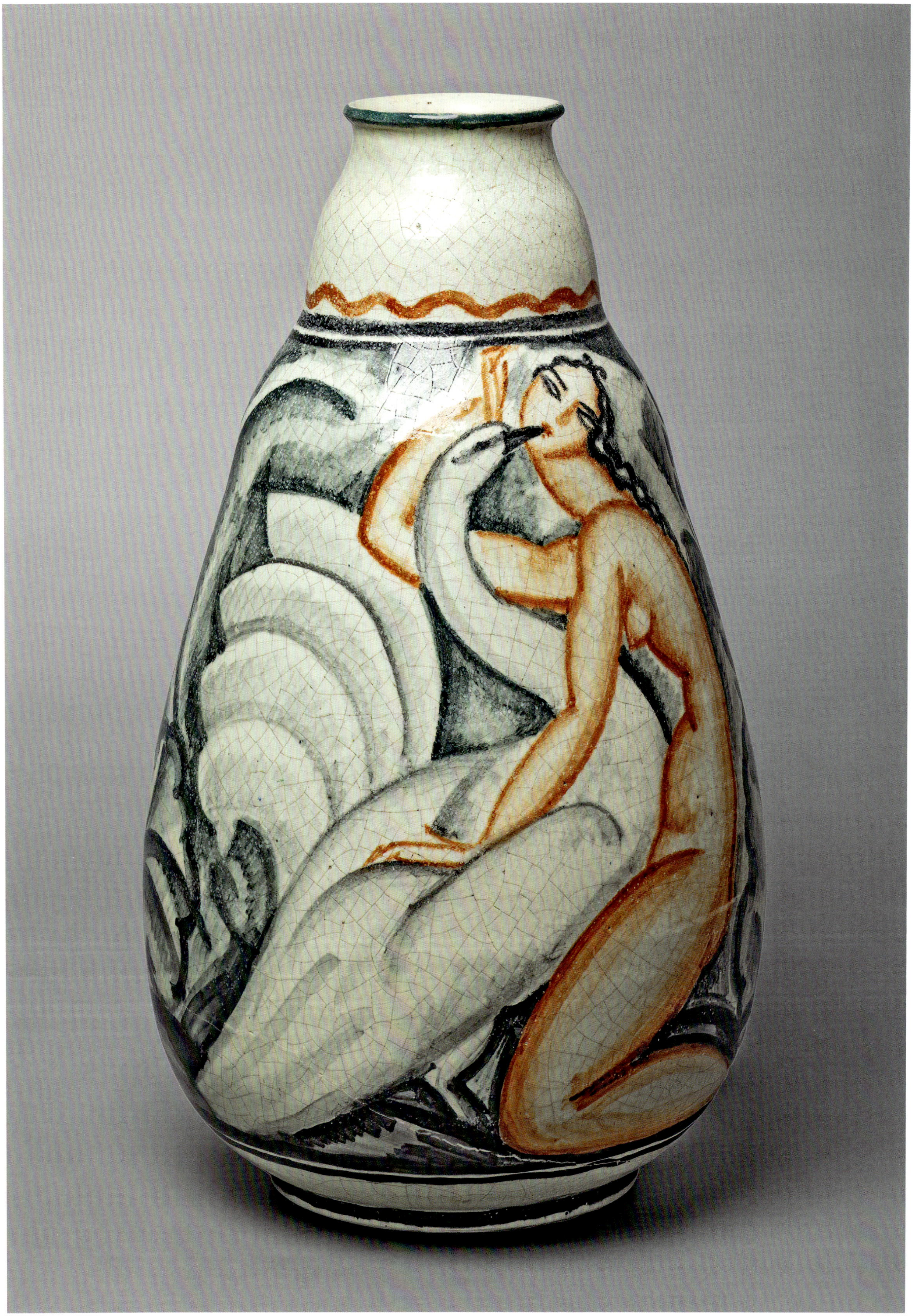

La terre et le feu au service d'une œuvre poétique

Emmanuel Bréon
Conservateur en chef du patrimoine

Art and Fire in the Service of Poetry

Tout au long de sa vie, René Buthaud n'eut cesse de se perfectionner dans le métier si exigeant de céramiste qui le passionnait. Il le préféra à une carrière de peintre et graveur à laquelle ses études l'avaient préparé. Aux Beaux-Arts de Bordeaux puis à Paris, il avait acquis les fondamentaux du dessin et obtenu même, juste reconnaissance de son mérite, le premier second grand prix de Rome de gravure. C'était en 1914. Cette formation classique – de la mythologie à l'art de la Renaissance – lui servira pour les décors historiés de ses futures créations qui auront tant de succès durant la période Art déco. Elles seront saluées avec ferveur par de nombreux grands artistes, l'ami Jean Dupas, Maurice de Vlaminck, Maurice Denis ou Jean Dunand[1].

1 Tous lui achèteront des pièces. Certains comme Maurice Denis lui demandent des ristournes.

Throughout his life, René Buthaud never ceased to perfect his skills in ceramics, the exacting profession he deeply loved. He had decided to become a ceramicist even though his studies had been devoted to painting and engraving. At the École des beaux-arts de Bordeaux, and later in Paris, he learned the basics of draftsmanship, and in 1914 was even awarded the first second Grand Prix de Rome in engraving, a just acknowledgement of his merits. Being educated in the classics – from ancient mythology to Renaissance art – was useful when he later designed illustrated decorations for his creations, which met with such resounding success during the Art Deco period. They were praised zealously by a number of major artists, including his friend Jean Dupas, Maurice de Vlaminck, Maurice Denis and Jean Dunand[1].

1 All would buy works from him. Some, like Maurice Denis, would ask for discounts.

Haut : Bol, céramique, h. 10 cm, 1917-1918. CCF.
Bas : Projet de vase, vers 1918. ACF.

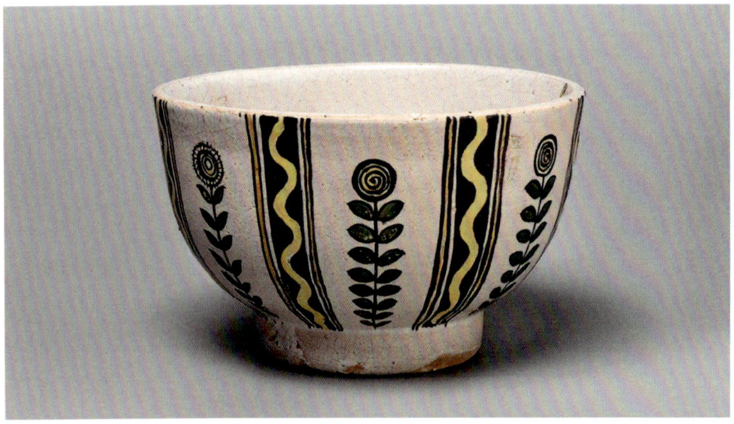

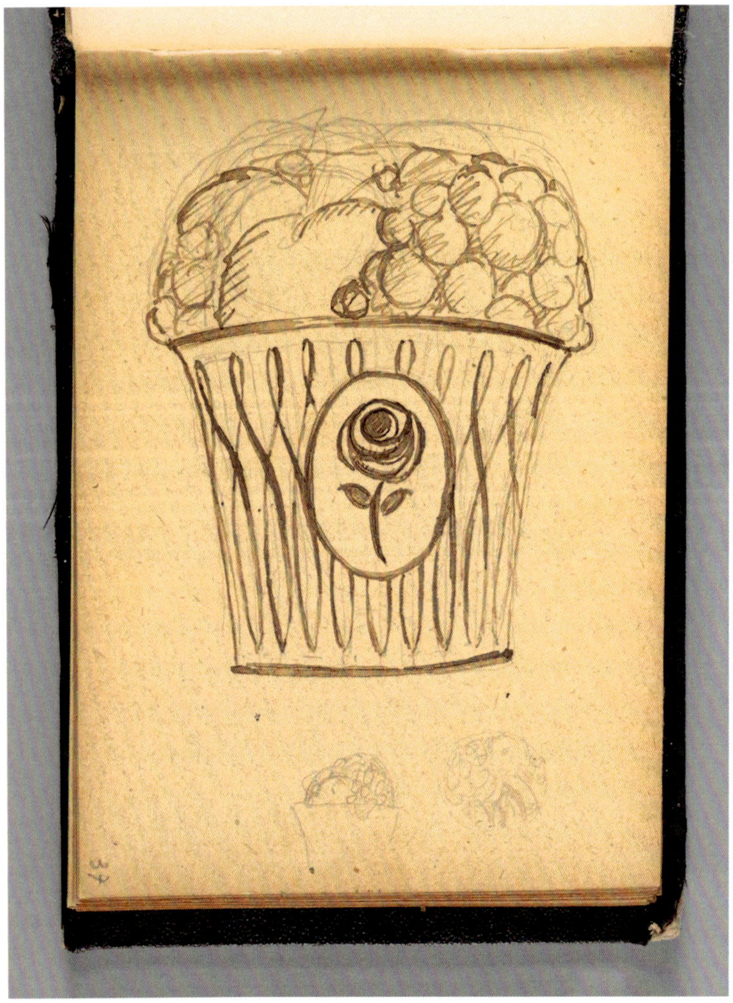

Haut : Bol, céramique, h. 14 cm, 1917-1918. Collection privée.
Bas : Vase, céramique, h. 26,5 cm, 1917-1918. CCF.

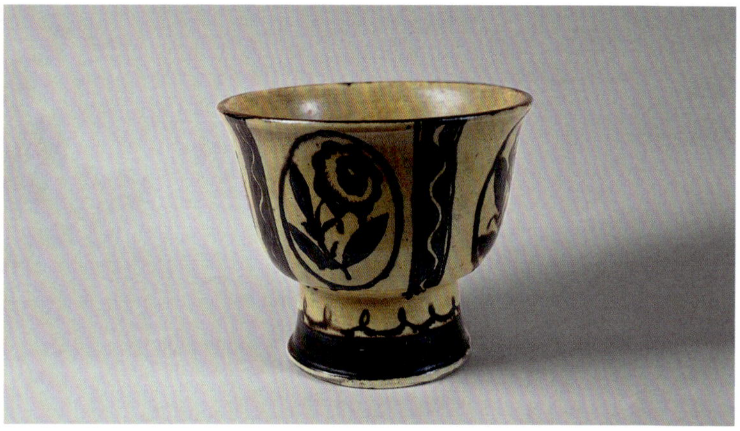

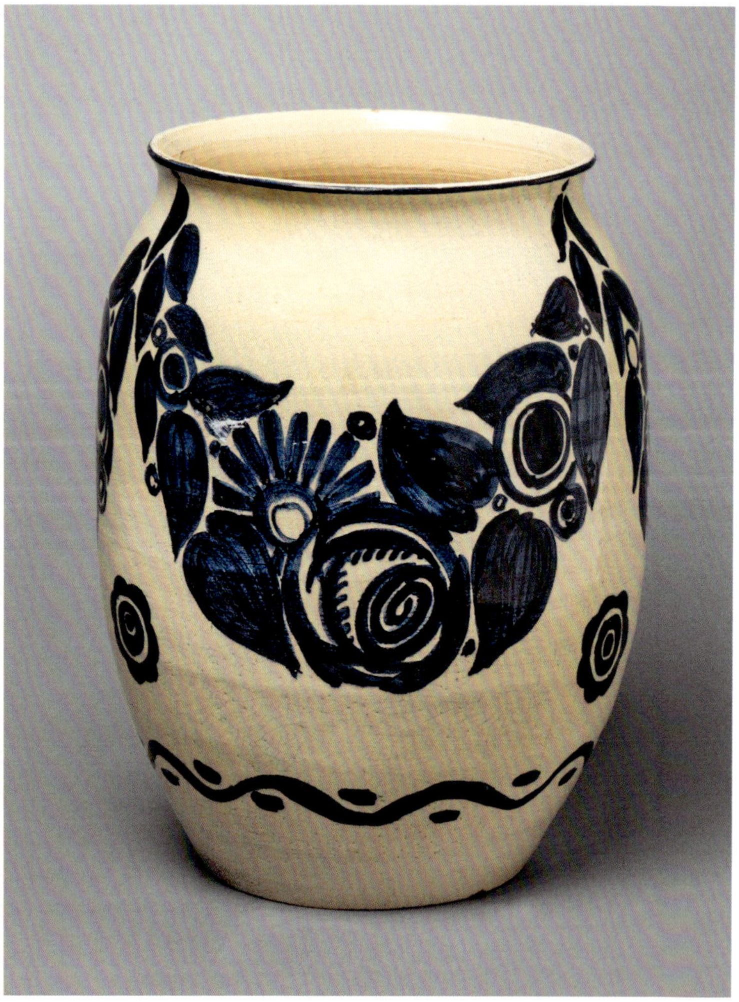

33 Vase, céramique, h. 29 cm, 1919-1920. CCF.

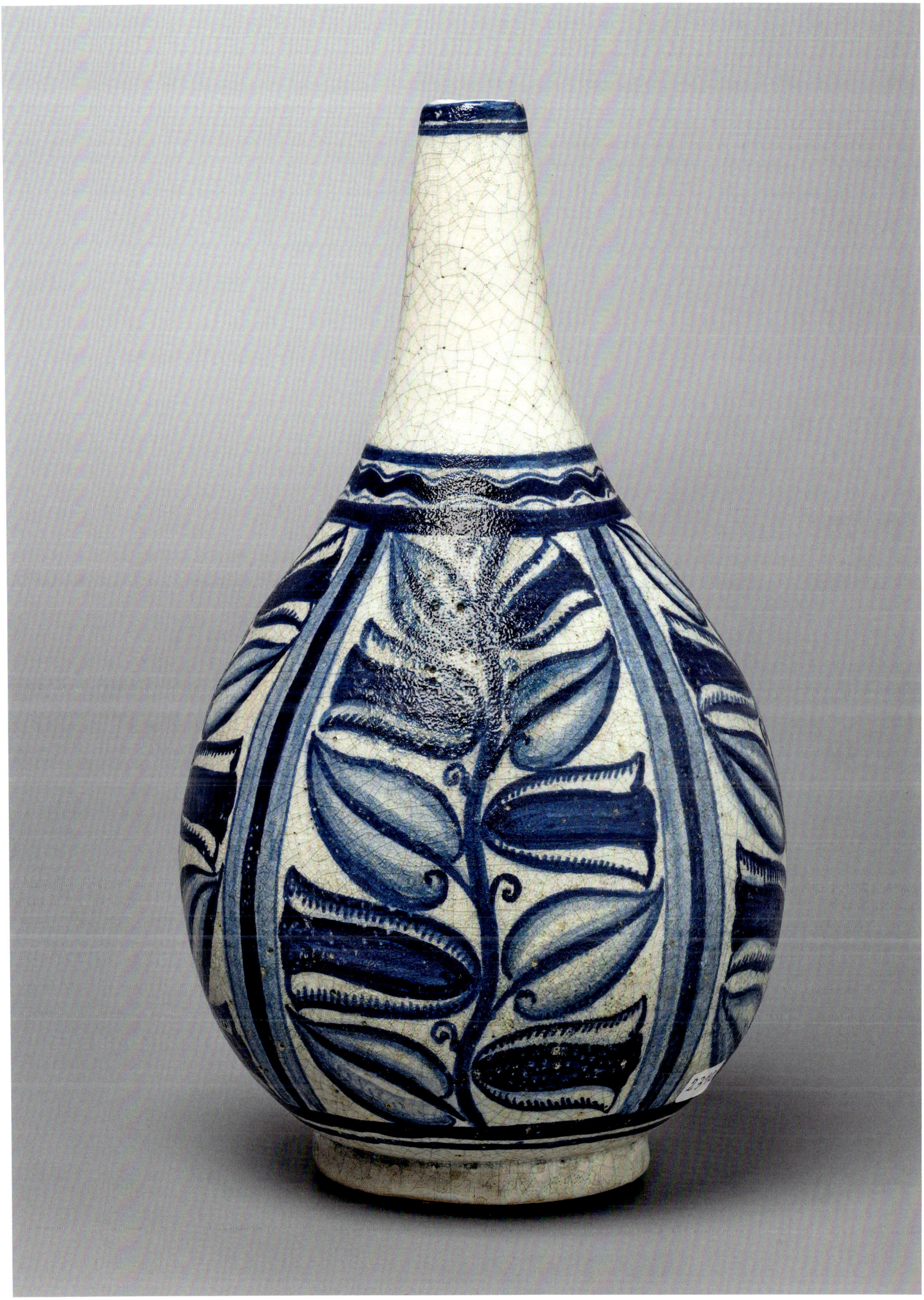

Très tôt, Buthaud cherche à se former et il multiplie les incursions dans des ateliers modestes de potier, chez des graveurs en vaisselle ou bien encore, un peu plus tard, au sein de fabriques d'émaux pour céramique dont L'Hospied à Golfe-Juan. La pièce unique l'intéresse, mais il n'est pas du tout hostile aux multiples qui, plus tard, le feront connaître davantage. Après deux années de service militaire, il est happé comme toute sa génération par le premier conflit mondial. Assez vite démobilisé du front pour raisons de santé, c'est pendant la guerre qu'il consacre son temps à des premiers essais de céramiques dans un vieil atelier de poterie, Taffet, rue Grassi, à Bordeaux. Son fidèle ami Roger Bissière, très heureusement surpris, l'encourage à poursuivre dans ce domaine,

Very early on, Buthaud sought training, making many incursions into the humble workshops of potters and crockery engravers and, a little later, into enamel factories for ceramics including L'Hospied in Golfe-Juan. He was interested in one-offs, but was not in the least against serial productions, which later made him better known. After two years of military service, he was drawn into the first global conflict, like many others from his generation. He was demobilized from the front fairly quickly for health reasons, and it was during the war that he spent time carrying out ceramic experiments in an old pottery workshop called Taffet, in Bordeaux's Rue Grassi. His loyal friend Roger Bissière, most pleasantly surprised, urged him to pursue his endeavors, sometimes

Coupe, céramique, d. 20,7 cm, vers 1920. Bordeaux, musée des Arts décoratifs et du Design.

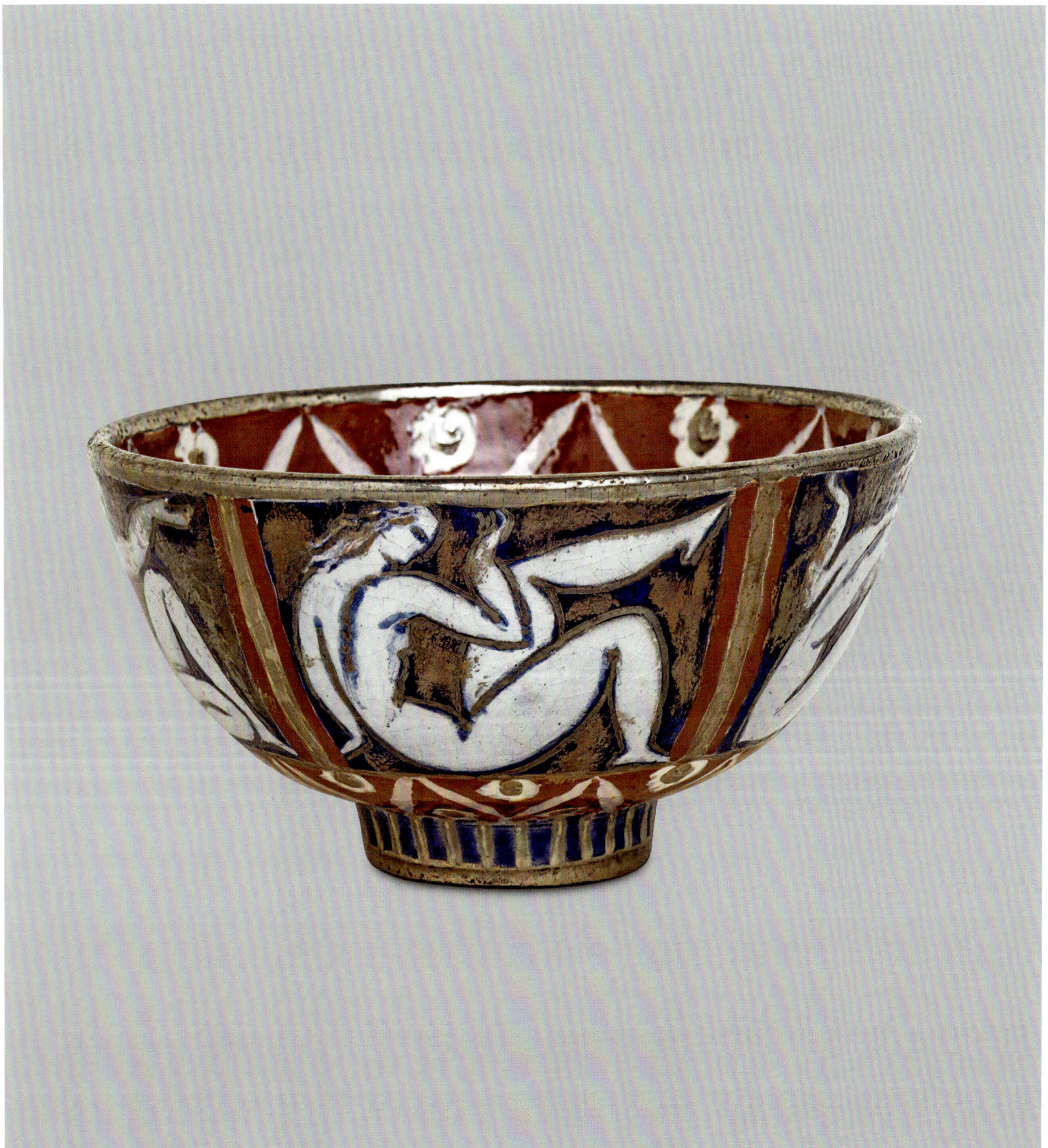

mettant parfois la main à la pâte. Ils sont les premiers RB & RB de l'histoire de la céramique, signant d'un monogramme commun RB une petite coupe à l'émail imparfait, cuisson de Buthaud sur dessin de Bissière. Rareté absolue car il n'y aura plus d'autres expériences à quatre mains, hormis pour le vase souhaité par son ami Janniot dont il reproduira en un « clin d'œil » l'un des motifs de son bas-relief de l'ancien musée des colonies, à la Porte Dorée. Si tous les céramistes indépendants de la période ou des manufactures comme celle de Sèvres font appel à des peintres pour leurs décors – Mathurin Méheut sur forme de Ruhlmann par exemple – Buthaud met un point d'honneur à dessiner la forme de ses propres pièces pour y développer son univers personnel.

giving a helping hand. They were the first RB & RBs in the history of ceramics, signing a small, Imperfectly enameled cup with a shared monogram, RB. Buthaud fired the piece from a drawing by Bissière. This constitutes an absolute rarity, as Buthaud only ever collaborated with another artist once, for a vase requested by his friend Janniot. He indeed reproduced a motif by Janniot in the "blink of an eye" from a bas-relief located in the ex-colonial museum, near the Porte Dorée. Although at the time independent ceramicists and factories, such as the one in Sèvres, asked for painters to create their decorations – Mathurin Méheut after a design by Ruhlmann, for instance – Buthaud considered it a point of honor to design the shape of his own works and forge his own style.

Plat, céramique, d. 46 cm, vers 1921.

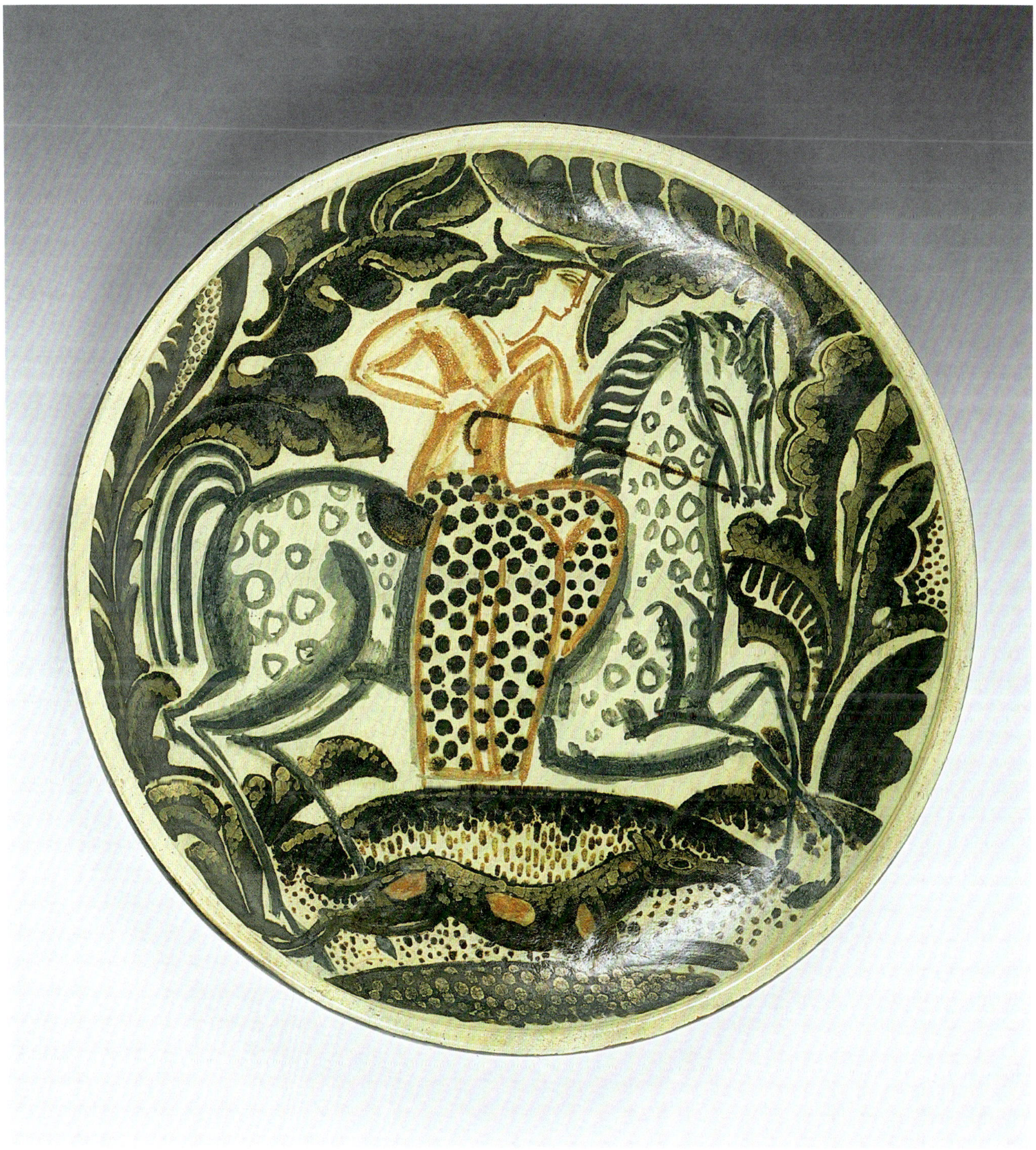

En 1919, René Buthaud choisit de se consacrer définitivement à la céramique. Désormais marié à Yvonne Rivière[2], dans l'euphorie d'une paix retrouvée, il construit lui-même pendant six mois dans le jardin de leur maison un petit four à bois qui peut atteindre des températures suffisamment hautes pour satisfaire à la réalisation d'une cuisson de la faïence à émail stannifère (950°). C'est ainsi que Buthaud réalise ses premières œuvres à figures ou à motif végétal qu'il ne cessera de diversifier en réaction au japonisme et aux inspirations extrême-orientales de l'Art nouveau. Finies les coulures aléatoires sur des panses de vases aux formes de fruits ou de cucurbitacées. Un dessin maîtrisé – de fleurs stylisées en corbeilles, d'athlètes ou de langoureuses naïades – constitue

2 Leur fille Francine naît en 1922.

In 1919 René Buthaud chose to dedicate himself solely to ceramics. After marrying Yvonne Rivière,[2] in the elation of their newfound tranquility, over the course of six months he built a small wood oven in their garden. The oven could reach temperatures high enough to fire tin-glazed earthenware (950°C). It was with this oven that Buthaud produced his first works containing figures or patterns inspired by plants, which he never ceased to vary in response to Japanism and Art Nouveau productions inspired by the Far East. No more random drippings on the bellies of vases shaped like gourds or fruit. Expertly drawn stylized flowers in baskets, athletes, or languid naiads were among the decorations for the new pieces, which he showed to great success that same year

2 Their daughter Francine was born in 1922.

Vase, céramique, h. 24 cm, 1919-1920. CCF.

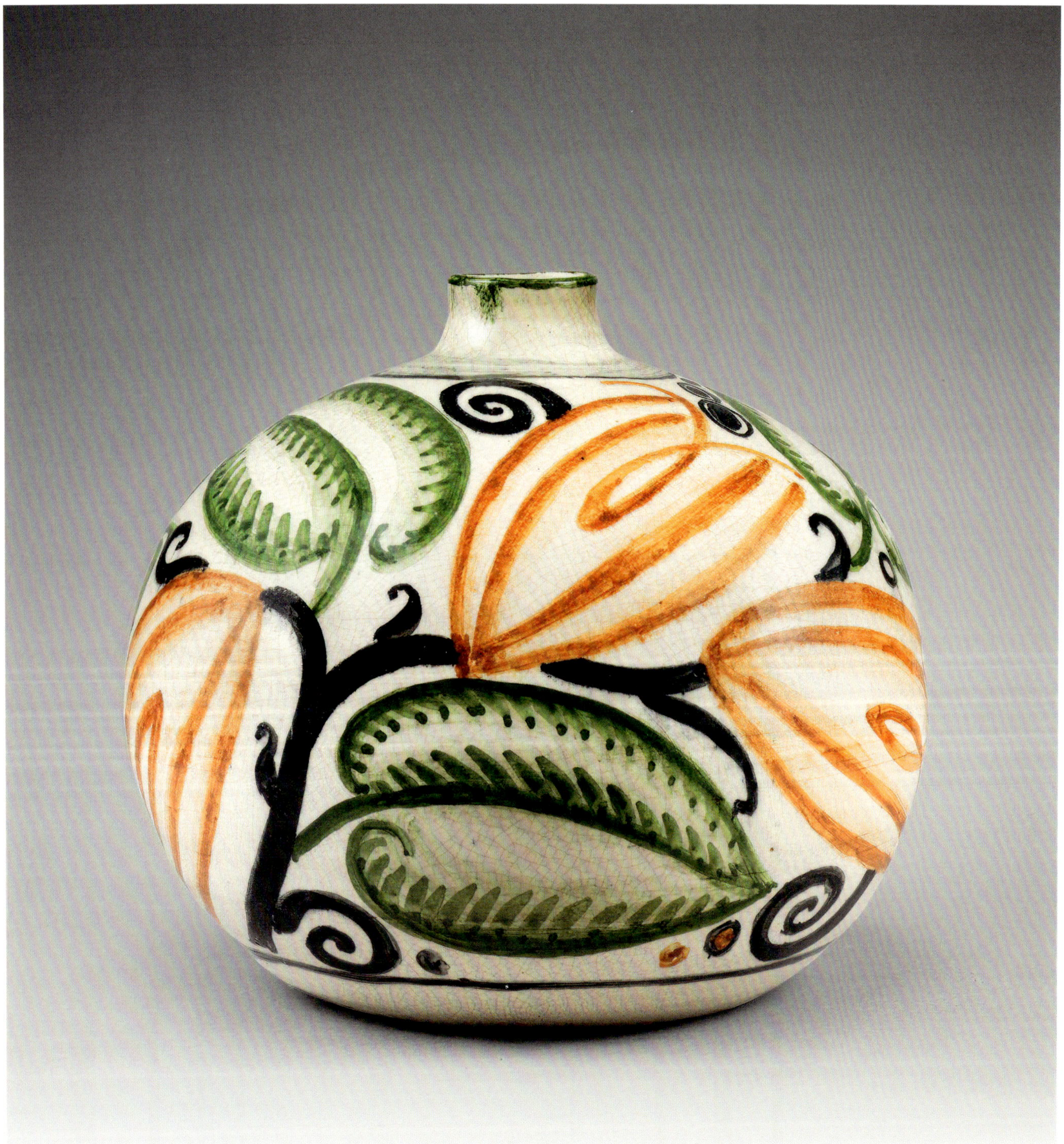

désormais le nouveau décor de pièces qu'il va présenter avec succès, la même année, à l'exposition du Groupe des peintres modernes, à Bordeaux, puis au Salon d'automne à Paris. La figuration lui tient à cœur et il partage ce goût avec deux créateurs qu'il apprécie : André Metthey et Jean Mayodon. Ils seront, pendant l'entre-deux-guerres, « les trois larrons » du décor historié.

« Cuirassé d'une tranquille certitude », comme l'a si bien dit Jacqueline du Pasquier[3], René Buthaud va, pas à pas, devenir l'un des principaux céramistes de la période Art déco. Son art inégalable et très original le fait reconnaître au premier coup d'œil. Artiste accompli, nul mieux que lui sait adapter son dessin au galbe d'une coupe ou d'un vase car le motif s'in-

3 *René Buthaud, entretiens avec Jacques Sargos*, présenté par Jacqueline du Pasquier, Bordeaux, Éditions de l'Horizon chimérique, 1987. Directrice du musée des Arts décoratifs de Bordeaux, Jacqueline du Pasquier consacre plusieurs expositions à l'artiste qu'elle connaît bien.

at the exhibition of the Groupe des peintres modernes in Bordeaux, followed by the Salon d'automne in Paris. Figurative drawing was important to him, as it was for two artists he appreciated: André Metthey and Jean Mayodon. During the inter-war period, they were nicknamed the "three thieves" of illustrated decoration.

"Shielded by his calm assurance," as Jacqueline du Pasquier aptly put it,[3] René Buthaud became, step by step, one of the leading ceramicists of the Art Deco period. His unparalleled and highly original style made him instantly recognizable. He was an accomplished artist, who knew better than anyone else how to adapt his drawings to the curve of a vase or a cup, for the pattern was made to perfectly match the shape he had

3 *René Buthaud, entretiens avec Jacques Sargos*, presented by Jacqueline du Pasquier, Bordeaux, Éditions de l'Horizon chimérique, 1987. As head of the Musée des Arts décoratifs de Bordeaux, Jacqueline du Pasquier devoted several exhibitions to the artist she knew well.

Vase, céramique, h. 30 cm, 1919-1920. Collection privée.

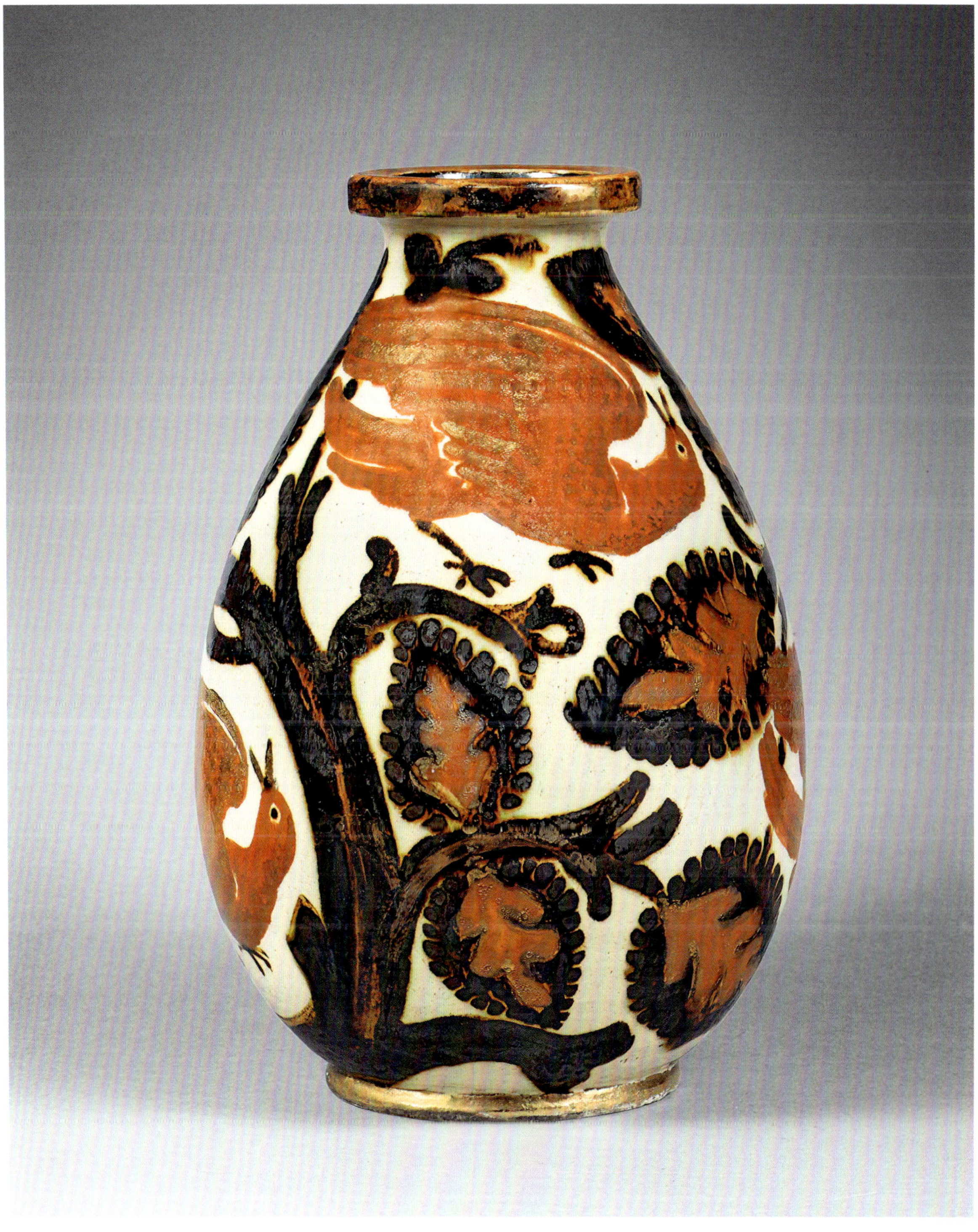

Carreau d'Iznik. Ancienne collection René Buthaud. ACF.

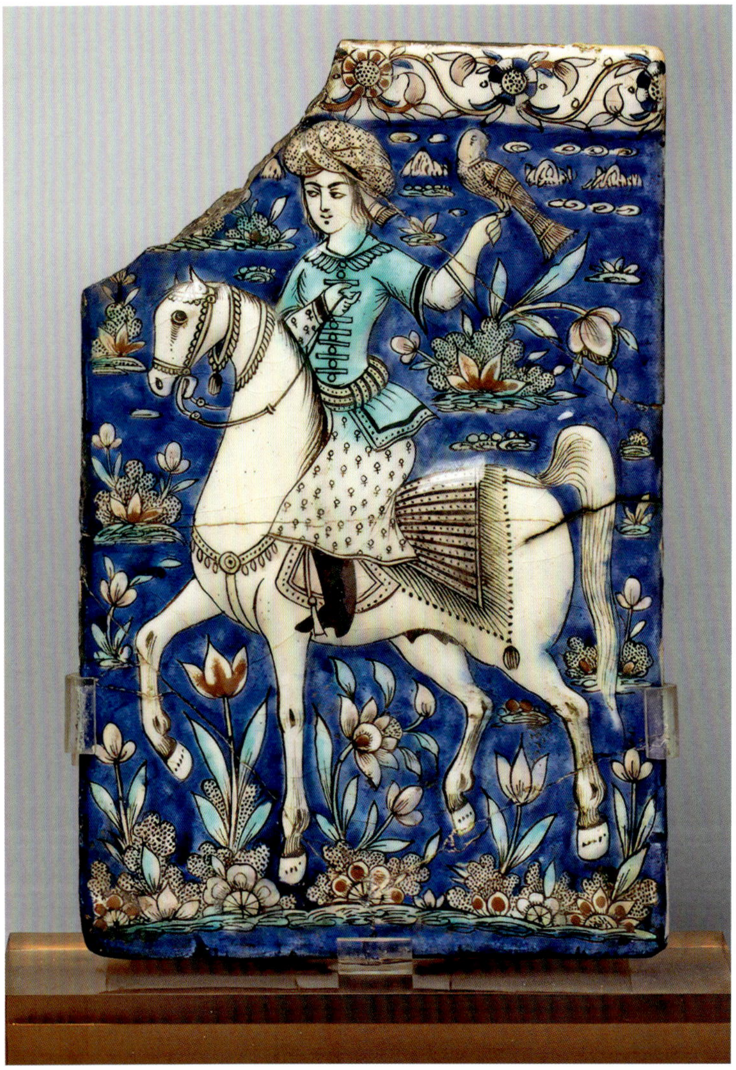

Dessin préparatoire, gouache sur papier, 1918. ACF.

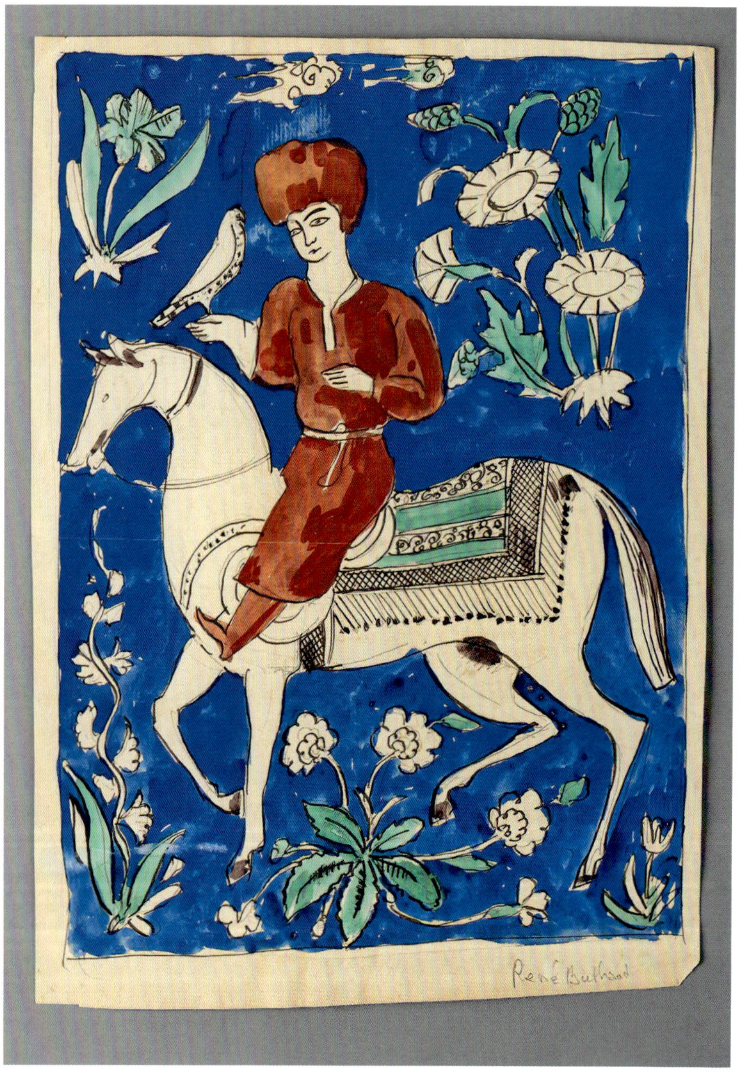

39 Vase, céramique, h. 33 cm, 1927. CCF.

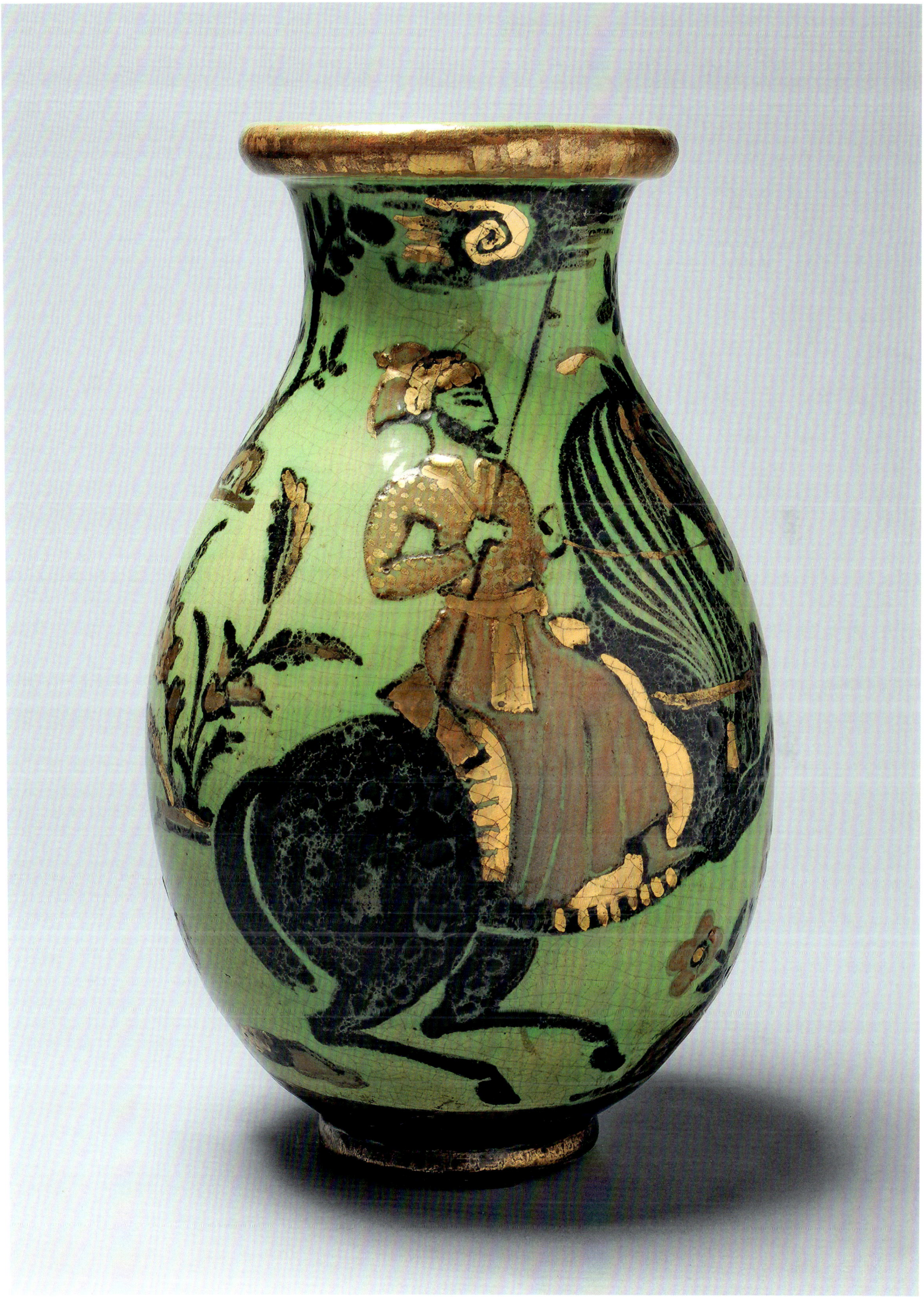

Doris, vase, céramique, h. 24,5 cm, vers 1935. Collection privée.

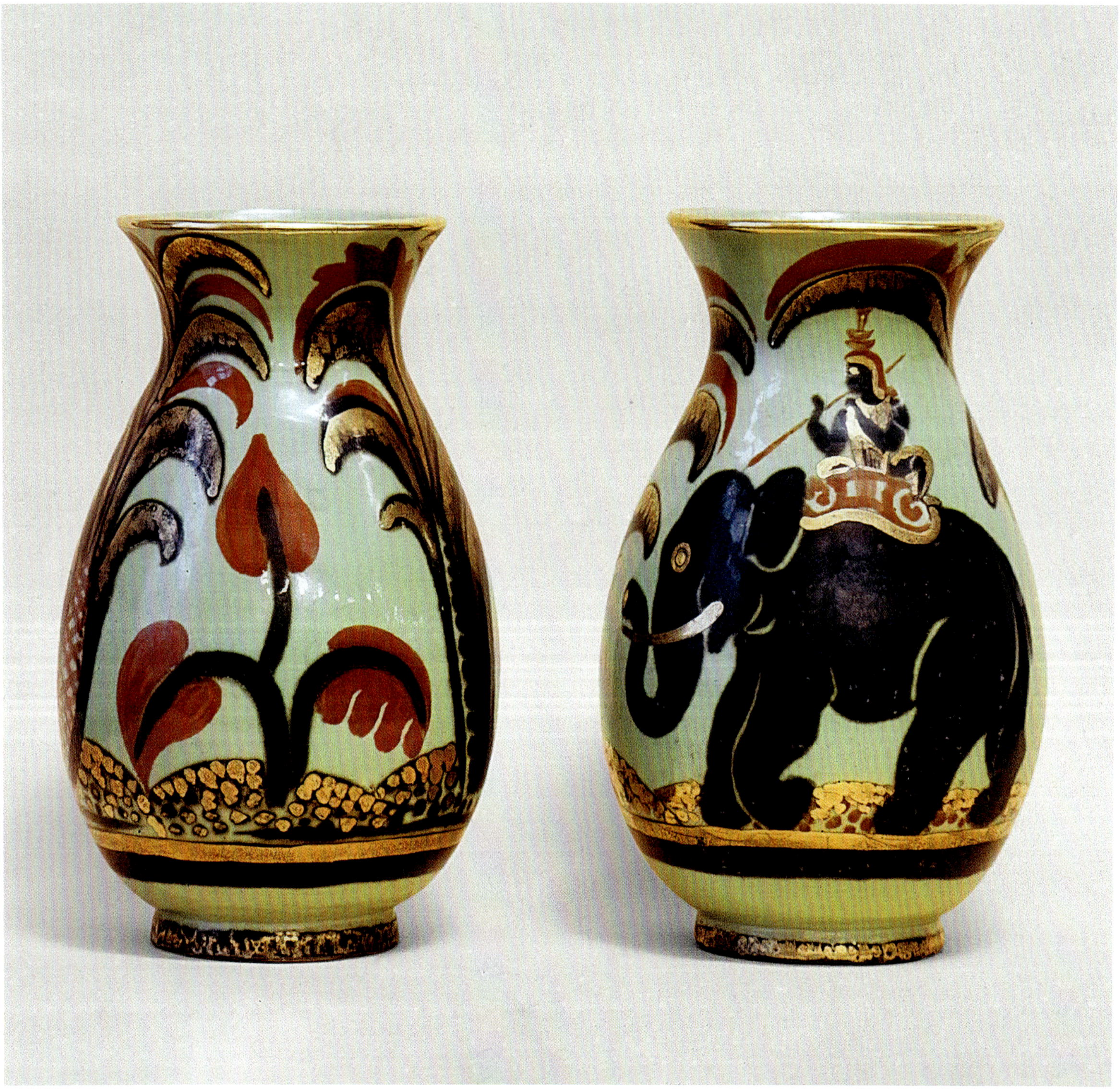

tègre à la forme que l'artiste a choisie. Elle a été déterminée par lui-même, comme l'attestent les croquis consignés dans l'un de ses innombrables et précieux petits carnets d'études. Si le travail sur la forme lui est familier, l'ébauche est cependant assez vite confiée à un de ses amis potiers. Buthaud préfère se livrer au tournasage qui est le parachèvement de la ligne extérieure à l'aide d'un racloir en acier tranchant appelé tournasin. Le temps ainsi gagné lui permet de se consacrer à la seule et savante invention du décor, esquissé, dans un premier temps, à l'aquarelle sur le vase biscuit, avant d'appliquer son émail.

Ce décor puise aux sources d'une bibliothèque très éclectique qu'il s'est constituée au fil de ses voyages et visites de musées, au Louvre ou ailleurs, allant de la Grèce antique et de

designed himself, as is attested by the sketches contained in one of his innumerable and precious little study notebooks. Although he could work the shape, the sketching-out was soon entrusted to one of his potter friends. Buthaud preferred to perform the tournasage, which consisted in completing the outer line with a sharp steel scraper called a tournasin. The time saved allowed him to devote himself entirely to the skilled creation of the decoration, which was first sketched out in watercolor on the bisque vase before he applied his enamel.

His decorations themselves drew upon highly eclectic sources, encountered during his travels and museum visits to the Louvre and elsewhere. They ranged from Ancient Greece and Persia to primitivist African art, extremely popular in the

Dessin préparatoire d'après un bol de Rhagès du XIIe siècle, aquarelle sur papier, vers 1925. ACF.

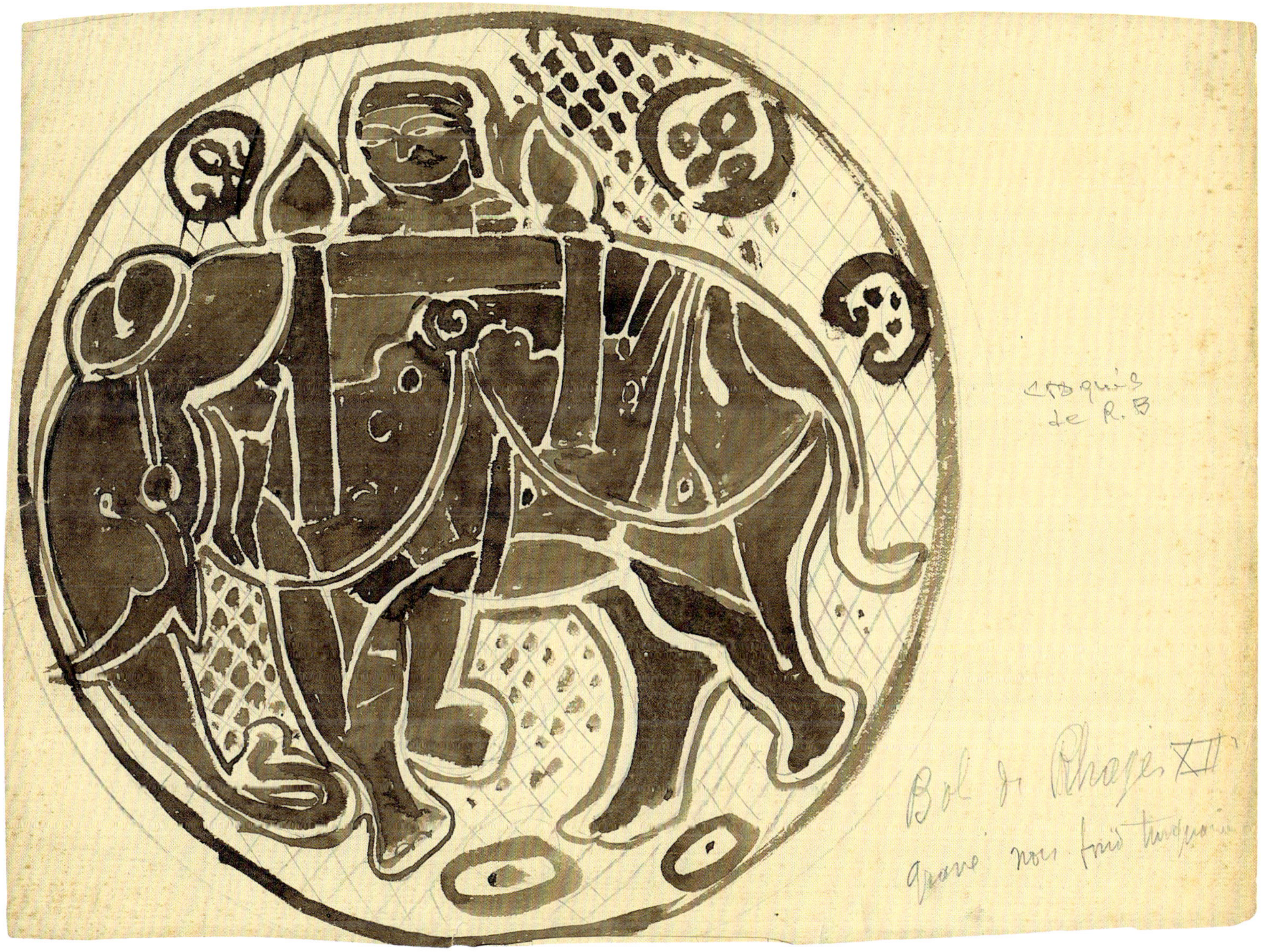

Coupe, céramique, d. 20 cm, 1927. Collection privée.

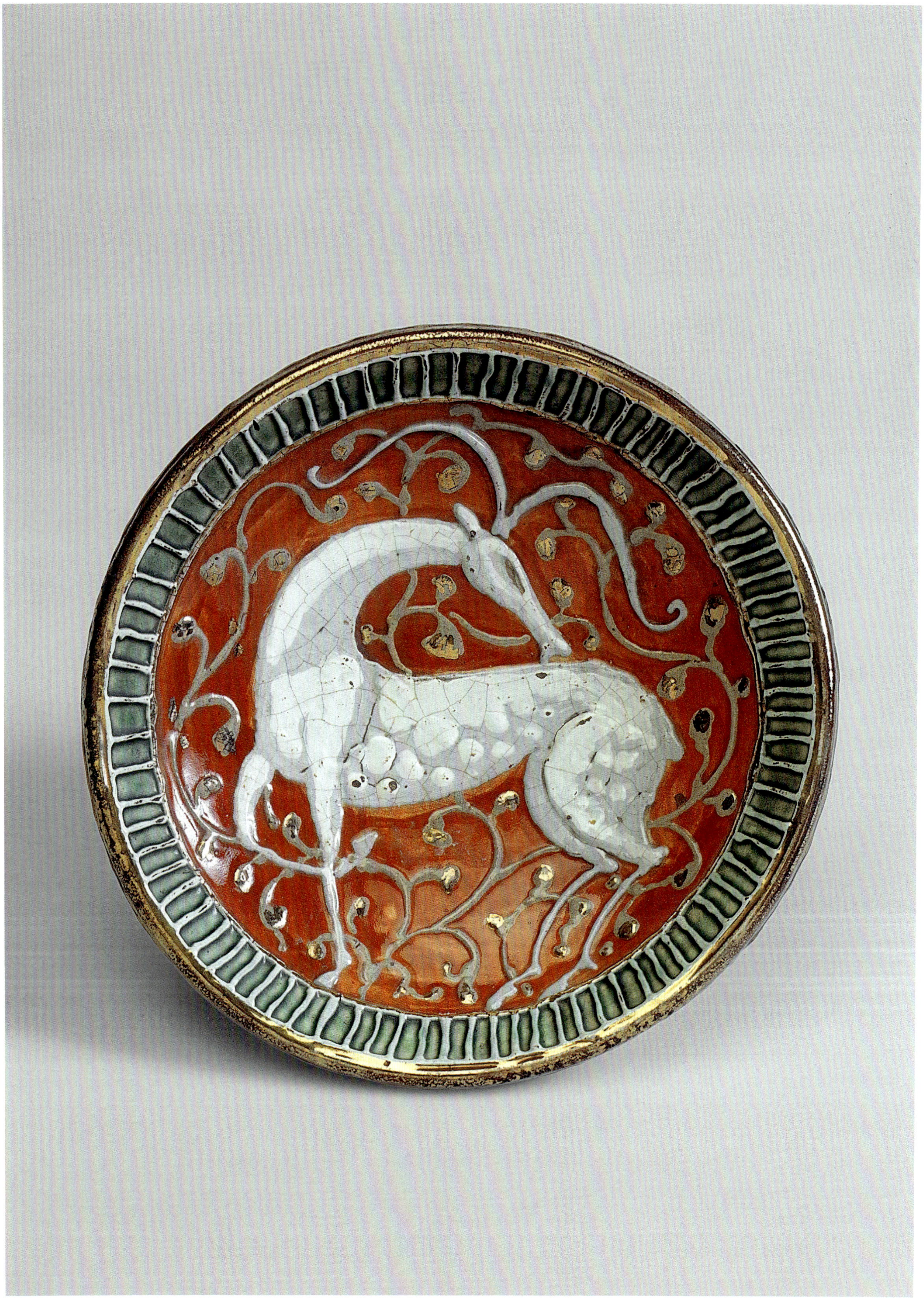

43 Vase, céramique, h. 35,5 cm. 1927. CCF.

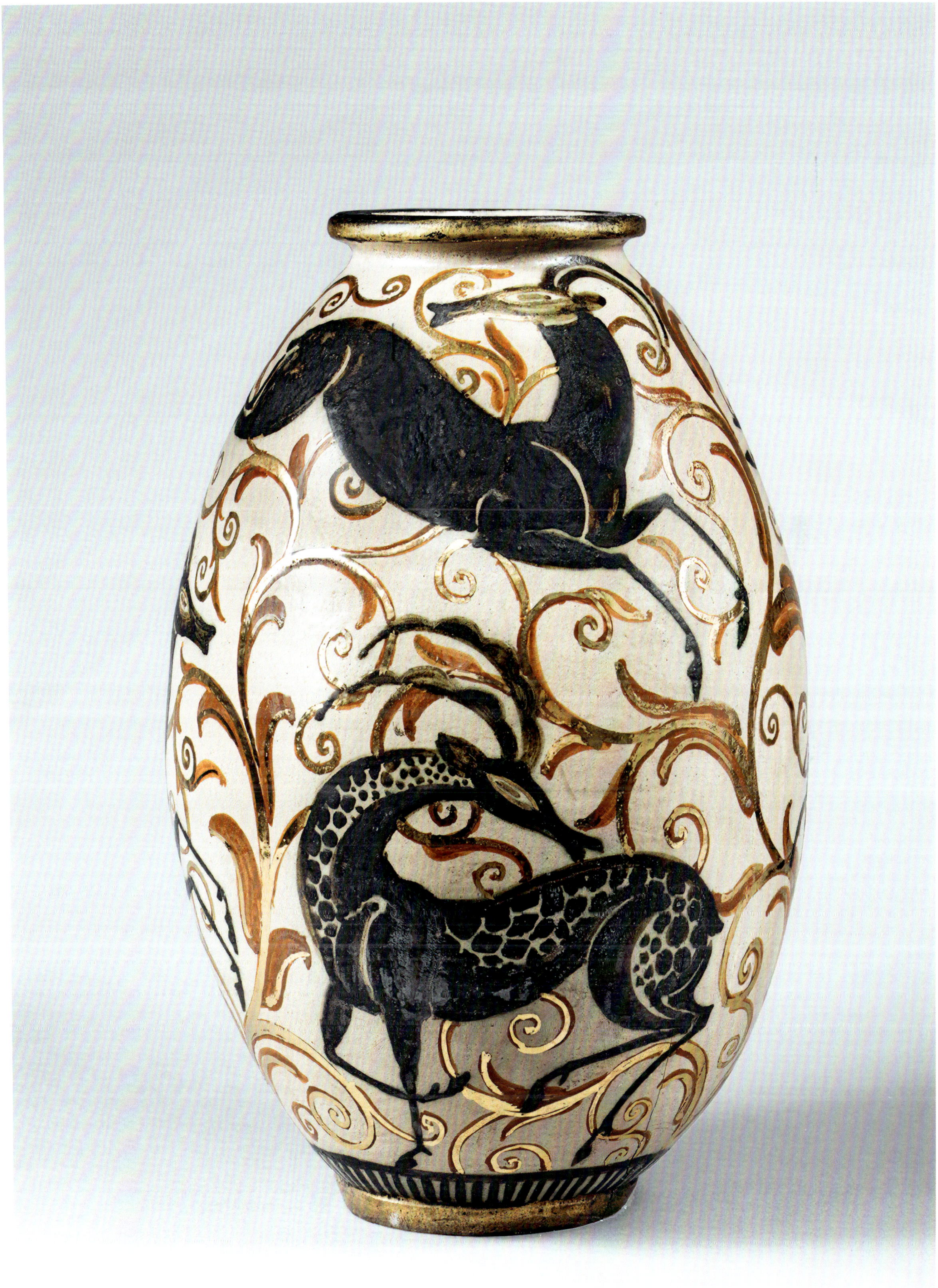

Souvenir de Florence, vase, céramique, h. 36 cm, 1928. Bordeaux, musée des Arts décoratifs et du Design.
Ci-dessous, dessin extrait du carnet d'archives de René Buthaud.

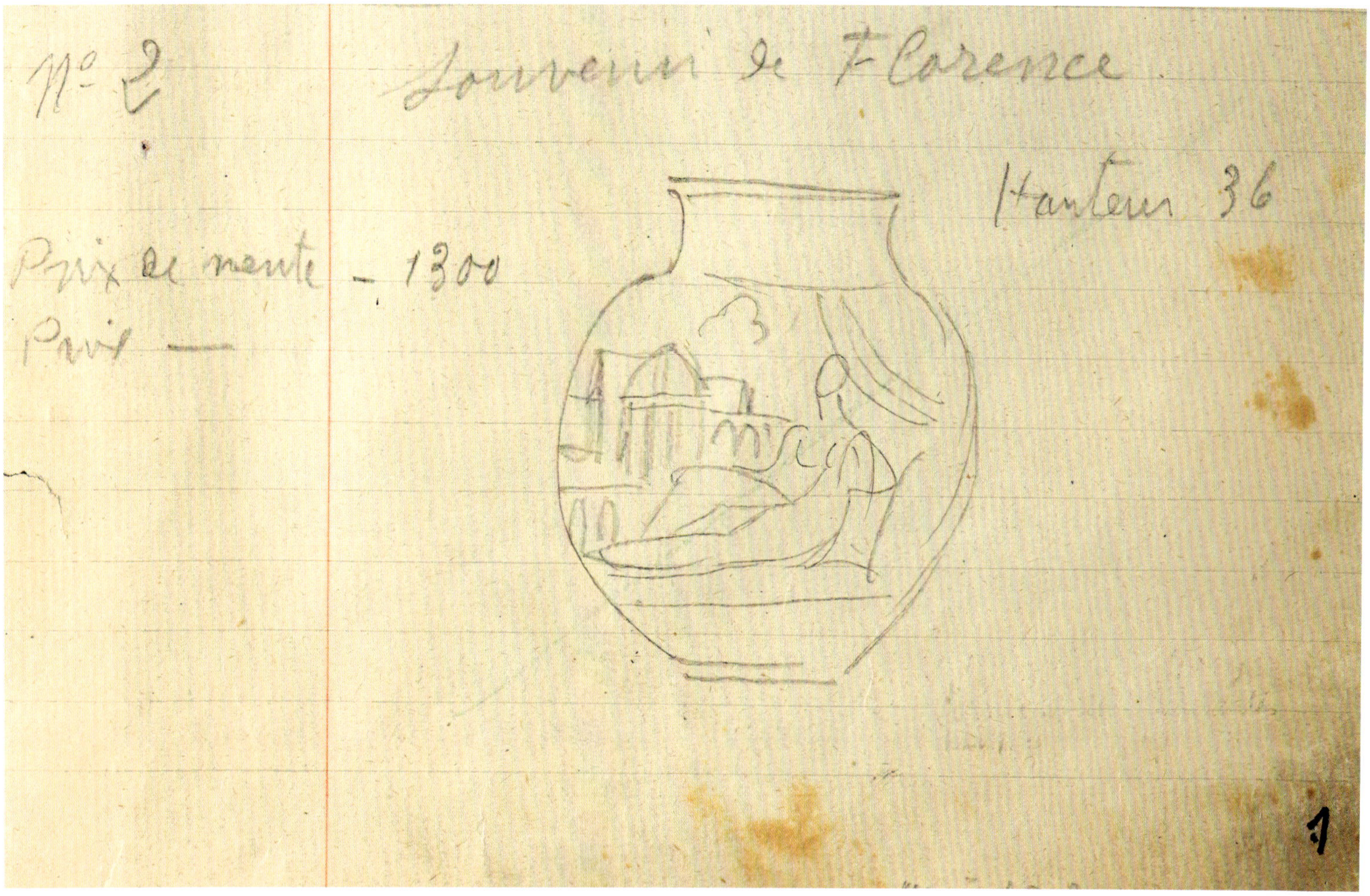

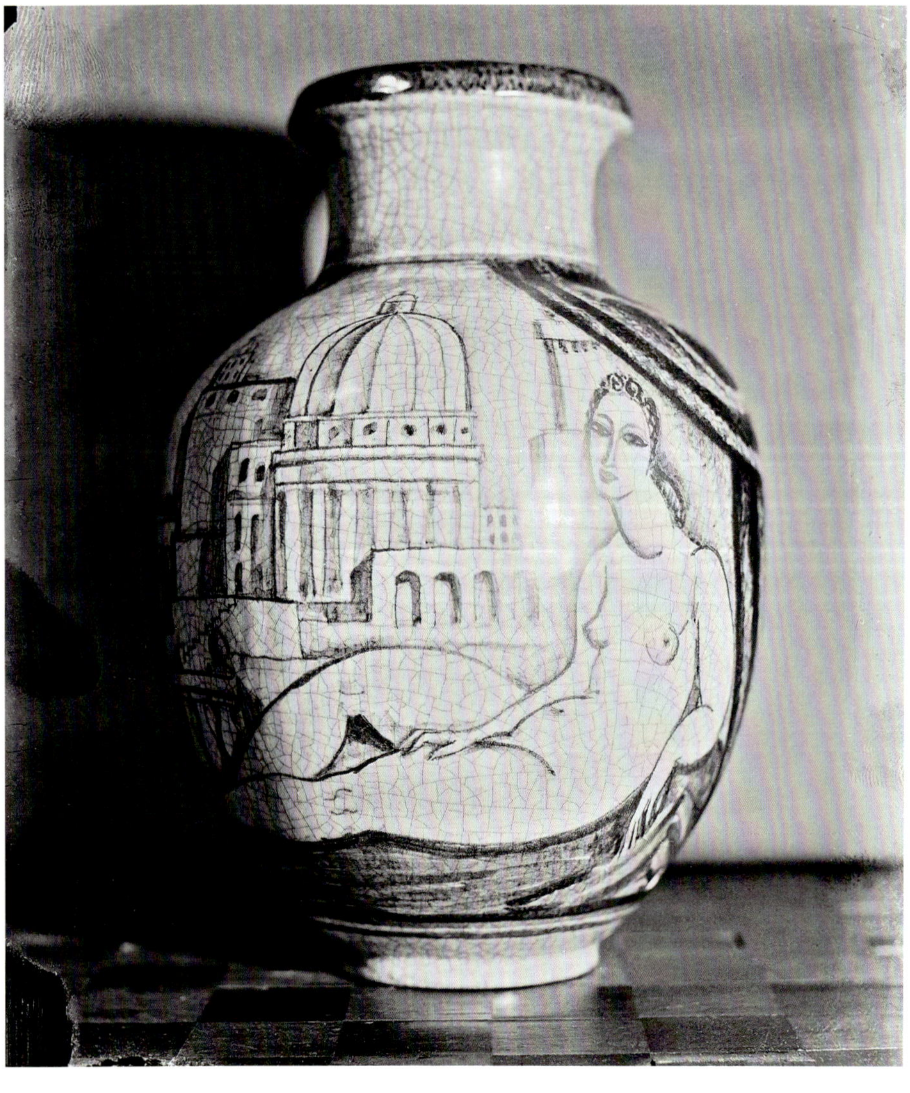

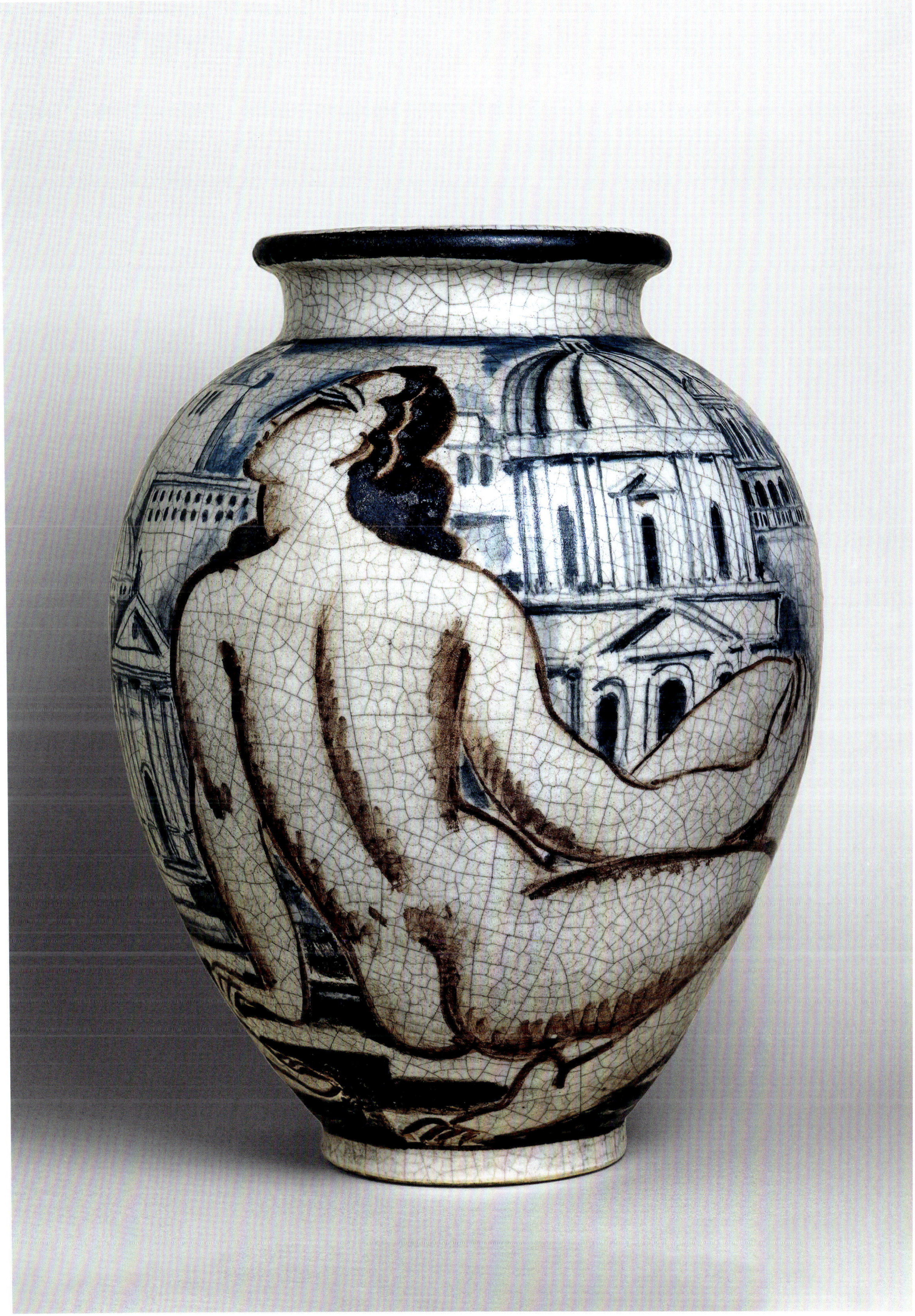

Ensemble de vases, vers 1921.

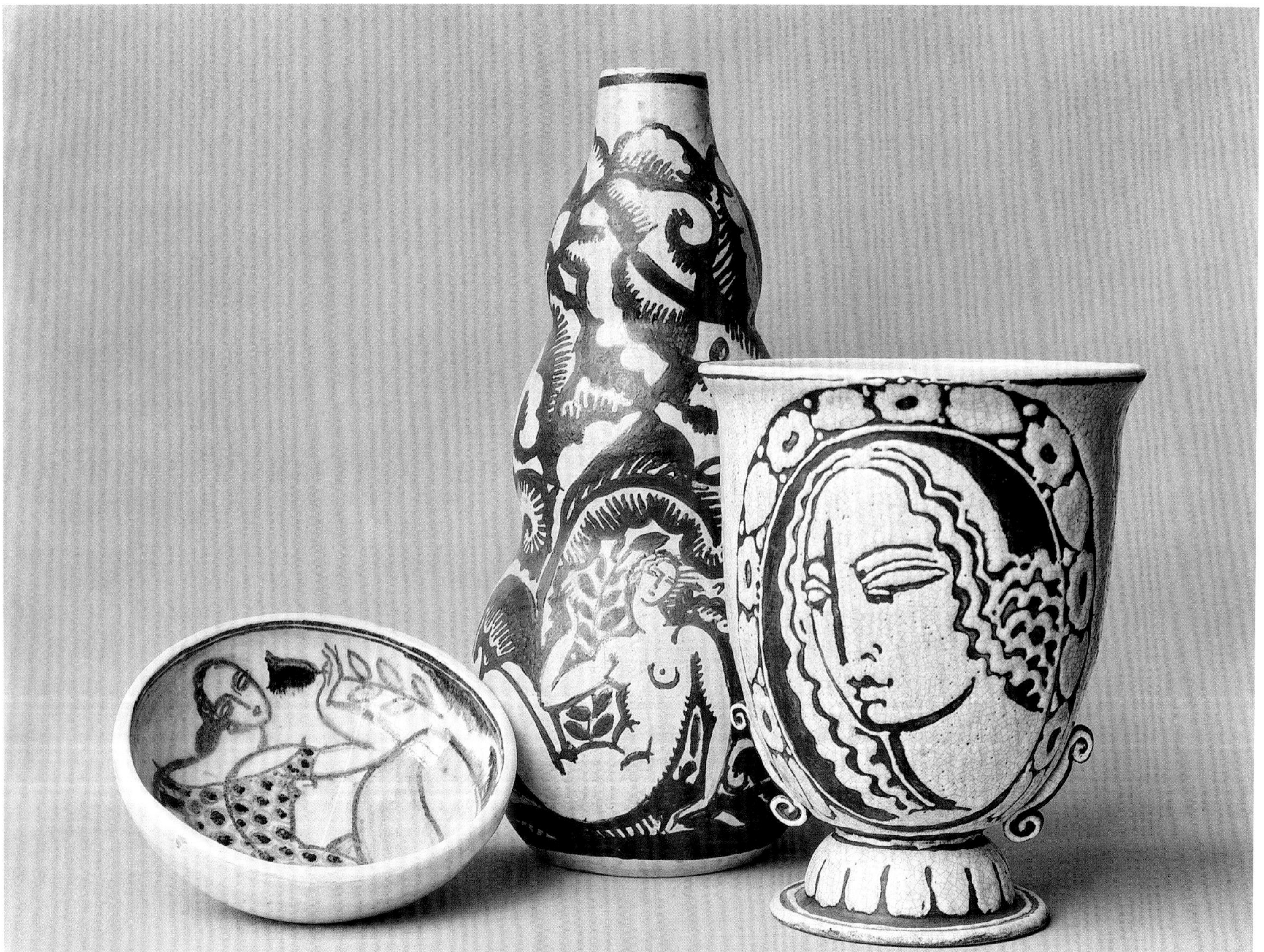

la Perse au primitivisme de l'art nègre, si à la mode au début des années 1920. Classique et moderne à la fois, tel sera l'art développé par René Buthaud. Chineur invétéré, l'artiste est curieux de tout et trouve autant de noblesse à un vase grec à figures rouges de Douris, un délicat carreau de céramique figurant un cavalier persan, une poterie artisanale de Samadet, une statuette anglaise de Staffordshire qu'à un masque réalisé par un artisan africain inconnu. L'artiste a de l'appétence pour l'art populaire et le revendique : « J'ai toujours eu de l'attrait pour ça. Pour quelles raisons ? Ça m'attirait, voilà ! Oui, l'art populaire est une chose qui m'excitait, c'est le mot, une chose qui me donnait faim... »[4]

4 *Ibid.*

early 1920s. The style developed by Buthaud was both classic and modern. An inveterate antique hunter, he was curious about everything and found as much to like in a red-figure Greek vase by Douris, a delicate ceramic tile featuring a Persian horseman, hand-crafted pottery from Samadet, an English Staffordshire statuette, or a mask made by an unknown African craftsperson. Buthaud enjoyed popular art and was outspoken about it: "I have always been attracted to it. Why? Because I have, that's why! Yes, popular art was something I found exciting, that's the word, something I hungered for ... ."[4]

At the beginning of his career, his technical skills were still shaky. The enamel was often chipped off and could even contain blisters. Nearly every firing was a surprise, albeit

4 *Ibid.*

Coupe, céramique, d. 14 cm, vers 1921. CCF.

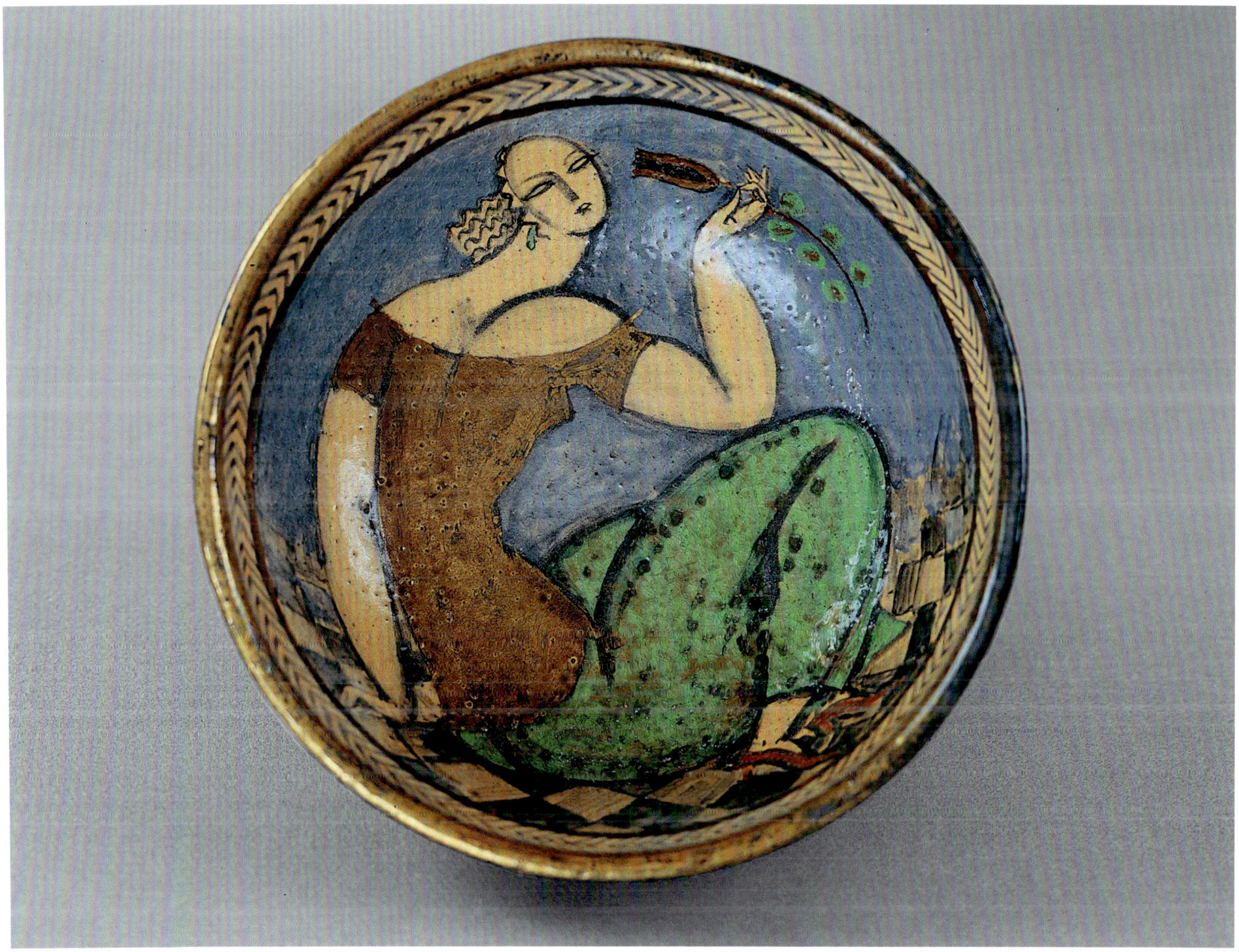

Au début de sa carrière, la maîtrise technique est encore chancelante, l'émail présentant souvent des retraits, voire des bulles. À chaque sortie de cuisson, c'est presque toujours une surprise. Cette dernière peut être heureuse et cela ne déplaît pas forcément à l'artiste. Les tâtonnements sont parfois enrichissants. Si l'iconographie populaire et antique l'inspire, il observe également les différentes techniques de cuisson et d'émail qui feront de lui un technicien et un coloriste hors pair. Il s'intéresse au bleu persan au début des années 1920. Il explore également vers 1922 le décor en relief grâce à l'estampage et au moulage. Ce sont toutes ses expérimentations, sa grande maîtrise technique comme son sens du décor qui le feront remarquer par René Guilleré, le président de la Société

sometimes a pleasant one, to the satisfaction of the artist. The trials and errors could often be rewarding. Inspired by popular and ancient iconography, Buthaud also studied the different firing and enamel techniques which would make him an unparalleled colorist and technician. He became interested in Persian blue in the early 1920s. Around 1922, he also explored the art of embossed decorations through the use of stamping and molding. All these experiments, in addition to his great technical skill and decorative refinement, attracted the attention of René Guilleré, president of the Société des artistes décorateurs[5] and head of the Primavera, who asked him to become the head of the factory in Sainte-Radegonde (see article by Bénédicte Mayer).

5 The Société des artistes décorateurs, whose first president was the painter Guillaume Dubufe in 1903, was presided over after 1911 by René Guilleré (1878–1931).

Vase, céramique, h. 39 cm, 1923. CCF.

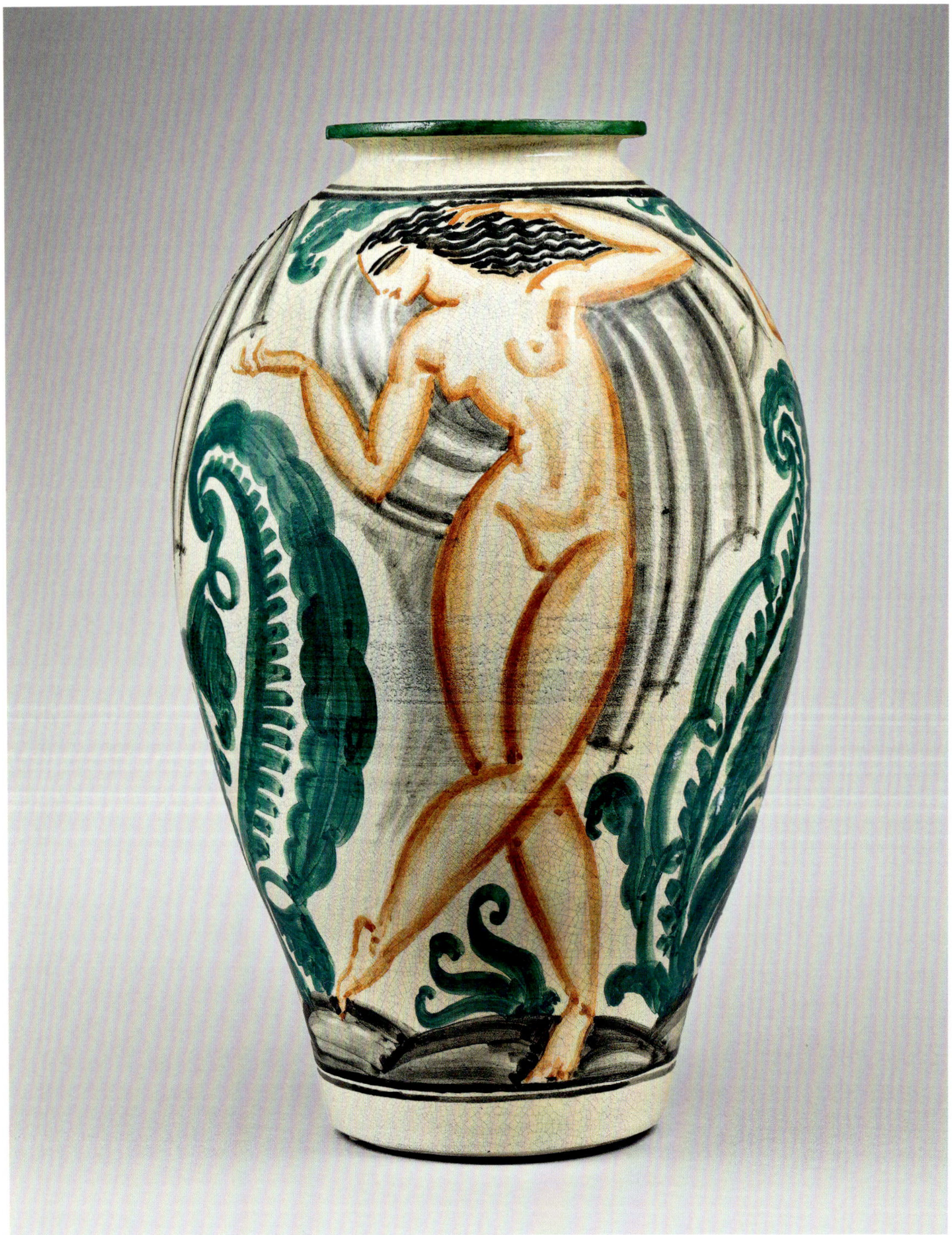

49 Vase, céramique, h. 39 cm, 1923. CCF.

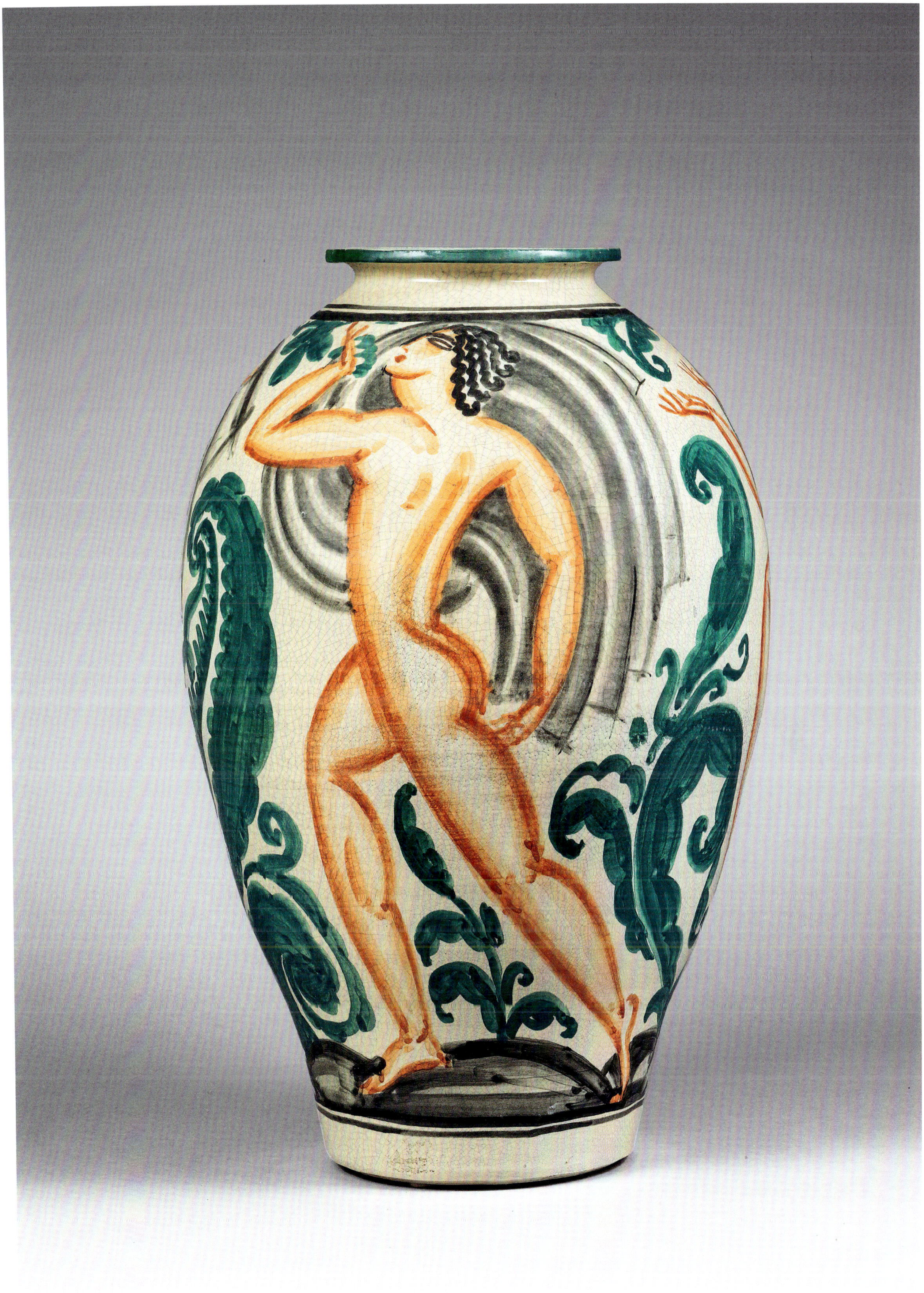

Vase, céramique, h. 35 cm, vers 1921. Collection privée.

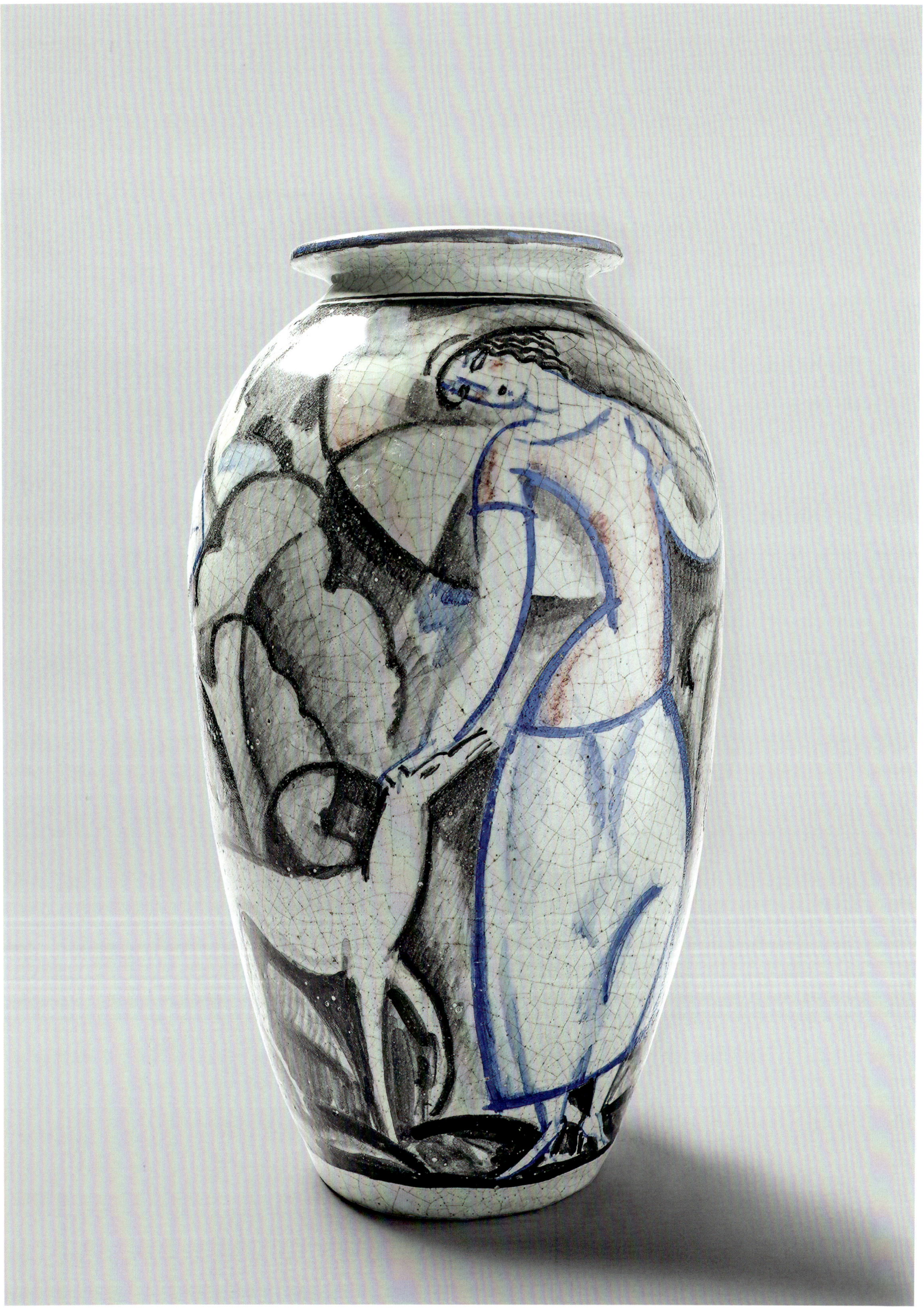

51 Vase, céramique, h. 15,5 cm, vers 1922. CCF.

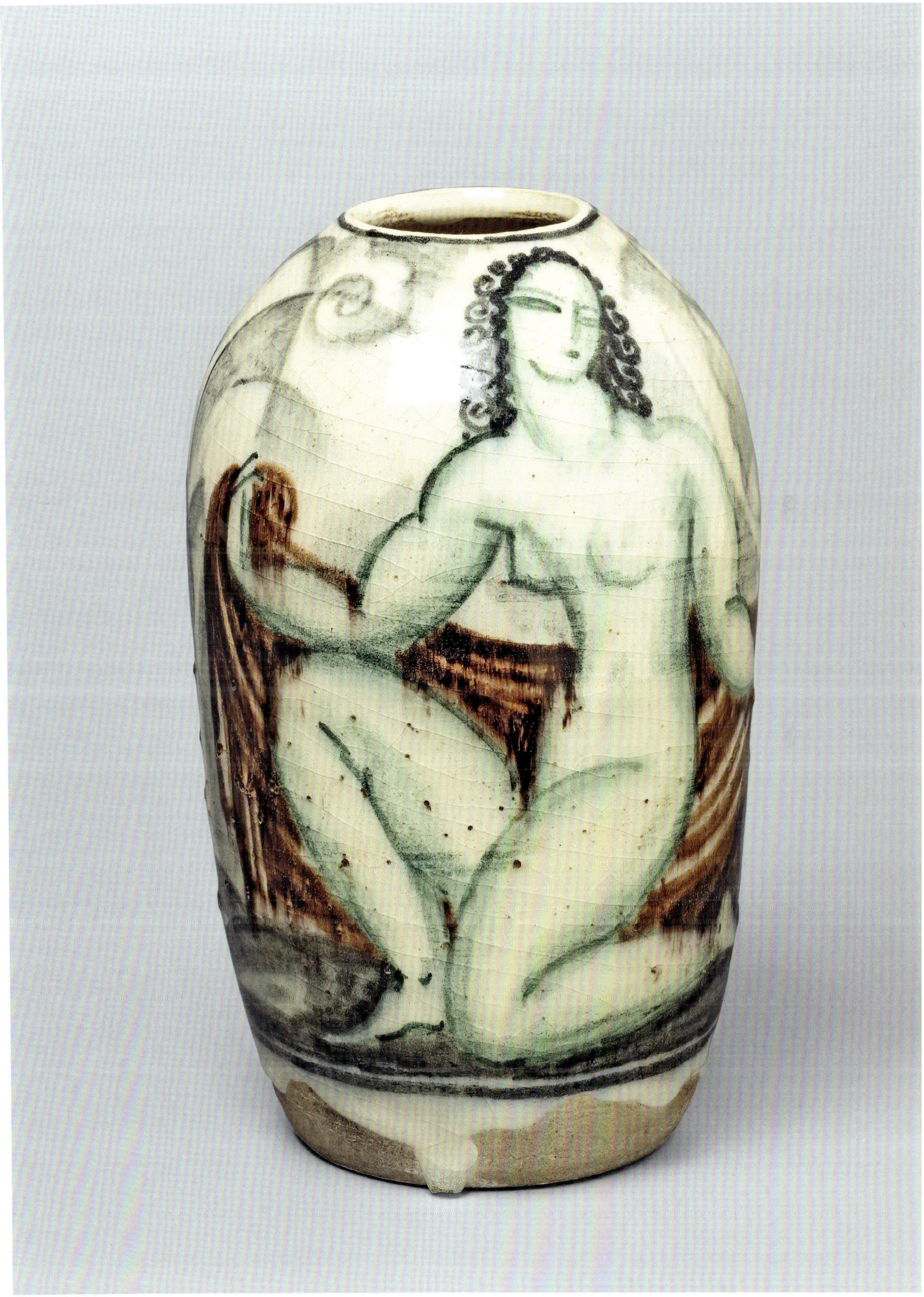

des artistes décorateurs et le directeur de Primavera, qui le sollicitera pour être directeur[5] de l'usine de Sainte-Radegonde (voir l'article de Bénédicte Mayer).

Techniquement Buthaud y apprend beaucoup, poursuivant ainsi sa formation empirique. Il améliore ses connaissances de la terre et de ses réactions au feu. Il y met au point sa technique d'émail craquelé, un accident de surface au moment du refroidissement qu'il va savamment et volontairement utiliser comme élément décoratif. Ce craquelé devient alors une technique à part et un marqueur du style Art déco, que Primavera utilisera pour de nombreux modèles créés par ses artisans.

Les « ficelles » du métier sont de son invention. Modeleur, graveur, décorateur, Buthaud est aussi chimiste. Pour le

5 La Société des artistes décorateurs dont le premier président est le peintre Guillaume Dubufe en 1903, est présidée depuis 1911 par René Guilleré (1878-1931).

Buthaud continued his empirical training there, further developing his technique and improving his knowledge of clay and its reactions to fire. It was there that he invented a way of creating crackle enamel, a surface defect occurring during the cooling-down process that he cleverly and deliberately used as a decorative element. Crackle then became a technique of its own and a major feature of Art Deco that Primavera used on many models created by its own craftspeople.

The "ropes" of the trade were his own invention. A modeler, engraver, and decorator, Buthaud was also a chemist. Regarding color choice, quoting him is vital as the skills required are exceedingly complex: "The decoration's colors were always created using metallic oxide. Only oxides could resist fire.

Moule en creux de sirène et essais d'estampage, vers 1927.

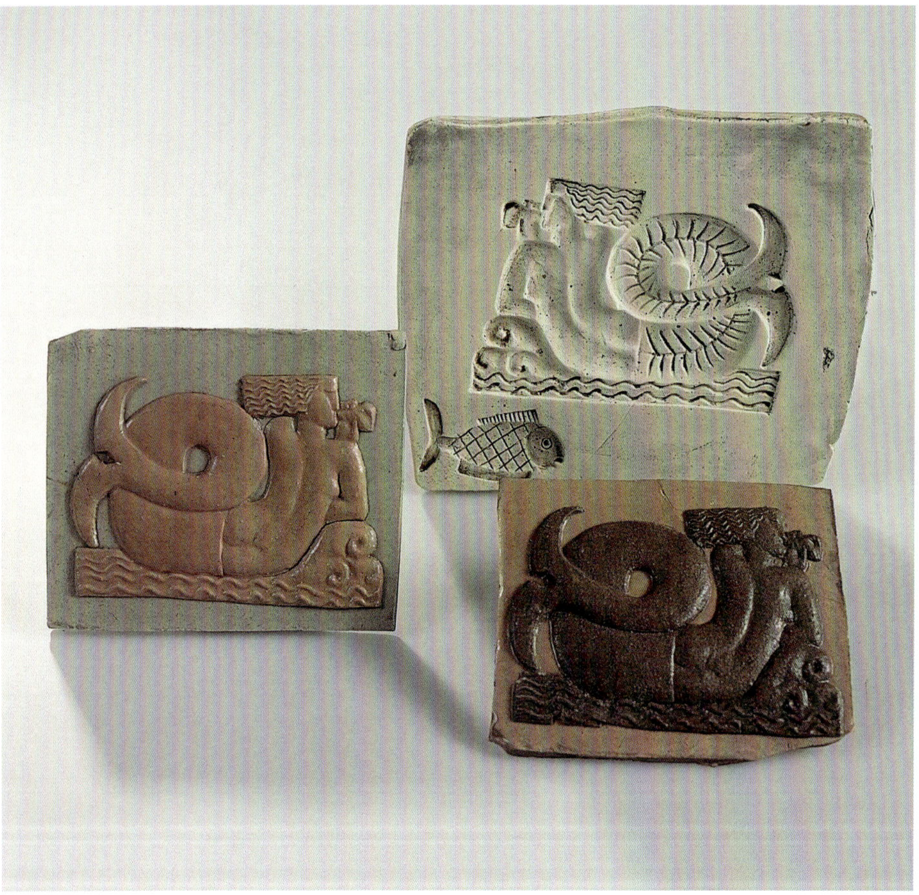

Moule et vase estampé, moulé et gravé. Bordeaux, musée des Arts décoratifs et du Design.

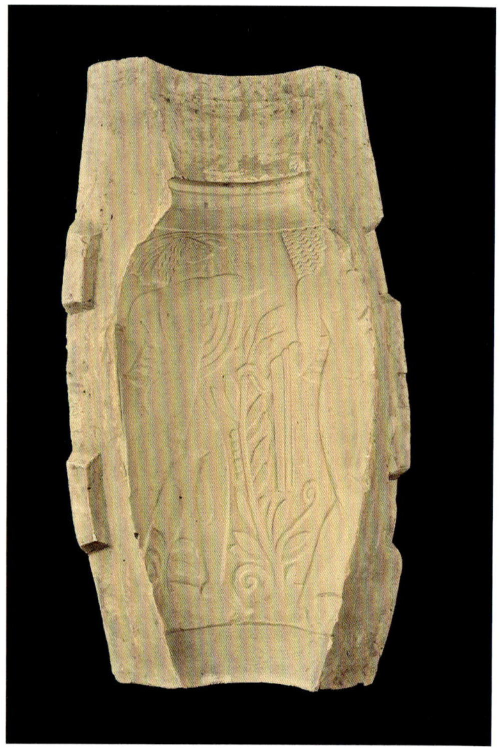

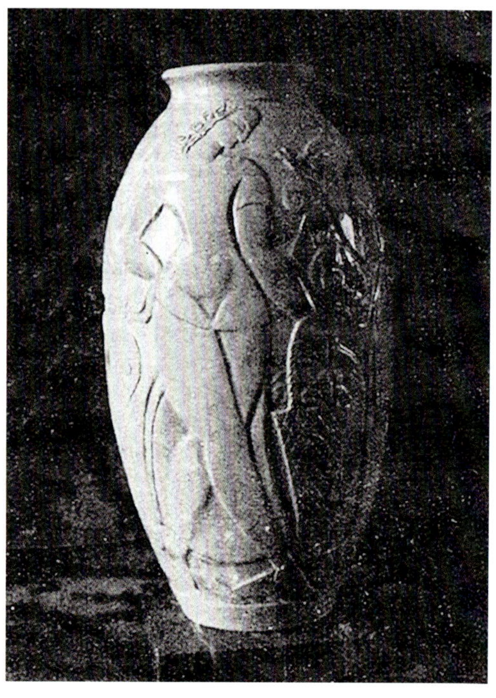

choix des couleurs, il est impératif d'écouter le maître, tant le savoir-faire est complexe : « Les couleurs du décor étaient toujours réalisées avec des oxydes métalliques. Seuls les oxydes résistent au feu. L'oxyde de cobalt donnait du bleu, l'oxyde de manganèse un brun violacé ; l'oxyde de cuivre donnait du vert, et parfois du bleu... J'étais obligé de faire des essais, pour lesquels j'avais construit un petit four. Et puis il y a la question du feu. Si vous donnez beaucoup d'ouverture à votre four et qu'il y rentre de l'oxygène, il se produit un appel d'air et votre feu est oxydant. Si au contraire vous fermez hermétiquement le four, vous empêchez l'air de rentrer, il se dégage de l'acide carbonique, et le feu est réducteur. Les effets obtenus sont dès lors tout à fait différents. Si vous cuisez au feu réducteur,

Cobalt oxide became blue, manganese oxide became a purplish brown; copper oxide became green, or sometimes blue... I was forced to perform tests, for which I had built a small oven. Then there was the question of fire. If you open your oven and a lot of oxygen comes in, it creates an in-draught, and your fire becomes oxidant. If, on the contrary, you close the oven hermetically, you prevent air from coming in, carbonic acid is released and the fire acts as a reducer. The effects generated are completely different. If you use a reducing fire, copper, for instance, becomes gold-colored: the Moors in Spain used this to create metallic reflections on their glazes. There is no end to what one can do!"[6]

6 *René Buthaud, entretiens avec Jacques Sargos, op. cit.*, 1987.

Vase estampé, céramique, h. 25,5 cm, vers 1922. Bordeaux, musée des Arts décoratifs et du Design.

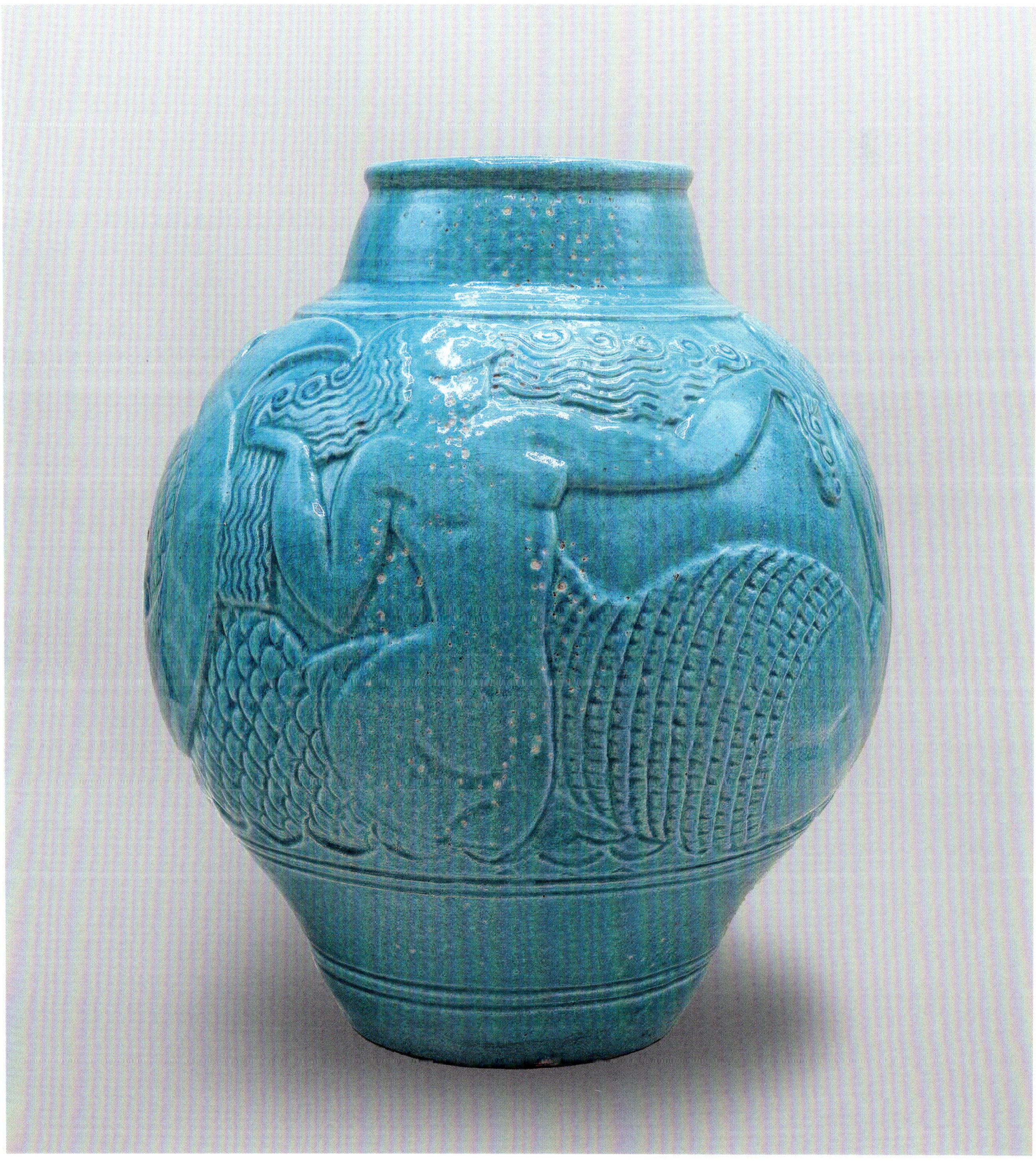

le cuivre, par exemple, devient doré : les Hispano-Mauresques ont utilisé ce procédé dans leurs faïences à reflets métalliques. C'est infini, ce qu'on peut faire ! »[6]

Si René Buthaud a été tant apprécié, c'est très certainement pour sa très grande originalité, mais également pour son aptitude à maîtriser un métier si contraignant qui force l'admiration de tous ceux qui l'ont approché. Le céramiste est rassurant et a un sens presque inné des matériaux que sa région lui procure. Pour ses premières pièces, il avait utilisé la terre de Canéjan, à forte teneur argileuse, qui lui permettait une très haute cuisson allant de 950° à 1250°, sans pour autant devenir du grès. À partir de 1936, ne pouvant plus importer son charbon de Pologne, indispensable à la cuisson au grand

6 *René Buthaud, entretiens avec Jacques Sargos, op.cit*, 1987.

René Buthaud was doubtless highly appreciated for his great originality, but it was also his ability to master such a constraining craft which drew the admiration of all those who approached him. Buthaud was an assured ceramicist with a near-innate understanding of the materials his region provided. In his early works, he used earth from Canéjan, which was rich in clay and could therefore be fired at very high temperatures, from 950°C to 1250°C, without turning into sandstone. From 1936, since he was no longer able to import coal from Poland, indispensable though it was for the grand feu firing of his vases, he instead used a highly malleable light-colored clay, rich in iron and easy to shape.

Vase, céramique, h. 15,5 cm, 1925. Collection privée.

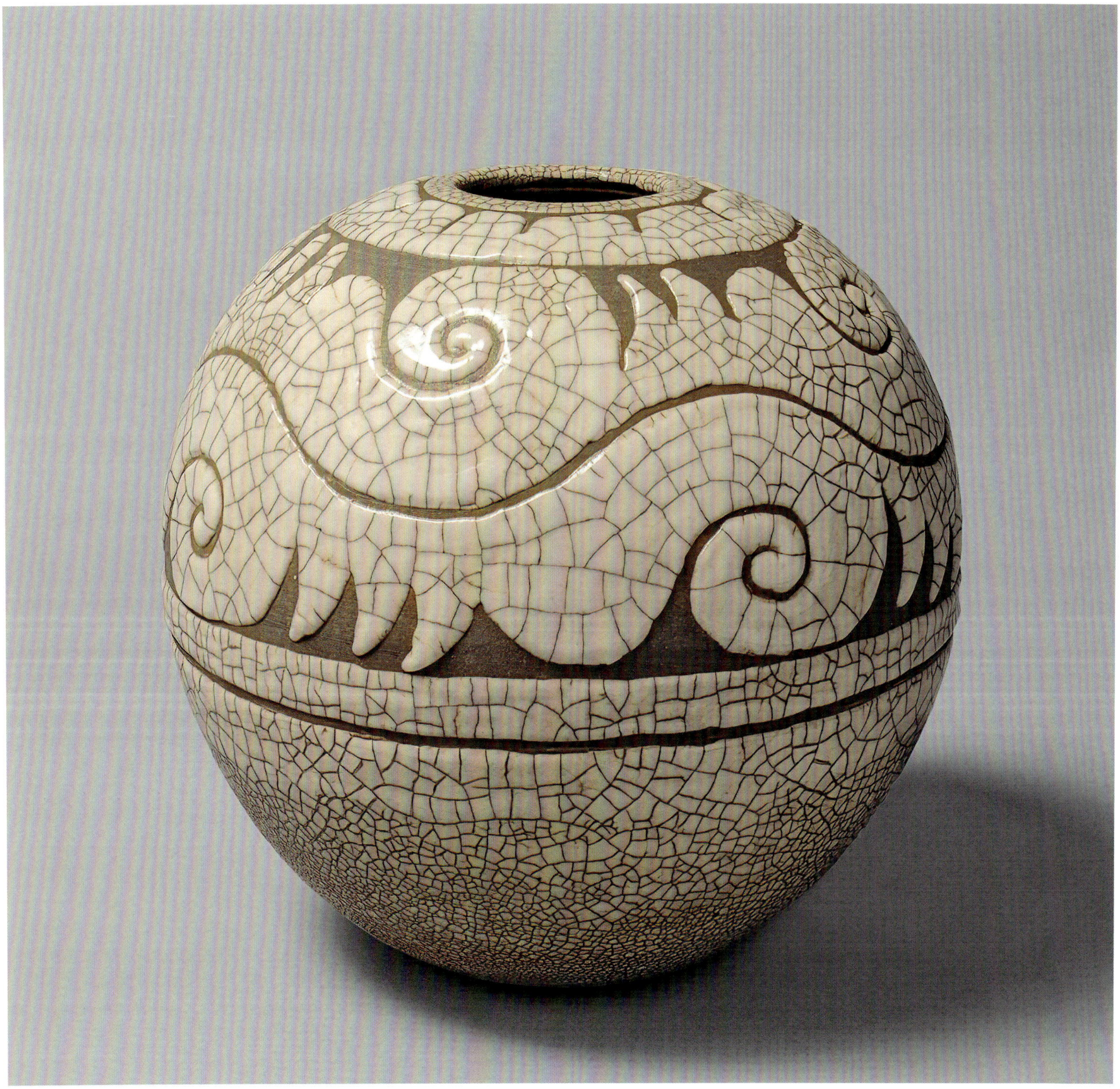

55 Doris, vase, céramique, h. 36 cm, vers 1935. CCF.

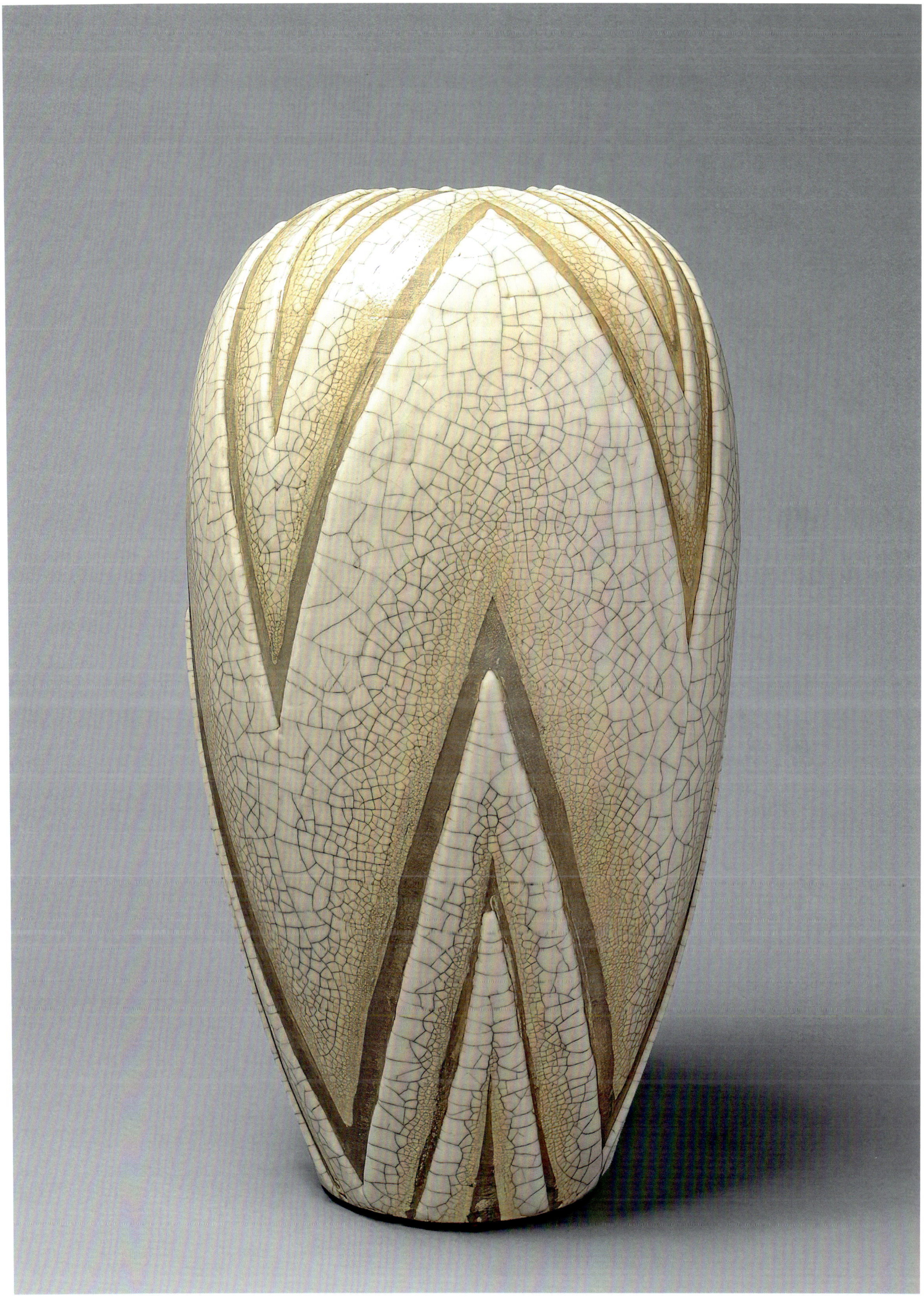

feu de ses vases, il utilise une argile claire d'une très grande plasticité, riche en fer et facilement modelable.

C'est peu ou prou à cette époque qu'il va progressivement cesser sa production de vases pour se tourner vers ses statuettes à émail stannifère qui l'occuperont jusqu'à la fin de sa collaboration avec Georges Rouard, en 1966. Le céramiste, peut-être à la recherche de formes plus libres que le vase, a déjà réalisé des premières statuettes dès 1927. Grâce aux archives du céramiste, on peut dater précisément la première livraison à la galerie Rouard de ces sculptures en décembre 1934. Ces envois se poursuivront sans interruption jusqu'en 1966. Les nombreux modèles qu'il crée témoignent d'une liberté et d'une fantaisie retrouvée : Buthaud façonne

It was more or less during this period that he gradually ceased producing vases, turning instead to the tin-glazed statuettes which would occupy him until his collaboration with Georges Rouard ended in 1966. Perhaps already seeking freer forms than vases, Buthaud had produced his first statuettes as early as 1927. His archives inform us that the first delivery of statuettes to the Rouard gallery dates back to December 1934. The deliveries would continue without interruption until 1966. The many models he created attest a newfound creativity and freedom: Buthaud fashioned horsemen, women, couples, sirens and musicians in widely different sizes, and the enamels – often green, yellow and blue – were inspired by Italian faience. From 15 cm to nearly 1 m high, the sculptures

Cheval de Marly, statuette, céramique, h. 45 cm, 1954. CCF.

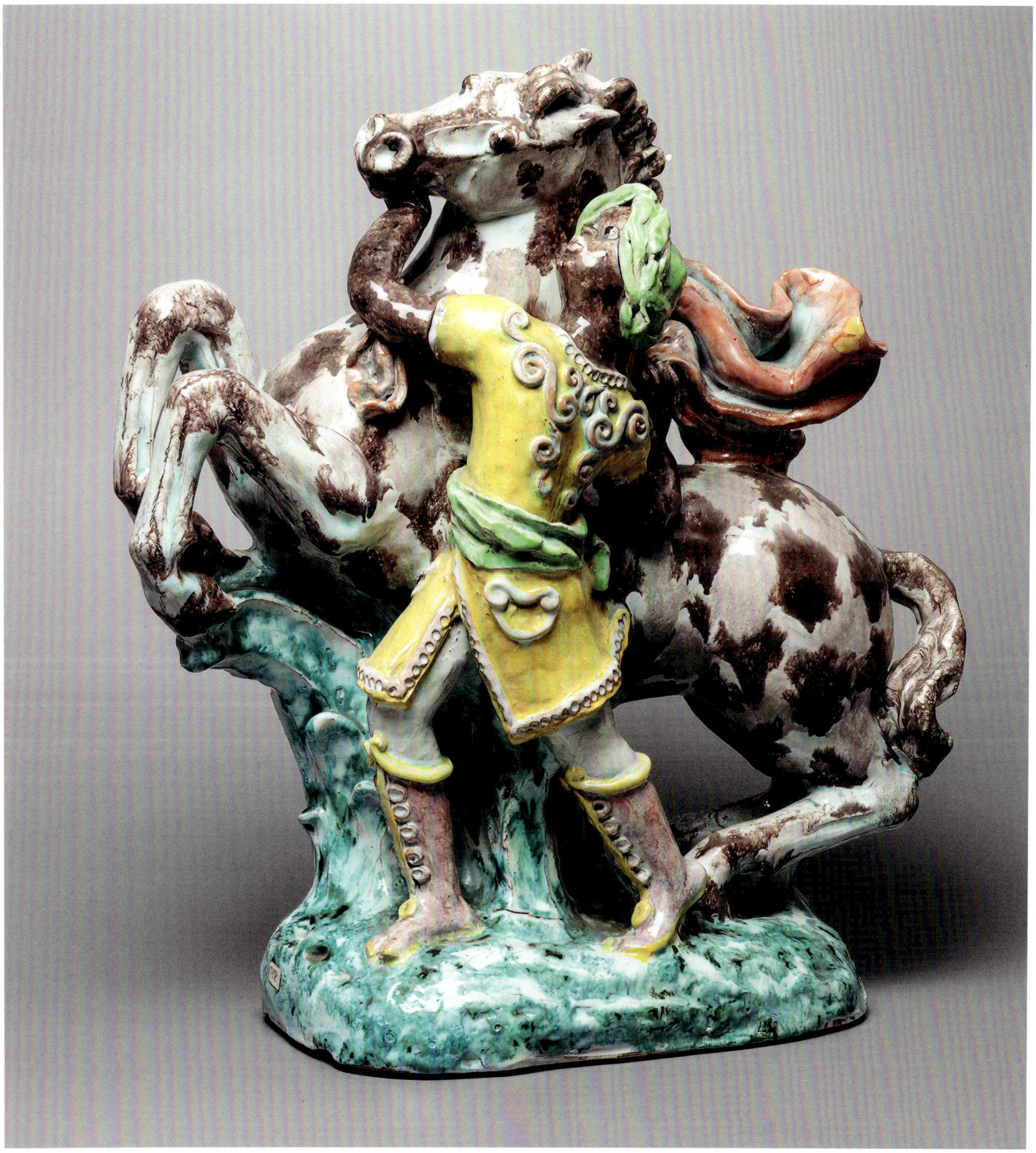

57 *Page au phœnix*, statuette, h. 93 cm, 1940. CCF.

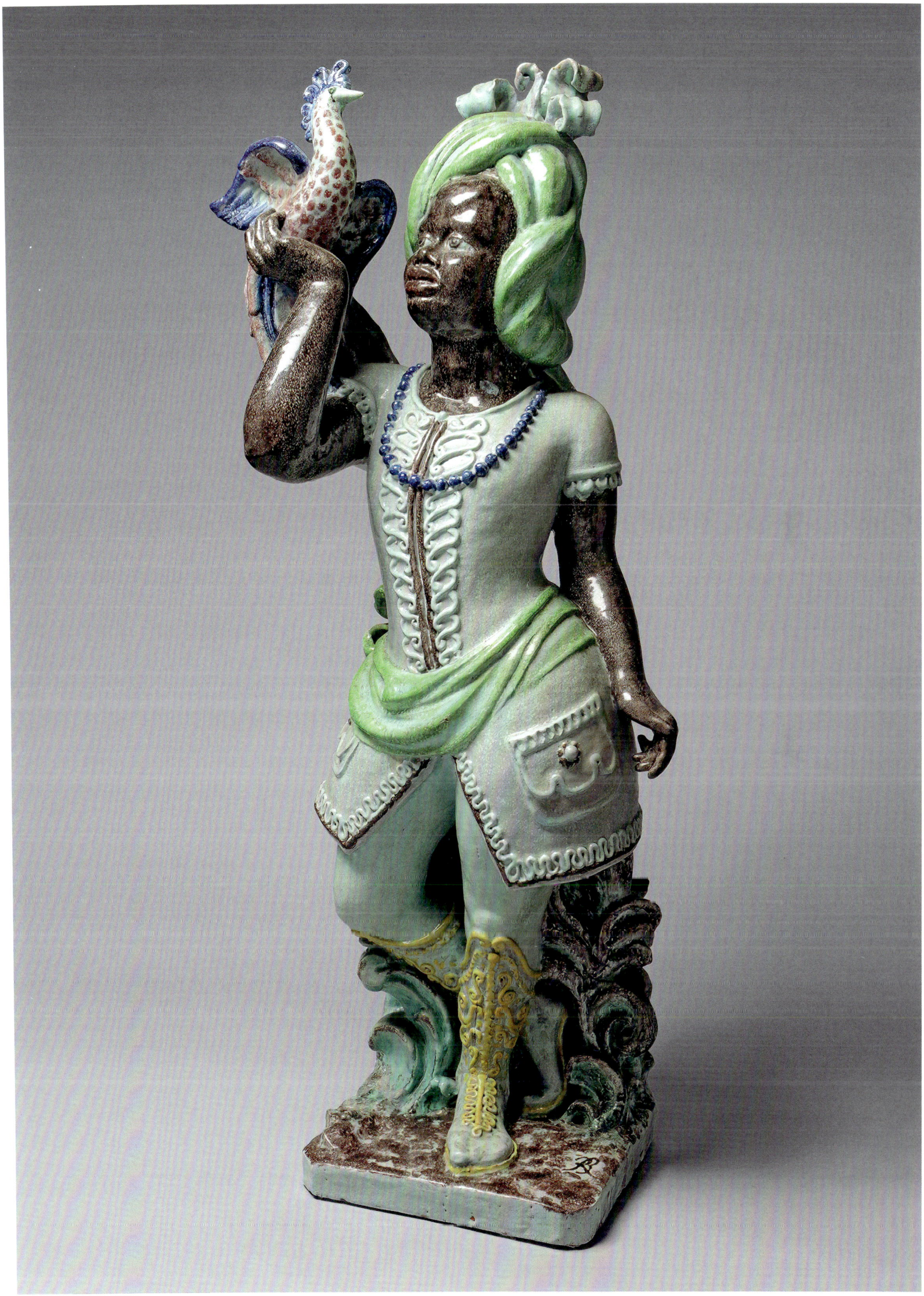

Vénus, statuette, céramique, h. 53 cm, 1952. CCF.

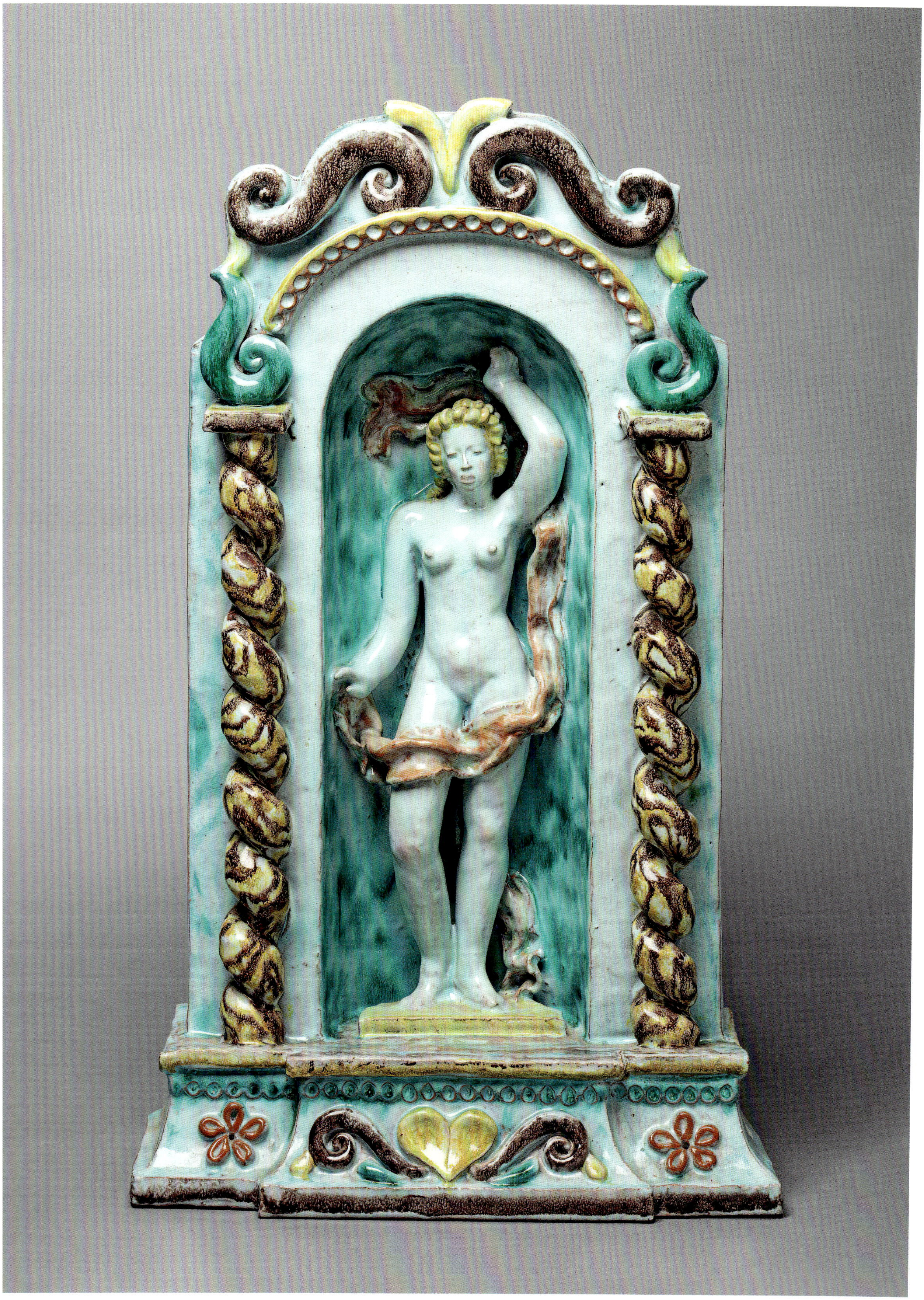

cavaliers, femmes, couples, sirènes, musiciens de tailles très variées, dont les émaux, souvent vert, jaune et bleu, renvoient notamment à la faïence italienne. Allant de 15 cm de haut à des grands modèles de près d'un mètre, ces sculptures permettent à son diffuseur et galeriste, Géo Rouard, de toucher une clientèle la plus large possible. Les albums photographiques d'époque, comme ses archives, témoignent d'une production soutenue. Ses précieux carnets, conservés dans les archives, font état de plusieurs centaines de pièces produites en une trentaine d'années.

À partir de 1931, celui qui connaissait si bien la terre et maîtrisait le feu, est appelé à transmettre ses connaissances dans le cadre d'un enseignement à l'École des beaux-arts de Bordeaux. L'infinité de son savoir sera réservée à ses plus fidèles élèves comme Pierre Cruège.

enabled his dealer and gallerist Géo Rouard to reach the largest possible clientele. Photographic albums from the period, as well as his archives, show signs of a steady output. His precious notebooks, kept in the archives, mention several hundred pieces produced in around 30 years.

In 1931, due to his understanding of clay and mastery of fire, Buthaud was asked to give classes at the École des beaux-arts de Bordeaux. His boundless knowledge would only be fully passed on to his most loyal students, such as Pierre Cruège.

Chef indien fumant, lampe, céramique, h. 32 cm, vers 1955. Collection privée.

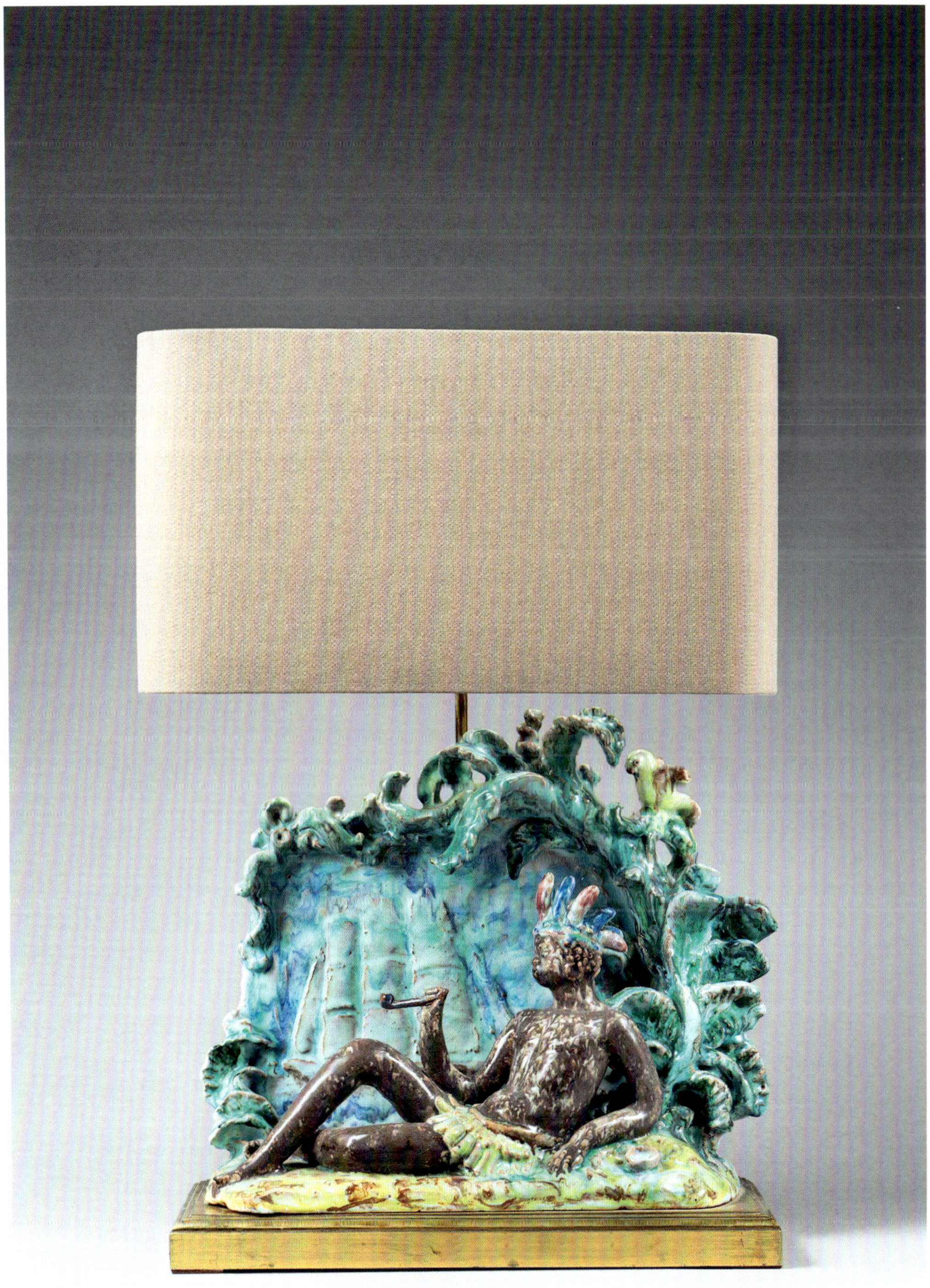

Statuette, céramique, vers 1955. CCF.

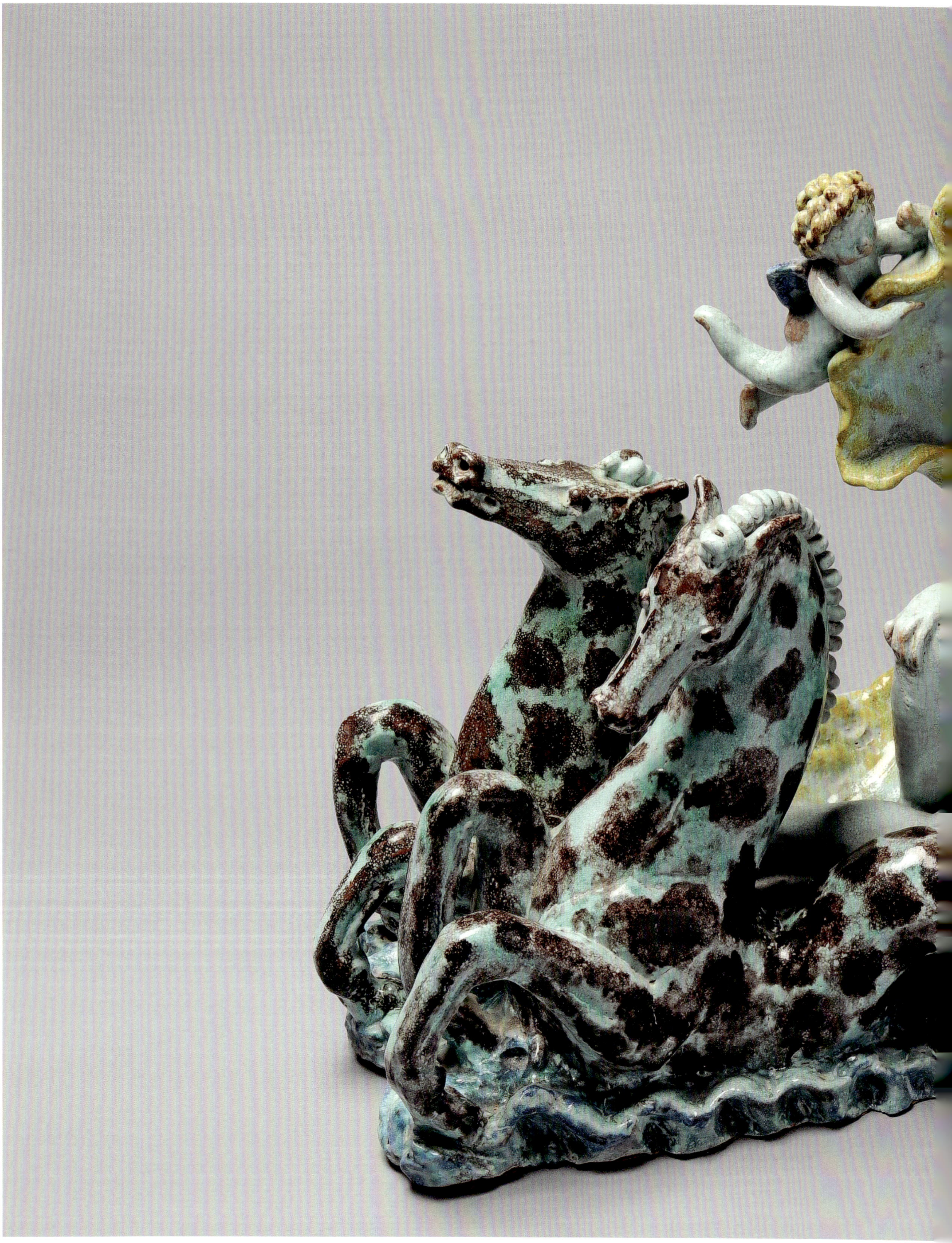

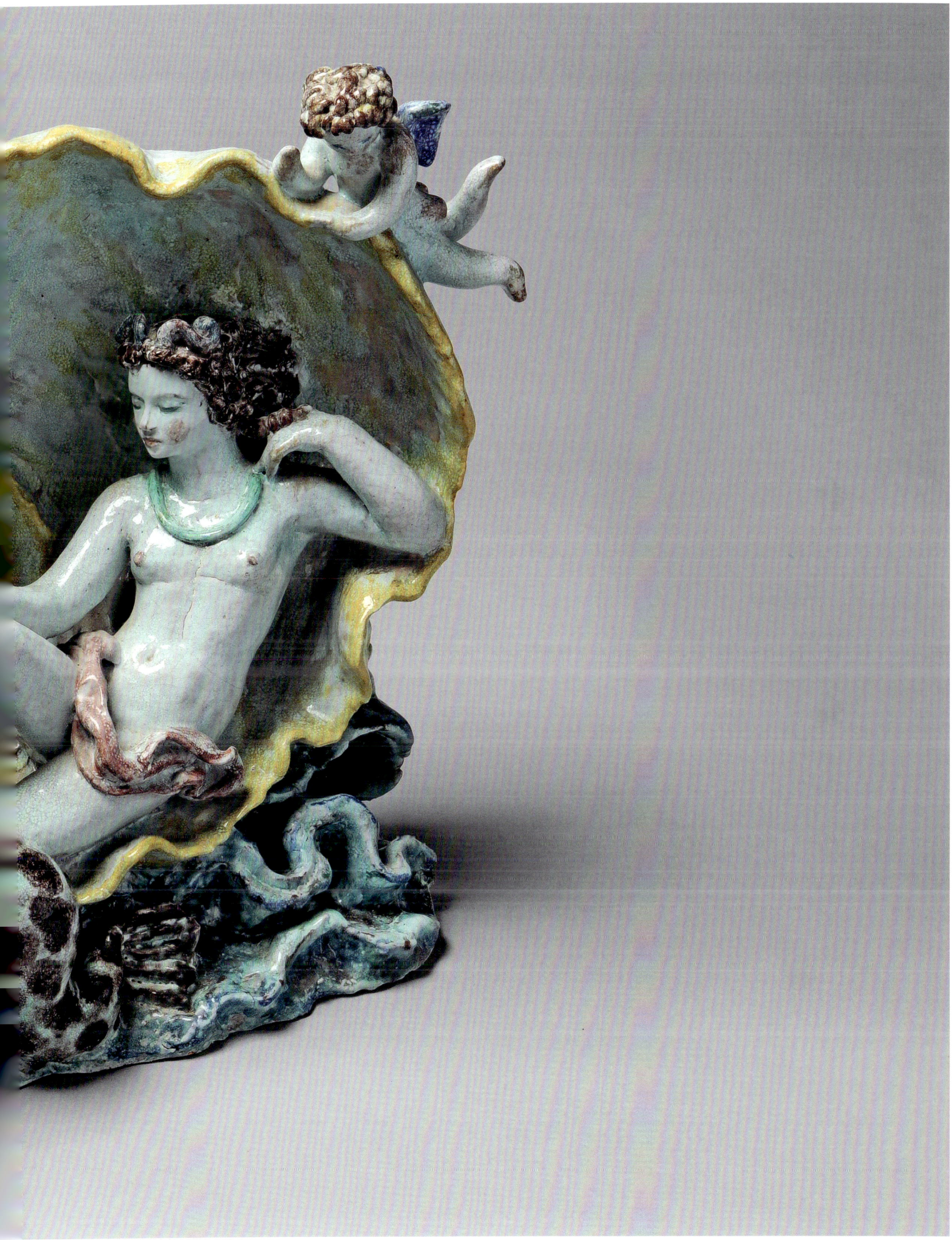

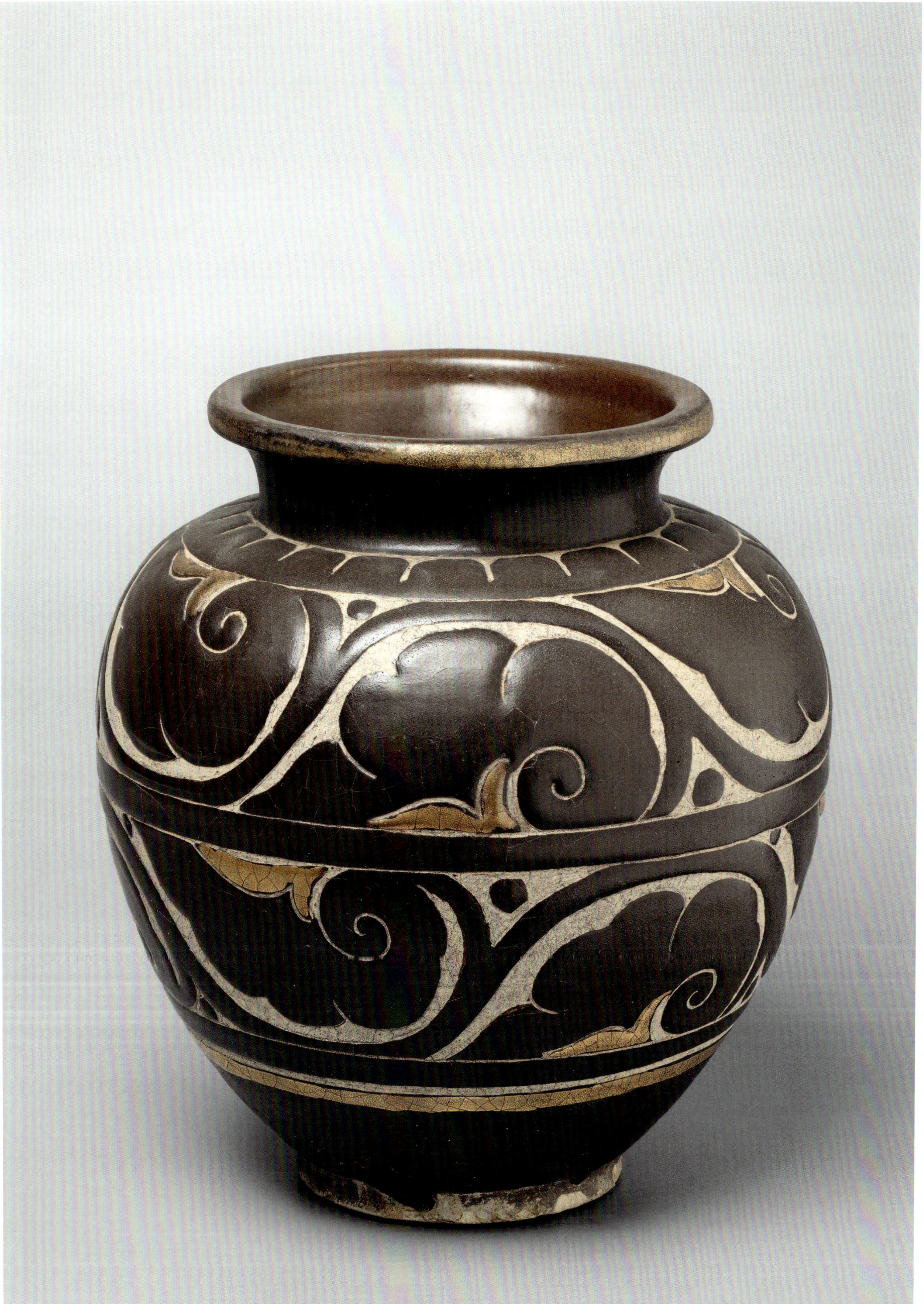

Vase, céramique, h. 24 cm, vers 1926. CCF.

René Buthaud et les artistes de son temps

Étienne Tornier
Responsable des collections modernes
et contemporaines au madd-bordeaux

René Buthaud and the Artists of his Day

Quel regard Buthaud portait sur les autres céramistes et artistes de sa génération ? Comment se situe-t-il vis-à-vis des grands mouvements et tendances artistiques qui ont traversé sa carrière et en particulier la période de l'entre-deux-guerres ? Les publications des critiques des expositions auxquelles Buthaud a participé et le long entretien qu'il donne à la fin de sa vie[1] fournissent plusieurs pistes de réponses à ces questions.

Ses vases aux formes simples et robustes, ses décors stylisés, ses nus féminins au regard pensif rattachent incontestablement le céramiste à son temps, à l'Art déco tel qu'il s'affirme lors de l'Exposition internationale des arts décoratifs et industriels modernes de 1925. À bien des égards, Buthaud

1 Entretien de René Buthaud avec Jacques Sargos, enregistrement audio, septembre-octobre 1985.

What was Buthaud's opinion of the other artists and ceramicists of his generation? How did he see himself in relation to the great artistic movements and trends that spanned his career and the inter-war period in particular? The publication of reviews of exhibitions in which Buthaud participated, and the long interview he gave at the end of his life,[1] provide several potential answers to these questions.

His vases and their simple, robust shapes, his stylized decorations, his female nudes and their thoughtful gazes, all unquestionably tie Buthaud to his day, and also to Art Deco as it was presented in 1925 during the International Exhibition of Modern Decorative and Industrial Arts. In many respects, Buthaud was an artist rooted in the first half of the

1 René Buthaud interview by Jacques Sargos, audio recording, September-October 1985.

Ensemble de vases de René Buthaud présentés sur une table de Pierre Chareau et avec des tissus d'Hélène Henry. Photographies de Thérèse Bonney.

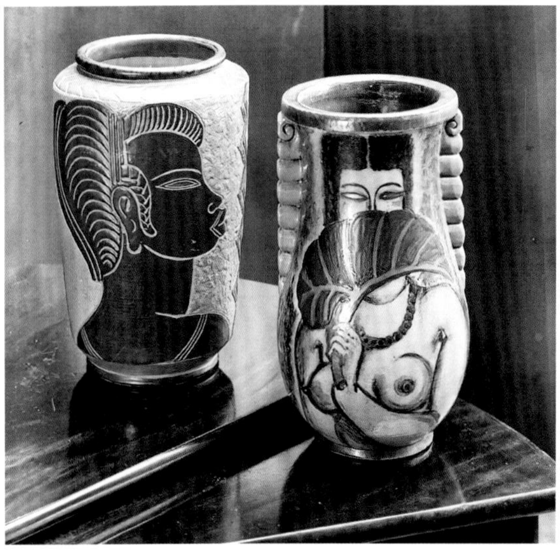

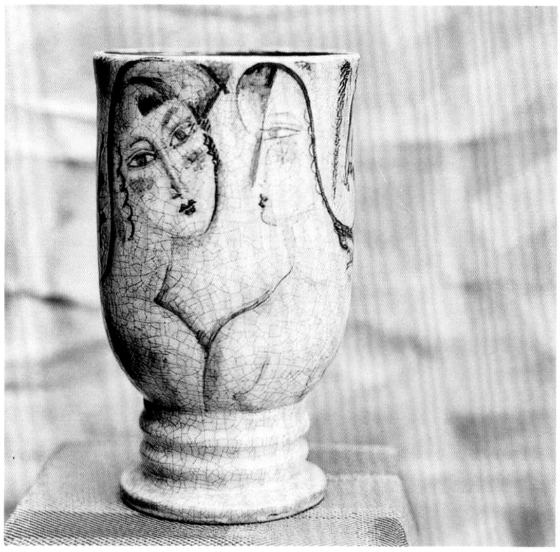

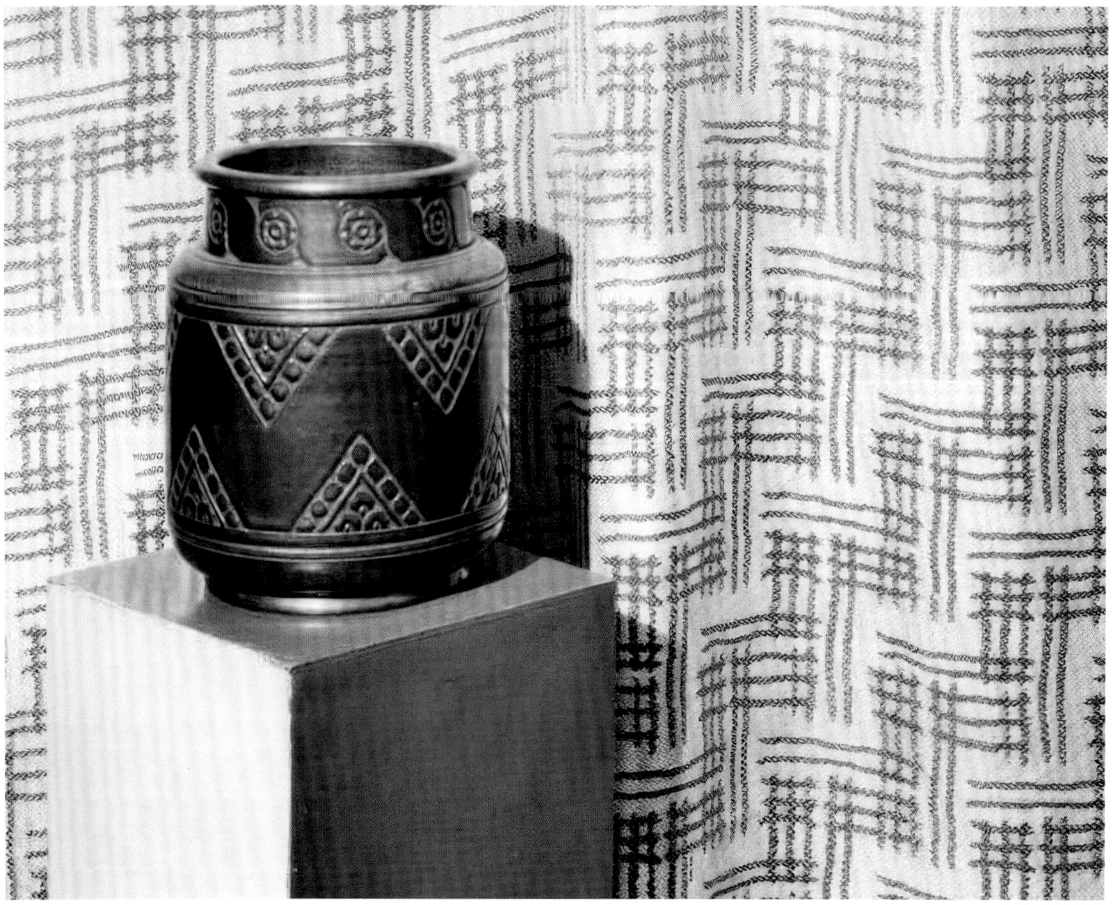

est un artiste de la première moitié du xxe siècle. Comme les premiers cubistes avant lui, il s'intéresse et collectionne l'art extra-occidental et en particulier d'Afrique noire, qui a une influence déterminante sur son œuvre. Certains de ses vases, dessins et gravures des années 1910 et 1920 peuvent être rapprochés, par leur traitement stylistique, du cubisme, même si l'artiste n'a jamais revendiqué en particulier son rattachement à un courant ou à une famille d'artistes. Ses vases au décor de femmes aux visages allongés et aux traits simplifiés peuvent inviter à rapprocher Buthaud de Matisse ou de Modigliani. À la fin de sa vie, il s'exprime justement sur ces liens formels que l'on pourrait déceler à l'observation de son œuvre : « J'ai rarement fait en pensant à quelqu'un. [...] Je ne dis pas que je

twentieth century. Like the first Cubists before him, he was interested in and collected non-Western art, especially art from sub-Saharan Africa, which had a decisive influence on his work. Some of his vases, drawings and engravings from the 1910s and 1920s could even be considered cubist due to their stylistic treatment, although Buthaud never proclaimed any affiliation to a particular movement or family of artists. Buthaud's vases, decorated with simple-featured, long-faced women, can easily draw comparisons to works by Matisse or Modigliani. Towards the end of his life, he actually did talk about his artistic links, apparent when studying his work: "I rarely worked while thinking about somebody. [...] Not to say I was not influenced. Without me wanting to, something would

Émile Lenoble, grès, h. 22 cm, vers 1925. Ancienne collection Robert A. Ellison Jr.

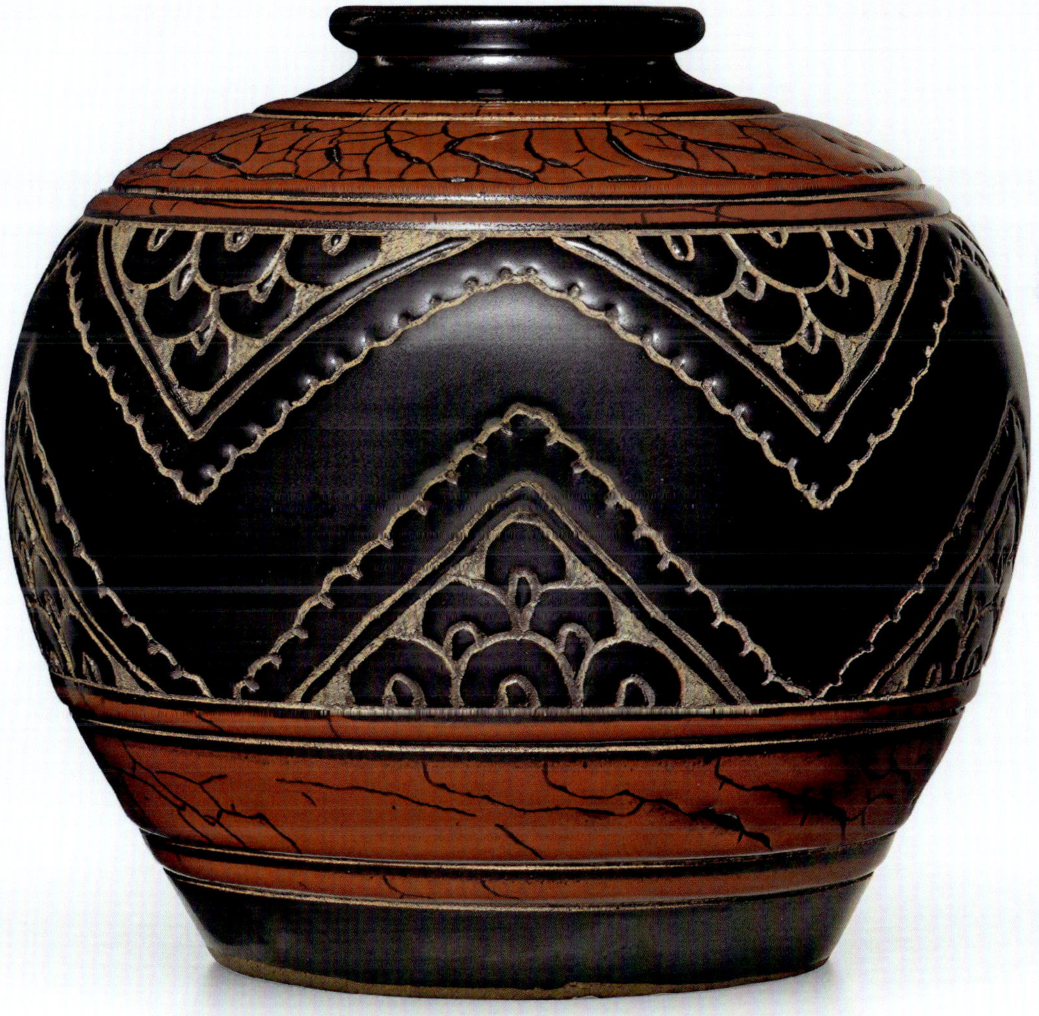

n'ai pas été influencé. Sans le vouloir, cela revenait dans mon dessin, et après on me disait 'ça ressemble à du Matisse'[2]. » Si l'œuvre de Buthaud est autant associée à l'Art déco et à l'entre-deux-guerres, c'est aussi parce que ses céramiques s'intègrent parfaitement dans les intérieurs de l'époque. Comme le souligne un critique : « Il y a dans toutes ces pièces une parfaite compréhension de la place que doit tenir la céramique dans un intérieur moderne. Il y faut beaucoup de tact et de discrétion[3]. » En témoignent les photographies de Thérèse Bonney (1894-1978), qui permettent d'apprécier l'harmonie et l'équilibre des formes et des volumes qui se dégagent des mises en scène dans lesquelles les céramiques de Buthaud sont associées au mobilier de Pierre Chareau ou aux textiles

2 *Ibid.*

3 Pierre Lahalle, « Les œuvres de céramique de René Buthaud », *Mobilier & Décoration*, décembre 1927, p. 212.

turn up in my drawings, and people would tell me 'that looks like Matisse."[2]

Buthaud's work was so closely associated with Art Deco and the inter-war period in part because his ceramics fitted perfectly into the homes of the time. As one critic wrote: "In all his works, there is an impeccable understanding of the place that ceramics should occupy in a modern home. This requires great tact and discretion."[3] The photographs taken by Thérèse Bonney (1894–1978) attest to the harmony and balance of shapes and volumes in stagings where Buthaud's ceramics were associated with furniture by Pierre Chareau or textiles by Hélène Henry. Buthaud was certainly not deliberately trying to fit into these modern homes, but the simple, elegant shapes

2 *Ibid.*

3 Pierre Lahalle, "Les œuvres de céramique de René Buthaud," *Mobilier & Décoration*, December 1927, p. 212.

André Méthey, assiette, faïence, d. 21,5 cm, vers 1909. Paris, Petit Palais, musée des Beaux-Arts de la Ville de Paris.

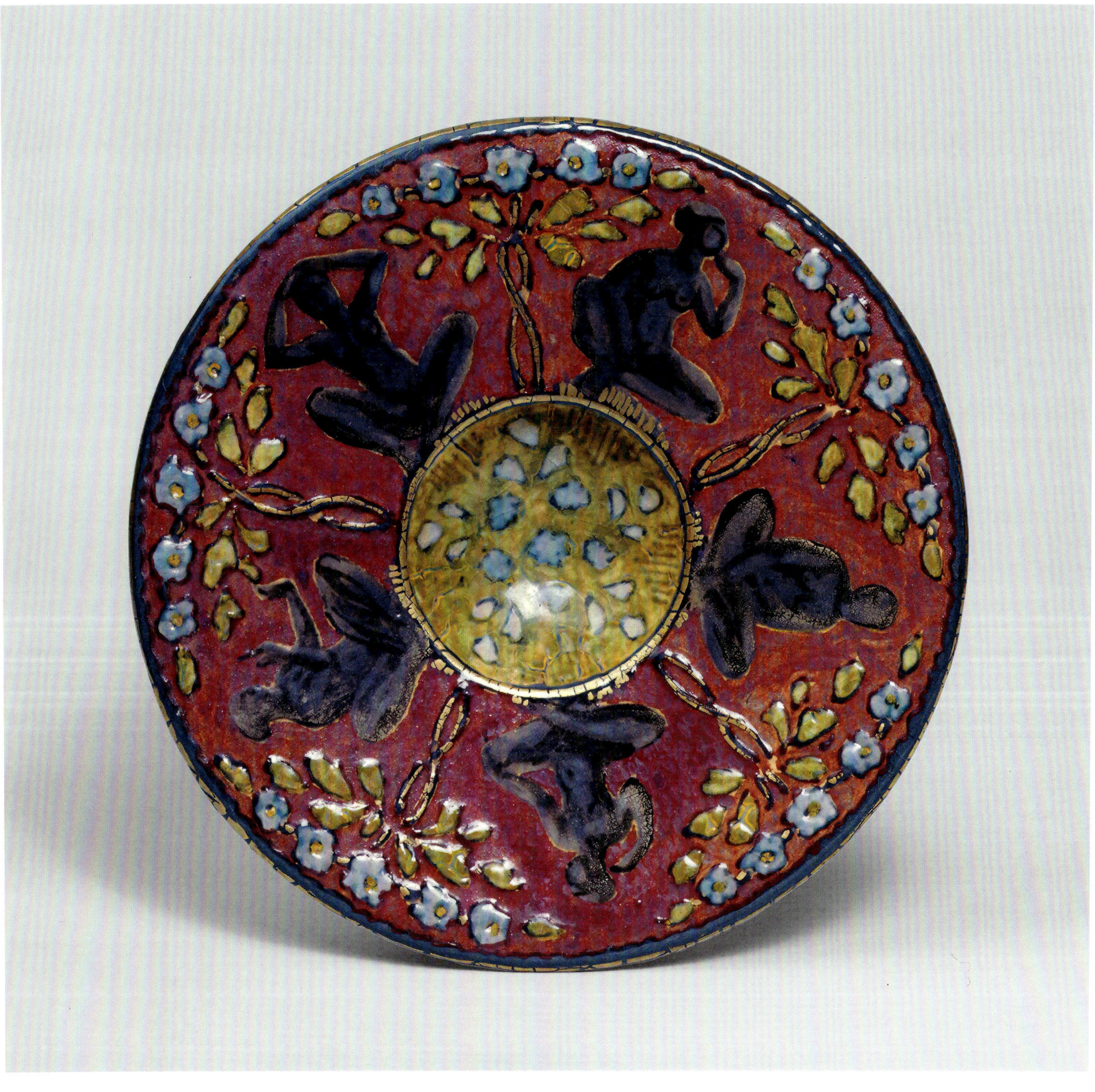

d'Hélène Henry. Il ne s'agit certainement pas, de la part du céramiste, d'une volonté délibérée de s'intégrer dans ces intérieurs modernes, mais les formes simples et élégantes qu'il adopte, la palette qu'il emploie, entrent en symbiose avec les productions des artisans décorateurs de son époque.

Buthaud rencontre rapidement l'approbation de ses pairs. Son rôle de conseiller technique pour l'atelier de céramique de Primavera à Sainte-Radegonde dès 1923 confirme également sa place rapidement acquise parmi les céramistes en vogue. Il est adoubé par le peintre Maurice Denis (1870-1943) qui lui achète des vases, ou encore par Jean Dunand (1877-1942) qui le propose pour le prix Florence Blumenthal. Le dinandier et laqueur phare de l'Art déco fait d'ailleurs partie des rares noms d'artistes décorateurs pour lequel Buthaud formule des commentaires élogieux.

Et ils sont nombreux à cette période à exposer leurs productions au Salon d'automne, au Salon des artistes décorateurs ou dans les galeries spécialisées. Buthaud se distingue par son parcours. Sur sa culture classique et son implication dans le mouvement néoclassique, il affirme sans détour : « Je suis un néoclassique, sans l'être trop. Je me défends d'être entré dans le mouvement. J'ai toujours eu du recul[4]. » Recul notamment vis-à-vis de ses confrères bordelais, Jean Dupas et Raphaël Delorme, dont il juge les compositions froides ou hiératiques[5]. Si l'on retrouve parfois une manière comparable de réaliser les modelés, une tendance semblable à une certaine géométrie décorative dans la composition de ces camarades, il se dégage une sensualité singulière des œuvres de Buthaud, que l'on retrouve dans l'atmosphère paisible des scènes représentées sur la panse de ses vases, comme dans les multiples techniques céramiques qu'il choisit d'adopter : de cette faïence à la glaçure stannifère épaisse au décor de grand feu[6] résultent des objets denses, au galbe marqué, mats et lisses au touché. Entre « élégance et robustesse »[7] commente justement la critique Suzanne Laroche en 1934.

Par l'iconographie de ses décors, Buthaud participe à un nouveau regard sur l'Antiquité et la Renaissance italienne, partagé par nombre d'artistes à cette période, à l'instar de Dupas, Alfred Janniot ou Jean Despujols. Il reconnaît lui-même son intérêt pour les peintres italiens des XVIe et XVIIe siècles et en particulier maniéristes. Cependant, son lien avec l'histoire, pour les productions anciennes, est bien plus vaste. Buthaud explore l'histoire de la céramique, qui infuse

4 Entretien de René Buthaud avec Jacques Sargos, enregistrement audio, septembre-octobre 1985.

5 *Ibid.* : « Dupas c'est un peu froid, mais il y avait quand même quelque chose. Tandis que dans Delorme, juste un peu vulgaire, sans vie, les critiques qu'on lui faisait étaient très justes, étaient très vraies, mais lui il s'en foutait, il aimait ça, il avait fait de la peinture, mais il avait une vénération pour Mucha. [...] Au fond, des œuvres comme celles de Dupas, que je trouvais très belles, ne me satisfaisaient pas entièrement. Quand Dupas faisait des personnages, c'était un peu des statues peintes couleur chair, des personnages en bois. Ils donnaient cette impression, très modelés, très colorés – quoique d'une couleur assez conventionnelle –, mais ça manquait de vie. Il y avait une vie par la grandeur, par le style, mais le morceau lui-même n'était pas une œuvre de peintre : ça n'avait pas la fougue d'un Delacroix, par exemple. Ce que je reproche à la peinture de Dupas, ainsi qu'à celle de Delorme, c'est que c'est très bien composé, très habile – mais enfin, j'aime bien que dans l'art, qu'il y ait quelque chose qui éclate ! Je préférais Bissière, qui me faisait sortir de la froideur des autres. »

6 Nicole Blondel (dir.), *Céramique : vocabulaire technique*, Paris, Éditions du patrimoine, 2001, p. 258. Posées sur la glaçure, les couleurs de grand feu cuisent autour de 900 à 1000°C.

7 « Le Bouscat », *La France de Bordeaux et du Sud-Ouest*, 19 avril 1944.

he chose and the palette he used created a perfect symbiosis with the creations that other decorative craftspeople were producing at the time.

Buthaud quickly met with the approval of his peers. His position as technical advisor for the ceramics workshop of Primavera in Sainte-Radegonde from 1923 also consolidated his quickly acquired position as a fashionable ceramicist. He was commended by the painter Maurice Denis (1870–1943), who bought vases from him, and also by the leading Art Deco coppersmith and lacquerer Jean Dunand (1877–1942), who nominated him for the Florence Blumenthal prize. Dunand was among the few decorative artists of whom Buthaud spoke in glowing terms.

At the time, while many were presenting their works at the Salon d'automne, the Salon des artistes décorateurs or in specialized galleries, Buthaud's background made him stand out. Regarding his classical knowledge and his involvement in the neoclassical movement, he stated bluntly: "I am a neoclassicist, but not overly so. I deny taking part in the movement. I always kept some distance."[4] Distance from his Bordeaux peers Kean Dupas and Raphaël Delorme in particular, whose compositions he deemed cold or hieratic.[5] Although similar ways of modeling formations and a tendency towards a certain decorative geometry are detectable in his peers' compositions, there is a particular sensuality inherent to Buthaud's works. It is found in the peaceful atmosphere in scenes represented on his vases' bellies, as well as in the many ceramic techniques he chose to use: the tin-glazed earthenware with its grand feu decoration[6] produced dense objects, with strong curves, matte and smooth to the touch. Both "elegant and robust"[7] as the critic Suzanne Laroche astutely put it in 1934.

With the iconography of his decorations, Buthaud helped bring about a new outlook on Antiquity and the Italian Renaissance, shared by a number of artists at the time, such as Dupas, Alfred Janniot and Jean Despujols. He himself had an avowed interest in Italian painters from the sixteenth and seventeenth centuries, especially the Mannerists. However, he had a much deeper attachment to the history of ancient works. Buthaud studied the history of ceramics, and this imbued his whole work: Renaissance *albarelli,* polished Spanish earthenware, tin-glazed earthenware from the South-West of France, etc. This set him apart from his peers, who had been pursuing variations on the legacy of Chinese and Japanese potters since

4 René Buthaud interview by Jacques Sargos, audio recording, September-October 1985.

5 *Ibid.*: "Dupas is a little cold, but he still had something. Delorme, on the other hand, was just a bit vulgar and lifeless, the criticisms aimed at him were absolutely fair and true, but he didn't care, he liked it, he had done painting, but he worshipped Mucha. [...] Deep down, works like those by Dupas, I did find them very beautiful but I wasn't entirely satisfied by them. When Dupas created characters, they were sort of flesh-colored painted statues, wooden characters. That was the impression you had, they were well-shaped and highly colorful – although rather conventionally colored –, but they lacked life. The grandeur, the style brought life, but the piece itself was not a painter's work: it didn't have the energy of a Delacroix for example. What I don't like about Dupas's painting, just like Delorme's, is that it's very well composed, very deft – but you know, in art I like it when something pops! I preferred Bissière, who wasn't cold like the others."

6 Nicole Blondel (ed.), *Céramique: vocabulaire technique*, Paris, Éditions du patrimoine, 2001, p. 258. Applied to the glaze, grand feu colors are fired at around 900–1000°C.

7 "Le Bouscat," *La France de Bordeaux et du Sud-Ouest*, 19 April 1944.

toute son œuvre : *albarelli* de la Renaissance, faïences lustrées espagnoles, faïences stannifères du Sud-Ouest... En cela, il se distingue d'un certain nombre de ses confrères qui, depuis les années 1880, poursuivent les variations autour de l'héritage des potiers chinois et japonais. À ce sujet, Buthaud s'exprime rétrospectivement : « Un beau jour, j'ai envoyé aux artistes décorateurs à Paris. Et là chose curieuse, j'ai eu un très gros succès. Pour vous dire, à ce moment-là tout le monde était aiguillé vers la céramique japonaise que j'admire beaucoup, tous les types faisaient des coulées, des grés avec des dégoulinades, ils faisaient ça n'importe comment, ils n'avaient pas le talent des Japonais. Enfin voilà un céramiste qui ne nous fait pas du japonais mais revient à la tradition[8]. »

S'il n'adhère pas à la veine japonisante qui a fait école autour de Jean Carriès (1855-1894), il reconnaît l'apport du potier de Saint-Amand-en-Puisaye à la technique : « Carriès était de la génération avant moi. Il m'avait servi car je suis tombé sur une revue ancienne où il avait noté toutes ses recherches. Je l'avais trouvée à la bibliothèque de l'École des beaux-arts. [...] Les procédés qu'employait Carriès, que j'ai refaits, étaient un mélange de terre à un peu de lave, du sel. Lorsque le four est très chaud, on jette du gros sel. Ce sel se brûle, se dépose sur les grès ce qui fait une sorte de glaçure[9]. »

Revenant sur son parcours, Buthaud souhaite affirmer la singularité de son œuvre, vis-à-vis de ceux qui avaient été ses contemporains : « Ce n'est pas ce que faisaient les céramistes de mon époque qui m'a guidé, c'est plutôt autre chose. L'art populaire me séduisait beaucoup, parce qu'il y avait justement une saveur, une sève où l'on pouvait puiser, un jet premier. C'est pour ça que j'ai collectionné quelques céramiques populaires, qui m'ont d'ailleurs servi. Je ne dis pas que je les ai copiées, mais elles m'ont indiqué une direction, et elles m'ont permis d'en éviter d'autres où j'aurais pu me perdre. Le principe de la collection était là : en dehors du plaisir d'avoir des objets rares, c'était surtout un point de départ[10]. »

Buthaud n'est pas le premier céramiste à s'intéresser aux productions vernaculaires. La renaissance de la céramique d'art au milieu du XIXe siècle doit beaucoup à ce nouveau regard porté sur les céramiques populaires, en particulier la faïence stannifère à décor de grand feu et le grès. Le céramiste s'inscrit volontiers dans cet héritage : « C'est comme ça que j'ai commencé la céramique. J'ai eu en main des poteries à émail stannifère, de Samadet, mon grand-père était d'Aire-sur-Adour, et du côté de ma mère, j'ai eu pas mal de pièces. Tout gosse, je regardais ça avec plaisir, j'étais déjà attiré par ça [...][11]. »

Rares sont les céramistes contemporains dont l'approche rencontre l'assentiment de Buthaud. Émile Lenoble (1875-1940) est l'un d'eux et leur reconnaissance est mutuelle, car c'est par son intermédiaire que Buthaud entre dans le cercle restreint des céramistes représentés par la galerie Georges Rouard. Formé par son grand-père par alliance, le céramiste Ernest Chaplet à Choisy-le-Roi, Lenoble s'inscrit dans une certaine tradition que Buthaud respecte. S'il s'inspire des productions extrême-orientales, il transcende cette influence. « Ce qu'il faisait était toujours puissant »[12], commente Buthaud. Les

8 Entretien de René Buthaud avec Jacques Sargos, enregistrement audio, septembre-octobre 1985.

9 *Ibid.*

10 *Ibid.*

11 *Ibid.*

12 *Ibid.*

the 1880s. On that subject, Buthaud stated retrospectively: "One day, I sent works to decorative artists in Paris. And an odd thing happened, I was very successful. In fact, at the time, everyone was drawn to Japanese ceramics, which I admire a great deal. They were all making trickles, stoneware which dripped all over the place, but they were doing it any which way, they did not have the talent of the Japanese. Finally, here was a ceramicist who was not imitating the Japanese but was returning to tradition."[8]

Although he did not embrace the Japanese style which had created a following around Jean Carriès (1855–1894), a potter from Saint-Armand-en-Puisaye, he acknowledged Carriès's developments regarding technique: "Carriès was born one generation before me. He was useful to me because I chanced upon an old journal where he had written down all his research. I had found it in the library of the École des beaux-arts. [...] The processes carried out by Carriès, which I redid, mixed earth with a bit of lava and salt. When the oven is very hot, you throw in some rock salt. The salt burns, creating deposits on the stoneware, which makes a sort of glaze."[9]

Looking back on his career, Buthaud wanted to assert the singular nature of his work, compared with that of his contemporaries: "What the other ceramicists were doing at the time did not guide me, something else did. I was very attracted to popular art because there was that appeal, a kind of sap you could draw from, a primordial sketch. That is why I collected several popular ceramics, which were actually useful to me. I am not saying I copied them, but they showed me a way, and helped me avoid other paths where I might have lost myself. That was the aim of the collection: in addition to the pleasure of having rare objects, it was above all a starting point."[10]

Buthaud was not the first ceramicist to become interested in vernacular productions. The renewal of ceramic art in the middle of the nineteenth century owed much to the new outlook on popular ceramics, especially grand feu decorated and tin-glazed earthenware and stoneware. Buthaud readily claimed that heritage: "That is how I began in ceramics. I had held tin-glazed enamel pottery from Samadet in my hands, as my grandfather was from Aire-sur-Adour, and on my mother's side I had quite a few pieces. As a kid, I looked at all that with pleasure, I was already attracted to it [...]."[11]

The contemporary ceramicists whose approach met with Buthaud's approval were few. Émile Lenoble (1875–1940) was one of them, and the esteem was mutual, for it was through him that Buthaud entered the select group of ceramicists represented by the Georges Rouard gallery. Trained by his grandfather by marriage, the ceramicist Ernest Chaplet, in Choisy-le-Roi, Lenoble was part of a tradition that Buthaud respected. Although he was inspired by Far Eastern productions, he transcended their influence. "What he did was always powerful,"[12] Buthaud commented. The two men indeed produced similarly harmonious vases, with thick sides like heavy, ancient amphoras or simple, popular, glazed terracotta vessels. They also shared a love for simple geometric decorations, as though dug into the thick enamel, and for

8 René Buthaud interview by Jacques Sargos, audio recording, September-October 1985.

9 *Ibid.*

10 *Ibid.*

11 *Ibid.*

12 *Ibid.*

deux hommes ont en effet en commun la production de vases aux formes harmonieuses, aux parois épaisses, comme de lourdes amphores antiques ou de simples récipients en terre cuite glaçurée populaires. Ils partagent aussi un goût pour les décors géométriques simples, comme creusés dans l'émail épais, et pour les couleurs terreuses. Représenté également par la galerie Rouard, son aîné Émile Decœur (1876-1953) réalise lui aussi des vases et coupes aux formes épurées, mais son travail de superposition de couches d'émail confère aux objets une perfection lisse à laquelle Buthaud n'était pas sensible, « artistiquement sans saveur »[13], commente-t-il à la fin de sa vie. Buthaud reconnaît en revanche sa filiation avec le céramiste André Metthey (1871-1920), dont le décès survient

13 *Ibid.*

earthy colors. Also represented by the Rouard gallery, Émile Decœur (1876–1953), his elder, also created vases and cups with pared-down outlines, but his technique of using superimposed layers of enamel gave objects a smooth finish which did not appeal to Buthaud, who towards the end of his life called them "artistically tasteless."[13] He did, however, acknowledge his affiliation with the ceramicist André Metthey (1871–1920), who died in 1920, at the beginning of Buthaud's career: "That ceramicist played an important role. I had seen his works at exhibitions before the war. They were tin-glazed, painted earthenware, but the pieces were not white, they were green or brown. He used gold." The influence of Metthey was also visible in the works of Jean Mayodon (1893–1967), Édouard

13 *Ibid.*

Jean Mayodon, vase, grès, 36,2 cm, vers 1940. Ancienne collection Seymour Stein.

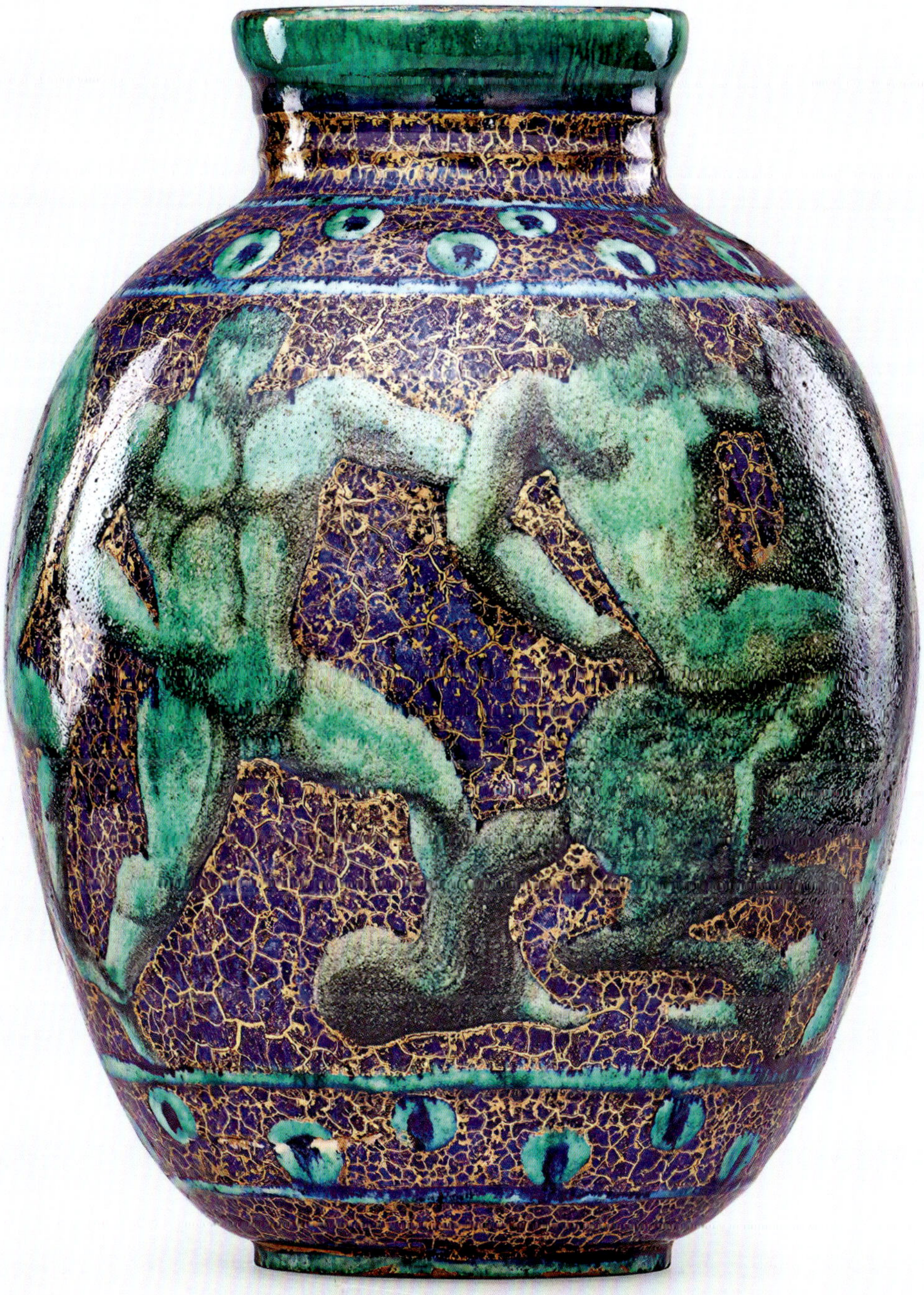

Émile Decœur, vase et bols, grès, vers 1930.
Ancienne collection Atherton Curtis. Bordeaux, musée des Arts décoratifs et du Design/dépôt du musée national de Céramique, Sèvres.

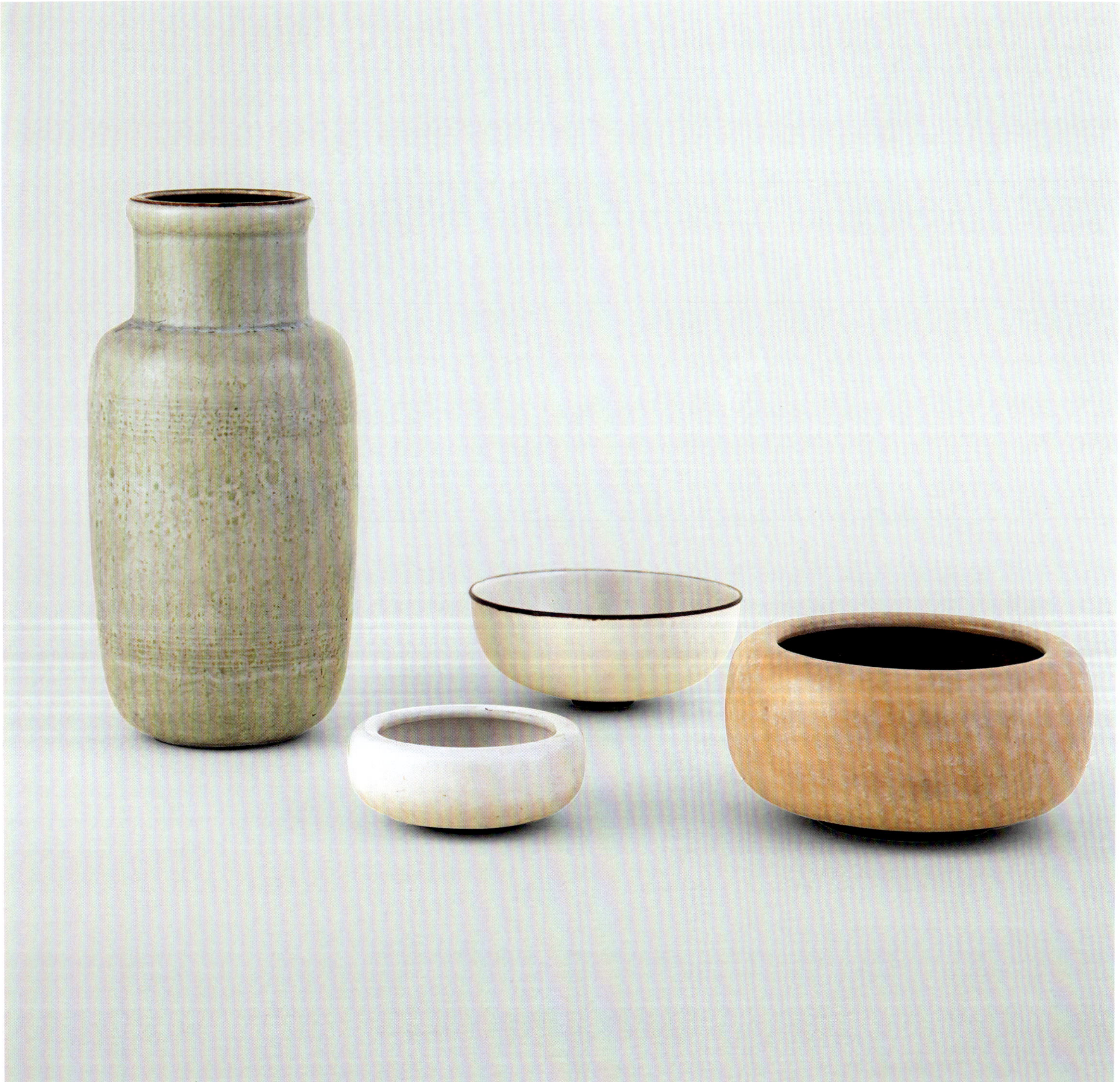

au début de sa carrière, en 1920 : « Ce céramiste a joué un rôle important. J'avais vu ses œuvres dans des expositions avant la guerre. C'était de la faïence peinte avec émaux stannifères, mais la pièce n'était pas blanche mais verte ou brune. Il y mettait de l'or. » L'influence de Metthey était également discernable chez Jean Mayodon (1893-1967), Édouard Cazaux (1889-1974), Raoul Lachenal (1885-1956) ou encore Marguerite de Saint-Germain (1864-1960), tous contemporains de Buthaud, avec lesquels il partage la technique de la faïence, les décors aux émaux de grand feu, les glaçures craquelées[14] par la rétractation de l'émail et l'or craquelé, qui souligne et enrichit certaines compositions.

Outre ces techniques décoratives, Buthaud a en commun avec Cazaux – originaire des Landes, département limitrophe – un intérêt pour les statuettes en céramique qu'ils produisent et exposent à la même période, vers 1935[15]. Ils participent ainsi au renouvellement d'un art éminemment populaire qui rappelle autant les santons provençaux que les figurines du Staffordshire. Buthaud décline en ronde-bosse son panthéon mythologique et réalise quelques figures de femmes contemporaines ; les statuettes de Cazaux évoquent, quant à elles, ses années de jeunesses à Paris et s'inscrivent aussi dans une veine régionaliste qui témoigne de son attachement à la culture locale (le Pays basque).

C'est un goût pour l'Antiquité qui réunit Buthaud et Mayodon. Plus encore que le céramiste bordelais, Mayodon reprend de façon littérale les formes des vases antiques, sur lesquels se déploient des figures noires sur fond coloré, évocation des céramiques grecques. Les deux créateurs partagent aussi un intérêt pour la céramique et l'art persans, particulièrement sensible dans certains décors des années 1920. S'il est relativement limité chez Buthaud, l'usage de l'or craquelé est chez Mayodon très fréquent, conférant à ces pièces une certaine préciosité qui séduit le public et les commanditaires des années 1930 et 1940. Sa carrière exclusivement parisienne s'épanouit d'une manière beaucoup plus officielle que celle de Buthaud à partir de cette période : conseiller artistique de la manufacture de Sèvres entre 1934 et 1939, il en devient directeur artistique en 1941.

14 Voir à ce sujet, Paul Arthur, « Art and technique in early-twentieth century ceramics: the work of André Metthey, Louis Franchet and Samuel Arnaud », *The Decorative Arts Society. 1850 to the Present*, nº 44, 2020, p. 9-19.

15 Henri Menjaud, « Nouvelles céramiques de Buthaud », *Art et Décoration*, nº 3, 1936, p. 108-110.

Cazaux (1889–1974), Raoul Lachenal (1885–1956), and even Marguerite de Saint-Germain (1864–1960), all contemporaries of Buthaud, with whom he shared the faience technique, the grand feu enamel decorations, the crackle glaze caused by the enamel peeling off, and crackle gold,[14] which highlighted and enhanced certain compositions.

In addition to these decorative techniques, Buthaud also shared an interest in ceramic statuettes with Cazaux, a native of the neighboring Landes region. Both artists produced and exhibited statuettes during the same period, around 1935,[15] thus helping to revitalize an eminently popular art which recalled both Christmas crib figures from Provence and Staffordshire figurines. Buthaud created sculptures in the round of his mythological pantheon and made several contemporary female figures. As for Cazaux's statuettes, they evoked his youth in Paris and were steeped in a regionalist vein which attested his fondness for local cultures, from the Basque country for instance.

Buthaud and Mayodon were brought together by their love of Antiquity. Even more than Buthaud, Mayodon reproduced the forms found on ancient vases literally, his black silhouettes on colored backgrounds evoking Greek ceramics. Both artists also shared a common interest in Persian art and ceramics, which was particularly visible in certain decorations from the 1920s. Although quite rarely employed by Buthaud, crackle gold was frequently used by Mayodon, endowing his pieces with a certain preciosity which charmed both the public and patrons during the 1930s and 1940s. With his exclusively Parisian career, he took on more official positions than Buthaud during this period and later on. From 1934 to 1939, he was the artistic advisor to the Sèvres factory, before becoming artistic director in 1941.

14 On this subject, see Paul Arthur, "Art and technique in early-twentieth-century ceramics: The work of André Metthey, Louis Franchet and Samuel Arnaud", *The Decorative Arts Society. 1850 to the Present*, no. 44, 2020, pp. 9–19.

15 Henri Menjaud, "Nouvelles céramiques de Buthaud," Art et Décoration, no. 3, 1936, pp. 108–110.

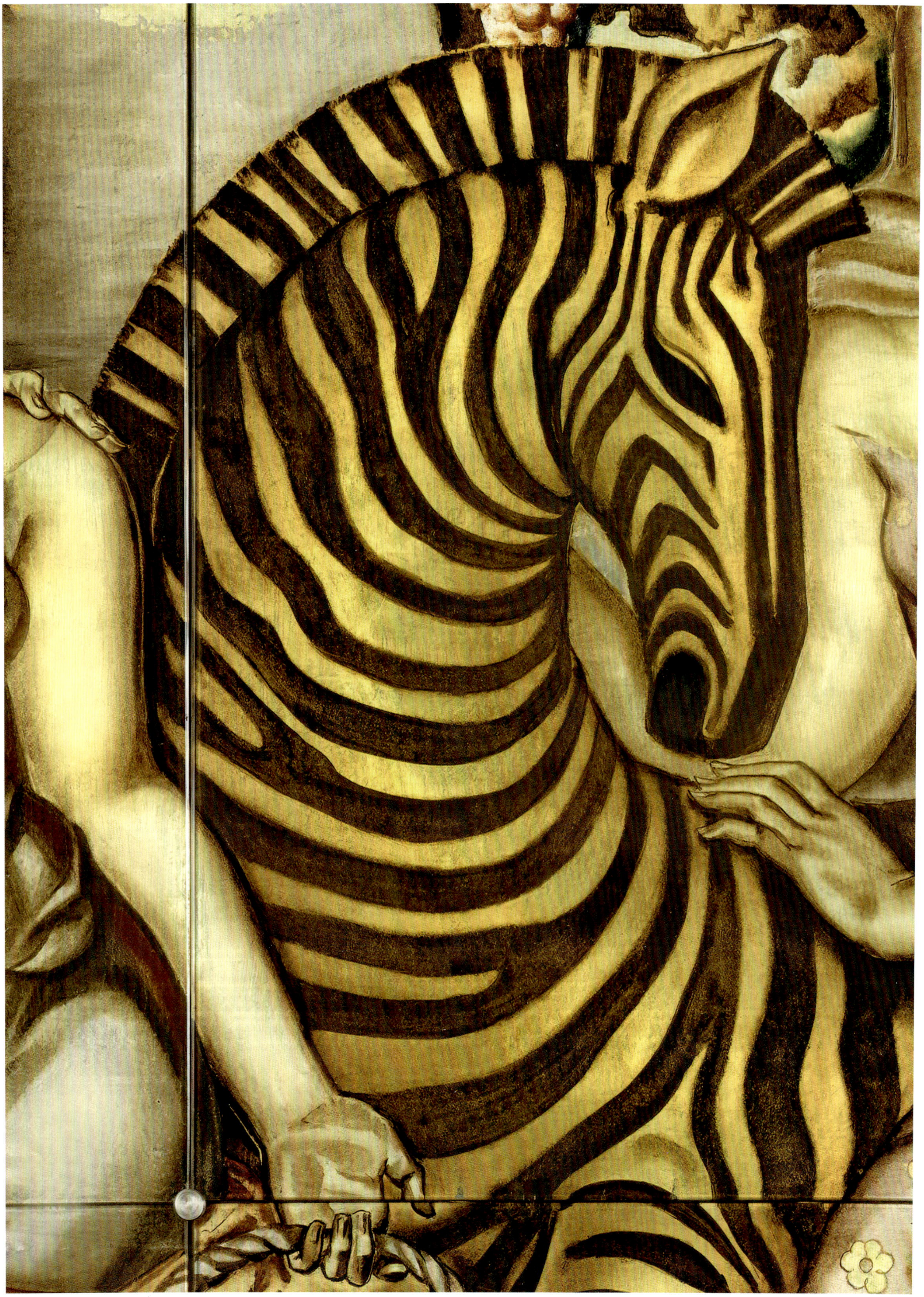

Pomone (détail), fixé-sous-verre, 1937. CCF.

Les fixés-sous-verre

Amélie Marcilhac

Experte en arts décoratifs du XXe siècle

The Reverse Glass Paintings

Voilà un homme dont la carrière artistique a été entièrement déterminée par sa passion pour les gravures et l'art des anciens. Premier second prix de Rome en gravure douce, collectionneur de gravures italiennes du XVIe siècle et esthétiquement attiré et défini par ce classicisme propre aux artistes de sa génération, René Buthaud n'a eu de cesse de créer toute sa vie et d'être curieux de tout : la gravure, la peinture, la céramique, le verre, la mosaïque et même la tapisserie.

Son père l'ayant incité à faire, en parallèle de ses études aux Beaux-Arts de Bordeaux où il s'inscrit en 1904, un stage dans un atelier de « gravure en vaisselle », il y apprend le métier de graveur au burin. À la suite de cette expérience, il suit les cours de peinture et de gravure en taille douce aux

Here was a man whose artistic career was entirely driven by his passion for the art and engravings of past masters. The recipient of the first second Prix de Rome for intaglio and a collector of sixteenth-century Italian engravings, René Buthaud was drawn to and defined by the classical style particular to the artists of his generation. Throughout his life, his productivity and curiosity about everything never wavered, whether this concerned engraving painting, ceramics, glassware, mosaics, or even tapestries.

In parallel with his studies at the École des beaux-arts de Bordeaux, which he entered in 1904, his father encouraged him to do an internship in a "crockery engraver's" workshop, where he learned to engrave with a burin. Following this

Flore, fixé-sous-verre, 25 x 20 cm, 1930. CCF.

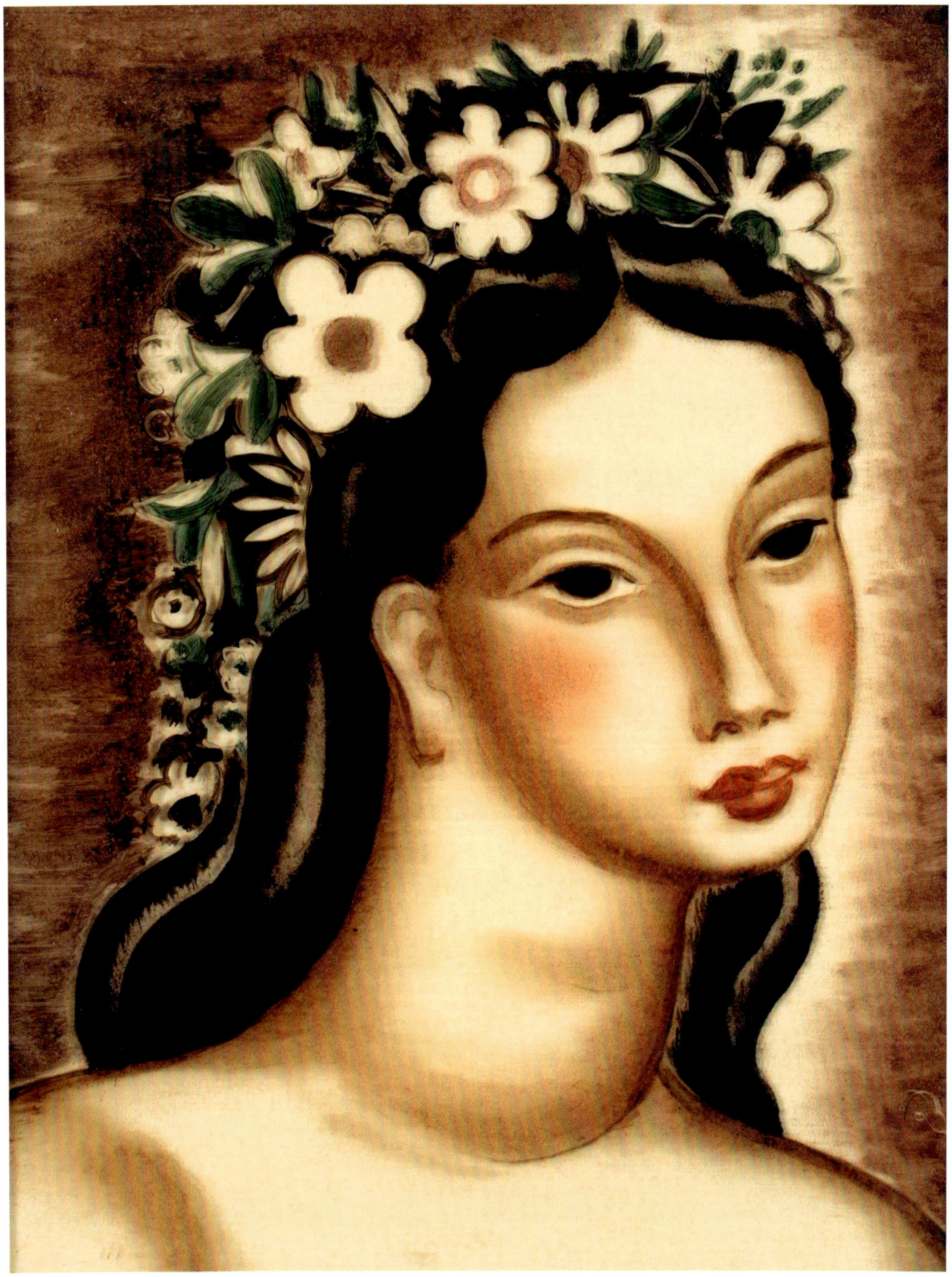

75

Flore, fixé-sous-verre,
99 x 51 cm, vers 1934. CCF.

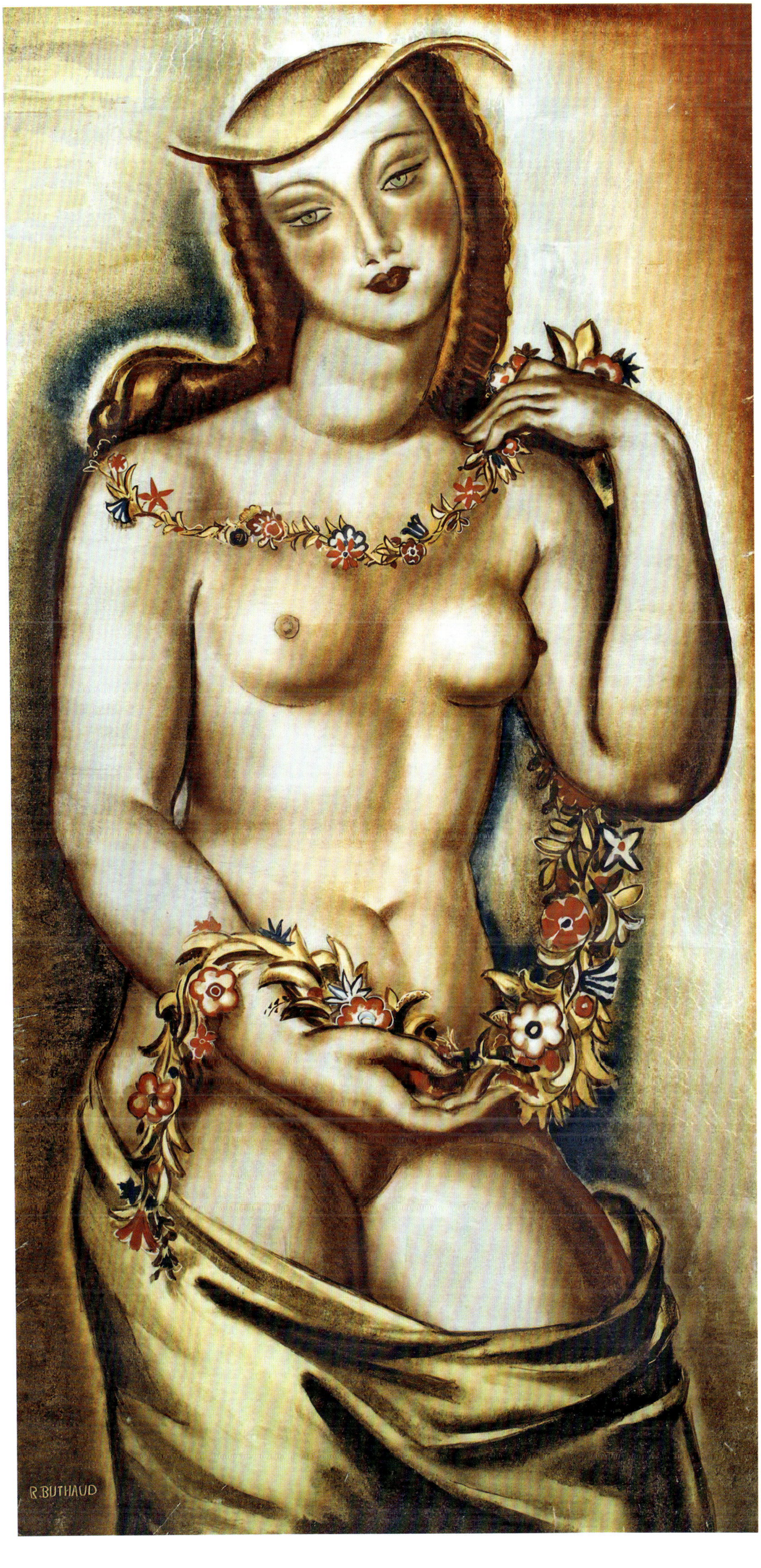

Beaux-Arts de Paris où il s'inscrit en 1910. Lorsqu'il chine, quelques années plus tard, un fixé-sous-verre, *Napoléon en génie planant sur ses troupes*, il va s'intéresser particulièrement au passe-partout à motif végétal sur fond or réalisé en verre églomisé de cette œuvre.

Le terme de « verre églomisé » tient son nom de Jean-Baptiste Glomy, galeriste à Paris en 1774[1]. Pour mettre en valeur ses estampes, il imagina un décor au verso des bords des verres protecteurs avec un vernis noir et des filets d'arabesques dorés. Le fixé-sous-verre consiste à exécuter le travail de peinture au revers d'une plaque de verre, le spectateur voyant le côté peint de la plaque. L'une des difficultés est de peindre le motif inversé, ce qui ne posait pas de problème

1 Jeannine Geyssant, *Peinture sous verre de l'Antiquité à nos jours, églomisés, fixés et estampes*, Paris, Éditions Massin, 2008.

experience, he entered the École des beaux-arts de Paris in 1910 and attended painting and intaglio engraving classes there. A few years later, after unearthing a reverse painting on glass titled *Napoléon en génie planant sur ses troupes* ("Napoleon as a genius hovering above his troops"), he became particularly interested in its *verre églomisé* matte finish with plant patterns against a gold background.

The *verre églomisé* technique derives its name from Jean-Baptiste Glomy, a Parisian gallerist from 1774.[1] In order to highlight his prints, he invented a type of decoration applied to the rear of the edges of the protective glass using black varnish and golden arabesques. Reverse glass painting consists in executing the painting on the back of a glass plate.

1 Jeannine Geyssant, *Peinture sous verre de l'Antiquité à nos jours, églomisés, fixés et estampes*, Paris, Éditions Massin, 2008.

Jean Dupas, salon d'honneur du paquebot *Normandie*, 1931-1934. Exécution Jacques-Charles Champigneulle.

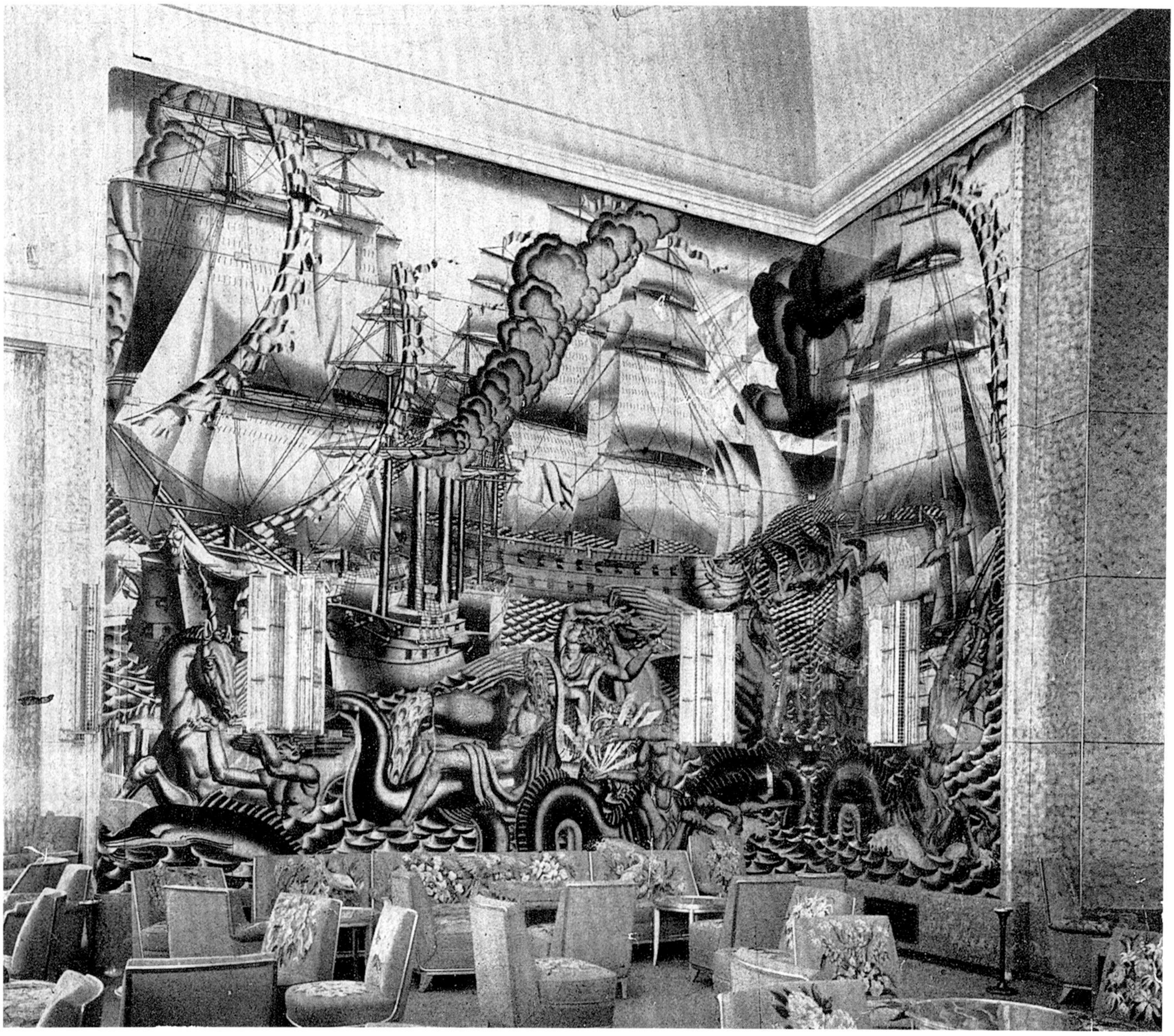

77 *Vénus*, fixé-sous-verre, 65 x 50 cm, 1936. CCF.

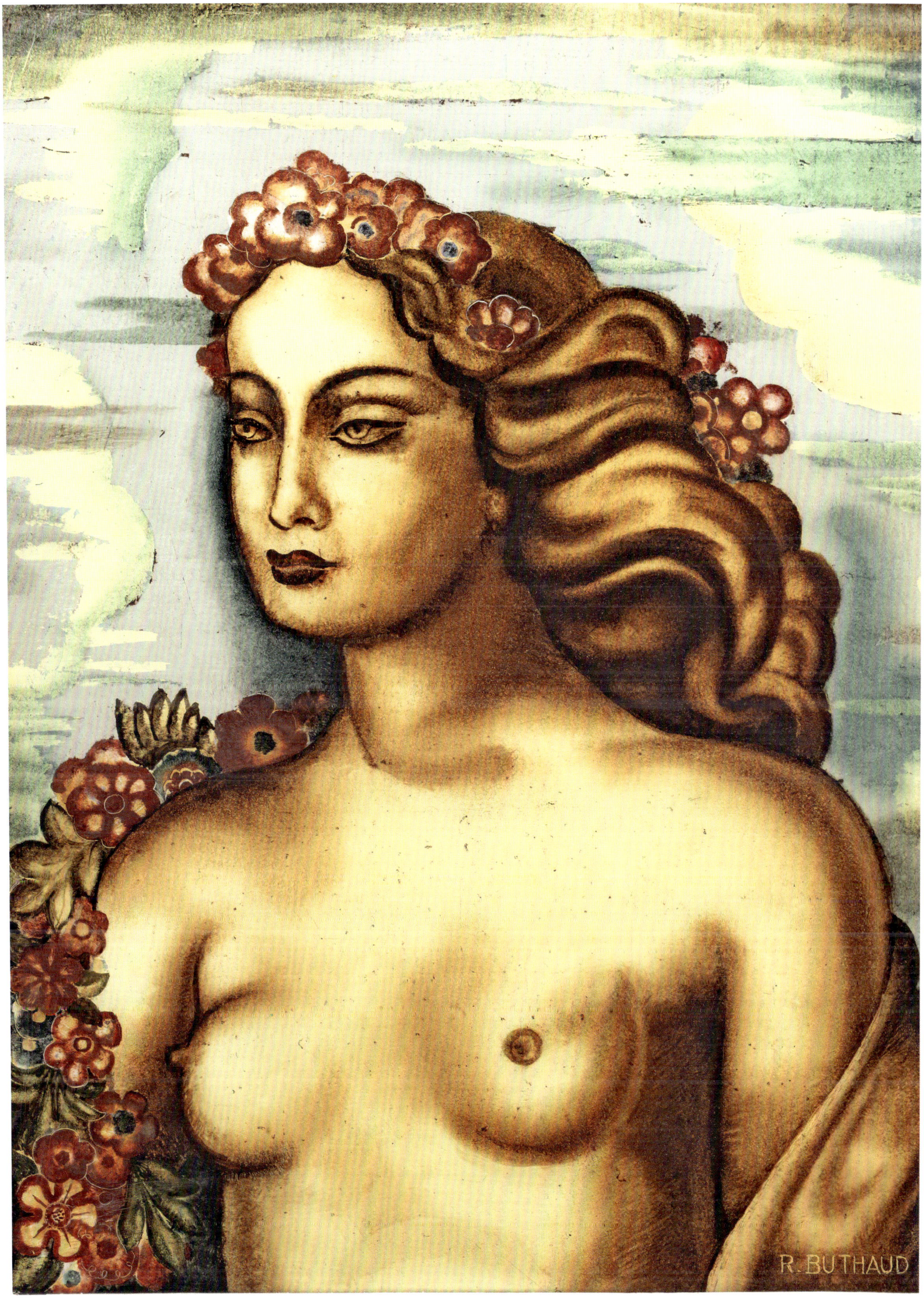

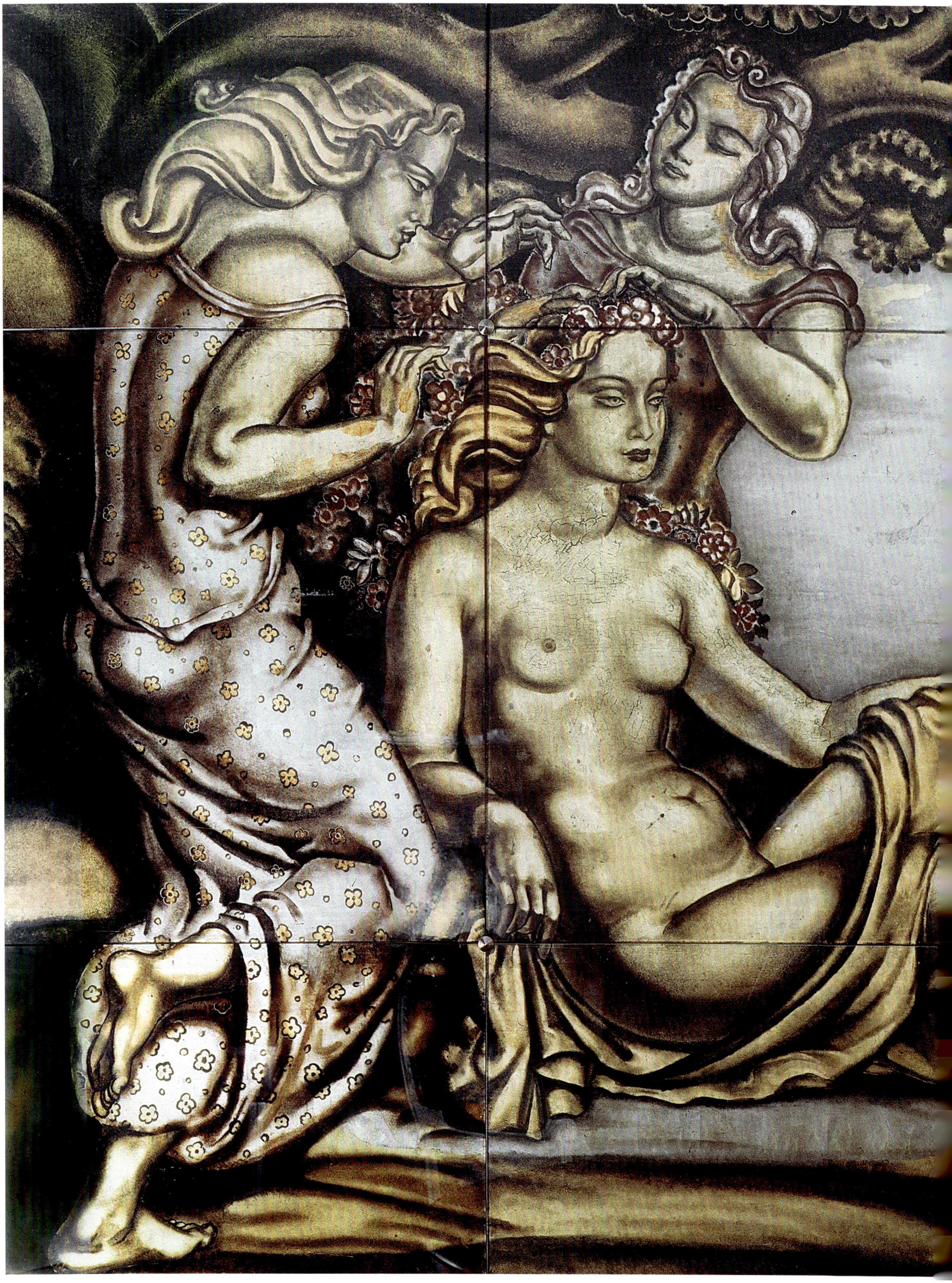

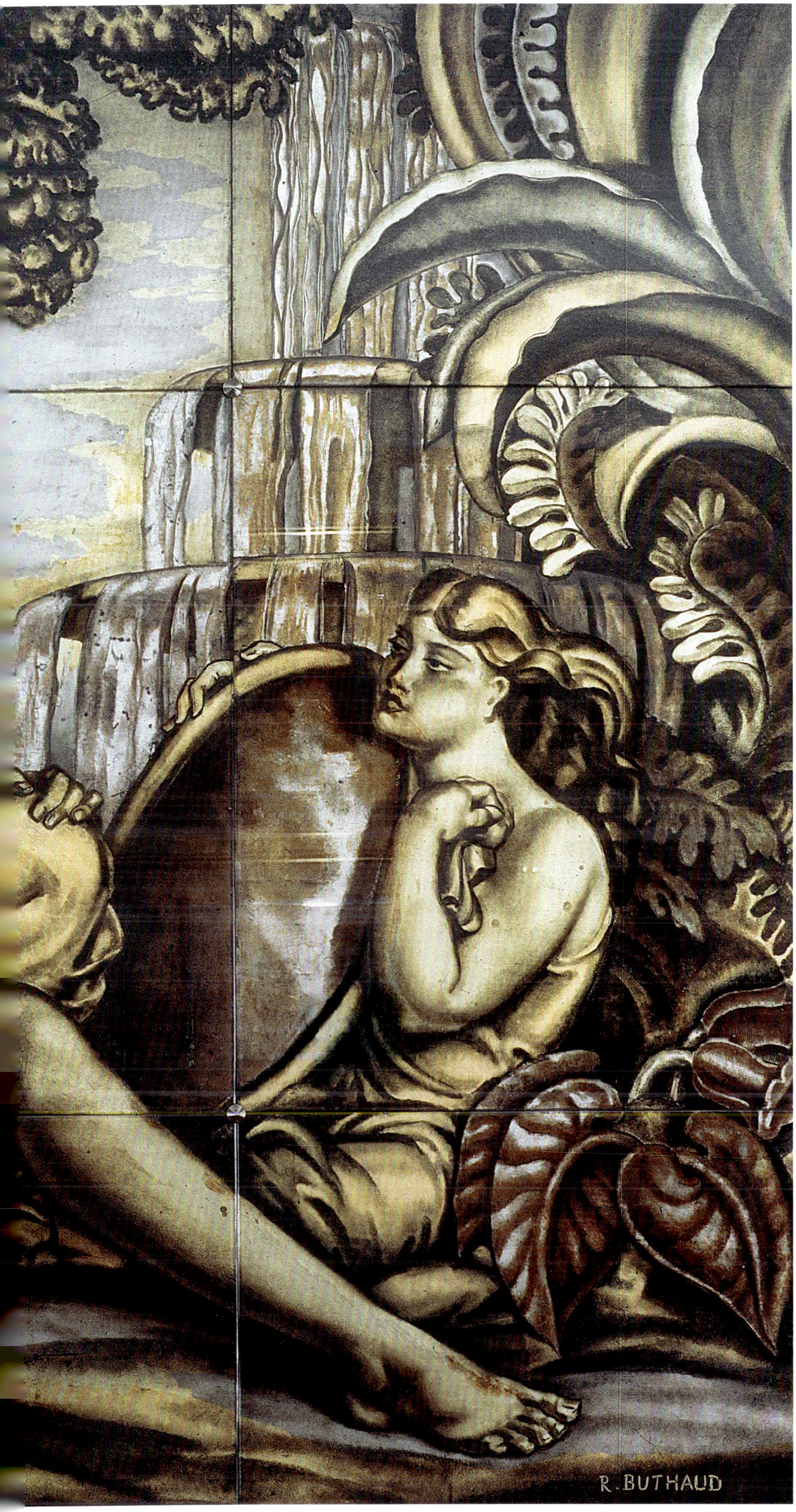

La Toilette de Vénus, fixé-sous-verre, 161 x 214 cm, 1936.
Ancienne collection Clyde P. Davis, New York.

à René Buthaud, graveur de formation, et, au contraire de la technique normale, d'exécuter, sans repentir possible, à l'huile ou à la gouache mélangées à une colle spéciale, les détails (le nez, les yeux, les fleurs) avant le fond (le visage, le paysage). On appelle « verre églomisé » la technique qui utilise des feuilles de métaux précieux juxtaposées : or, argent, aluminium, et palladium, placées derrière le glacis coloré sur les zones laissées vierges

Au début des années 1930, inspiré par le passe-partout de son fixé-sous-verre de Napoléon, René Buthaud se lance. Les premiers essais de portraits de femme sont insatisfaisants. Son ami Jean Dupas, qui travaille dans les mêmes années à la décoration en verre églomisé des 400 m^2 du paquebot

The viewer sees the plate's painted side. One of the difficulties was to have to paint the pattern in reverse, which was not a problem for René Buthaud, who had trained as an engraver. In addition, contrary to the usual technique, you had to paint the details (nose, eyes, flowers) before the background (face, landscape) with oil or gouache. *Verre églomisé* is a technique which consists in using juxtaposed precious metal foil: gold, silver, aluminum and palladium are applied to the areas left untouched, behind the colored glazing.

In the early 1930s, inspired by the matte finish of the reverse glass painting of Napoleon, René Buthaud began to conduct his experiments. His first attempts at making female portraits proved unsatisfactory. His friend Jean Dupas, who

Esquisse pour *La Toilette de Vénus*, vers 1935. ACF.

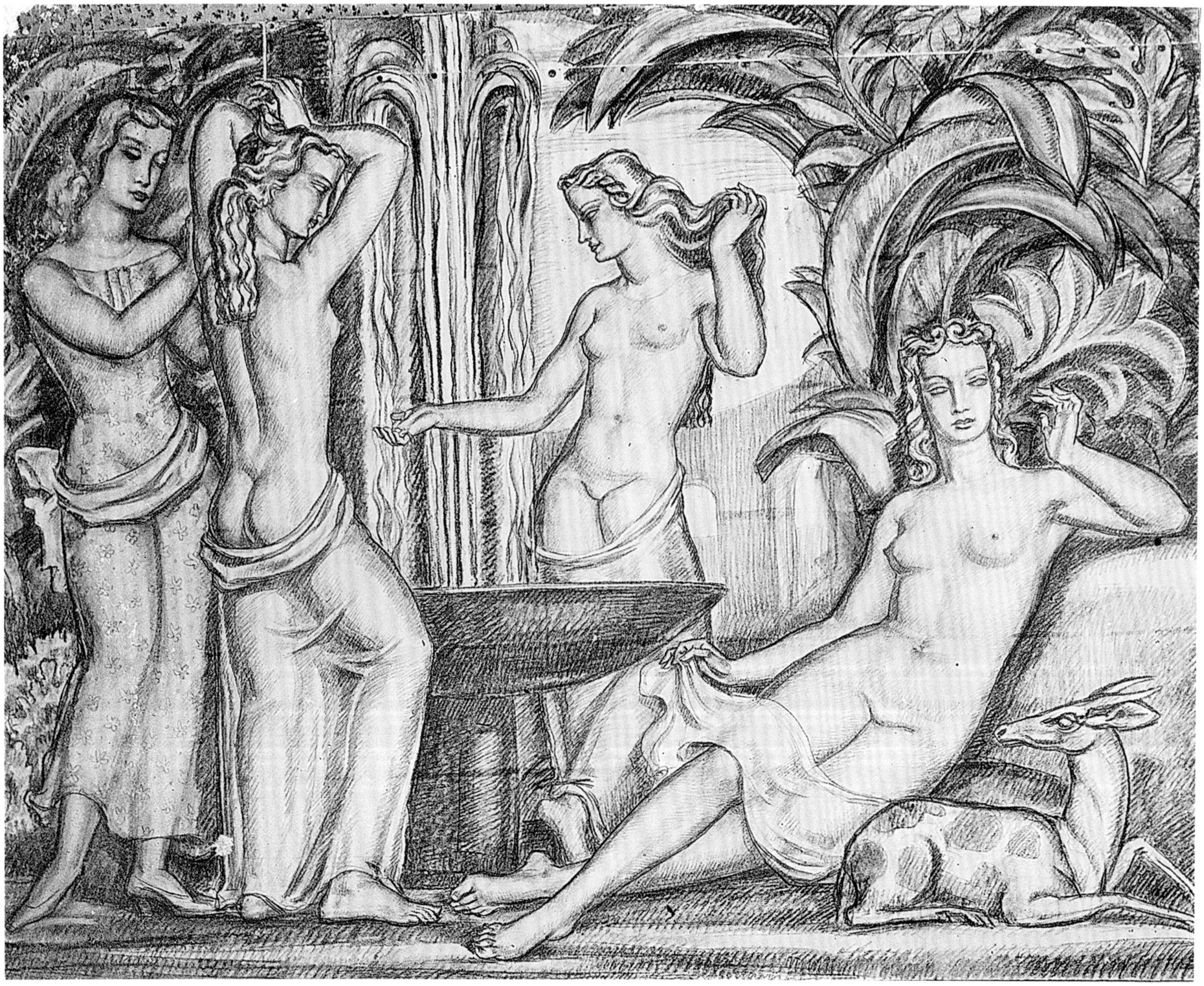

Normandie, lui donnera quelques conseils, notamment quant à l'utilisation du palladium[2].

Dès les années 1935, les modelés prennent forme, avec de petits formats dans un premier temps, réalisés sur un seul panneau de verre. Les fonds métalliques se juxtaposent et réfléchissent la lumière, les fleurs déposées en couronne sur les cheveux des femmes vivent et retombent entre leurs boucles. Conforté par ses succès, il va réaliser des compositions plus importantes constituées de plusieurs carreaux de verre assemblés pour des œuvres de plus de deux mètres de haut, gardant toujours l'esthétisme classique qu'il défend au travers de sa céramique. Des femmes élancées, à l'anatomie parfois complètement imaginaire, sirènes, ou animaux aqua-

2 *René Buthaud, entretiens avec Jacques Sargos*, présenté par Jacqueline du Pasquier, Bordeaux, Éditions de l'Horizon chimérique, 1987.

during that time was working on the *verre églomisé* decoration of the 400 m² liner *Normandie*, gave him some advice, in particular on the use of palladium.[2]

From 1935, his formations began to take shape. At first they were small in size and executed on a single glass panel. The metallic backgrounds, placed side by side, reflected light, and the flowers adorning the women's hair like crowns fell back onto their curls, as though alive. Bolstered by his success, he went on to create larger compositions made of several glass plates joined together for works over two meters high, all while continuing to maintain the classical style he used for his ceramics. Slender women – whose proportions were sometimes completely fanciful – aquatic animals or sirens,

2 *René Buthaud, entretiens avec Jacques Sargos*, presented by Jacqueline du Pasquier, Bordeaux, Éditions de l'Horizon chimérique, 1987.

Carton pour la tapisserie *Pomone*, vers 1936. ACF.

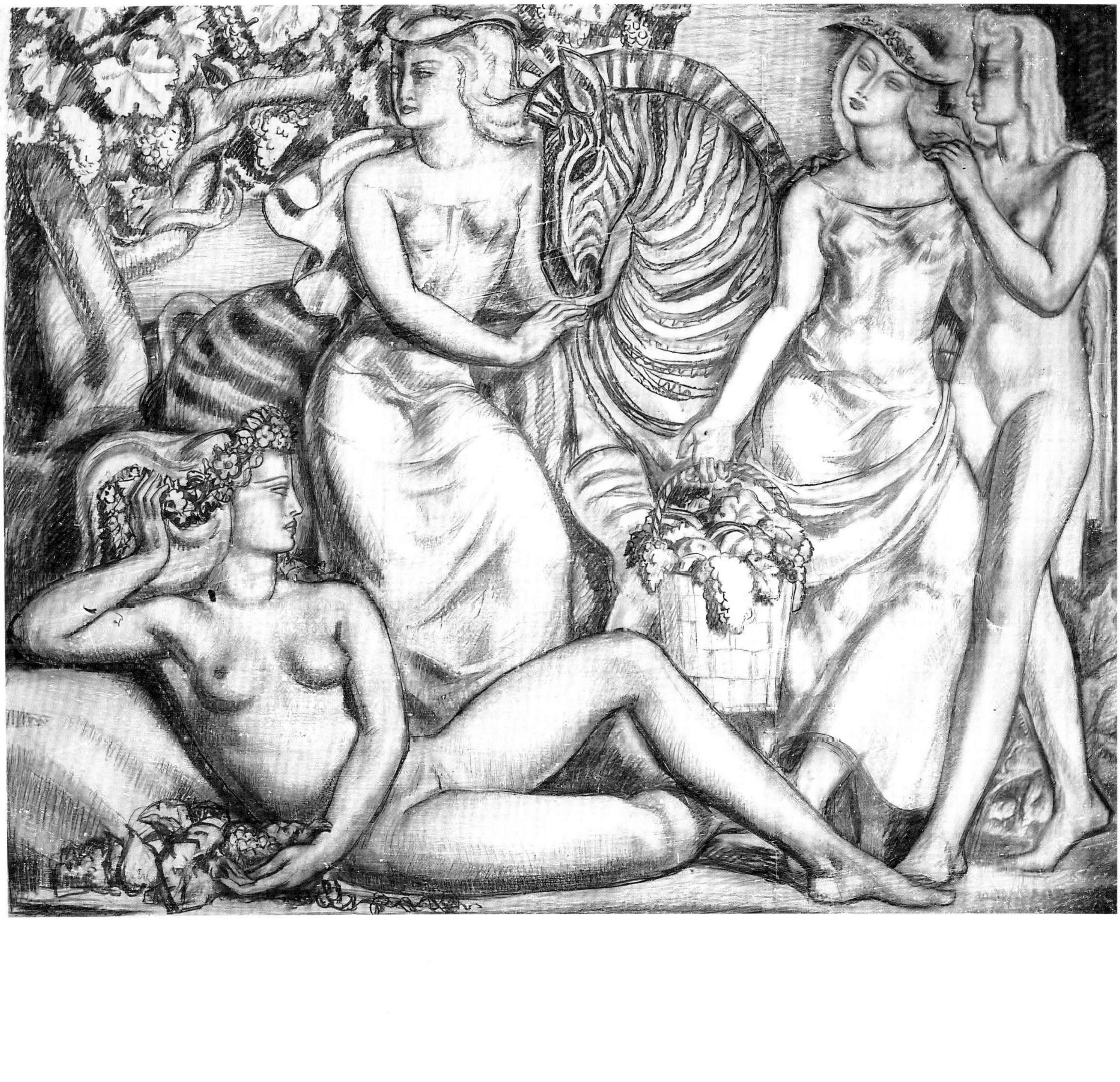

Pomone, fixé-sous-verre, 169 x 210,5 cm, 1937. CCF.

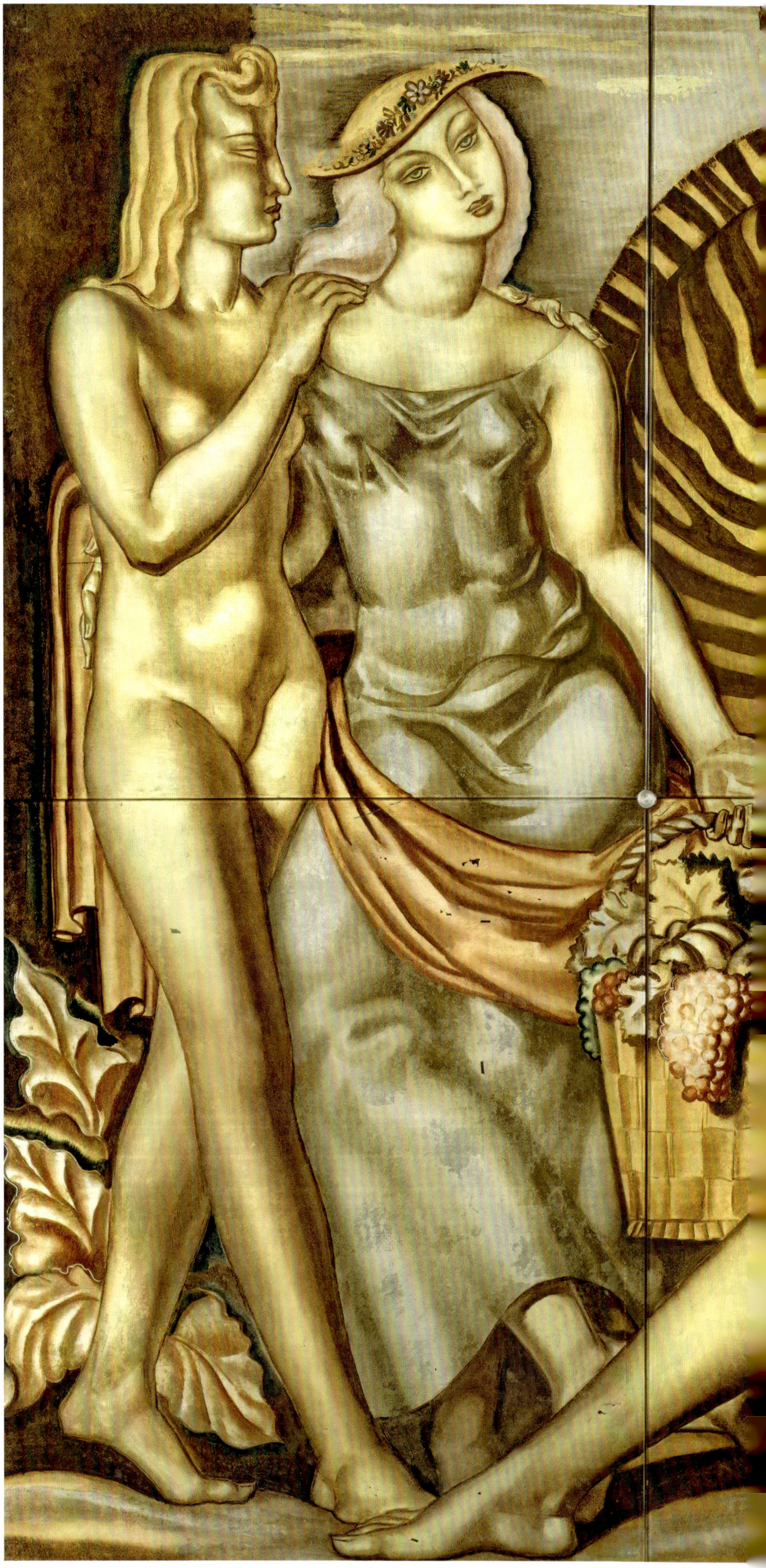

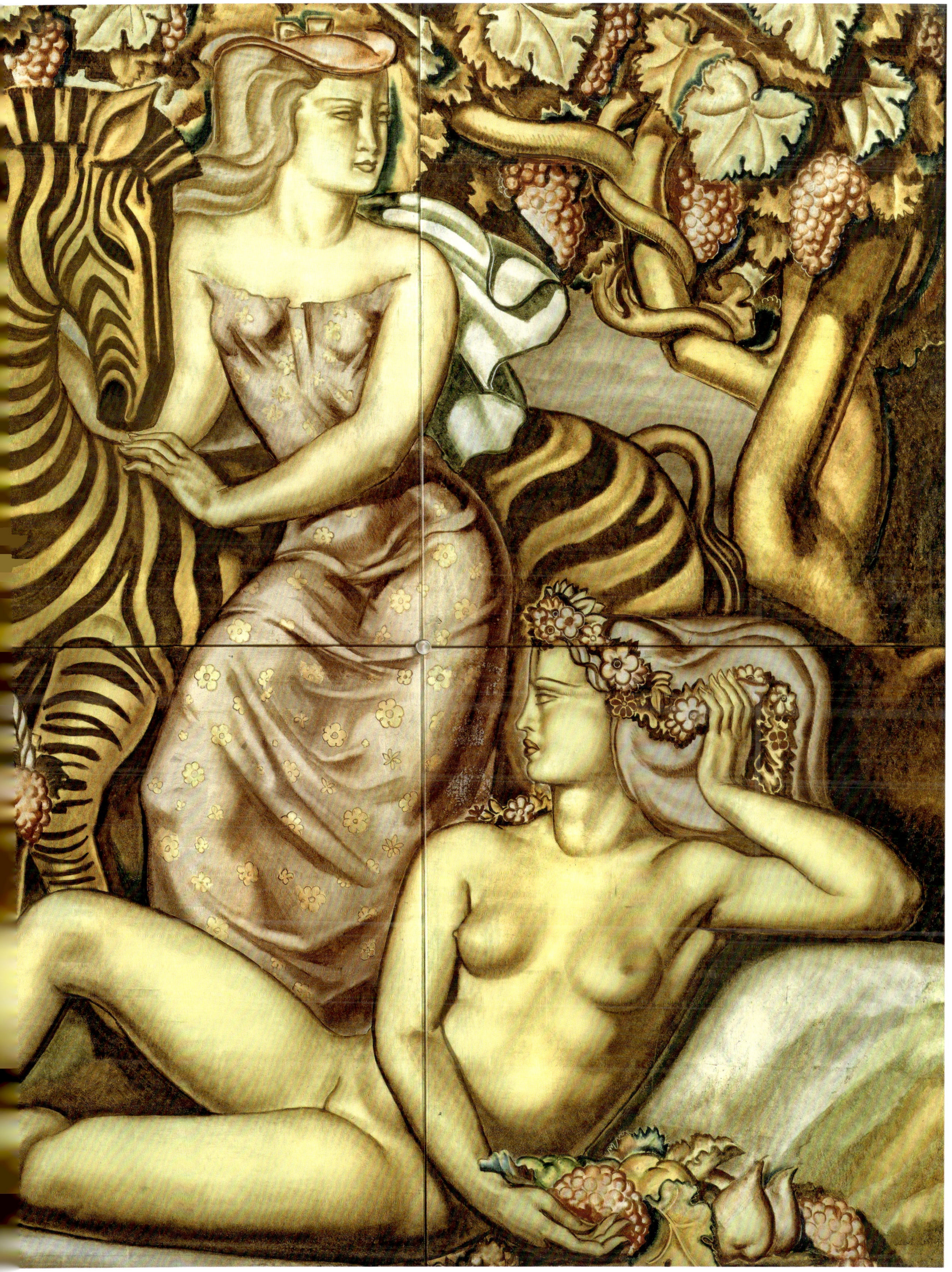

tiques, principalement dénudées, entourées de guirlandes de fleurs et de fruits, plus rarement d'autres personnages et d'animaux, s'adonnant à une contemplation passive. Ces femmes changeront de couleurs, d'ornements et de décors selon qu'il pioche dans son esthétique des arts premiers, qu'il collectionne et qu'il retranscrit parfaitement, comme pour les fixés, *Le Gemmeur Landais et l'Africaine*, ou qu'il s'inspire de la mythologie marine, avec ses femmes surgissant des flots dans leur coquille, telle la Vénus de Botticelli, comme *La Naissance de Vénus* ou *Amphitrite sur son cheval marin*.

L'année 1937 marquera un tournant dans la production de ses verres églomisés car c'est la première fois qu'une de ses œuvres, exposée au Salon de L'Œuvre de la Société des artistes

more often nude, were shown surrounded by garlands of flowers and fruit, or occasionally by other figures or animals, and engaged in passive contemplation. These women would change color, adornment and decoration depending on his inspiration. Thus he might select primitivist art, which he collected and perfectly reproduced in the reverse glass painting *Le Gemmeur Landais et l'Africaine* ("The Landes resin worker and the African woman"), or else marine mythology, as was the case for his women rising out of the sea in their shells like Botticelli's Venus, examples of which include *La Naissance de Vénus* ("The birth of Venus") and *Amphitrite sur son cheval marin* ("Amphitrite riding her sea horse").

Amphitrite, gouache sur papier, 1963. ACF.

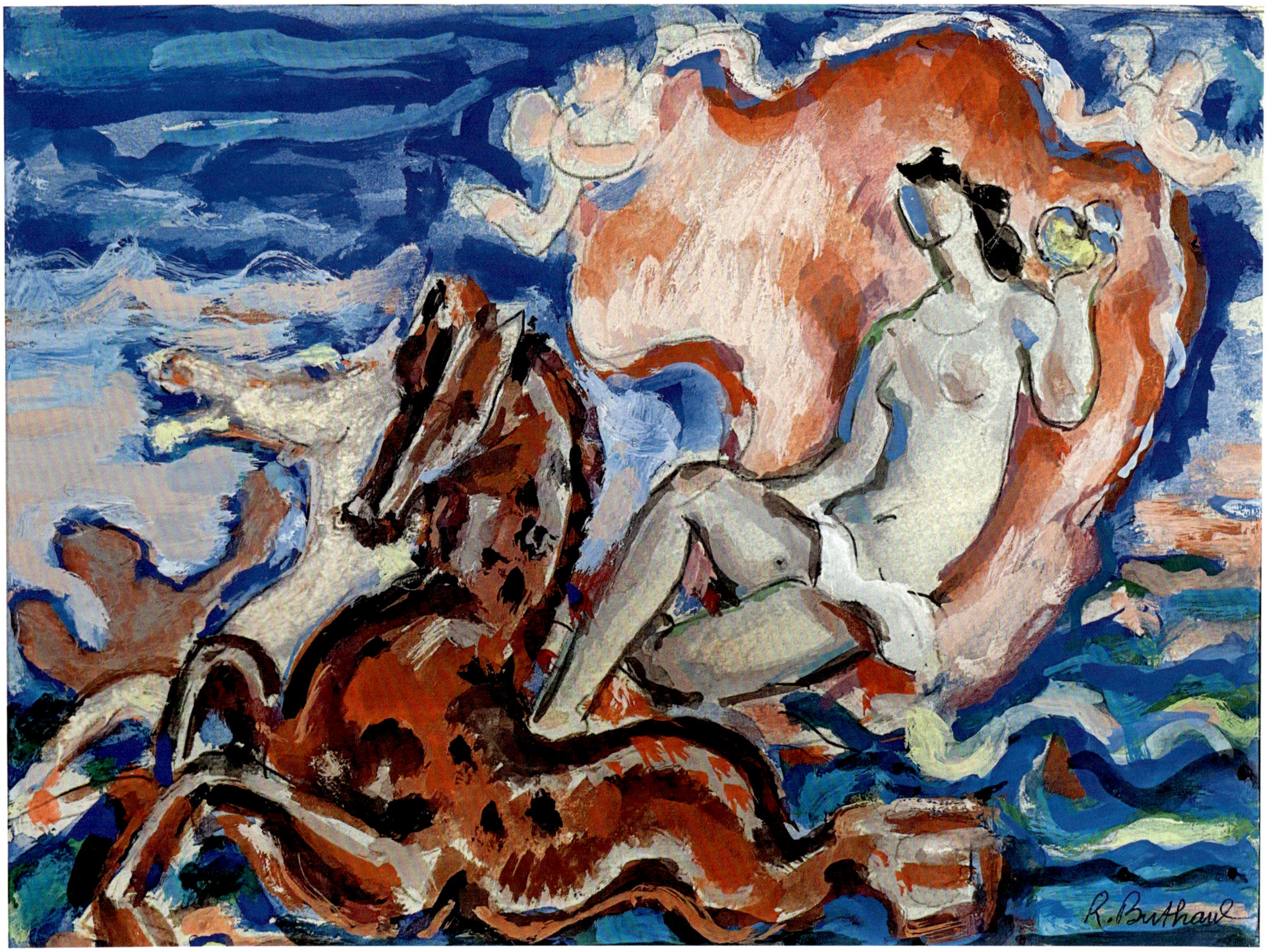

de Guyenne, est reproduite dans le journal républicain quotidien *La Petite Gironde*[3]. Cette *Toilette de Vénus*, également appelée *La Petite Gironde*, sera acclamée par la critique et de nombreuses commandes découleront de ce salon. La même année, il réalise pour la famille de son ami le peintre Raphaël Delorme, un fixé-sous-verre intitulé *Pomone*, représentant quatre jeunes femmes autour d'un zèbre, toutes parées de guirlandes de fleurs, de pampres et de feuilles de vigne. Ce même dessin sera repris sur un carton de tapisserie, tissé à Aubusson chez Tabard à partir de novembre 1937[4], pour une pièce malheureusement inachevée à temps pour l'ouverture d'une exposition au Caire la même année.

3 J. de Wissant, « Le Salon de l'Œuvre, Société des Artistes de Guyenne », *La Petite Gironde*, Bordeaux, 25 janvier 1937, p. 4.

4 Delphine Quereux, *Les Tabard, fabricants de tapisserie à Aubusson de 1869 à 1983*, thèse à l'École nationale des chartes, 1994.

The year 1937 marked a turning point in his production of *verre églomisé* works. For the first time, one of them was reproduced in the republican daily newspaper *La Petite Gironde*[3] after being shown at the Salon de L'Œuvre de la Société des artistes de Guyenne. *La Toilette de Vénus* ("The Toilette of Venus"), also known as *La Petite Gironde* ("The Little Gironde"), was hailed by the critics, and Buthaud received many commissions as a result of the exhibition. That same year, for his painter friend Raphaël Delorme he made a reverse glass painting entitled Pomone ("Pomona"), representing four young women surrounding a zebra. They are bedecked with garlands of flowers, vine branches and vine leaves. The drawing would be used again on the cartoon of a

3 J. de Wissant, "Le Salon de l'Œuvre, Société des Artistes de Guyenne," *La Petite Gironde*, Bordeaux, 25 January 1937, p. 4.

Amphitrite, fixé-sous-verre, 145 x 200 cm, vers 1936. Bordeaux, musée des Arts décoratifs et du Design.

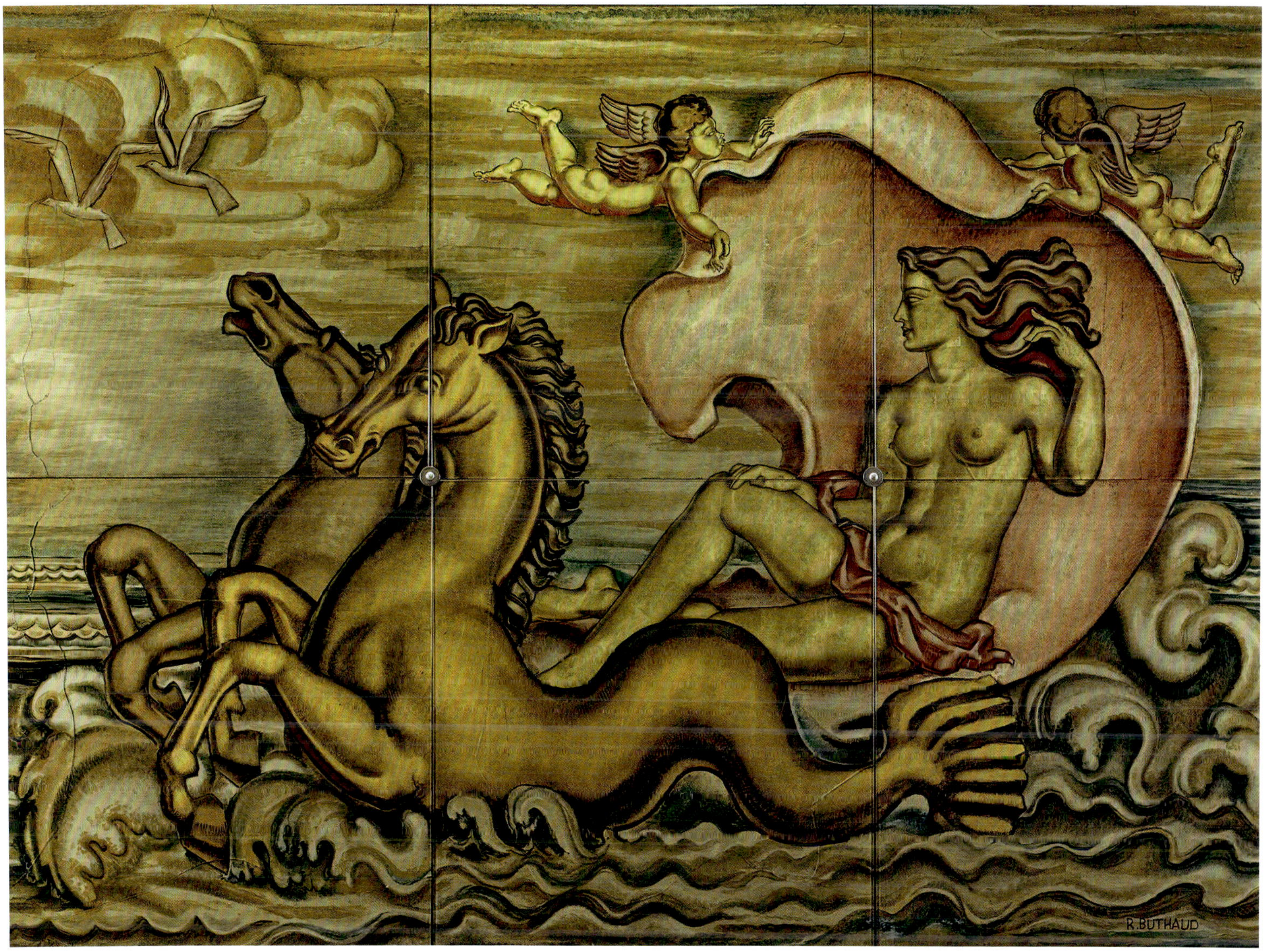

Francine Buthaud devant un projet de fixé-sous-verre, vers 1938. ACF.

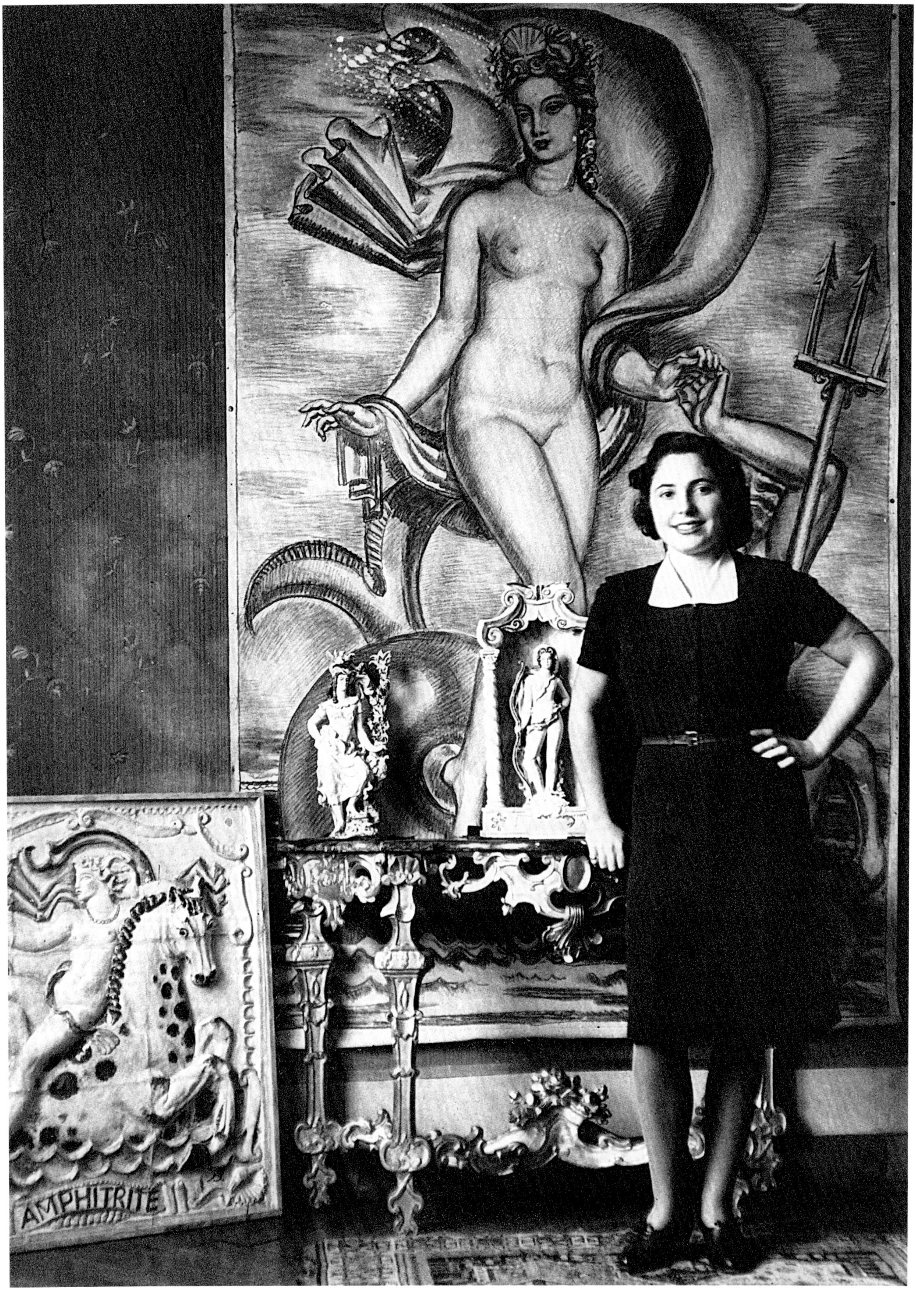

Esquisse pour *La Naissance de Vénus*, crayon rehaussé sur papier, 211,5 x 141 cm, vers 1940. Courtesy Christie's.

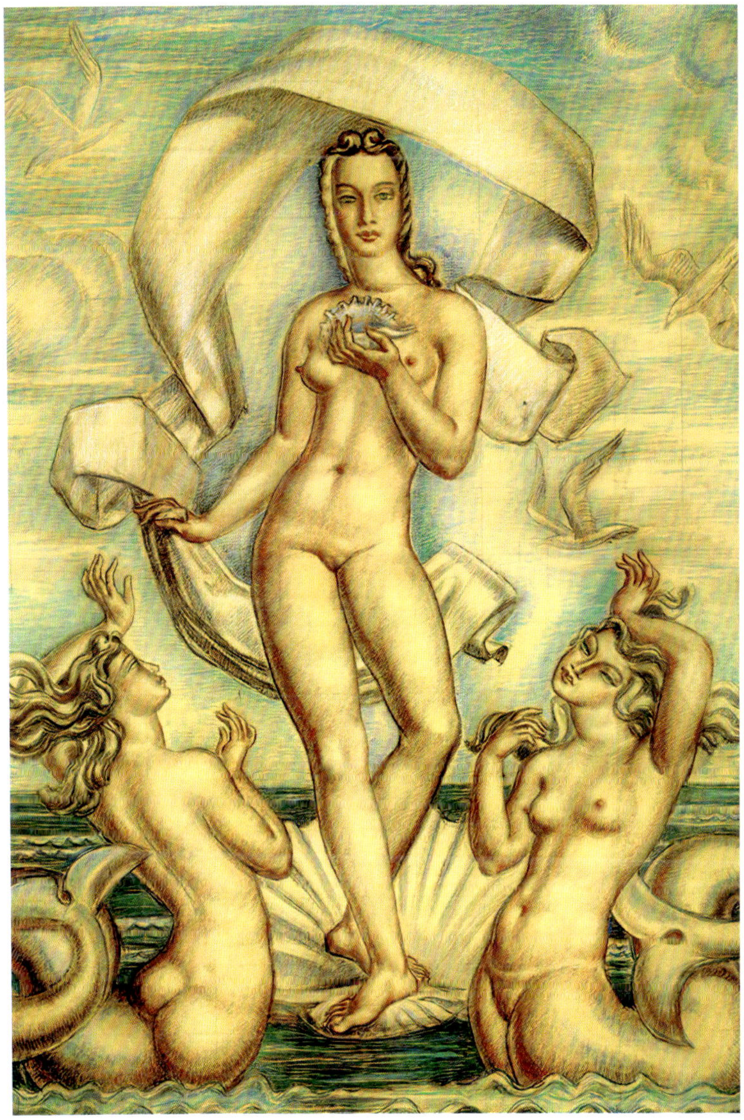

La Naissance de Vénus, fixé-sous-verre, 208 x 140,5 cm, vers 1940. Courtesy Christie's.

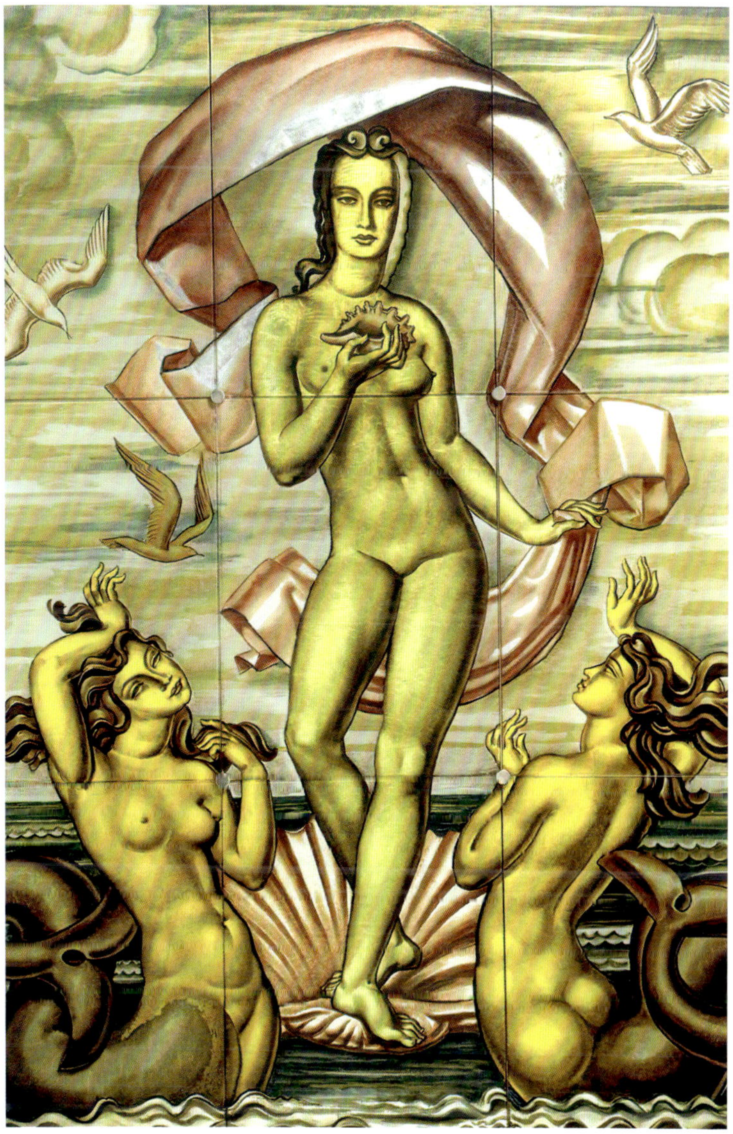

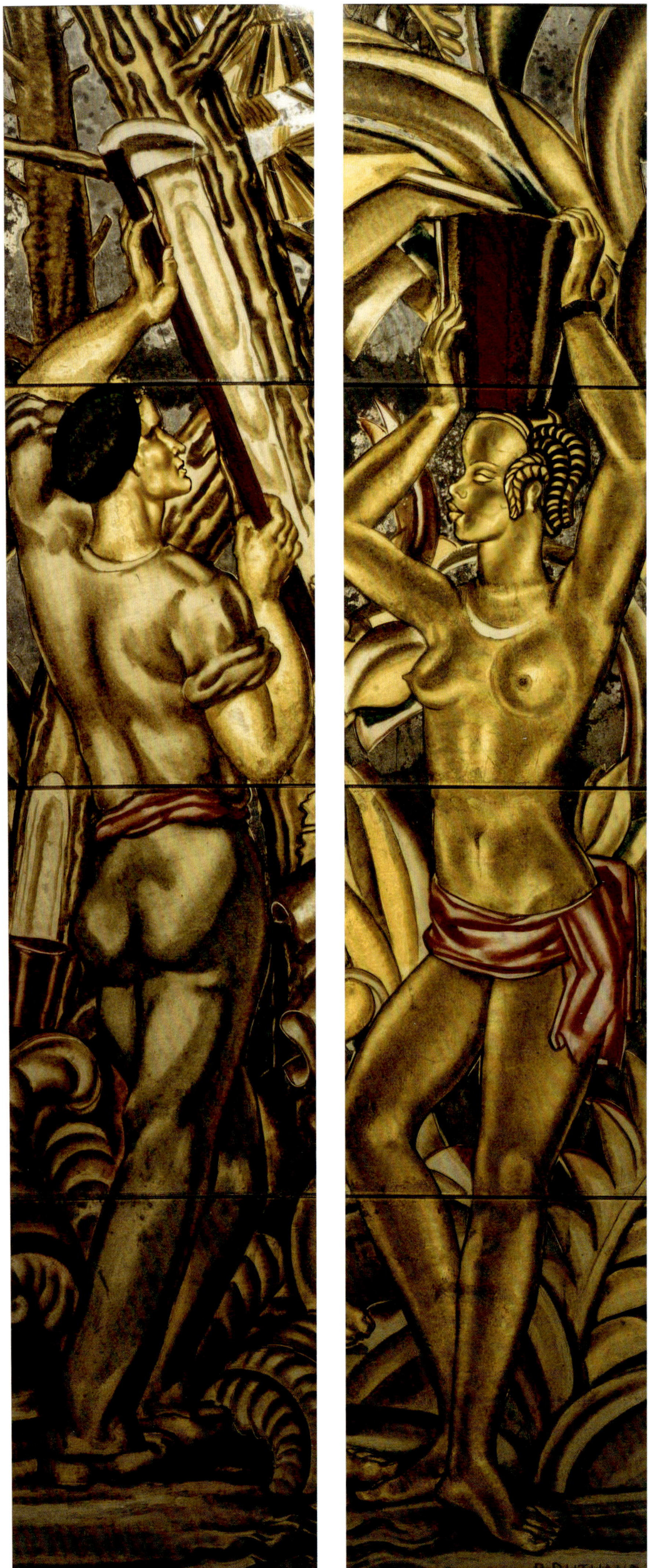

Le Gémmeur et l'Africaine, fixé-sous-verre en deux parties, 135 x 30 cm chaque, vers 1940. Bordeaux, musée des Arts décoratifs et du Design.

89 *Porteuses*, fixé-sous-verre en deux parties sur fond miroir, 135 x 30 cm chaque, vers 1940. CCF.

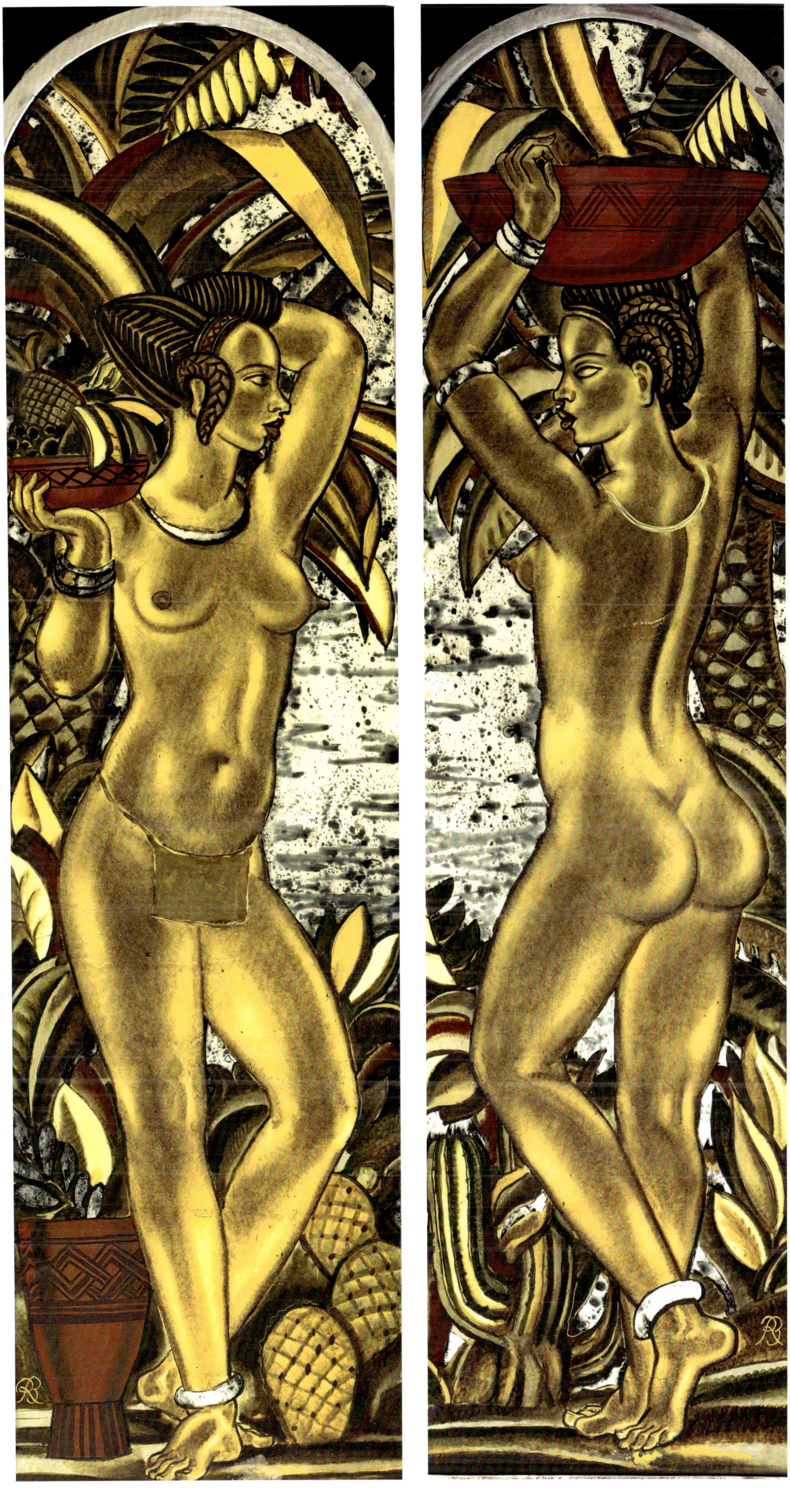

À partir des années 1940, Buthaud, en raison du coût des feuilles de métaux précieux, a également réalisé des fixés sur miroir, retirant le tain pour apposer son motif en peinture, en se servant du miroir en lieu et place des feuilles de métaux.

À la différence de son ami Jean Dupas, qui fit appel au maître verrier Jacques-Charles Champigneulle pour les panneaux du paquebot *Normandie*, René Buthaud est l'artisan de ses fixés-sous-verre, il travaille seul et à la commande uniquement. Il réalisera ainsi une vingtaine de petits formats et une vingtaine de formats plus conséquents, pour des amis, des restaurants, des hôtels particuliers, uniquement exposés à Bordeaux. Certains décors de ses fixés, tels que *Diane Chasseresse* ou *La Naissance de Vénus*, seront réalisés en plusieurs exemplaires et à échelles diverses.

tapestry woven in Aubusson by Tabard from November 1937,[4] for a work unfortunately left unfinished when an exhibition in Cairo opening the same year.

From the 1940s, due to the cost of precious metal foil, Buthaud also produced reverse paintings on mirrors, removing the silvering and painting his patterns using the mirror as a substitute for the metal foil.

Unlike his friend Jean Dupas, who sought the help of the master glass-maker Jacques-Charles Champigneulle for the panels of the liner *Normandie*, René Buthaud crafted his reverse glass paintings by himself and only by commission. He produced around 20 small-sized works and 20 larger ones for friends, restaurants and private mansions, only to be shown

4 Delphine Quereux, *Les Tabard, fabricants de tapisserie à Aubusson de 1869 à 1983*, thesis at the École nationale des chartes, 1994.

Salon de René Buthaud, Bordeaux. Au mur, *Diane chasseresse,* fixé-sous-verre, 72,5 x 130,5 cm, vers 1937. Collection privée.

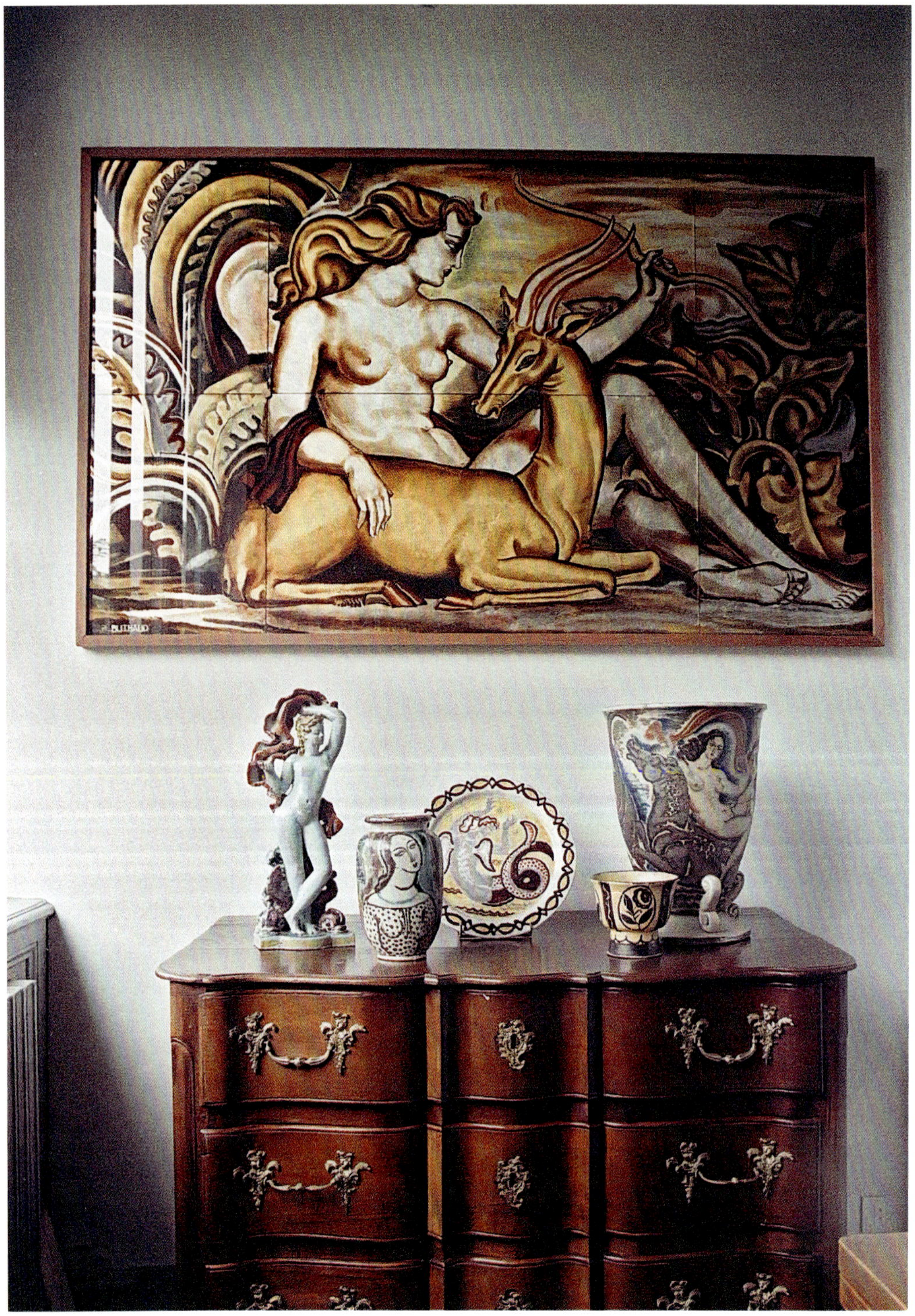

Tous ces fixés-sous-verre ont inspiré un grand nombre de ses contemporains dont le plus important, après Jean Dupas, est Pierre Lardin, qui dirigera l'École supérieure des beaux-arts de Bordeaux et qui ne réalisera durant toute sa carrière que des œuvres sur verre.

in Bordeaux. Some of the decorations on the reverse glass paintings, such as *Diane Chasseresse* ("Diana hunting") or *La Naissance de Vénus*, were produced in several copies and different sizes.

His reverse glass paintings inspired many of his peers, the most important of which, after Jean Dupas, was Pierre Lardin, who became the head of the École supérieure des beaux-arts de Bordeaux and devoted his whole career to that particular craft.

Vénus et Pan, fixé-sous-verre réalisé pour un restaurant dans les Landes, 100 x 371 cm, vers 1945. Collection privée.
Sérénade, fixé-sous-verre, 121 x 205 cm, vers 1945. Collection privée.

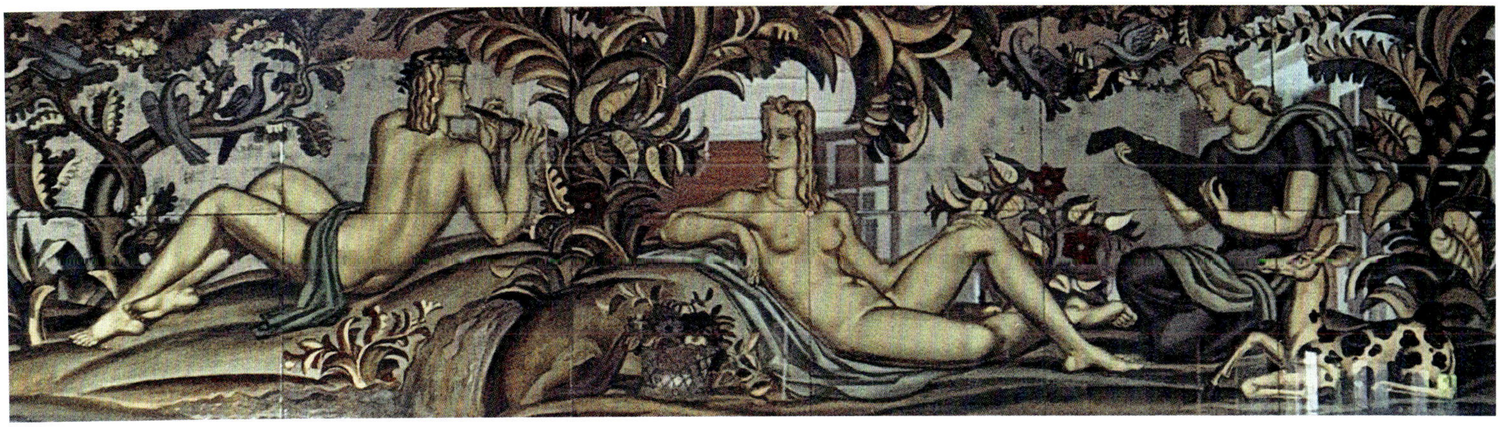

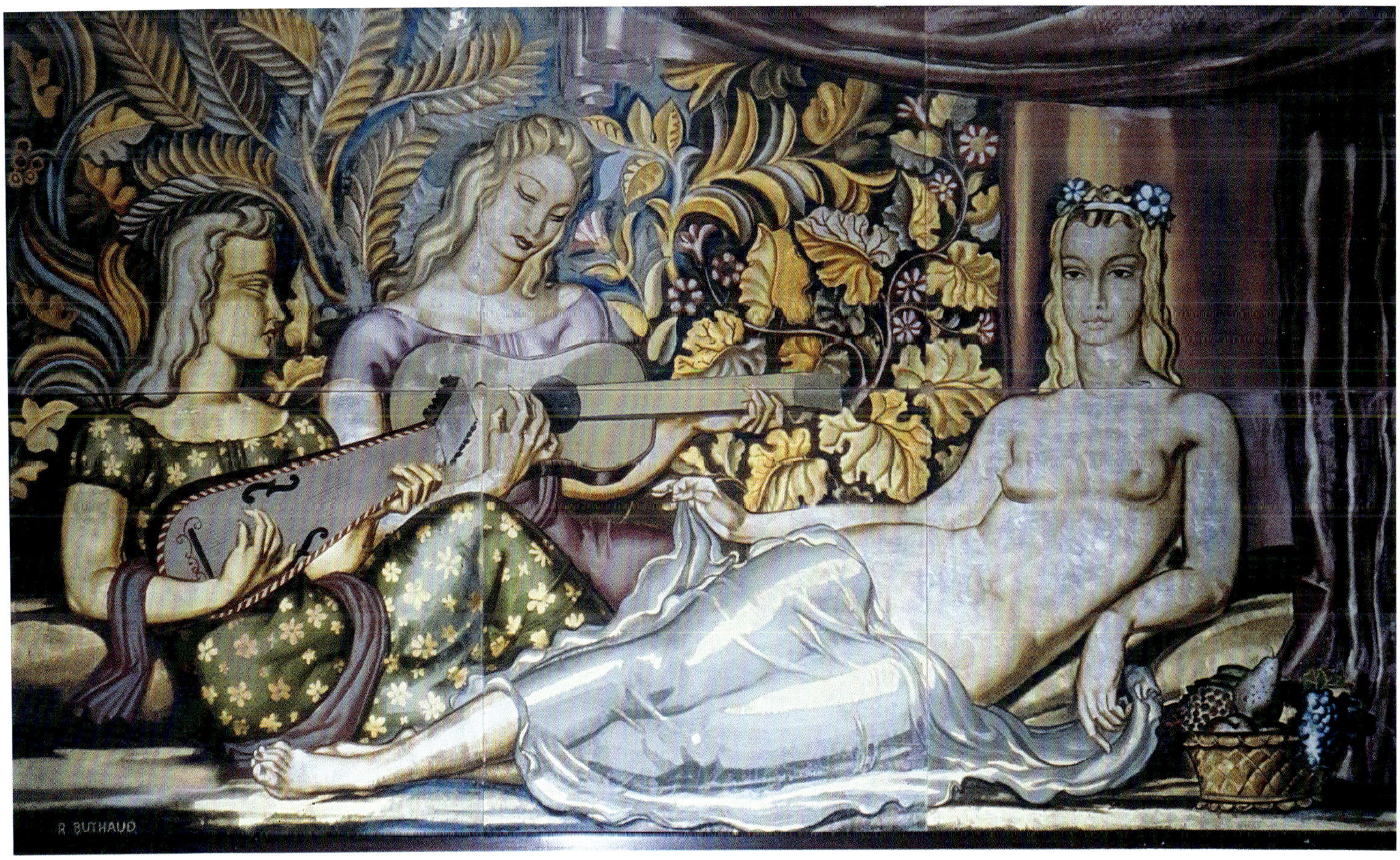

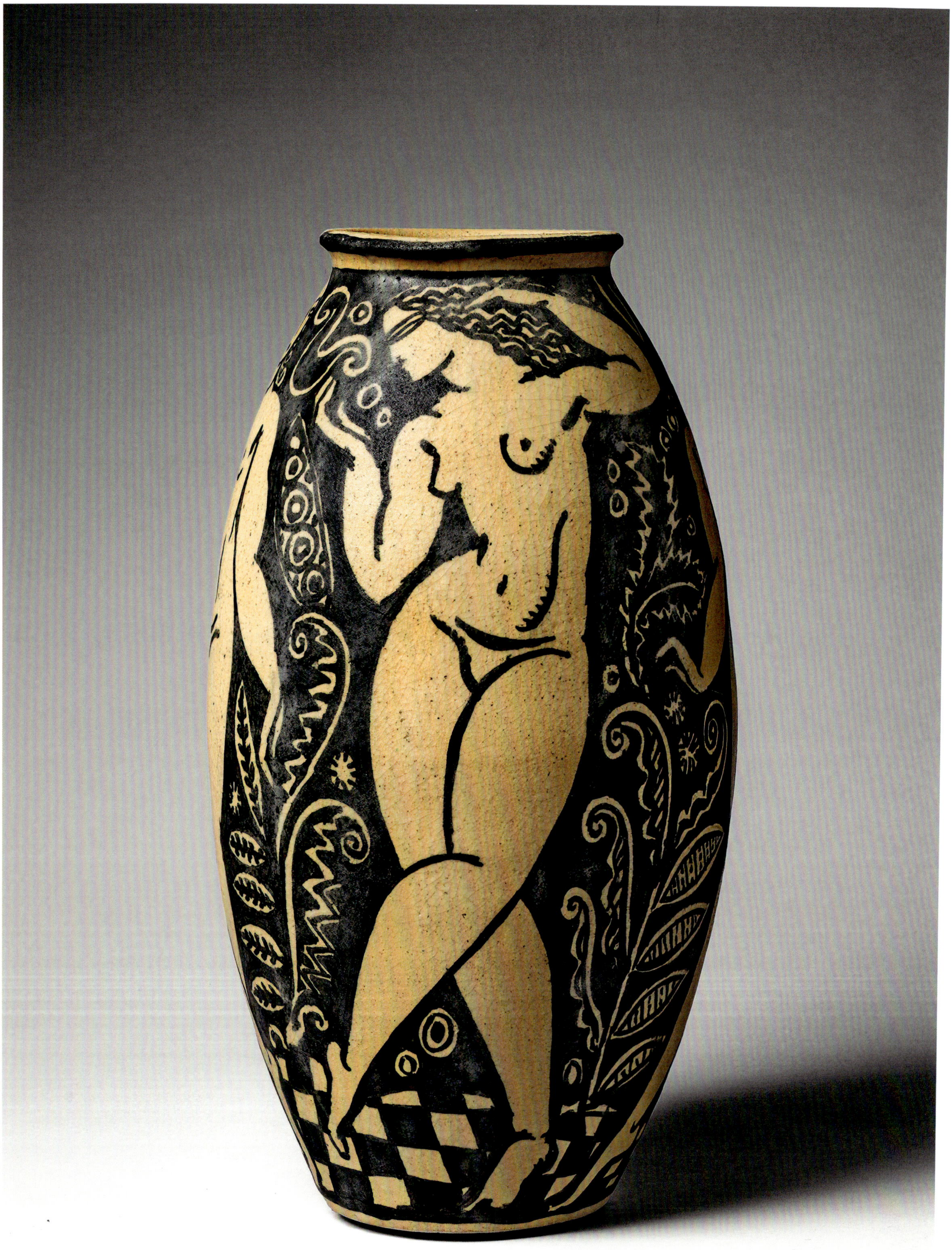

Vase, céramique, h. 28 cm, 1925. Présenté à l'Exposition de 1925. Collection privée.

La diffusion de l'œuvre de René Buthaud, en France et dans le monde, de Rouard à Doris

Bénédicte Mayer
Attachée de conservation, musée des Monuments français / Cité de l'architecture & du patrimoine

The Diffusion of René Buthaud's Work through France and Around the World, from Rouard to Doris

Si ses études de peinture et de gravure en taille douce ont permis à René Buthaud d'exposer quelques portraits et paysages au Salon des artistes français de 1911, et d'obtenir différents prix comme le prix Chenavard et le prix Roux, c'est à la céramique que l'artiste aquitain s'essaie quand il est affecté, pendant la guerre, au service géographique de l'armée à Bordeaux. La ville ne compte plus alors aucun créateur céramiste de valeur. Un marché s'offre à lui.

Marié en 1919, père peu de temps après, il a désormais charge de famille. En se consacrant à la céramique, alors qu'il ne maîtrise pas encore totalement les techniques de cet art[1], c'est donc également un choix économique qui mène Buthaud à cet art. Il faudra attendre les années 1950 pour qu'il se remette pleinement à la peinture.

1 *René Buthaud, entretiens avec Jacques Sargos*, présenté par Jacqueline du Pasquier, Bordeaux, Éditions de l'Horizon chimérique, 1987, p. 62.

René Buthaud's studies in painting and burin engraving may have enabled him to exhibit a handful of portraits and landscapes at the Salon des artistes français in 1911 and to obtain several prizes (including the Chenavard and Roux prizes), but it was ceramics that he chose to take up when he was assigned to the army's geographical service in Bordeaux during the war. The town no longer had any ceramic artists of value, so the market was open to him.

After marrying in 1919, he soon became a father, meaning he now had to provide for his family. Taking up ceramics at a time when he had not yet mastered its techniques[1] was therefore also a financial decision. It was only in the 1950s that he began to paint freely again.

1 *René Buthaud, entretiens avec Jacques Sargos*, presented by Jacqueline du Pasquier, Bordeaux, Éditions de l'Horizon chimérique, 1987, p. 62.

Ensemble de vases, vers 1923.

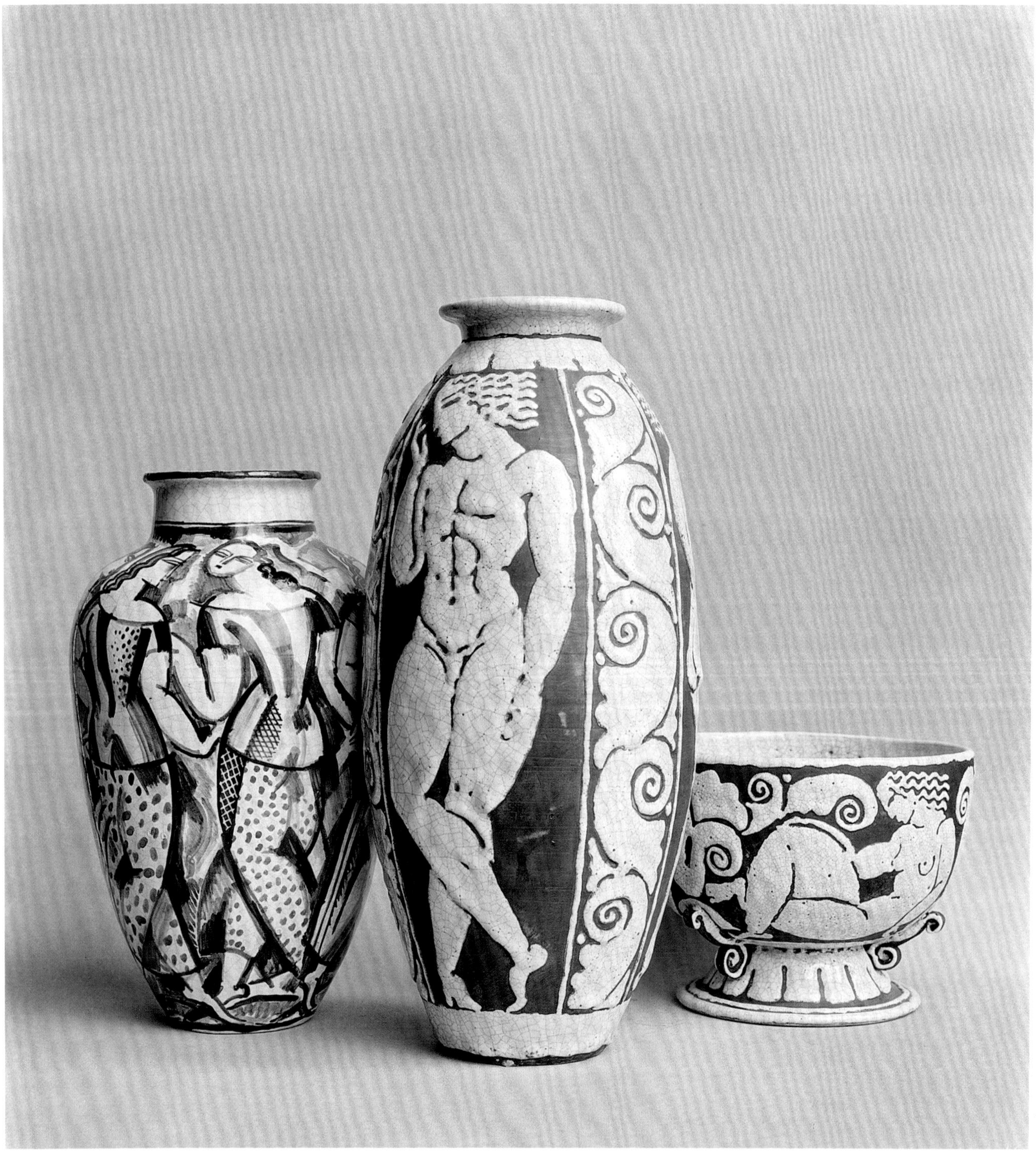

Buthaud présente pour la première fois publiquement quelques pièces à Bordeaux en 1919, lors de l'exposition annuelle du Groupe des peintres modernes. S'il est le seul céramiste parmi un ensemble de peintres modernes dont Bissière, Lhote, Derain et Vlaminck, ses premières créations sont immédiatement remarquées tant par la critique que par de nombreux artistes de renom. Le décorateur Jean Dunand note la sûreté du trait du jeune Bordelais ; Vlaminck est l'un de ses tout premiers acheteurs. Cette même année a lieu sa première participation au Salon d'automne, dont il va devenir un fidèle.

En 1920, René Buthaud expose ses céramiques à Paris, au Salon des artistes décorateurs puis au Salon d'automne au

In 1919 Buthaud presented a small number of works in Bordeaux for the first time, at the annual exhibition of the Groupe des peintres modernes. Although he was the only ceramicist included in a group of modern painters including Bissière, Lhote, Derain and Vlaminck, his first creations immediately drew the attention of critics and of many renowned artists. The decorator Jean Dunand noted Buthaud's assured style; Vlaminck was one of his very first buyers. That same year he took part in the Salon d'automne, the first of many participations.

In 1920 René Buthaud presented his ceramics in Paris, first at the Salon des artistes décorateurs, then at the Salon d'automne in the Grand Palais. His works met with great

Élégantes, crayon sur papier, 76,5 x 48,5 cm, vers 1921. Avant-projet pour le frontispice de l'ouvrage *Horizons. Anthologie d'art actuel*, 1923. Collection privée.

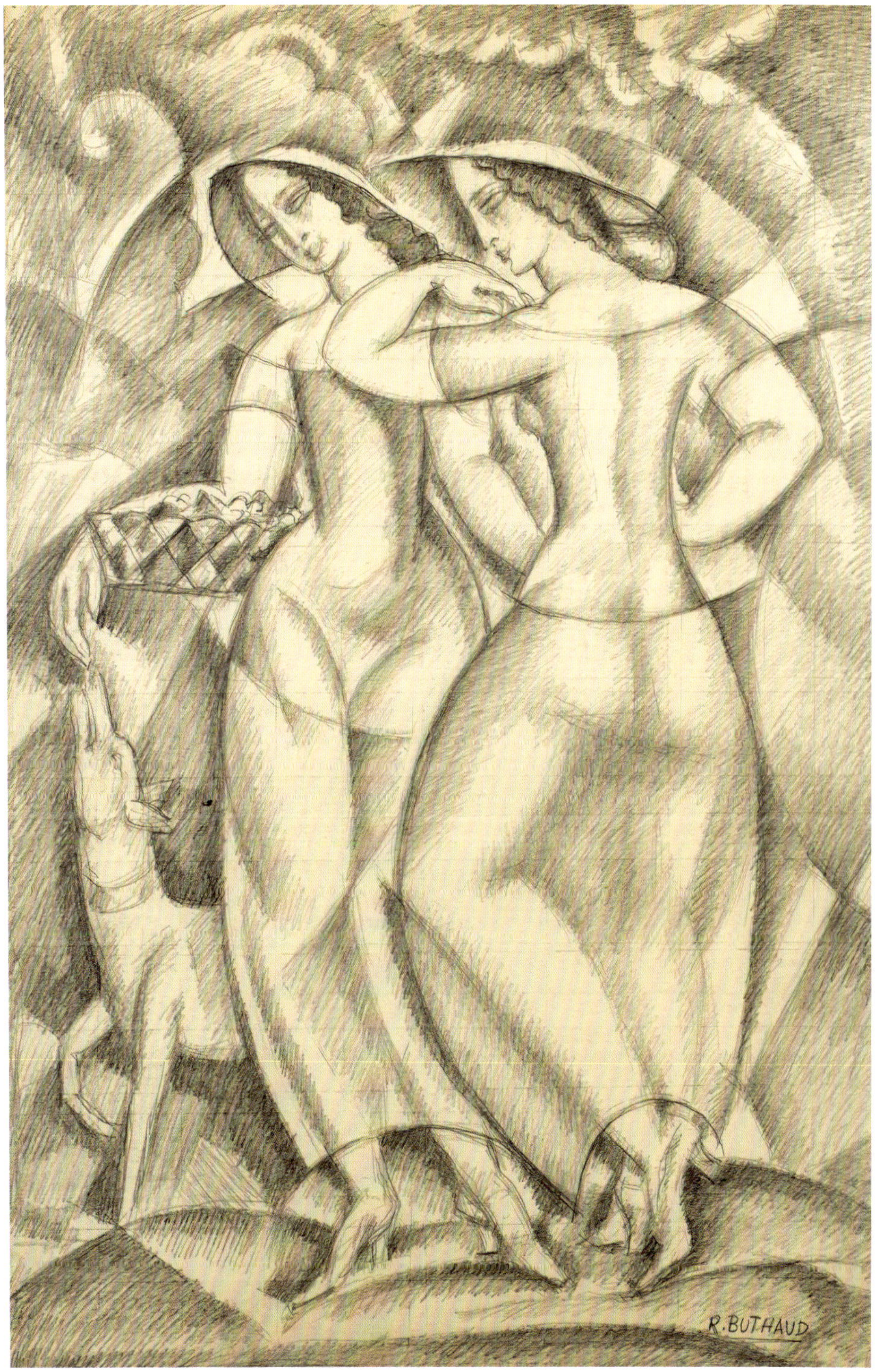

Vase, céramique, h. 41 cm, 1929. Bordeaux, musée des Arts décoratifs et du Design.

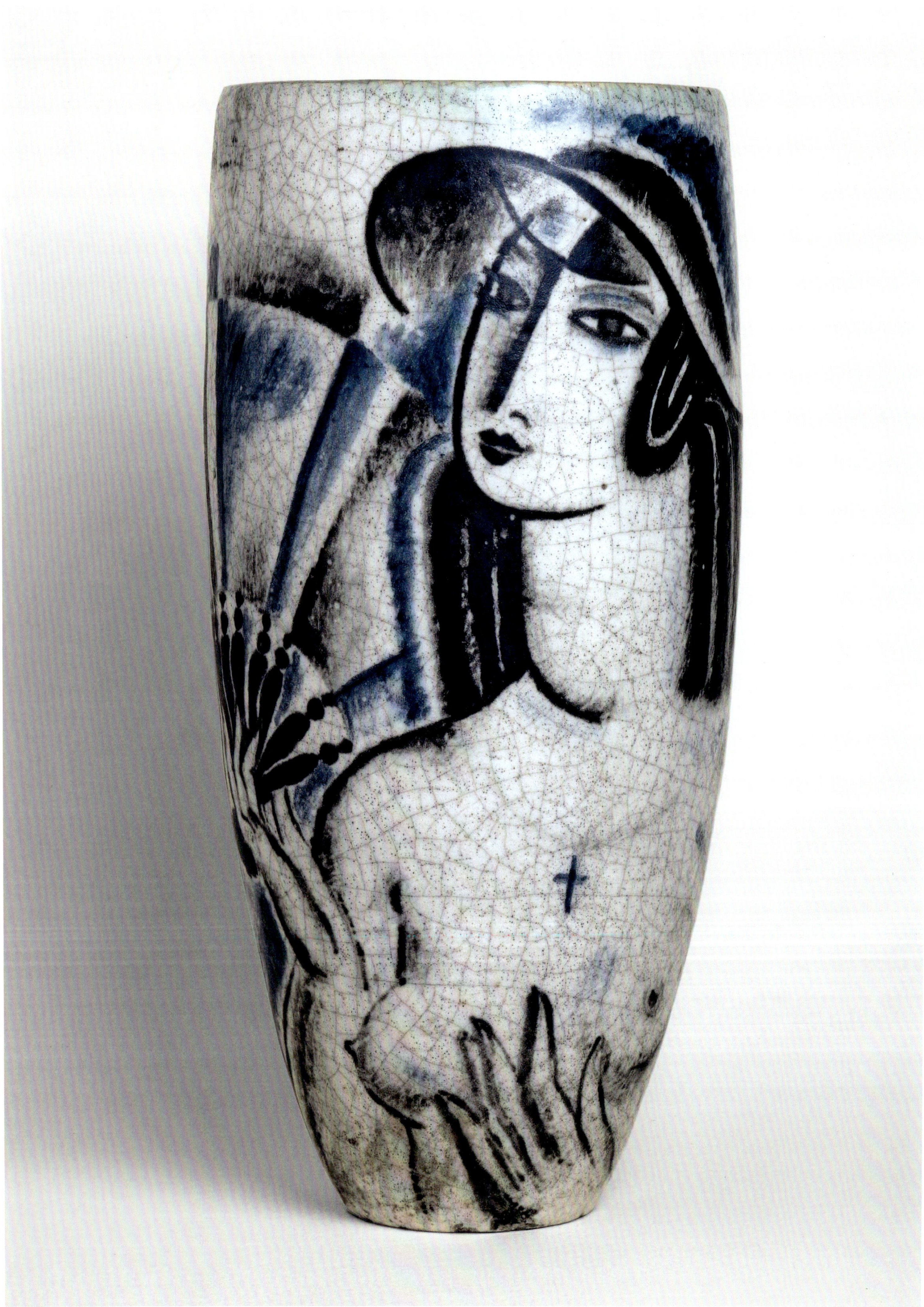

Grand Palais. Ses pièces remportent un grand succès dont la presse se fait largement l'écho. Dans *L'Amour de l'Art*, le journaliste Mourey donne « une mention toute spéciale aux envois de M. Buthaud. [...] M. Buthaud [...] décore de figures très modernement traitées, des vases et des coupes de formes simples, et cela est on ne peut plus intéressant ». Dans l'*Excelsior* du 15 novembre 1920, Louis Vauxcelles, le célèbre journaliste qui a baptisé les deux grands mouvements modernes des vocables de « fauves » et de « cubistes », parle d'une « révélation [...] le potier nommé Buthaud. [...] je salue en lui un céramiste d'avenir ». Il participera de très nombreuses années durant à ces deux salons dont il deviendra sociétaire et sera un membre actif. Dans son numéro de décembre

success and were widely reported in the press. In *L'Amour de l'Art*, the journalist Mourey gave "special mention to Mr. Buthaud's submissions. [...] Mr. Buthaud [...] decorates simple-shaped vases and cups with figures in a very modern style, which is of the utmost interest." In the *Excelsior* of 15 November 1920, Louis Vauxcelles, the famous journalist who had invented the names of two great artistic movements, "Fauvism" and "Cubism," spoke of a "revelation [...] the potter named Buthaud. [...] I send my regards to the promising ceramicist." For many years he would participate in those two salons, of which he became an active member. In its December 1921 issue, the journal *Art et Décoration* chose several creations by Buthaud to illustrate an article it had devoted to the furniture and

Ensemble de pièces réalisées à Sainte-Radegonde, 1923-1926.

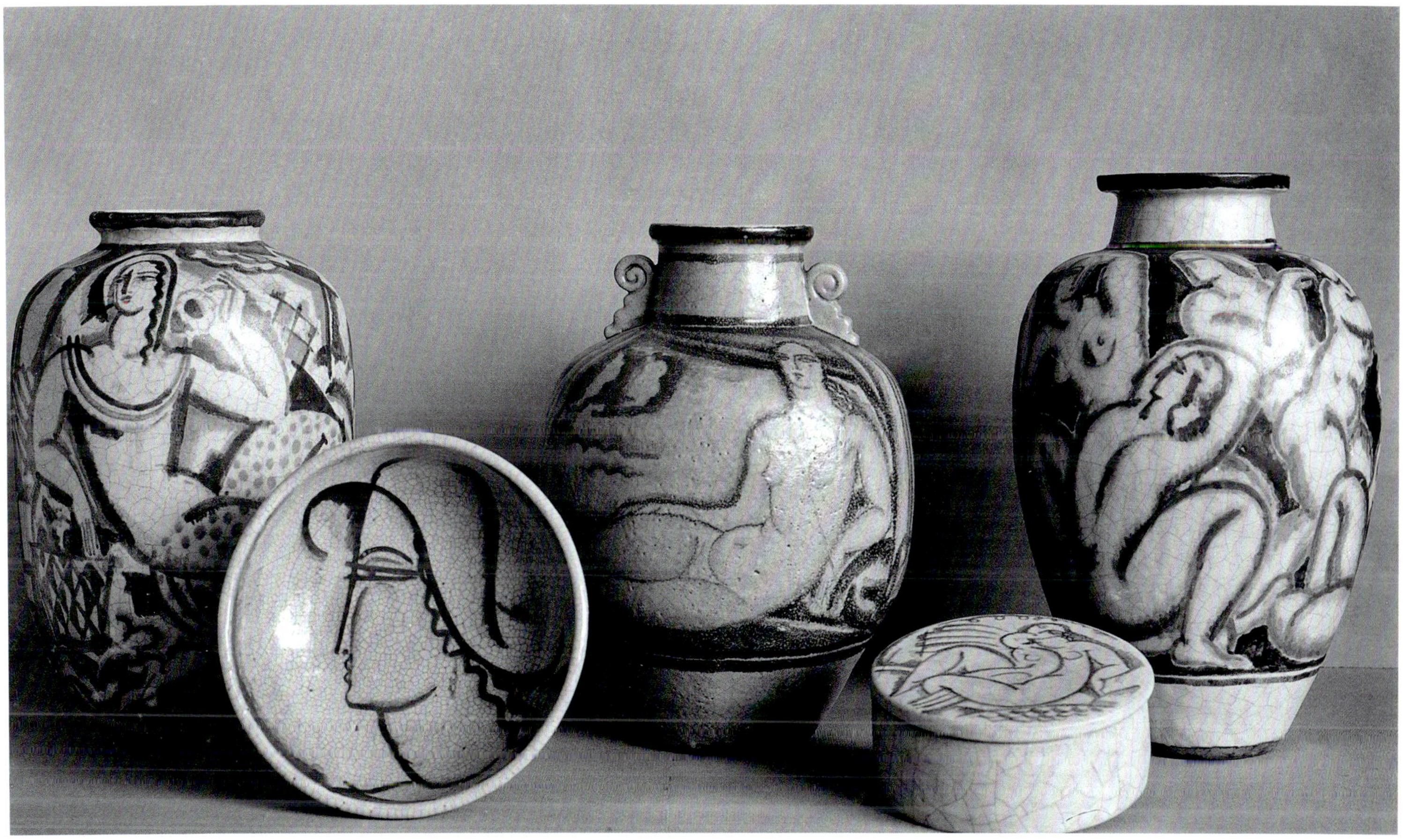

1921, la revue *Art et Décoration* choisit plusieurs créations de Buthaud pour illustrer l'article qu'elle consacre au mobilier et à l'art décoratif présenté au Salon d'automne de l'année. À l'issue du Salon d'automne de 1920, Buthaud a déjà vendu, sans galerie, plusieurs pièces exposées. L'une d'elles rejoint la collection du couturier Paul Poiret, un vase qu'il acquiert pour la somme de 160 francs[2].

La même année, fort de ce succès fulgurant, Buthaud reçoit la bourse du Maréchal Joffre du prix Florence Blumenthal – section Arts décoratifs – qui vient tout juste d'être créé. Jean Dunand, qui a déjà acquis une œuvre du céramiste, fait partie du jury et c'est, selon Buthaud, grâce à lui, que le prix lui est attribué[3].

2 Lettre de Paul Poiret à René Buthaud, à l'en-tête de la maison Martine, datée du 4 octobre 1920 conservée dans les archives Buthaud.

3 *René Buthaud, op. cit.*, p. 67.

decorative art presented at the Salon d'automne that year. At the end of the Salon d'automne of 1920, Buthaud had already sold several exhibited pieces without a gallery. One vase was purchased for 160 francs by the fashion designer Paul Poiret to join his collection.[2]

In the same year, building on that immediate success, Buthaud was awarded the Maréchal Joffre grant of the Florence Blumenthal prize – in the Decorative Arts section – which had just been created. Jean Dunand, who had already acquired one of Buthaud's works, was on the jury and, according to Buthaud, it was thanks to him that he won the prize.[3]

These early exhibitions gave him access to the Druet gallery in Rue Royale. As early as 1920 the gallery exhibited

2 Letter from Paul Poiret to René Buthaud, with a Maison Martine heading, dated 4 October 1920 and kept in the Buthaud archives.

3 *René Buthaud*, *op. cit.*, p. 67.

Femme à la fleur, vase, h. 29 cm, vers 1928. Bordeaux, musée des Arts décoratifs et du Design.

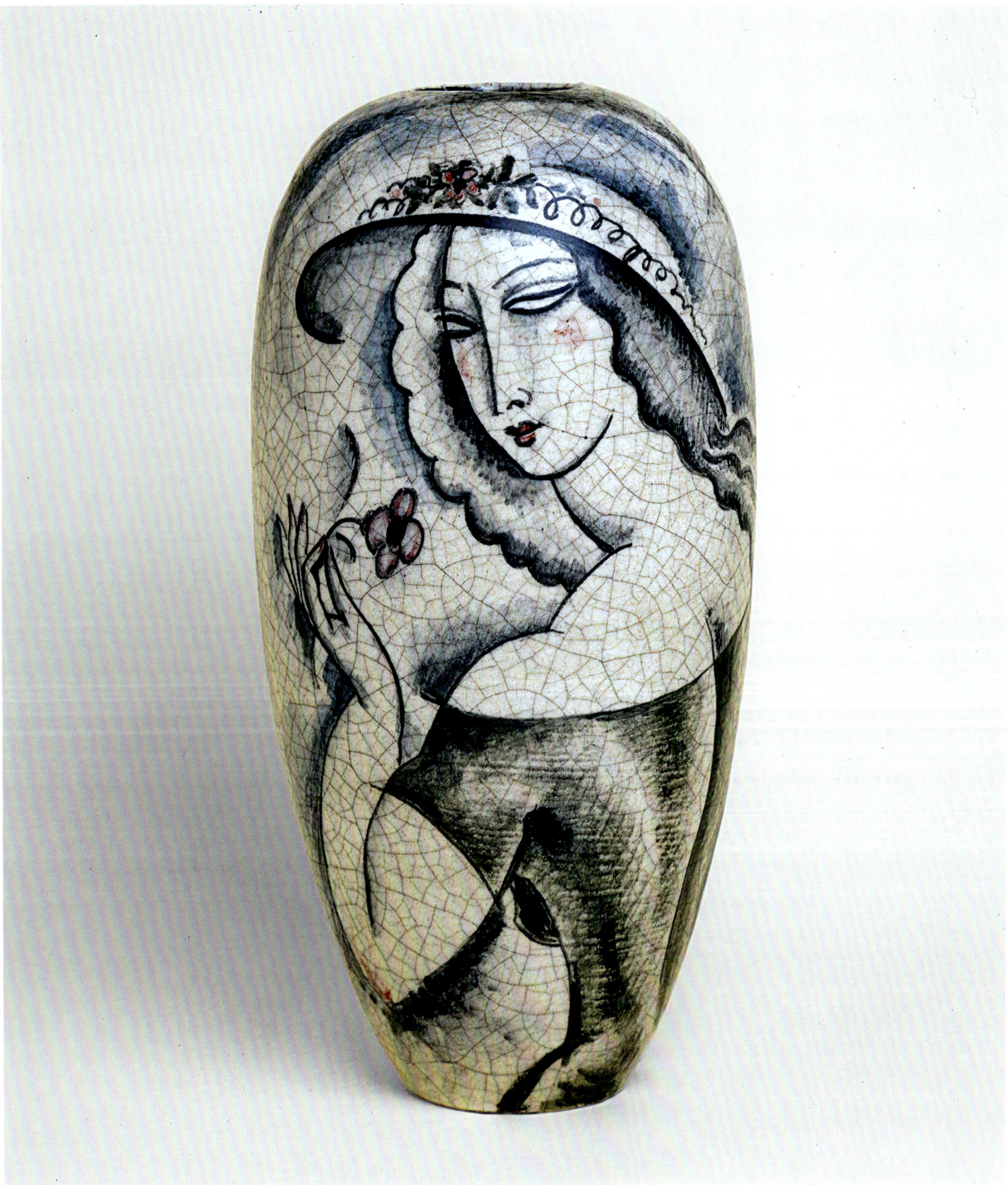

Ces premières expositions lui ouvrent les portes de la galerie Druet, rue Royale, qui dès 1920 présente en permanence une sélection de ses œuvres. Elles y sont exposées parmi l'avant-garde parisienne. C'est là que Vuillard, qui y expose avec Bonnard, découvre le travail de Buthaud et y acquiert une pièce. Parallèlement, Buthaud poursuit ses présentations dans différentes manifestations, tant en France qu'à l'étranger, n'ayant pas signé de contrat d'exclusivité avec Druet. Ainsi après avoir été invité à Munich en 1926, participe-t-il, grâce au prix Blumenthal, à l'Exposition d'art français contemporain qui se tient à Tokyo en 1927 en y envoyant trois pièces, deux vases et une coupe.

a permanent selection of his works, which were shown alongside the Parisian avant-garde. It was there that Vuillard, who also had works being shown, along with Bonnard, discovered Buthaud's work and acquired a piece. At the same time, Buthaud continued to present his work at different events, both in France and abroad, as he had not signed an exclusive contract with Druet. After being invited to Munich in 1926, he participated – thanks to the Blumenthal prize – in the Exposition d'art français contemporain which was organized in Tokyo in 1927, sending two vases and a cup.

In 1923, René Guilleré, the founder of the Société des artistes décorateurs and the creator of the Primavera art studio in 1913, invited René Buthaud to become the head of the Primavera

Ensemble de vases. Illustration publiée dans *House & Garden*, janvier 1987.

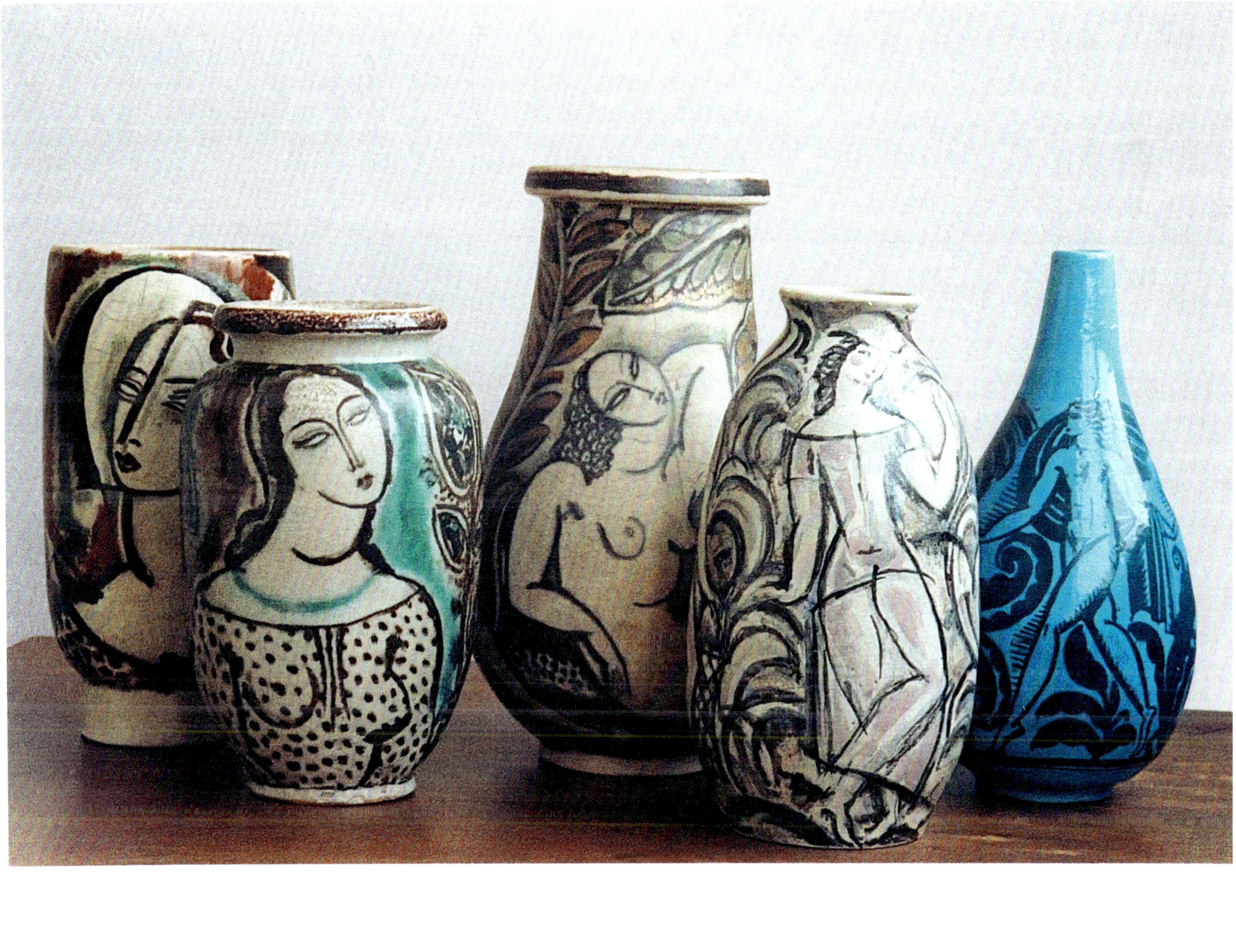

En 1923, René Guilleré, fondateur de la Société des artistes décorateurs et créateur en 1913 de l'atelier d'art Primavera, propose à René Buthaud la direction de la faïencerie d'art de Primavera installée à Sainte-Radegonde, en Touraine. Dans les faits, c'est en tant que « conseiller technique » que le céramiste bordelais arrive à Sainte-Radegonde. Son travail consiste à faire des recherches, à donner des conseils sur les formes et les décors que les ouvriers réalisent pour le Printemps : « J'apportais le savoir, le point de vue céramique, mais je ne créais pas pour eux. Tout ce qui avait été présenté à l'Exposition des arts décoratifs de 1925 [à Paris] avait été réalisé sous ma direction, avec ma technique, mais les projets, les dessins, les décors n'étaient pas de ma composition[4]. » Durant

4 *Ibid.*

art pottery works set up in Sainte-Radegonde, in the Touraine region. In reality, Buthaud was sent to Sainte-Radegonde as a "technical advisor." His work consisted in carrying out research and giving advice on the shapes and decorations that the workers created for the Printemps department store: "I brought knowledge, the ceramicist's point of view, but did not create anything for them. Everything that was presented at the Exhibition of Decorative Arts in 1925 [in Paris] was produced under my supervision, using my techniques, but the projects, drawings and decorations were not my own creations." During the three years he spent in Touraine, Buthaud did not produce any models for Printemps's art collection, and his name was never associated with the productions sold by the

4 *Ibid.*

Doris, vase, céramique, h. 25 cm, 1934-1940. CCF.

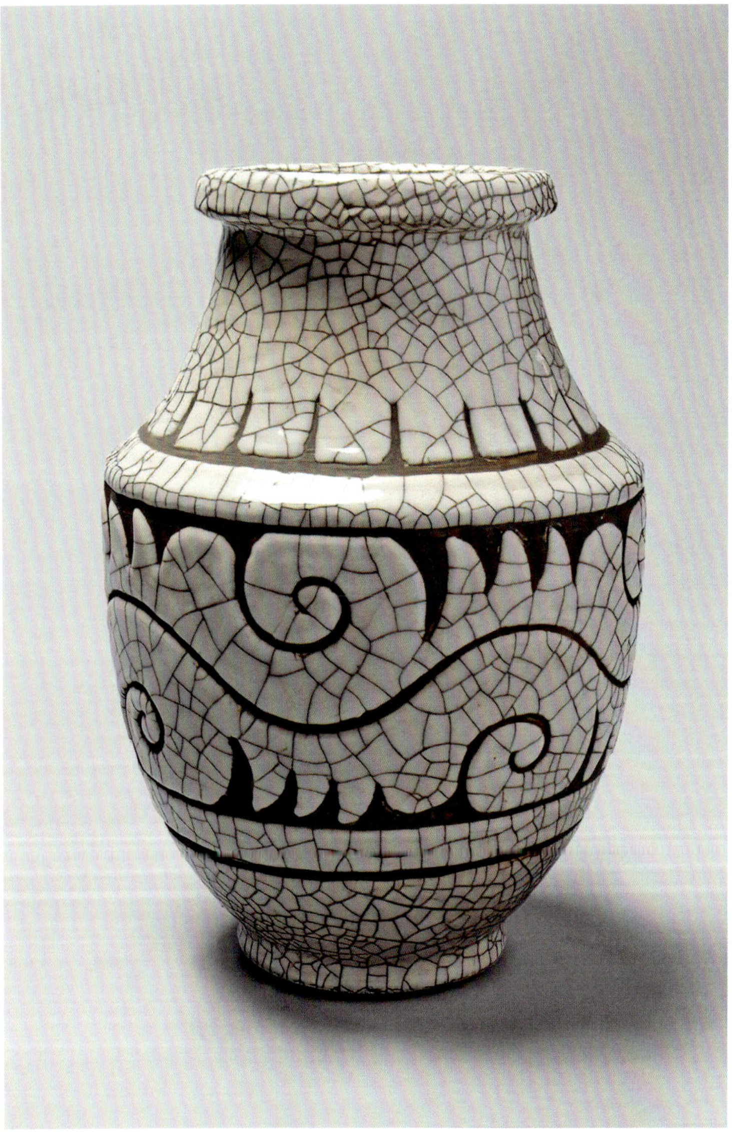

Vase, céramique, h. 18 cm, 1923-1926. Collection privée.

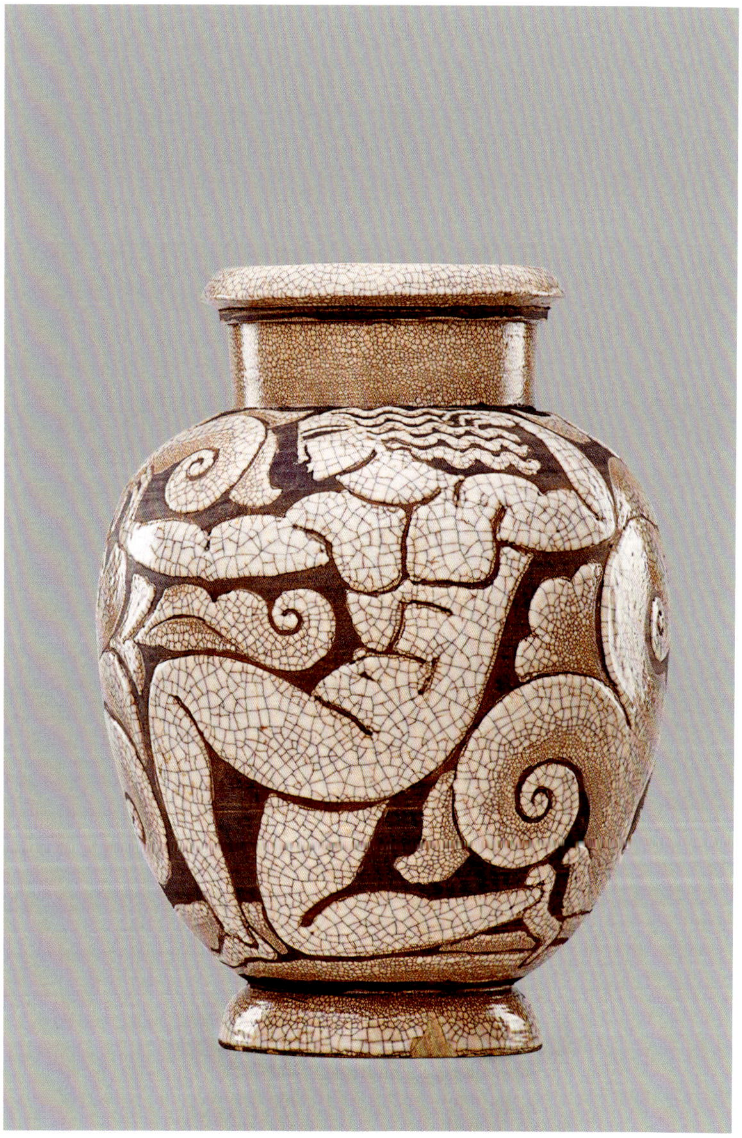

les trois années qu'il passe en Touraine, Buthaud ne produit pas de modèles pour la ligne d'édition d'art du Printemps et n'associe aucunement son nom aux productions vendues par le grand magasin. Son contrat, qu'il a accepté à la condition *sine qua non* de pouvoir continuer « à faire ma céramique »[5] lui garantit une entière liberté de création de son œuvre personnelle, les ateliers de Sainte-Radegonde lui mettant à disposition tous les équipements techniques et le savoir-faire pointu des ouvriers de l'usine. Sa complicité avec René Guilleré et son épouse Charlotte Chauchet facilite le travail à Sainte-Radegonde. Il partage notamment avec Guilleré, dramaturge et poète à ses heures, son goût pour l'art primitif africain. Il fait travailler les tourneurs de Primavera[6] et peut

5 *René Buthaud, op. cit.*, p. 70.

6 Si Buthaud dessine toujours les formes de ses pièces, il ne les tourne jamais lui-même. Il demande à un tourneur de le faire, qui vient dans son atelier. Quand il travaille à Canéjean, le tourneur fait même biscuiter ses pièces, ce qui lui économise le premier feu.

department store. His contract, which he accepted under the sole condition that he could continue "to make my ceramics,"[5] guaranteed him the complete freedom to create his own works. The Sainte-Radegonde workshops allowed him to use all their technical equipment as well as employ the highly specialized workers there. His friendship with René Guilleré and his wife Charlotte Chauchet made the work in Sainte-Radegonde all the easier. Guilleré, an amateur poet and playwright, even shared his love for primitive African art. Buthaud had the Primavera turners work according to his needs,[6] and for his own creations he could use the factory's ovens, which fired pieces around twice a week. Although his personal output could not exceed 100 pieces per year, the Buthaud archives

5 *René Buthaud, op. cit.*, p. 70.

6 Although Buthaud always designed the shape of his pieces, he never turned them himself. He would ask a turner to come into his workshop to do it. When he was in Canéjean, the turner also biscuit-fired his pieces, saving him from having to do the initial firing.

Ensemble de vases réalisés à Sainte-Radegonde, 1923-1926.

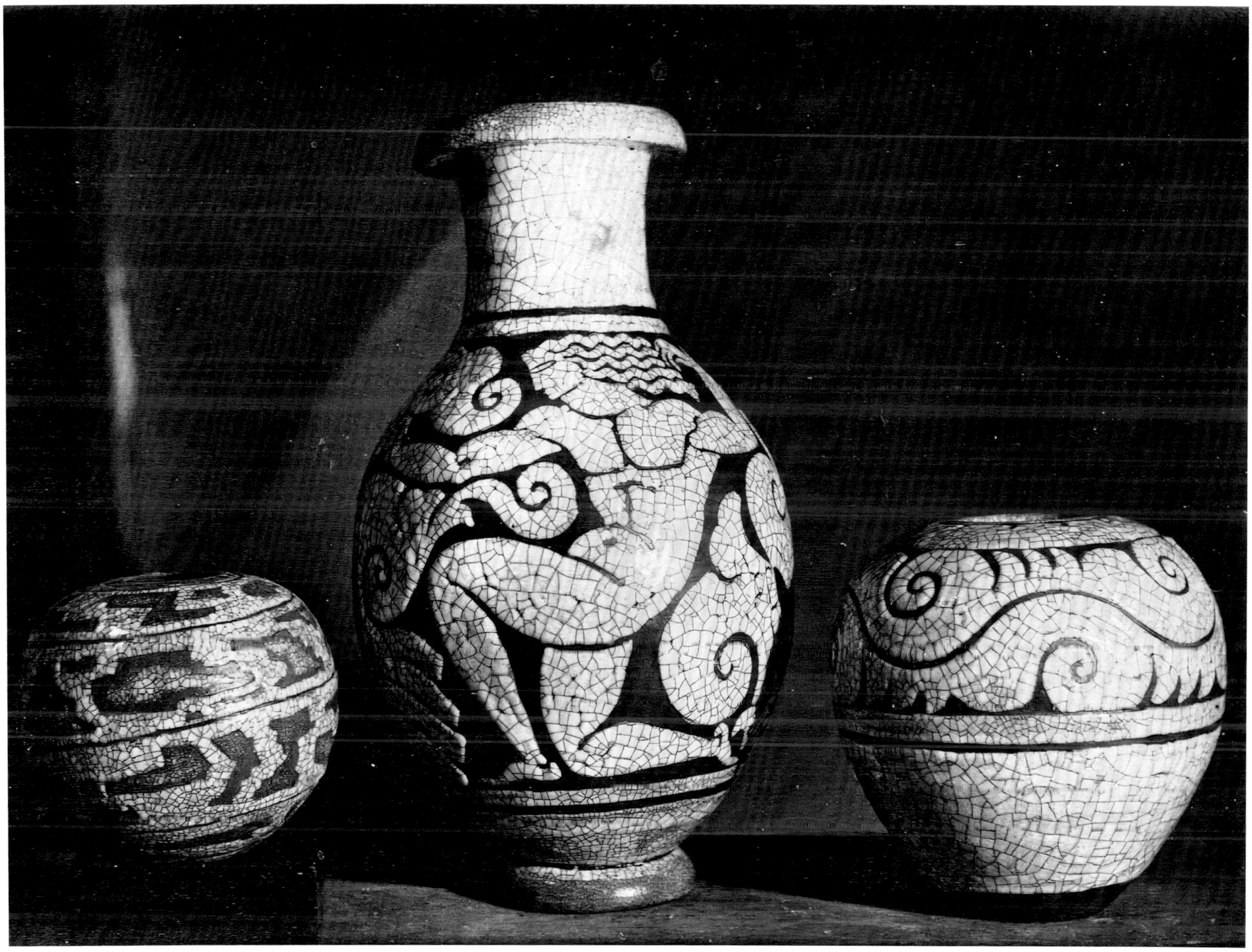

utiliser les fours de l'usine pour ses créations, dans lesquels on cuisait environ deux fois par semaine. Sa production personnelle ne pouvant dépasser 100 pièces par an. Néanmoins, les archives Buthaud conservent deux carnets datés de sa présence à Sainte-Radegonde (1924-1925) qui contiennent plus de 850 références.

Buthaud mettra précipitamment fin à son contrat de directeur de l'usine de Sainte-Radegonde au printemps 1926 quand la maladie de sa femme s'aggrave. Il rentre à Bordeaux où cette dernière meurt le 15 octobre 1926 et n'en bougera plus.

En 1925, alors qu'il est toujours en poste à Sainte-Radegonde, Buthaud est appelé à siéger à la commission d'admission ainsi qu'au jury de la section céramique de l'Exposition

have kept two notebooks from his time in Sainte-Radegonde (1924–1925) which contain over 850 references.

In spring 1926, as his wife's illness was worsening, Buthaud put a hasty end to his contract as head of the Sainte-Radegonde workshops. He returned to Bordeaux – where she died on 15 October 1926 – and would never leave again.

In 1925, while still working in Sainte-Radegonde, Buthaud was called to sit on the admissions committee and jury of the ceramics section of the Paris International Exhibition of Modern Decorative and Industrial Arts. He also presented pieces, on a personal basis, on the first floor of the Grand Palais, in sector 3 of Class 11 – Ceramic Art and Industry. His works were exhibited next to the local productions of the Henriot and

Ensemble de vases, vers 1925. ACF.

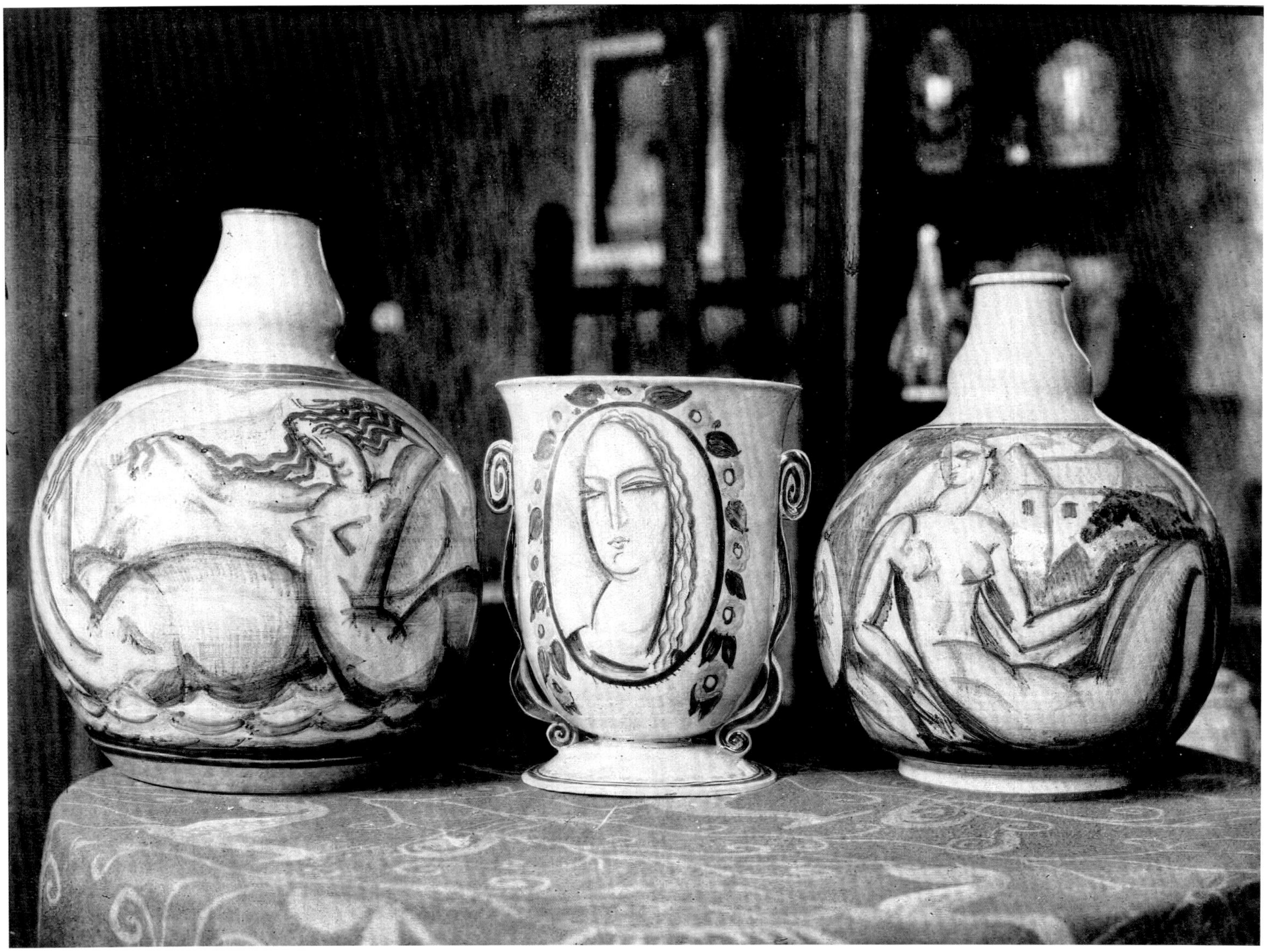

internationale des arts décoratifs et industriels modernes de Paris. Il y présente également des pièces, à titre personnel, au rez-de-chaussée du Grand Palais, au sein du troisième secteur de la Classe 11 – Art et Industrie de la Céramique. Ses œuvres sont exposées aux côtés des productions régionales des maisons Henriot et Verlongue Bolloré et Cie, des productions traditionnelles de la maison Achille Bloch, de services de table et de pièces décoratives de la galerie Rouard, ainsi que de créations contemporaines de Daum, Raoul Lachenal, Jean Mayodon, Charles Catteau, Marcel Goupy, Henri Simmen et Fernand Rumèbe. Dans les entretiens qu'il accorde à Jacques Sargos à l'automne 1985, Buthaud évoque l'Exposition des arts décoratifs de 1925 en précisant néanmoins ne pas s'y

Verlongue Bolloré et Cie institutions, the traditional productions of Achille Bloch, dinnerware and decorative pieces from the Rouard gallery, as well as contemporary creations by Daum, Raoul Lachenal, Jean Mayodon, Charles Catteau, Marcel Goupy, Henri Simmen and Fernand Rumèbe. In interviews he gave to Jacques Sargos in autumn 1985, Buthaud talks about the 1925 Exhibition of Decorative Arts but nevertheless states that he did not personally attend it.[7] His creations, which were not part of the competition, met with great critical and commercial success. Maurice Denis, for instance, during one of his visits to the exhibition, was enthralled by a tulip vase on a piedouche decorated with female profiles. He bought it straight from Buthaud once the exhibition had ended.

7 *René Buthaud*, *op. cit.*, p. 68.

Vase, céramique, h. 34 cm, 1925. Présenté à l'Exposition de 1925. Ancienne collection Maurice Denis.

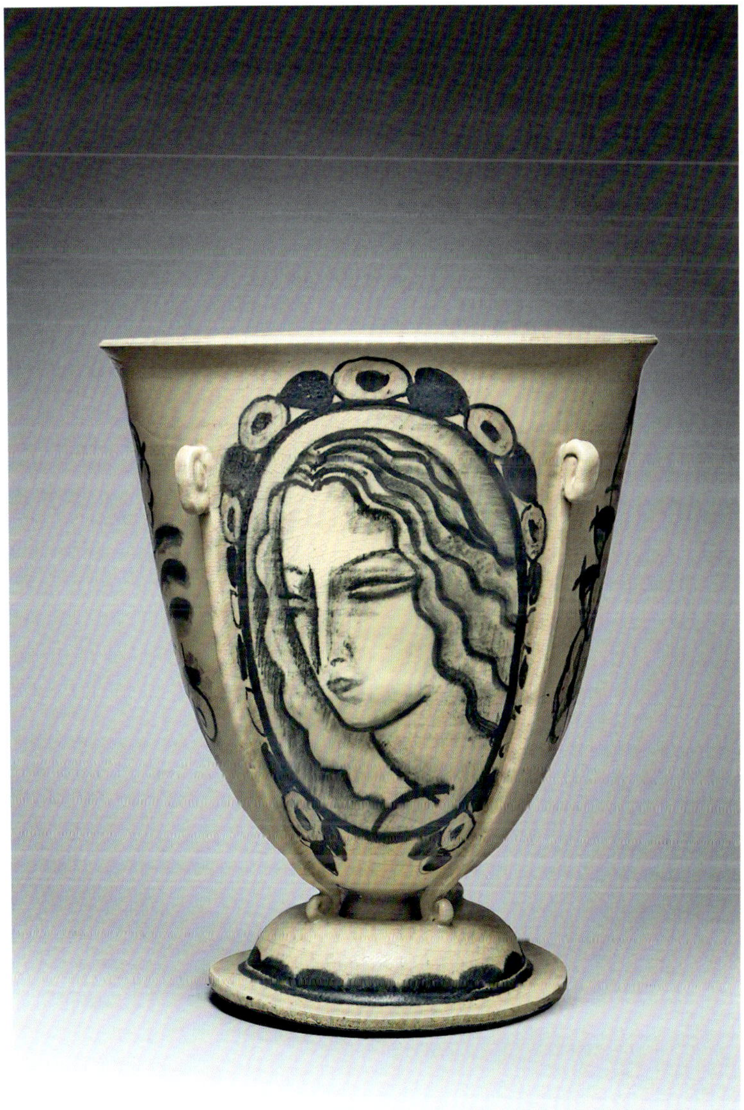

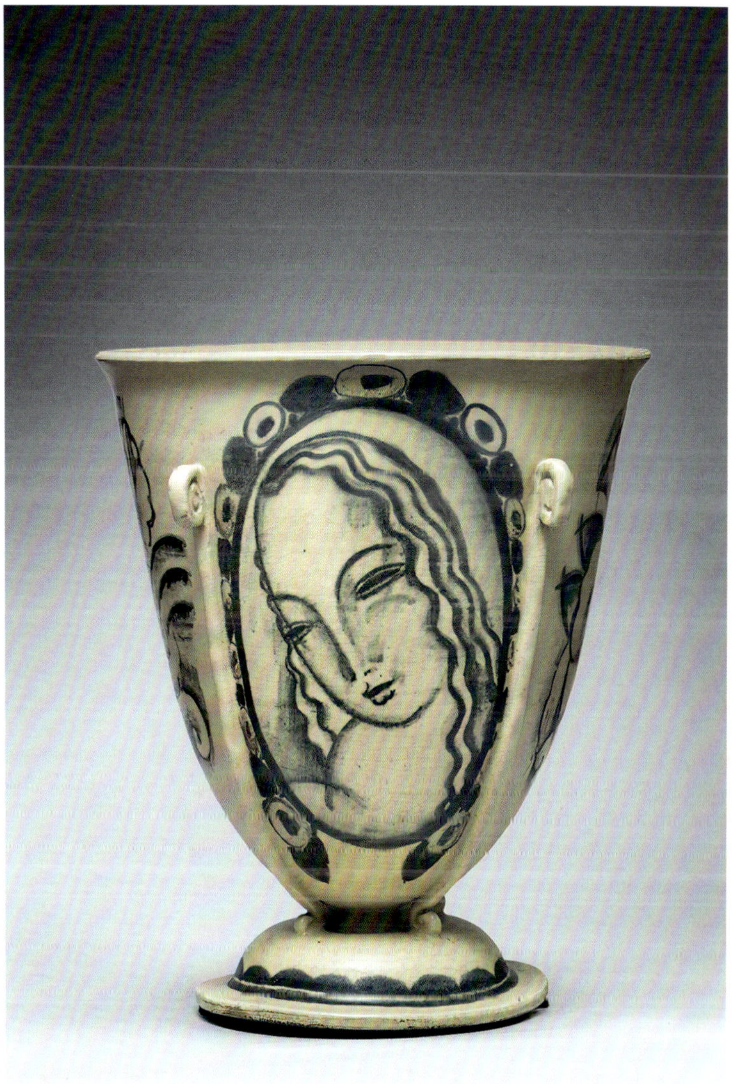

être rendu personnellement[7]. Ses créations, présentées hors concours, remportent un vif succès critique et commercial. Ainsi, lors d'une de ses visites à l'exposition, Maurice Denis est séduit par un vase tulipe sur piédouche à décor de profils de femmes qu'il acquiert, à l'issue de l'exposition, directement auprès du céramiste. Le 8 novembre 1925, il lui adresse une lettre de commande, illustrée d'un croquis du vase, dans laquelle il négocie le prix de la pièce. Bien des années plus tard, Buthaud évoquera cet achat en souriant : « Maurice Denis m'a aussi acheté une pièce, mais il a été moins chic : il m'a demandé une diminution lui ! J'ai accepté, parce que ça me flattait… »[8]

À partir de 1928, c'est le galeriste Georges Rouard qui

7 *René Buthaud, op.cit.*, p. 68.

8 *René Buthaud, op. cit.*, p. 68 : Buthaud compare cet achat à celui réalisé par Jean Dunand qui, quelque temps auparavant, lui avait pris une pièce en lui proposant soit de l'argent, soit de l'échanger avec une de ses créations.

On 8 November 1925, he sent him a purchase order, illustrated with a sketch of the vase, where he negotiated the price. Many years later, Buthaud talked about the purchase with a smile: "Maurice Denis also bought a piece from me, but he was less generous: he asked for a discount! I accepted because I was flattered … ."[8]

From 1928, it was the gallerist Georges Rouard who took charge of selling René Buthaud's creations. At the time, the Rouard gallery exhibited a wide assortment of silverware, crystalware and dinnerware from different manufacturers, all while promoting modern decorative art. One section of the gallery[9] and window displays on the Avenue de l'Opéra were devoted to the exhibition of works by contemporary

8 *René Buthaud, op. cit.*, p. 68: Buthaud compared this purchase to the one by Jean Dunand a little earlier. Dunand had taken one of his pieces, offering him either money or one of his creations in exchange.

9 Located on 34 Avenue de l'Opéra, Paris.

Assiette éditée par Rouard. Décor d'après une gravure de René Buthaud, vers 1930. CCF.

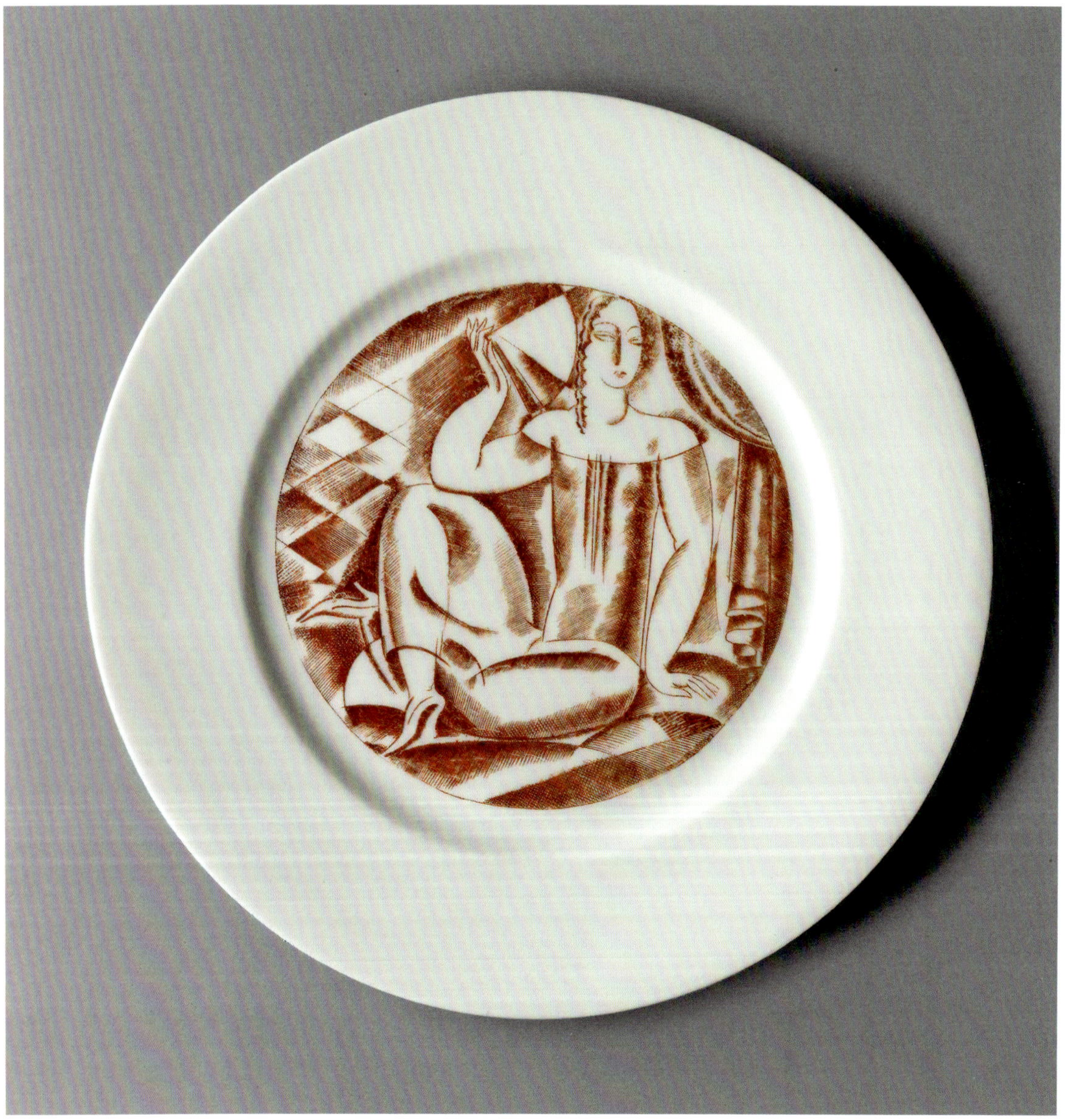

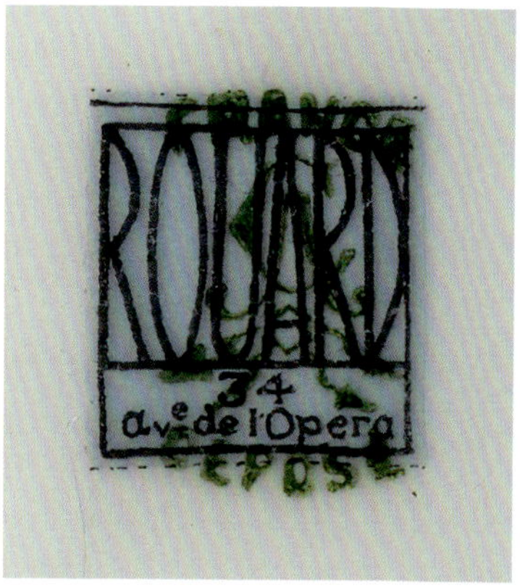

prend en charge la commercialisation des créations de René Buthaud. La galerie Rouard présente, à cette époque, à la fois un large choix d'argenterie, de cristallerie et de services de table de différentes manufactures, tout en promouvant les arts décoratifs modernes. Une partie du magasin[9] ainsi que des vitrines sur l'avenue de l'Opéra sont consacrées à l'exposition de la production d'artistes contemporains, dont des céramistes, sous l'appellation de « Groupe des artisans français contemporains ». Ils se cooptent entre eux, avec l'approbation de Géo Rouard. C'est ainsi que le céramiste Émile Lenoble, séduit par les pièces que le Bordelais présentait aux différents salons, propose que Buthaud puisse exposer ses créations parmi celles du groupe.

9 34, avenue de l'Opéra, Paris.

artists, including ceramicists, under the designation "Group of contemporary French craftsmen." The artists coopted each other with Géo Rouard's approval, which is how the ceramicist Émile Lenoble, charmed by the pieces Buthaud had presented at various salons, offered him to show his creations among those of the group.

On 24 February 1928, Rouard sent a letter to Buthaud offering a collaboration entailing Rouard's exclusive distribution of his ceramics and guaranteeing him "a minimal annual revenue [of] 40,000 francs, with the firm hope that this sum shall be exceeded not only in the first year, but also the following years."[10] Buthaud accepted the terms of the contract in a letter dated 13 March 1928. From then on, Buthaud had

10 Letters kept in the Buthaud archives.

Doris, vase, céramique, h. 14 cm, 1934-1940. CCF.

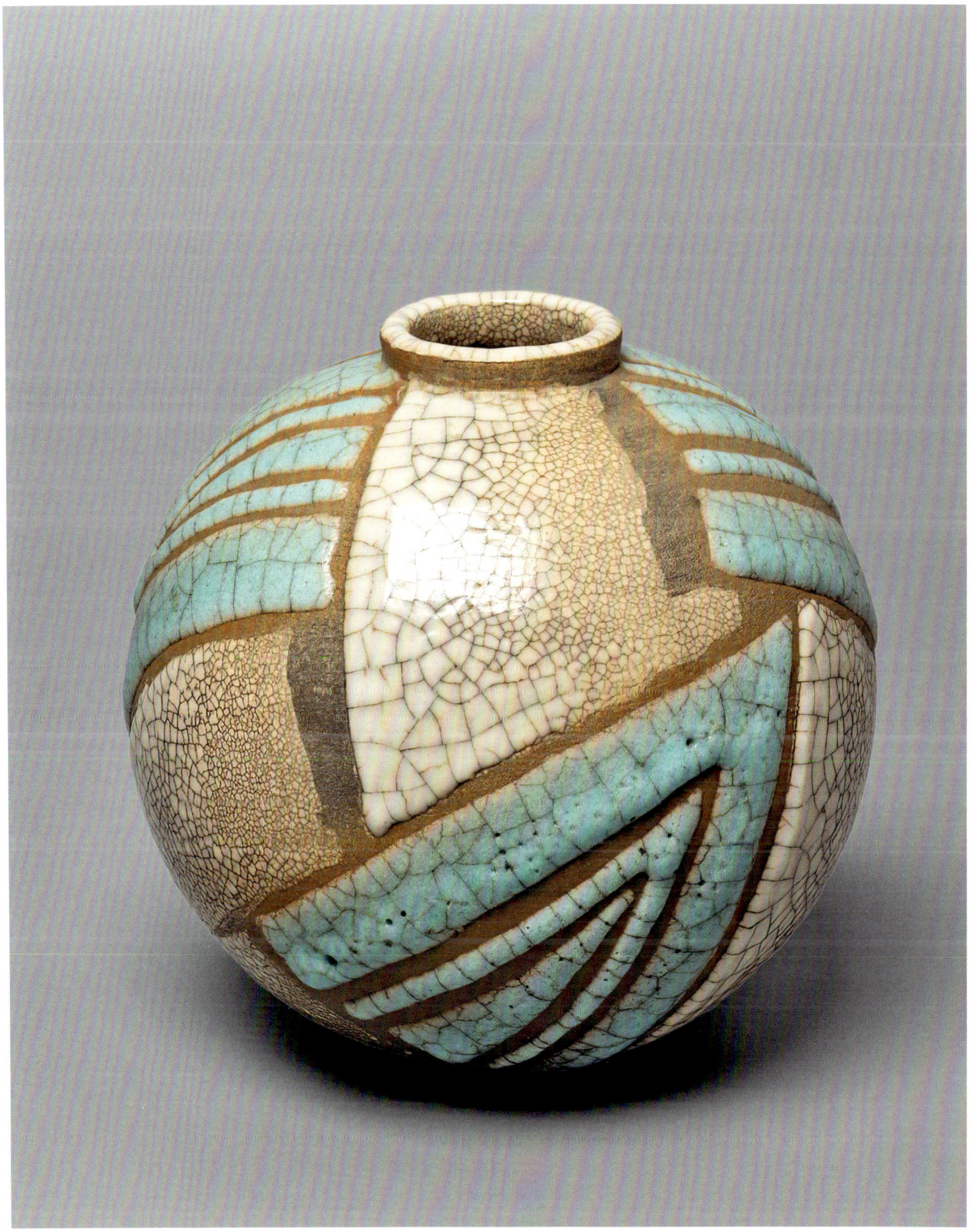

Le 24 février 1928, Rouard adresse un courrier à Buthaud lui proposant une collaboration avec diffusion exclusive de ses productions céramiques et lui garantissant « un minimum d'affaire annuelles [de] 40 000 francs, avec le ferme espoir que cette somme sera dépassée non seulement la première année, mais les suivantes »[10]. Buthaud accepte les termes de cette collaboration par lettre, datée du 13 mars 1928. Dès lors, Buthaud voit ses œuvres présentées de façon permanente à Paris. Il participe par ailleurs à de nombreuses expositions nationales et internationales, dont les frais sont assumés par la galerie. Ainsi expose-t-il aux États-Unis en 1928-1929, une coupe et un vase à l'exposition itinérante « International Exhibition of Ceramic Art » organisée par The American

10 Lettres conservées dans les archives Buthaud.

his works on permanent show in Paris. He also participated in many national and international exhibitions, whose costs were covered by the gallery. He presented a cup and a vase in the US in 1928–1929, at the traveling exhibition "International Exhibition of Ceramic Art" organized by The American Federation of Arts. Inaugurated at the MET – which had acquired a piece by Buthaud as early as 1922 – in New York on 1 October 1928 and largely praised by the critics, the exhibition then traveled along the whole East Coast and around the Great Lakes until September 1929. Buthaud's renown was spreading across North America. Once again thanks to Rouard, he presented works in Cairo in 1935 and at the Milan Triennale in 1936.

Plat, céramique, 1923-1926. Collection privée.

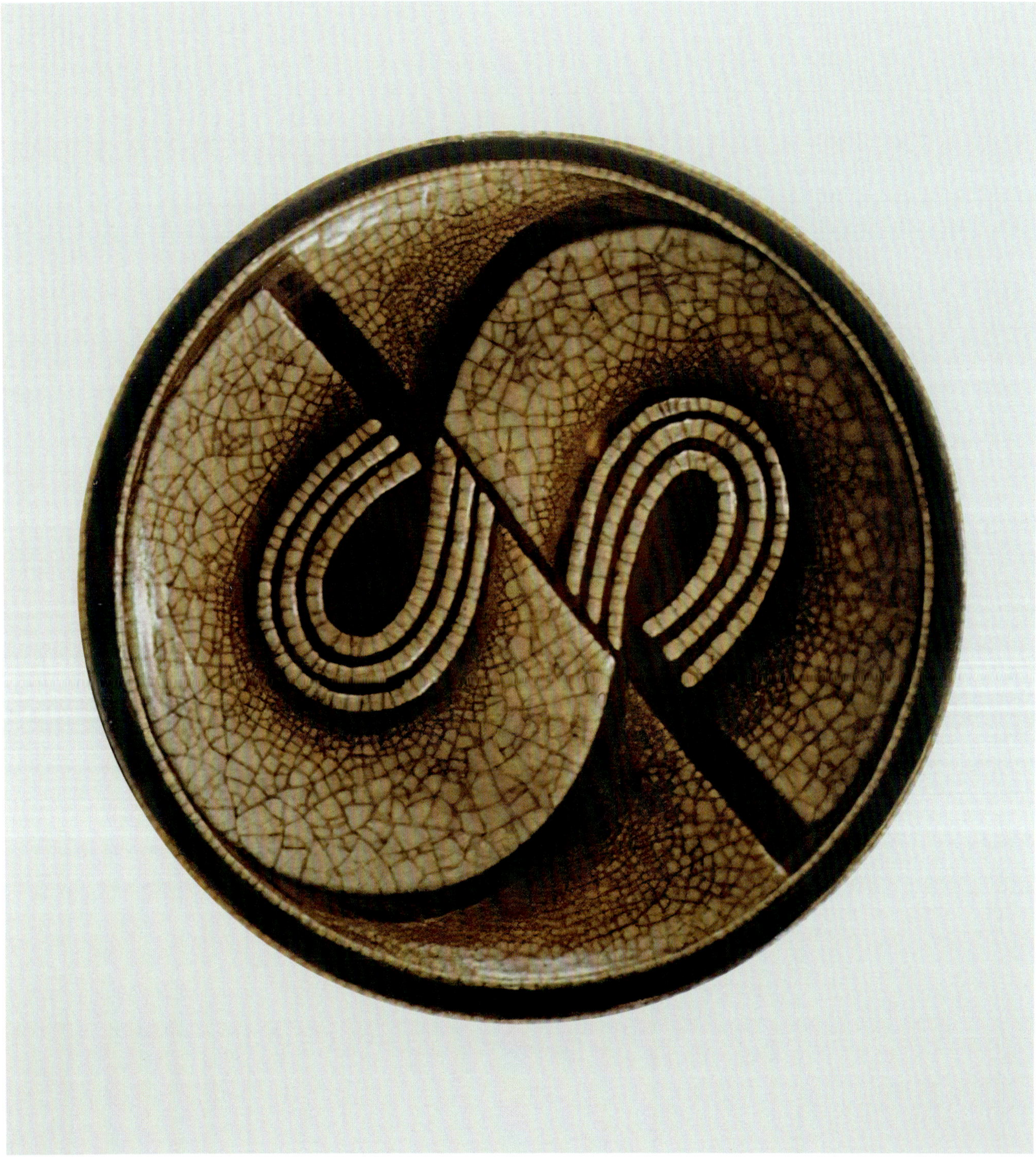

Federation of Arts. Inaugurée au MET à New York le 1er octobre 1928, et largement saluée par la critique, cette exposition circule ensuite sur toute la côte Est et autour des Grands Lacs jusqu'en septembre 1929. La renommee de Buthaud, dont le MET avait acquis une pièce dès 1922, s'ancre en Amérique du Nord. Toujours grâce à Rouard, il expose au Caire en 1935 et à la Triennale de Milan en 1936.

Parmi les carnets de travail de Buthaud, l'un d'eux est exclusivement consacré aux envois chez Rouard. Buthaud y indique que les premiers envois de pièces sont faits le 20 avril 1928. Ce carnet recense 384 pièces dont la dernière est inscrite en date du 23 février 1964. Les derniers envois de céramiques adressés à la maison Rouard se font en 1962.

One of Buthaud's notebooks was exclusively devoted to his deliveries to Rouard. Buthaud indicates that he sent his first pieces on 20 April 1928. The notebook inventories 384 pieces, the last of which is dated 23 February 1964. The last ceramics were sent to the Rouard gallery in 1962. At the time, at Rouard's request, he was still making two important earthenware pieces 80 cm high, representing birds resting on a tree trunk.

The collaboration would last 38 years, ending in 1966.

For the Paris Colonial Exhibition in 1931, of which he was a collaborating member, Buthaud created pieces reflecting his love of African art, which he had collected during his studies in Paris before the war. He had assembled over a hundred

Ensemble de plats et vase réalisés à Sainte-Radegonde, 1923-1926. ACF.

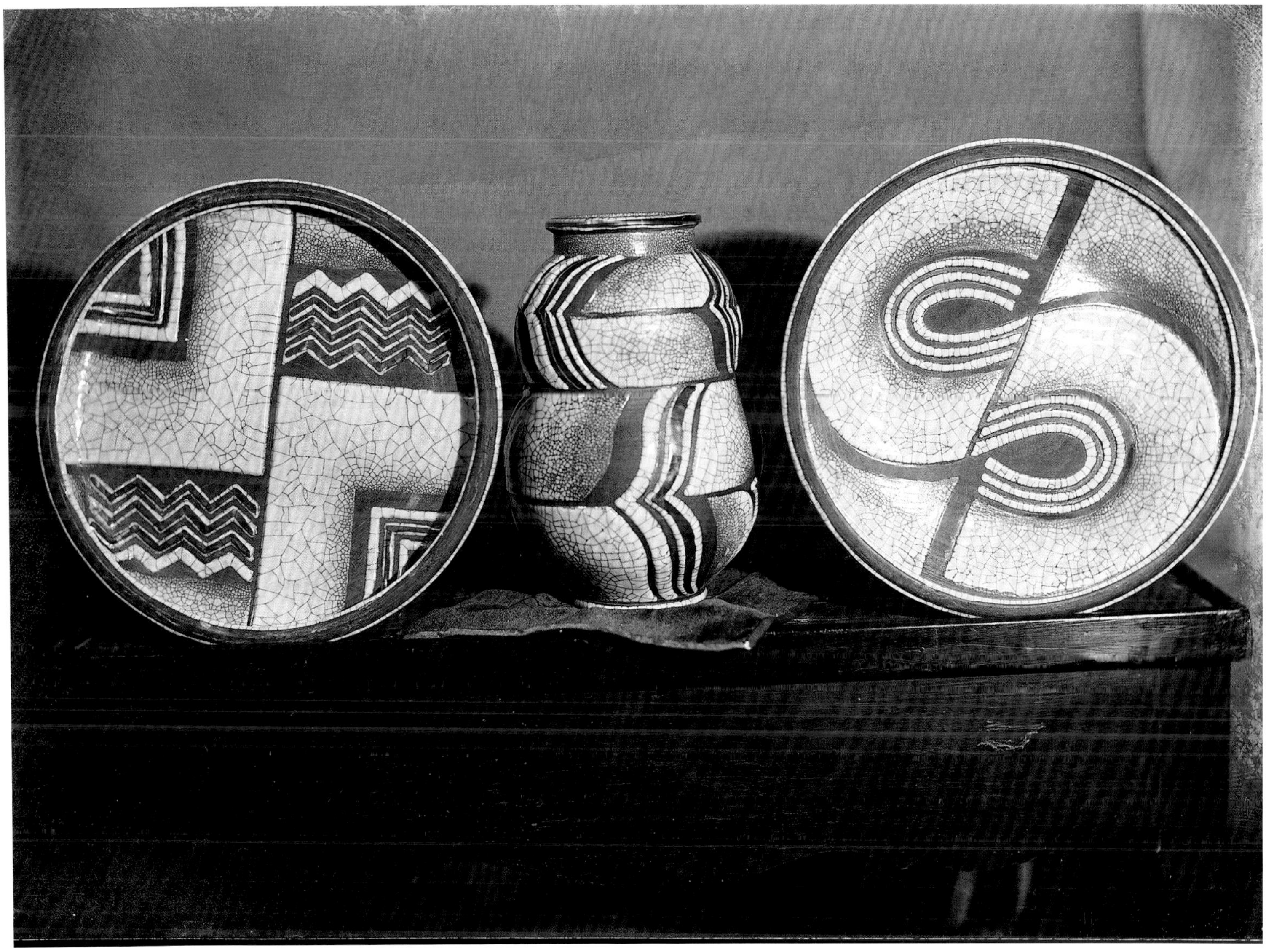

Doris, vase, céramique, h. 36 cm, 1934-1940. CCF.

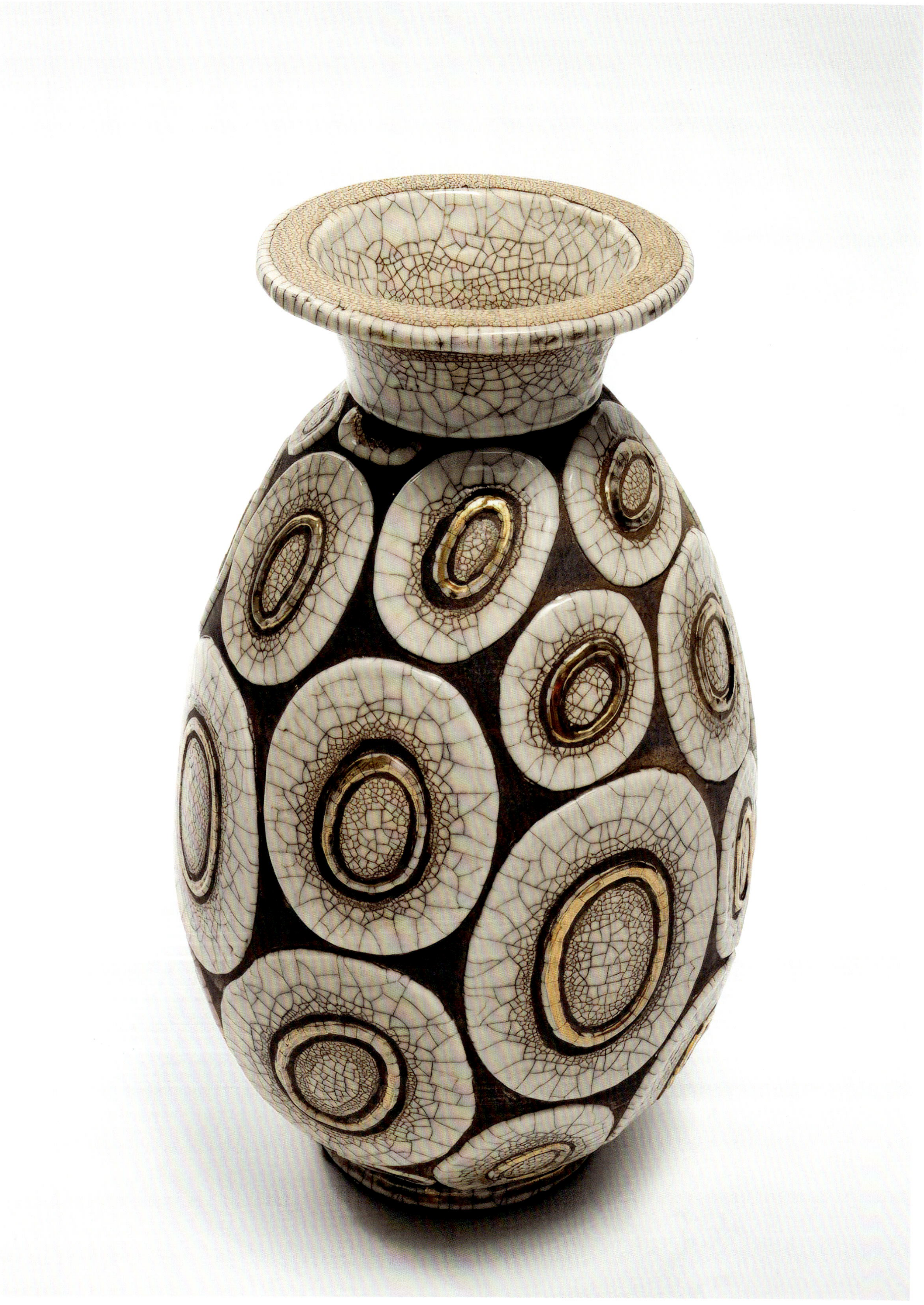

À cette époque, il exécute encore, à la demande de son directeur, deux importantes pièces en faïence de 80 cm de haut, représentant des oiseaux posés sur un tronc.

Cette collaboration durera trente-huit ans, s'achevant en 1966.

Pour l'Exposition coloniale internationale de Paris en 1931, dont il est membre collaborateur, le céramiste bordelais réalise des pièces qui traduisent sa passion pour l'art africain qu'il collectionna dès ses années d'études à Paris, avant-guerre. Il possède alors plus d'une centaine d'objets dont il s'inspire pour décorer les quelques vases présentés au bois de Vincennes. Toutes ses créations pour l'exposition seront ensuite présentées et vendues à la galerie Rouard.

objects that inspired him for the decorations of several vases shown at the Bois de Vincennes. All of his works created for the exhibition were later shown and sold at the Rouard gallery.

In 1934, Buthaud, whose renown was well established in the US, especially thanks to the traveling exhibition of 1928–1929, received a visit from an American art dealer in Bordeaux. He was the head of the Salmicouri gallery in New York and wanted to sell Buthaud's works in North America. Buthaud was still bound by a contract with the Rouard gallery, but as his sales had diminished due to difficulties brought about by the Great Depression, a compromise was struck with Rouard: Buthaud would create different decorations from those he exhibited in Paris and his signature would not contain his

Joseph de la Nézière, affiche pour l'Exposition coloniale internationale, Paris, 1931.

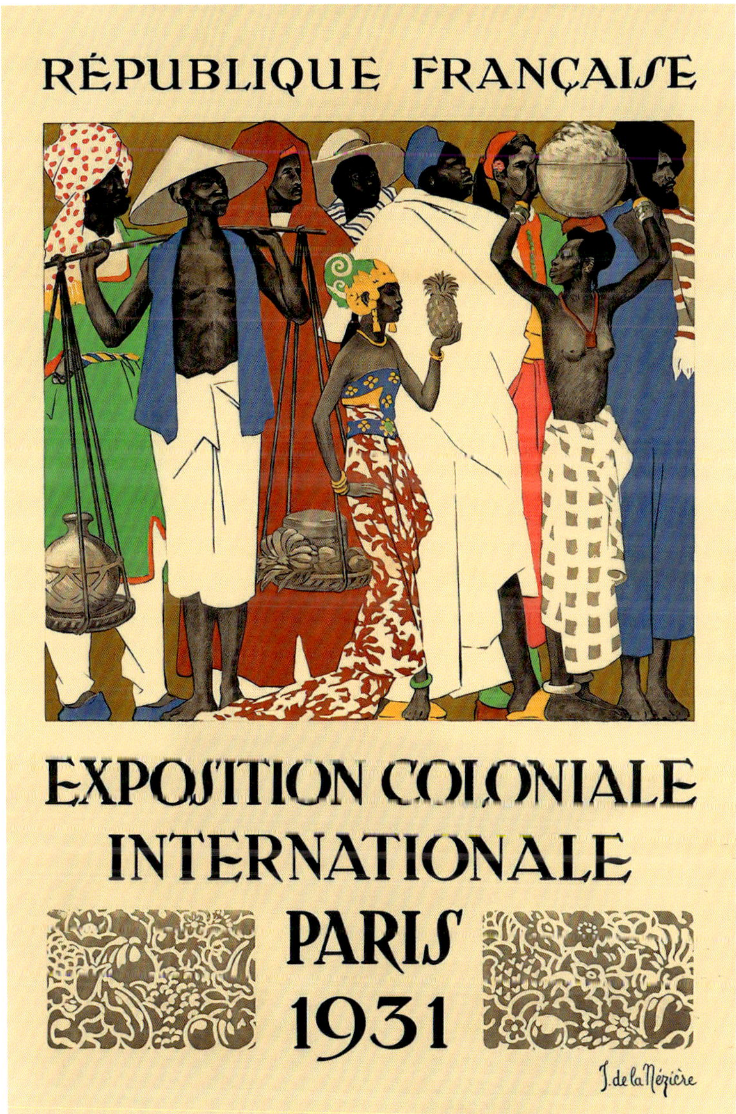

Vases de René Buthaud réalisés pour l'Exposition coloniale sur une table basse de Pierre Chareau, vers 1931. Photographie de Thérèse Bonney.

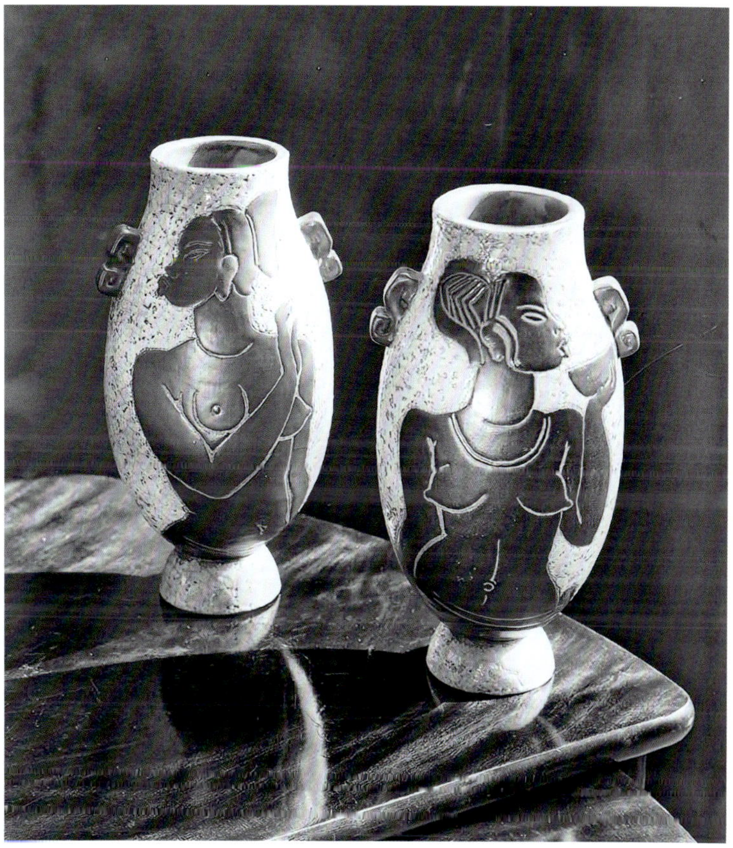

En 1934, Buthaud, dont la renommée est bien établie aux États-Unis, notamment suite à l'exposition itinérante de 1928-1929, reçoit la visite, à Bordeaux, d'un marchand d'art américain. À la tête d'une galerie new-yorkaise, la galerie Salmicouri, ce dernier souhaite vendre les créations de l'artiste en Amérique du Nord. Buthaud étant toujours lié par contrat à la galerie Rouard, mais ses ventes ayant diminué en raison des difficultés liées à la grande crise, un compromis est trouvé avec Rouard : Buthaud créera des décors différents de ceux qu'il expose à Paris et sa signature ne comportera pas son nom. René Buthaud choisit de signer ses productions destinées au marché américain « J. Doris » (ou J.D.) en référence à Douris, célèbre peintre grec de vases à figures rouges du

name. René Buthaud chose to sign his works destined for the American market with the name "J. Doris" (or J.D.) in reference to Douris, the famous Greek red-figure vase painter from the fifth century BC, whom Buthaud greatly admired.[11] And so he resumed a production he had begun in June 1927 which consisted of vases with geometric or cubist decorations which could be enhanced with gold. The models, with their exceedingly modern style, very typical of the 1930s, as well as ones with "snakeskin" decorations, were very successful with North American buyers. With his "American" alias, Buthaud also created folkloric or Eastern-influenced decorations featuring exotic animals and turbaned horsemen. Some of these vases were produced in several copies.

11 Buthaud had several books on the ceramicist in his personal library.

Vase, céramique gravée, h. 31 cm, 1931.
Présenté à l'Exposition coloniale internationale, 1931. CCF.

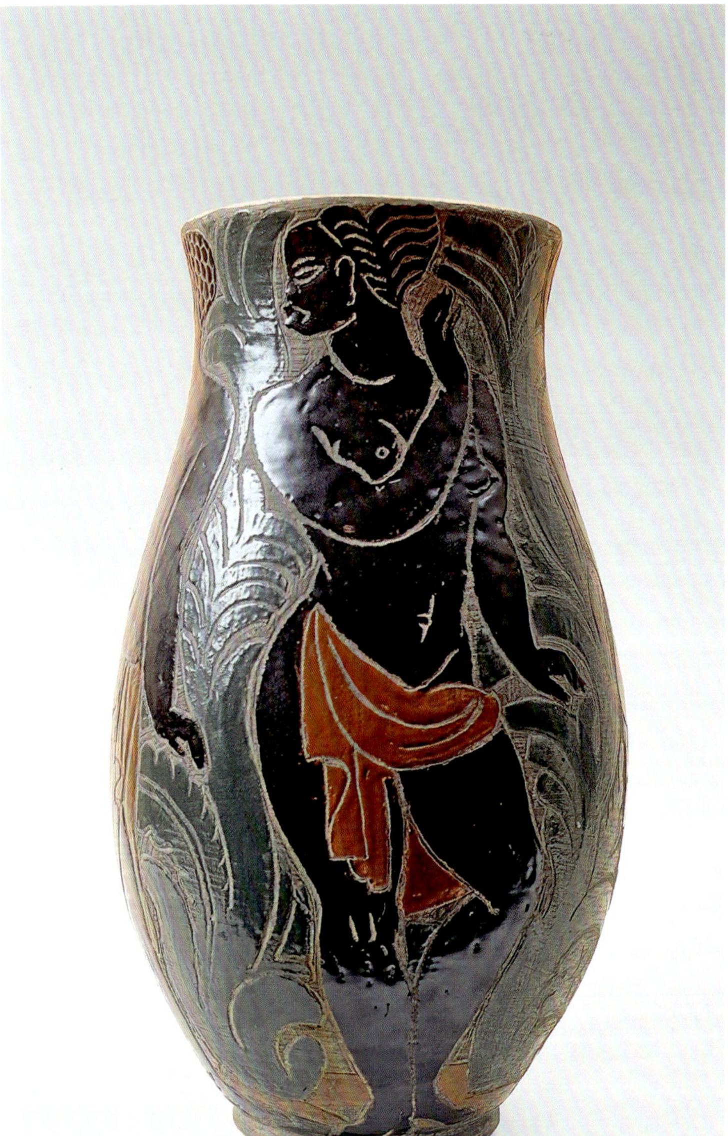

Dessin préparatoire, gouache sur papier, 1931. CCF.

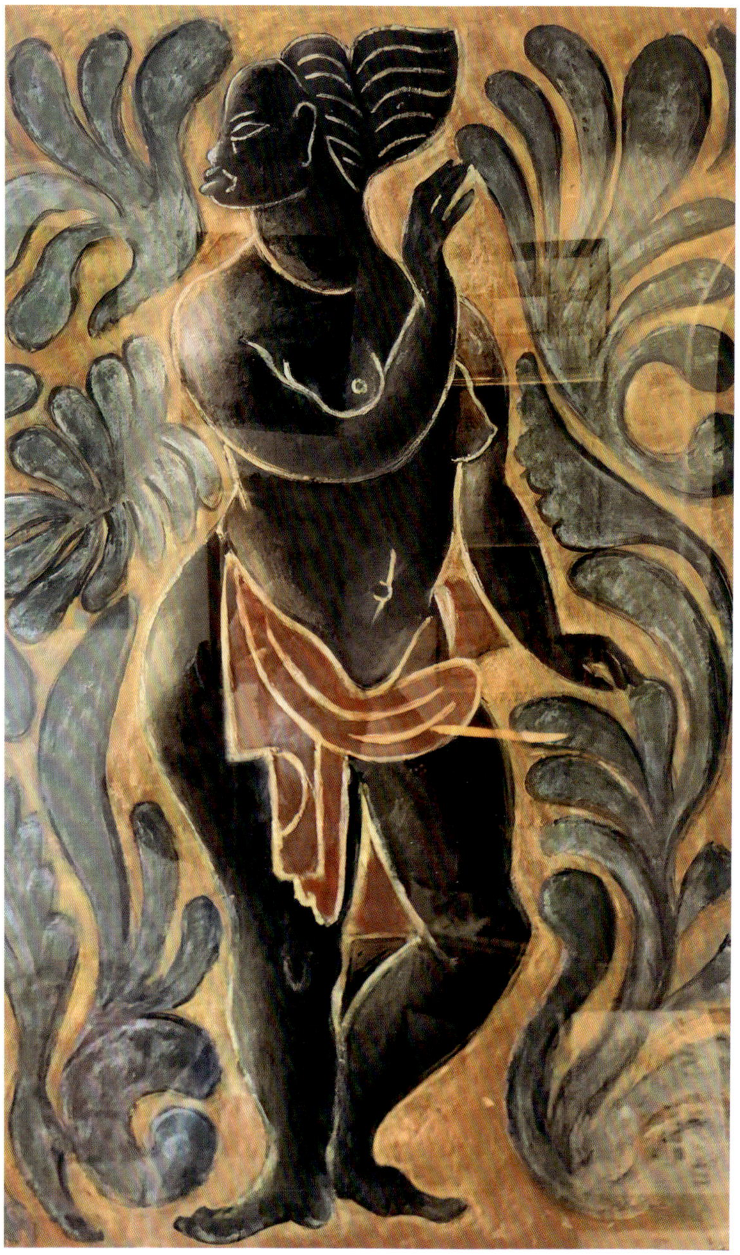

ve siècle avant notre ère, dont Buthaud est un grand admirateur[11]. Et il reprend une production qu'il avait initiée en juin 1927 de vases à décor géométrique ou cubiste pouvant être rehaussés d'or. Ces modèles à la physionomie très moderne et si caractéristique des années 1930, ainsi que ceux à décor dit « à peau de serpent », remportent un vif succès auprès des acheteurs nord-américains. Buthaud crée également sous cette signature « américaine » un décor de type orientalisant d'animaux exotiques et de cavaliers enturbannés ou folklorique. Un certain nombre de ces vases seront réalisés en plusieurs exemplaires.

Cette collaboration américaine se termine à l'aube de la Seconde Guerre mondiale.

11 Buthaud possède plusieurs ouvrages consacrés à ce céramiste dans sa bibliothèque personnelle.

The American collaboration ended with the outbreak of World War Two.

During the Paris International Exhibition of Arts and Technology in Modern Life in 1937, René Buthaud was represented by the Rouard gallery. For the Creuse pavilion, he also created a tapestry cartoon on the theme of Pomona, as well as an illustrated map of the Creuse department. During the event, he received an honorary diploma with a Golden Medal and was awarded the Légion d'Honneur.

Vase, d'après un décor issu des bas-reliefs d'Alfred Janniot pour le Palais de la Porte Dorée, céramique, h. 35 cm, 1931. Bordeaux, musée des Arts décoratifs et du Design.

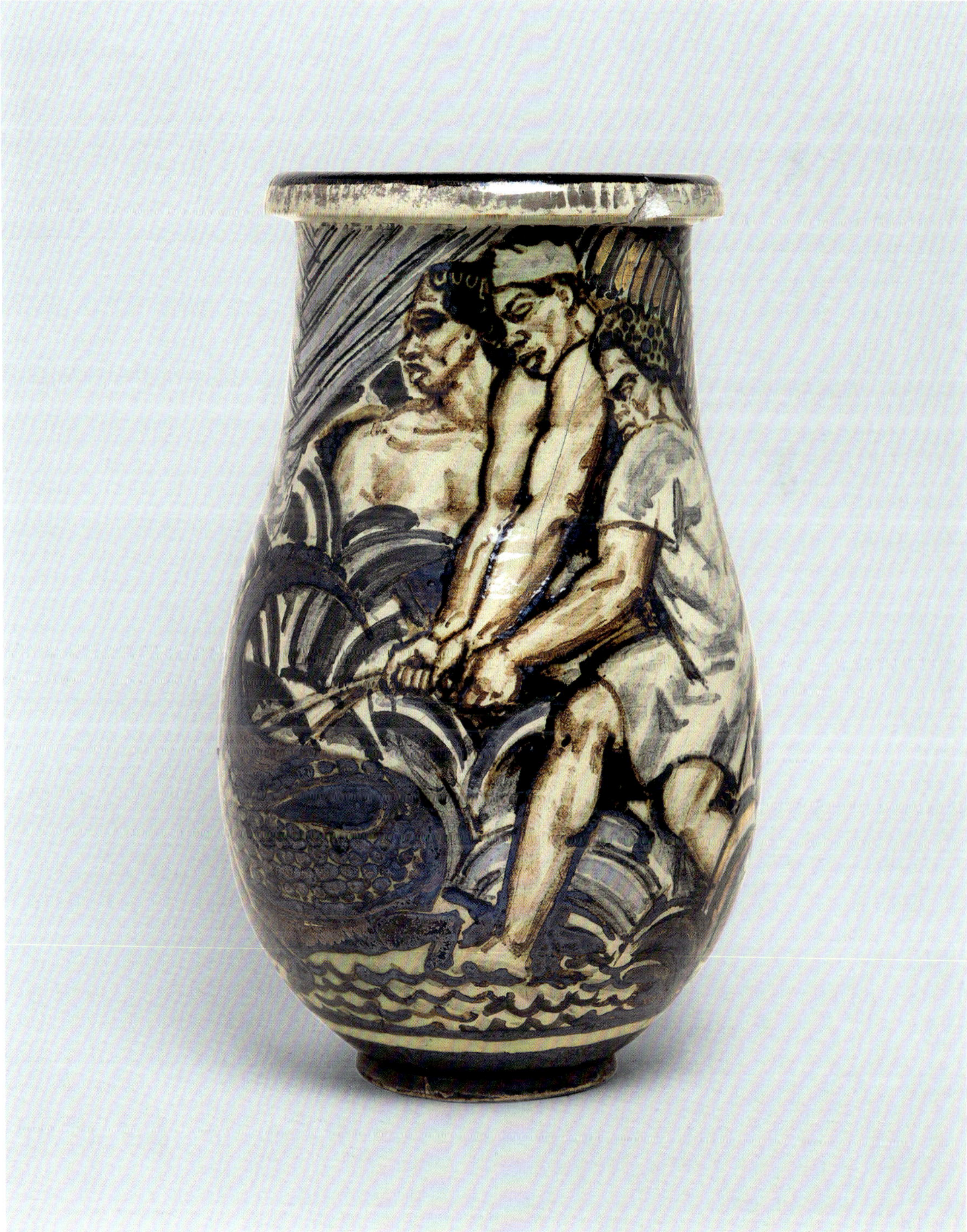

Vase, céramique, h. 28 cm, 1931. Présenté à l'Exposition coloniale, 1931.

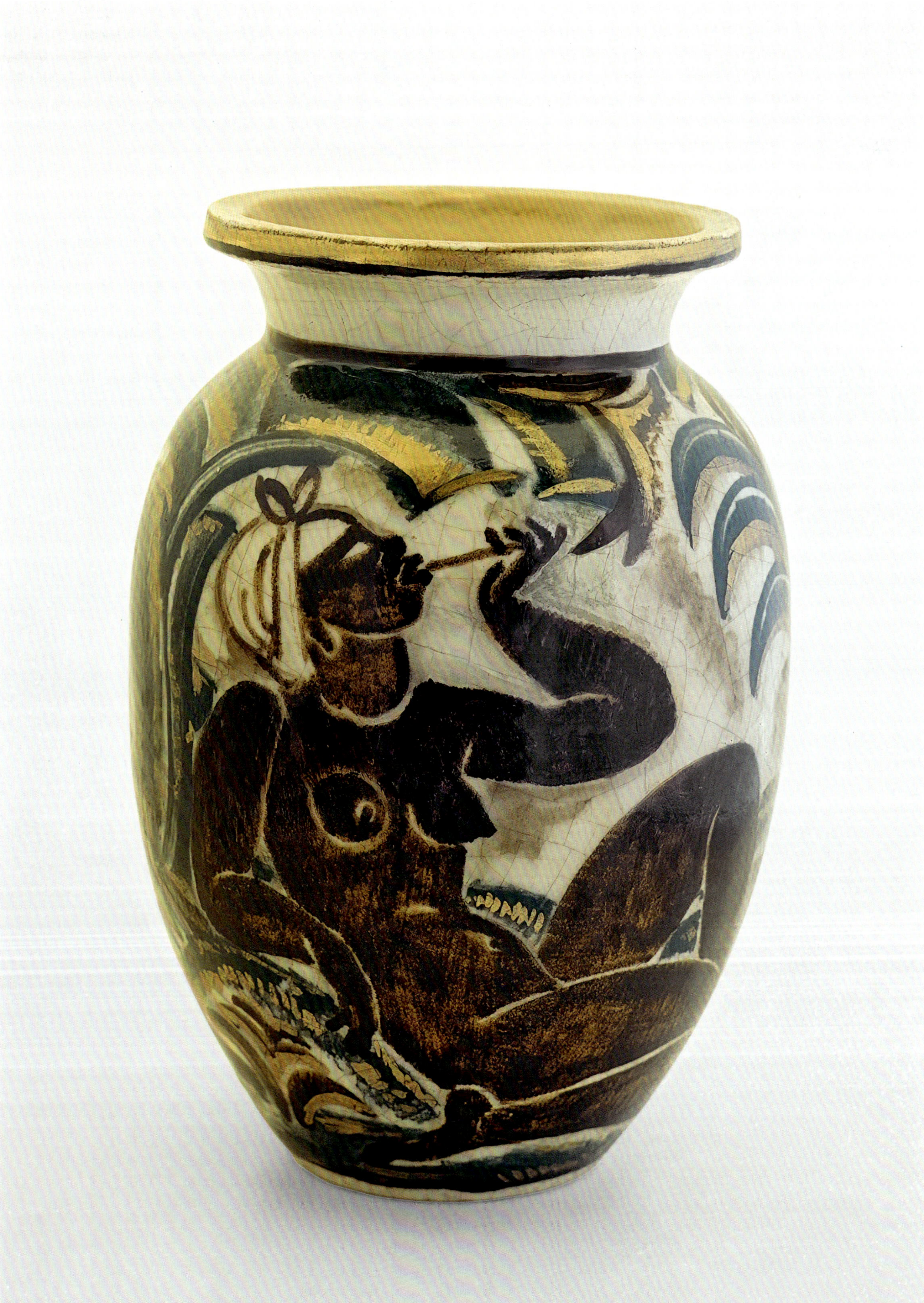

Lors de l'Exposition internationale des arts et techniques dans la vie moderne de Paris en 1937, René Buthaud est représenté à la galerie Rouard. Il réalise également, pour le pavillon de la Creuse, un carton de tapisserie sur le thème de Pomone ainsi qu'une carte historiée du département de la Creuse. Lors de cet événement, il reçoit un diplôme d'honneur avec Médaille d'Or et est décoré de l'ordre de la Légion d'honneur.

Vases, céramique gravée, h. 35 et 21 cm, 1931. Présentés à l'Exposition coloniale, 1931. CCF.

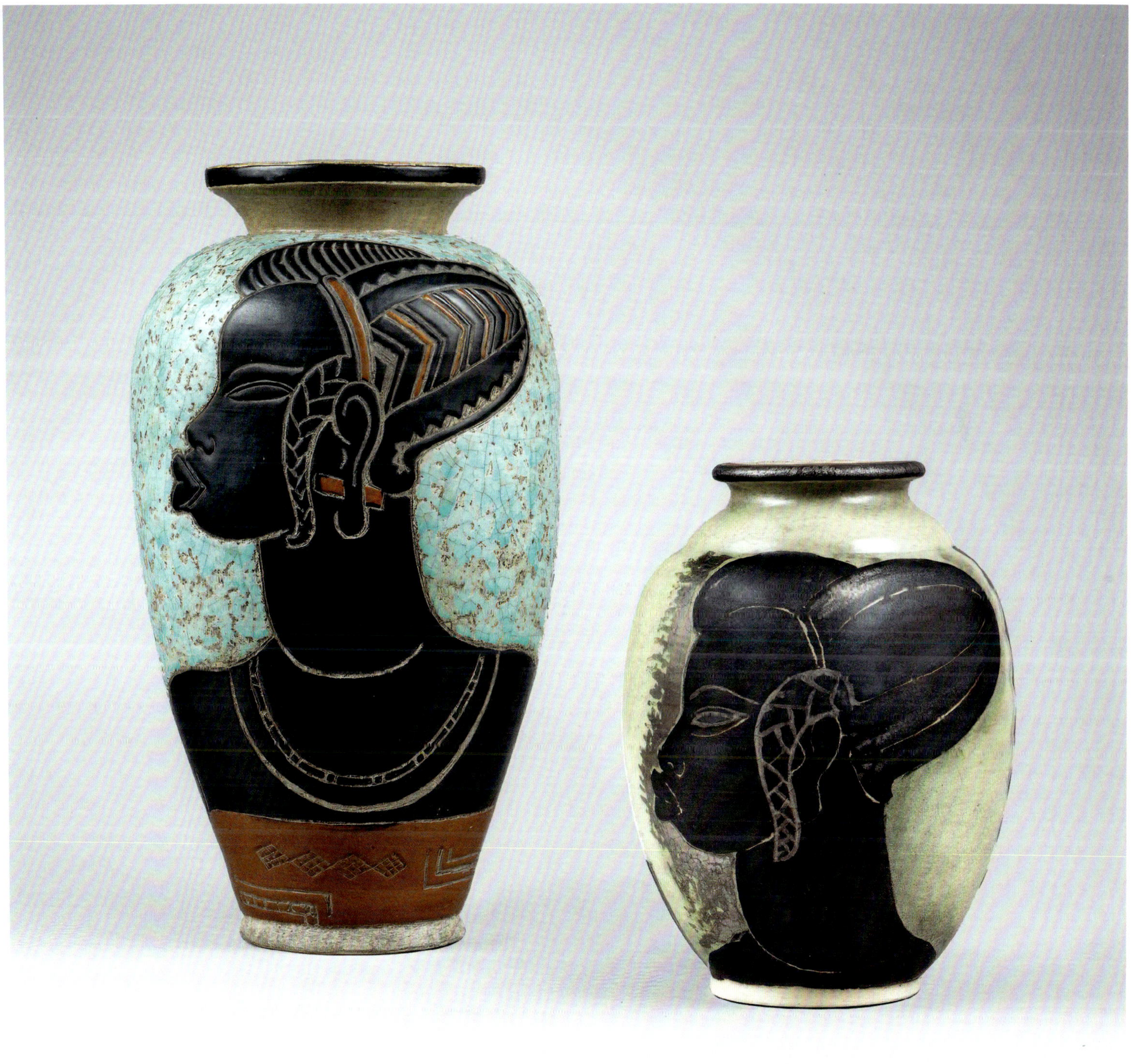

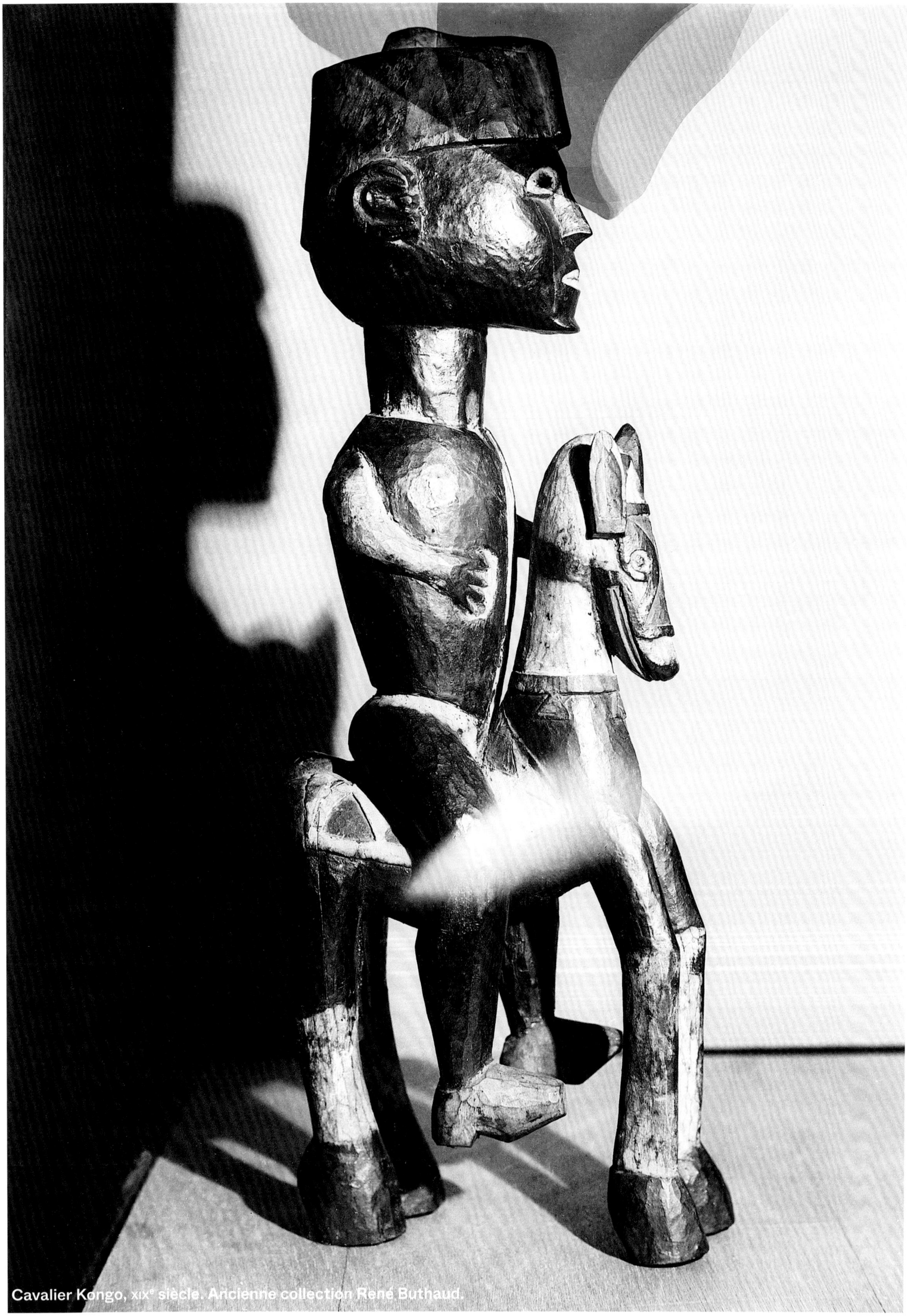

Cavalier Kongo, XIXᵉ siècle. Ancienne collection René Buthaud.

Collectionner, tout un art

Hubert Cavaniol
Spécialiste de l'image des XIXe et XXe siècles

Collecting: A True Art

Certains collectionneurs vivent une passion discrète, d'autres préfèrent éblouir la galerie de leurs merveilles accumulées. D'un tempérament calme et mesuré, René Buthaud n'a jamais connu ces frénésies qui parfois engloutissent l'homme possédé par ses collections. Seul un plaisir intime, porté par un goût affirmé, sûr et rigoureux, semble l'avoir guidé. Dans son appartement de la rue Cantemerle à Bordeaux, les œuvres sont présentées sans prétention sur de simples étagères ou dans de modestes vitrines. Elles forment cependant des ensembles remarquables, expression d'un univers que l'artiste aime à faire partager à ceux qui lui rendent visite.

Buthaud fréquente avec assiduité les librairies de livres anciens, chine ses premières feuilles chez les marchands

Some build their cherished collections quietly, while others prefer to amaze with their accumulated marvels. With his calm, measured temperament, René Buthaud was never subject to the frenzies which sometimes consume men possessed by their collections. He seems to have been guided only by a pleasure he derived privately, supported by his frank, rigorous and assured taste. In his flat in the Rue Cantemerle in Bordeaux, the pieces were exhibited unpretentiously, on simple shelves or in bare display cases. They nevertheless constituted a remarkable collection – an artistic expression in its own right – that Buthaud liked to share with those who came to visit.

Statuettes autrichiennes du XIXe siècle photographiées par René Buthaud lors d'un voyage, vers 1931.

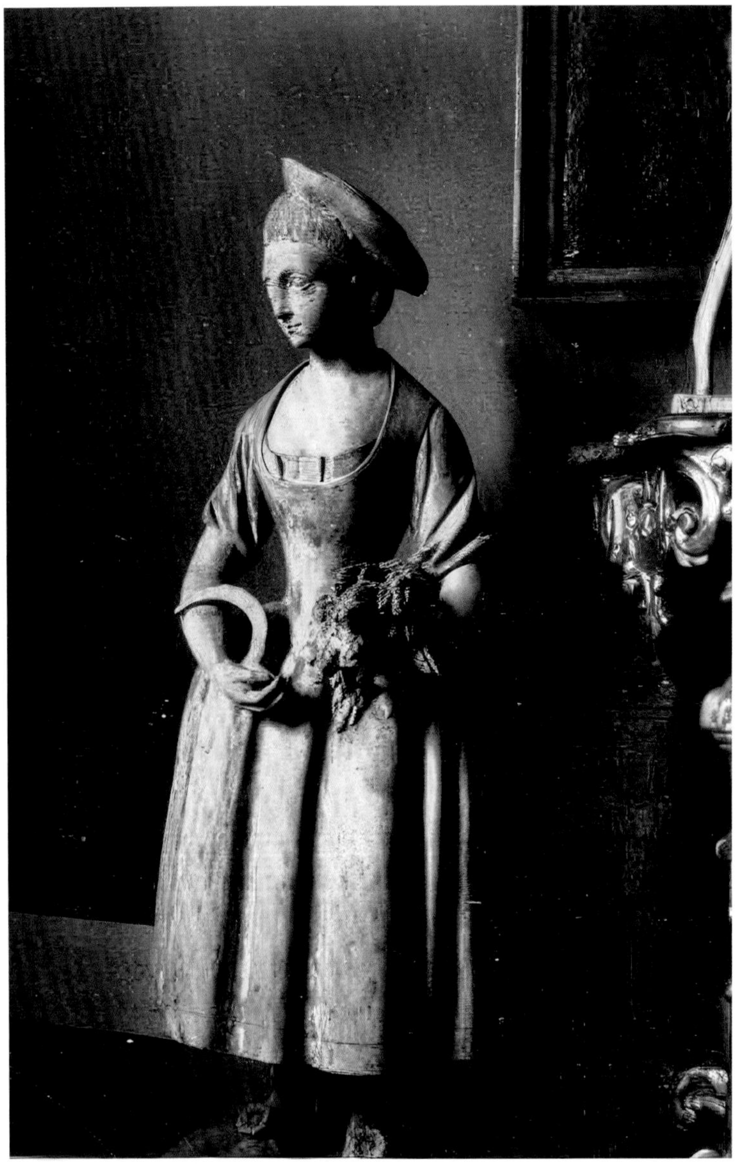

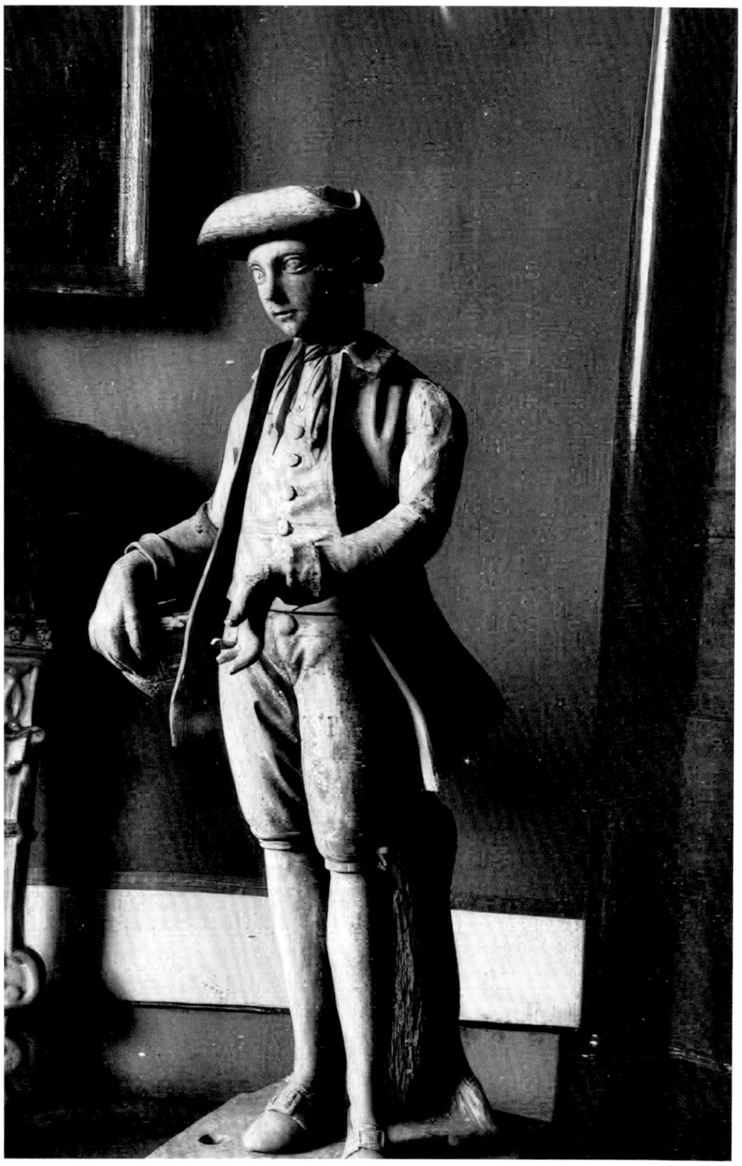

d'estampes. Il y découvre des sources iconographiques inépuisables. « Il me semblait qu'il fallait chercher ailleurs ou avant, regarder avant ma génération ce que les anciens avaient fait, et tâcher de puiser là-dedans[1]. » Plus tard, devenu céramiste, Buthaud s'intéressera… à la céramique. Les productions de l'art populaire le séduisent, non pour les copier, mais pour le guider, lui donner une direction. « Le principe de la collection était là ; en dehors du plaisir d'avoir des objets rares, c'était surtout un point de départ[2]. » Sa curiosité tous azimuts lui fait découvrir et acquérir les créations contemporaines des potiers de La Borne dans le Berry, ou celles de la Puisaye en Bourgogne. Il s'intéresse aussi aux productions plus anciennes, aux majoliques italiennes ou aux céramiques autrichiennes. Mais

1 *René Buthaud, entretiens avec Jacques Sargos*, présenté par Jacqueline du Pasquier, Bordeaux, Éditions de l'Horizon chimérique, 1987, p. 89.

2 *Ibid.*

Buthaud frequented antique bookstores diligently, seeking out his first papers from etching-sellers and discovering inexhaustible iconographical sources. "It seemed to me that I had to seek elsewhere or in the past, to look at what the ancients had done before my generation and find inspiration there."[1] Later, when Buthaud became a ceramicist, he developed an interest in ceramics. He was drawn to the productions of popular art, not to copy them but to be guided by them, to find in them a path to follow. "That was the aim of the collection; more than the mere pleasure of possessing rare objects, it was a starting point."[2] His unchecked curiosity led him to discover and acquire contemporary creations by potters from La Borne, in the Berry region, or from La Puisaye

1 *René Buthaud, entretiens avec Jacques Sargos*, presented by Jacqueline du Pasquier, Bordeaux, Éditions de l'Horizon chimérique, 1987, p. 89.

2 *Ibid.*

Statuettes Staffordshire, céramique, XVIIIe siècle. Ancienne collection René Buthaud. ACF.

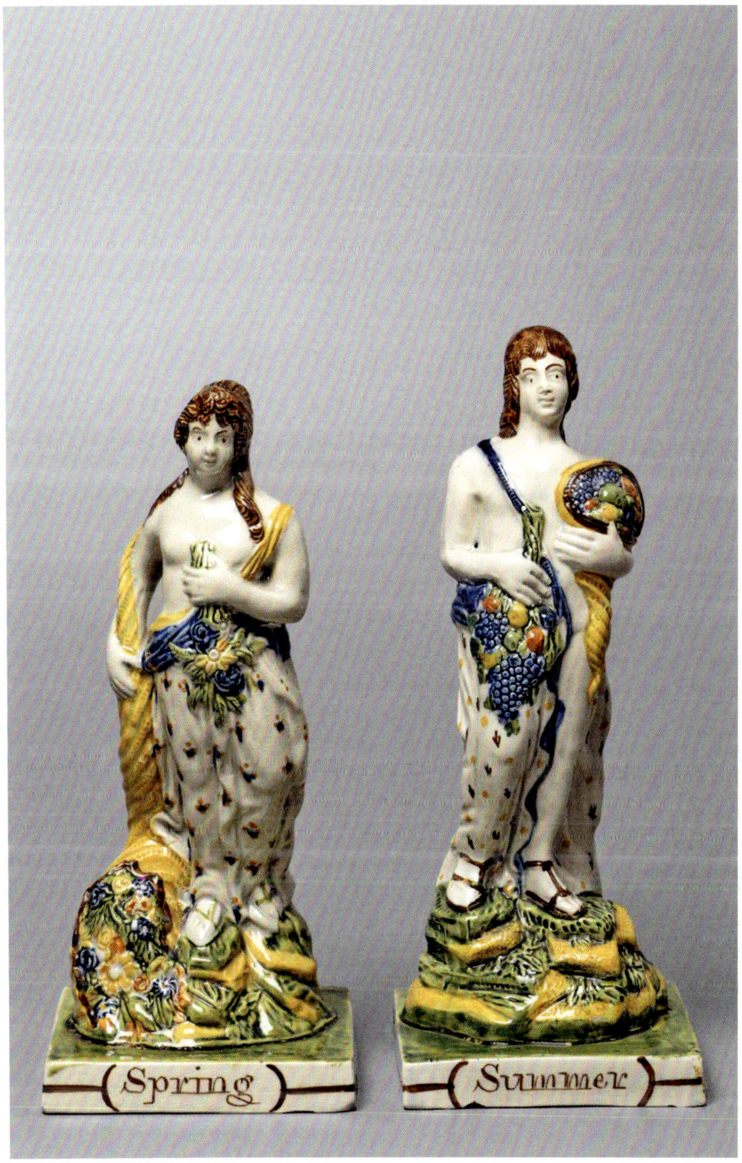

Uncle Tom, statuette Staffordshire, céramique, XIXe siècle. Ancienne collection René Buthaud. ACF.

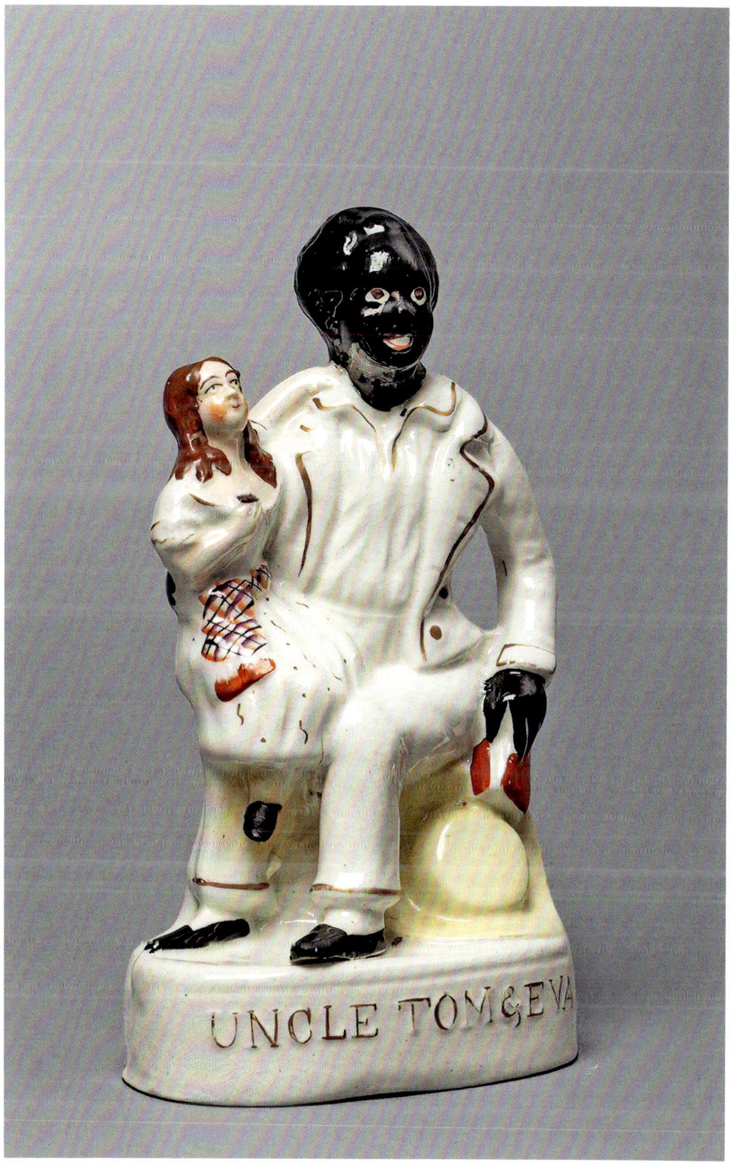

ce sont les statuettes du Staffordshire, ces petites figurines inspirées de la vie de l'époque victorienne, qu'il amasse avec une passion toute particulière. Il s'en inspire quand il décide de se lancer dans la fabrication de ces étonnantes statuettes naïves dont les amateurs raffolent aujourd'hui.

Dans un article intitulé « Les gentilles statuettes du Staffordshire » paru en 1929, le magazine *L'Art vivant* faisait découvrir à ses lecteurs cette étonnante production : « [...] les naïves figurines du Staffordshire n'ont rien perdu de leur fraîche poésie et c'est avec juste raison que l'on s'émerveille du printemps éternel dont elles créent l'atmosphère par la vertu d'un coloris tendre et joyeux, mais aussi par le mystère de qualités, plus intérieures, la simplicité d'âme quasi enfantine, de l'artisan qui les modela[3]. » De cette collection, il ne reste que de rares pièces et quelques photographies, mais elle devait être d'importance. En 1938, Buthaud participe à l'exposition « L'Art et la vie anglaise » au Grand-Théâtre de Bordeaux. *La Revue Philomathique de Bordeaux et du Sud-Ouest* relatait ainsi la présentation de la section des céramiques : « L'ensemble le plus homogène et le plus complet de l'exposition, reste cependant la collection de statuettes romantiques du Staffordshire appartenant à M. Buthaud et complétée par quelques pièces prêtées par M. Jeanvrot et M. Samazeuilh. Ces figurines, d'une fraîcheur étonnante semblent détachées de l'illustration des œuvres de Walter Scott ou des *keepsakes* enluminés, en vogue vers 1830[4]. »

La grande affaire de Buthaud, collectionneur, sera l'art primitif. Loin des villes européennes où les artistes établis sont repus d'honneurs et couverts de médailles, ces objets nés sous les mains d'artisans le fascinent ; ils sont l'expression d'une force créatrice hors du commun. Élève à l'École des beaux-arts de Paris, ses déambulations l'amènent régulièrement rue de Rennes, devant la vitrine d'un magasin de curiosités artistiques à l'enseigne *Au vieux Rouet*. L'endroit, improbable bric-à-brac, est tenu par un certain Émile Heymann – celui que Matisse appelait « le négrier de la rue de Rennes ». Dans un capharnaüm soigneusement orchestré, le promeneur y trouve maintes chinoiseries et autres artefacts venus d'Océanie ou d'Afrique. René Buthaud se régale de cet art qui lui était jusqu'alors inconnu, il ne cesse de s'y intéresser et, des années durant, d'enrichir sa collection. Dans les années de l'entre-deux-guerres, l'Afrique noire lui offre un nouveau souffle créateur, il exécute ses premières œuvres au mitan des années 1920, tel ce vase *Jeune africaine alanguie*. Mais c'est à l'occasion de l'Exposition coloniale internationale présentée en 1931 à Paris qu'il produit ses œuvres les plus emblématiques : vase piriforme *Deux femmes africaines de profil*, vase *Nu aux gazelles,* statuette *Grande négresse*... Chez Buthaud, point d'inventaire minutieux, ni de catalogues luxueux édités à grands frais. S'il est difficile de reconstituer aujourd'hui un inventaire précis des objets rassemblés au cours de sa vie, des nouvelles réjouissantes nous en sont données quand certains d'entre eux réapparaissent sur le marché de l'art. Ainsi, lors de la vente du 15 mai 2017, Sotheby's mettait aux feux des enchères à New York une rare statue de femme Chokwe lui ayant appartenu. Après avoir été achetée en 1968 auprès de l'artiste par la galerie Le Corneur-Roudillon, celle-ci passera ensuite dans deux des plus fameuses collections d'art primitif, celles d'Essayan et de Kerchache. La qualité de cette œuvre et son pedigree remarquable la faisaient s'envoler

3 *L'Art vivant*, « Les gentilles statuettes du Staffordshire », 1er janvier 1929, n°97, p. 497.

4 *Revue Philomathique*, « L'art et la vie anglaise à l'exposition du Grand-Théâtre (mai 1938) », Bordeaux, janvier-mars 1938, p. 68.

in Burgundy. He was also interested in earlier productions, such as Italian maiolica and Austrian ceramics. But he had a particular fondness for his collection of Staffordshire statuettes, little figurines based on life during the Victorian era. They were his main source of inspiration when he decided to begin making the surprisingly naive statuettes which delight art lovers today. In an article titled "Les gentilles statuettes du Staffordshire," published in 1929, the magazine *L'Art Vivant* introduced its readers to those remarkable productions: "[...] the naive Staffordshire figurines have lost none of their unique poetry and it is quite rightly that we marvel at the atmosphere of eternal spring created by their tender, joyful colors, but also by the mysterious, inner qualities, the near-childlike simplicity of the craftsman who shaped them."[3] Only a few pieces and photographs remain of this collection, but it must have been considerable. In 1938 Buthaud participated in the "L'Art et la vie anglaise" exhibition at the Grand-Théâtre in Bordeaux. *La Revue Philomathique de Bordeaux et du Sud-Ouest* provided the following description of the ceramics section: "however, the exhibition's most homogeneous and complete set remains the collection of romantic Staffordshire statuettes belonging to Mr. Buthaud, supplemented by a handful of pieces lent by Mr. Jeanvrot and Mr. Samazeuilh. The figurines have a startling freshness about them and seem to come straight out of illustrations of Walter Scott novels or illuminated keepsakes, fashionable around 1830."[4]

Buthaud's main interest as a collector was primitive art. Made by craftspeople far from European towns, where established artists were showered with honors and medals, these objects fascinated him; they were the expression of an exceptional creative force. While studying at the École des beaux-arts in Paris, his various wanderings frequently took him to the Rue de Rennes, before the window of *Au vieux Rouet*, a shop which sold artistic curiosities. Full of unlikely clutter, it was owned by Émile Heymann – nicknamed "the Rue de Rennes slave trader" by Matisse. Inside its carefully organized mess, visitors could find heaps of African and Australasian artifacts and trinkets. René Buthaud greatly enjoyed discovering an art which had remained unknown to him until then. His interest never ceased to develop and over the years his collection increased. During the inter-war period, sub-Saharan Africa provided him with a new creative impulse: during the mid 1920s, he created his first works, including the vase *Jeune africaine alanguie* ("Young reclining African woman"). But it was during the 1939 Paris International Colonial Exhibition that he produced his most emblematic works: the pear-shaped vase *Deux femmes africaines de profil* ("Two African women in profile"), the vase *Nu aux gazelles* ("Nudes with gazelles"), the statuette *Grande négresse* ("Large Negro woman"), etc.

For Buthaud, there have been no thorough inventories, nor any expensive catalogues published in luxury editions. Although today it would be difficult to reconstruct a precise inventory of the objects he collected during his life, it is always a joy to learn that one has resurfaced on the art market. This happened on 15 May 2017 in New York, when Sotheby's auctioned a rare female Chokwe statue which had belonged to him. After being purchased from Buthaud in 1968 by the Le Corneur-Roudillon gallery, it then passed into the hands of

3 *L'Art vivant*, "Les gentilles statuettes du Staffordshire," 1 January 1929, no. 97, p. 497.

4 *Revue Philomathique*, "L'art et la vie anglaise à l'exposition du Grand-Théâtre (mai 1938)," Bordeaux, January–March 1938, p. 68.

119 Ensemble de sculptures africaines collectionnées par René Buthaud. ACF. De haut en bas, de gauche à droite : masque, Côte d'Ivoire ; poupée Bakwamé, Zaïre ; coupe rituelle de Hogon, Dogon, Mali ; figure funéraire, Yatenga, Burkina Fasso ; poupée Bakwamé, Zaïre ; masque Bambara, Mali.

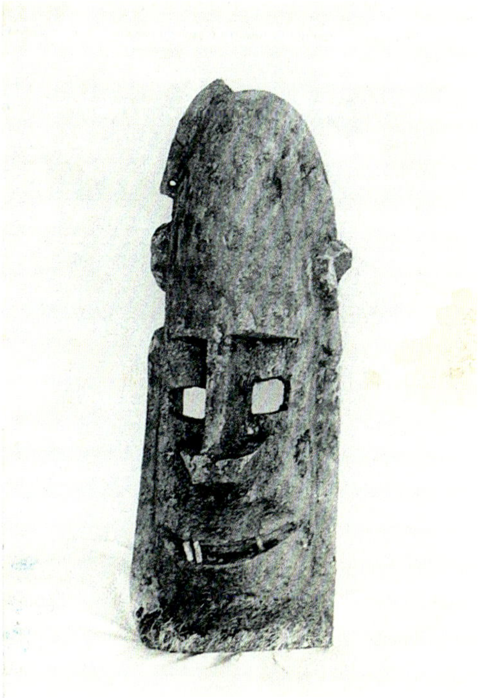

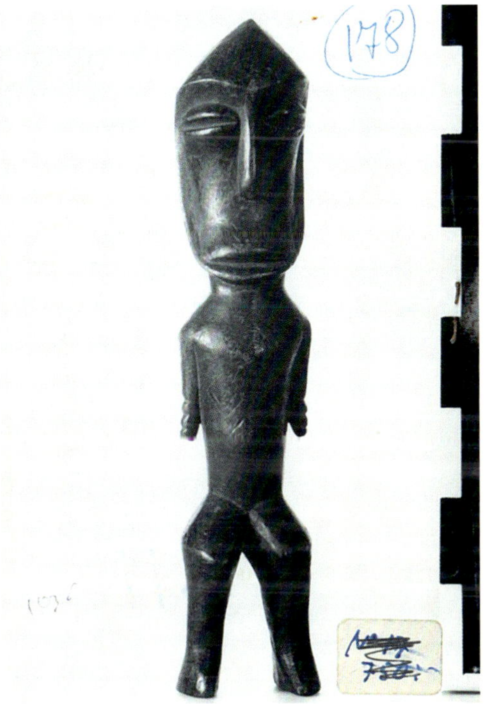

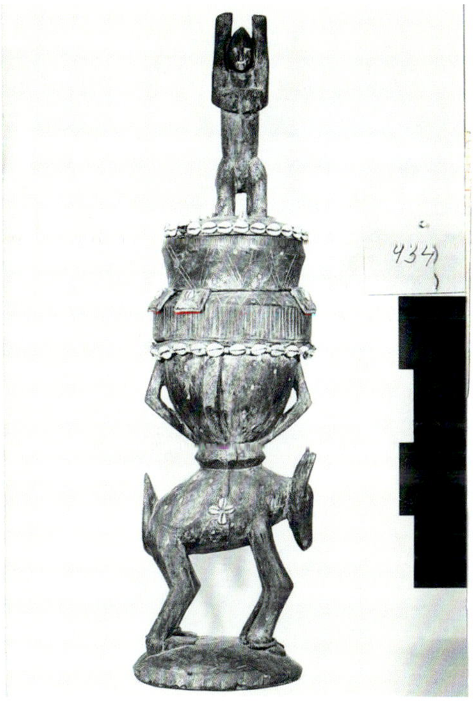

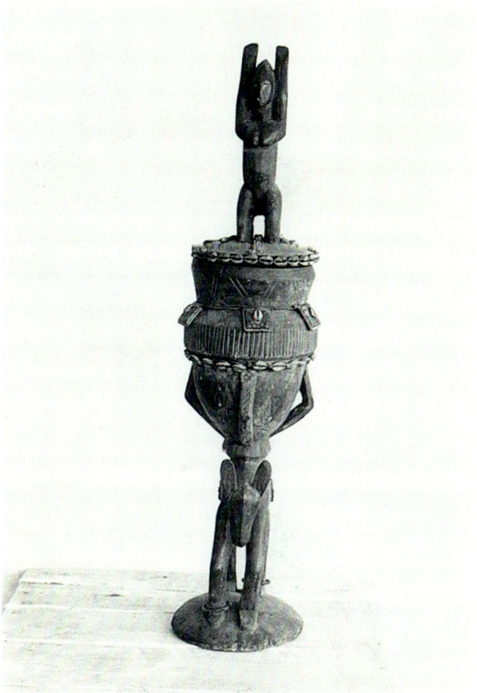

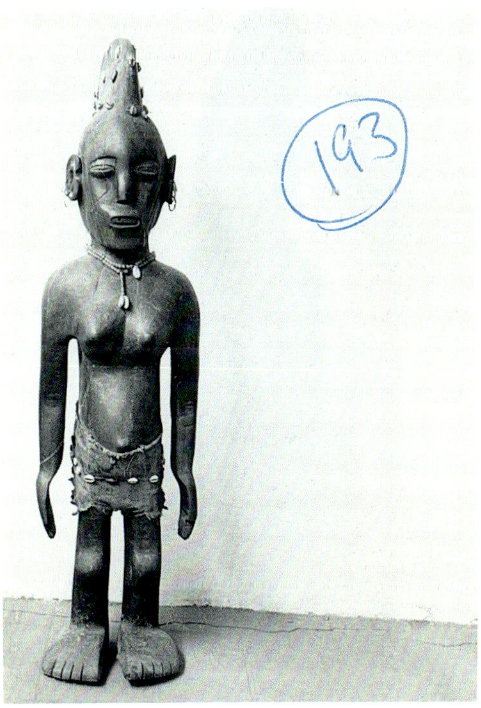

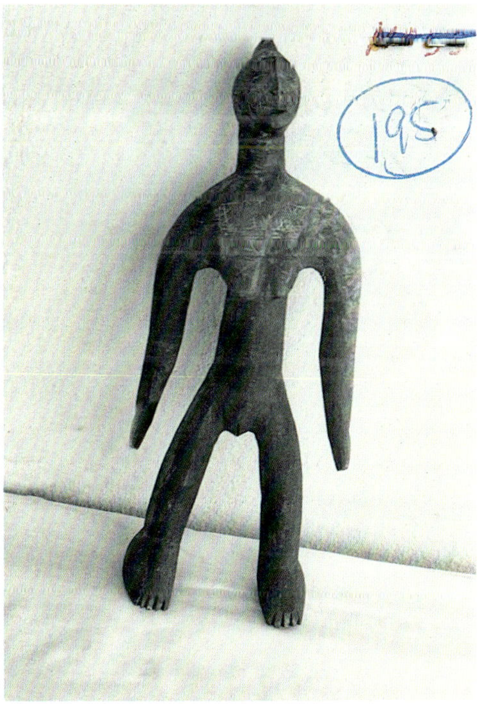

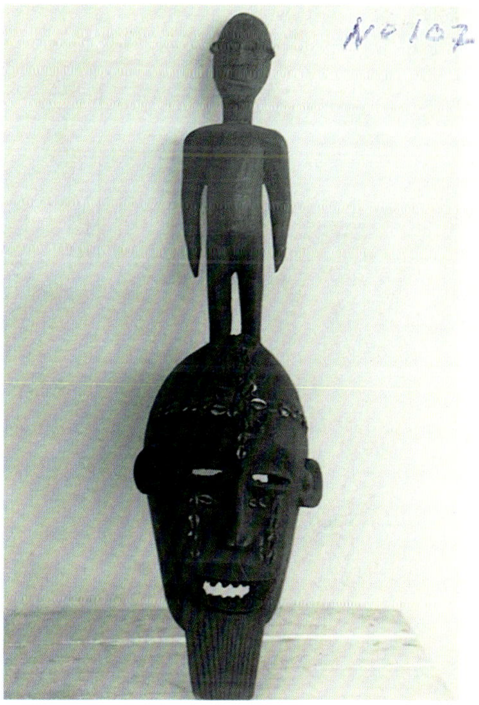

vers des sommets stratosphériques où elle était adjugée à 1 812 500 $! Deux ans plus tard, le 18 juin 2019, toujours chez Sotheby's, mais à Paris cette fois-ci, l'exceptionnelle collection d'art africain ayant appartenu à Marceau Rivière passait sous le marteau. Parmi les 250 œuvres de cette vacation, le n° 45 retenait particulièrement l'attention des amateurs, il s'agissait d'une « Statue, Bété, Côte d'Ivoire, haut. 64 cm ». L'estimation – « 700 000-1 000 000 € » – était confortée par une notice au catalogue des plus élogieuses : « Entrée dans la collection de l'illustre céramiste René Buthaud à l'époque de l'entre-deux-guerres et célébrée dans les ouvrages et les expositions depuis sa révélation, en 1968, cette œuvre s'impose parmi les témoins les plus significatifs de ce précieux corpus. » La statue restera toutefois invendue.

Essayan and Kerchache, two of the most famous collectors of primitive art. The quality of the work and its remarkable pedigree made its price soar to astronomical levels, reaching $1,812,500 when it was finally sold! Two years later, on 18 June 2019, again at Sotheby's but this time in Paris, Marceau Rivière's outstanding collection of African art was also sold at auction. Among its 250 pieces, no. 45 earned particular notice from admirers. Its label indicated: "Statue, Bété, Ivory Coast, height 64 cm." The price estimate of "700,000–1,000,000 €" was supported by a laudatory catalogue note: "This work entered the collection of the famous ceramicist René Buthaud during the inter-war period and has been celebrated in publications and exhibitions since it was revealed in 1968. It is

René Buthaud, vers 1980. ACF.

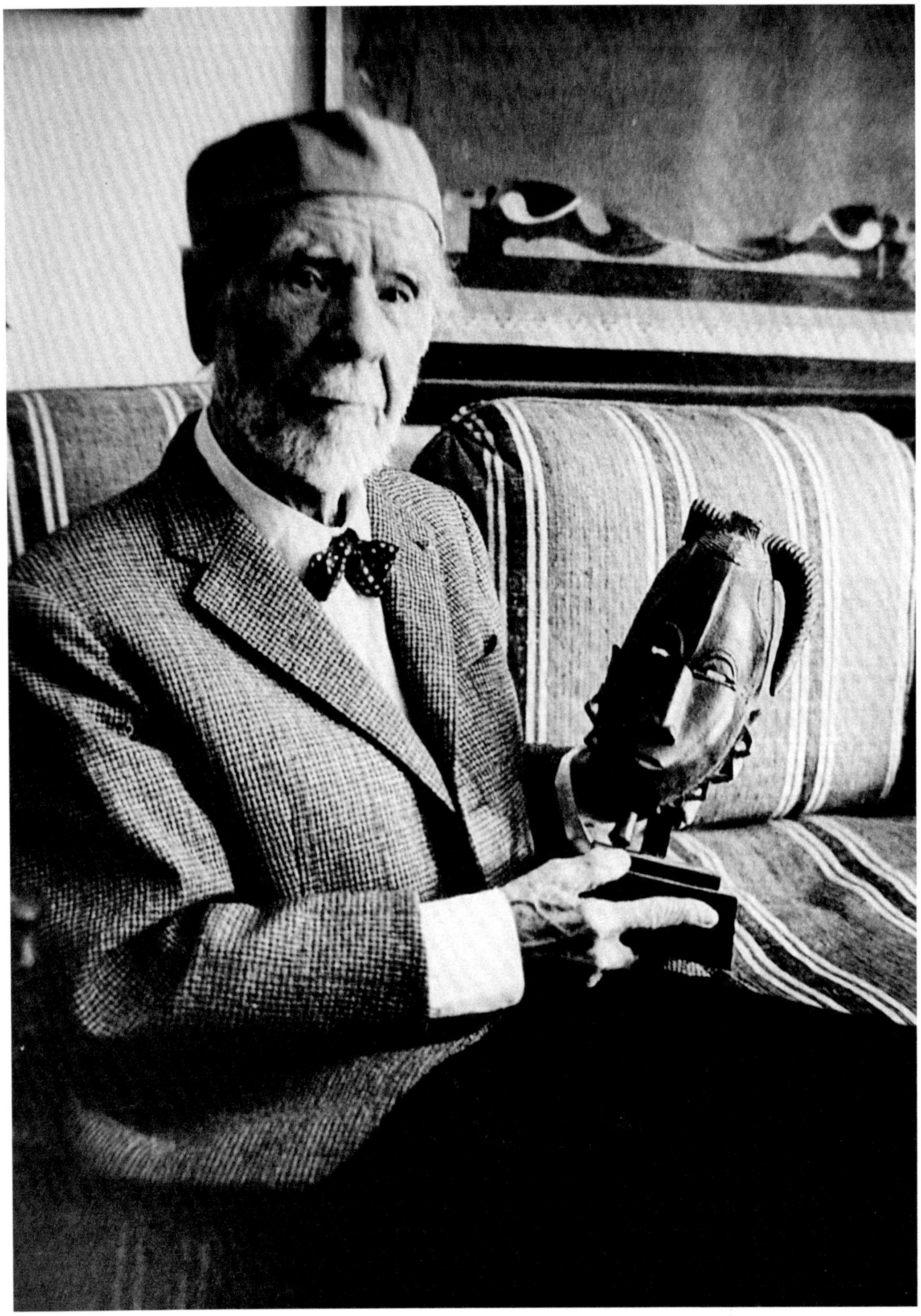

Ce va-et-vient intemporel entre les cultures, Buthaud le connaît depuis longtemps. Il l'a découvert en déambulant sur les quais du port de Bordeaux, quand, des cargos et des paquebots, étaient débarquées les denrées venues d'Extrême-Orient, des Amériques ou d'Afrique. Les marchands, les acheteurs, les dockers, la foule des curieux et tous ceux qui grenouillaient alentour y formaient un monde cosmopolite, une foule grouillante perdue au milieu des mille et une marchandises venues du lointain. Aux yeux de l'enfant, celles-ci restaient mystérieuses, inaccessibles, mais si proches et désirables. C'est sans doute ici, mais plus tard, que l'artiste a compris que ses œuvres deviendraient des pièces de collection recherchées, et qu'à leur tour, dans un mouvement incessant, les artistes des générations futures y trouveraient, eux aussi, une nouvelle inspiration.

one the most important pieces of this exquisite collection." The statue did not find a buyer, however.

Buthaud had been coming and going between different cultures for a long time. He began when wandering along the quays of the Bordeaux port, as cargo ships and liners unloaded merchandise from the Far East, Africa, or the Americas. Merchants, buyers, dockers, crowds of onlookers, and all those who milled about made up a cosmopolitan world, a swarm of people lost amid the thousands of goods imported from afar. In the eyes of young René, they remained mysterious, inaccessible, yet so close and desirable. It was only later on that Buthaud understood that his works would one day become sought-after collection pieces, and that in their turn, coming and going incessantly, artists from future generations would seek further inspiration in them.

Statue Chokwe, Angola. Ancienne collection René Buthaud. Courtesy Sotheby's.

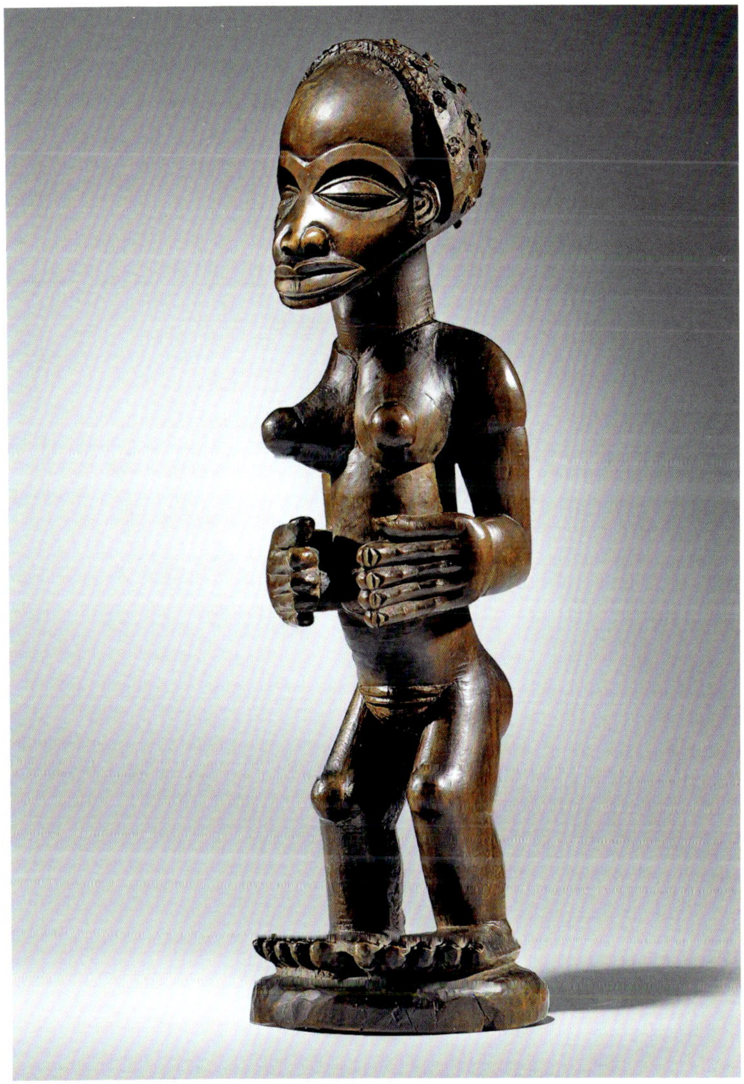

Statue Bété, Côte-d'Ivoire. Ancienne collection René Buthaud. Courtesy Sotheby's.

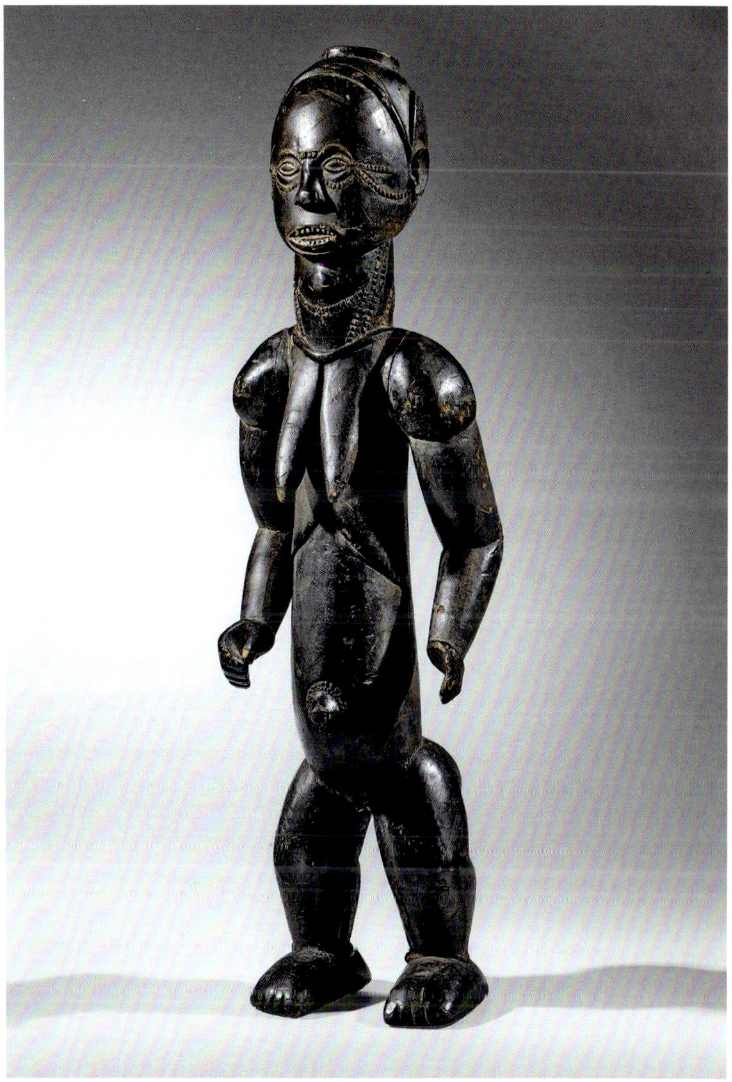

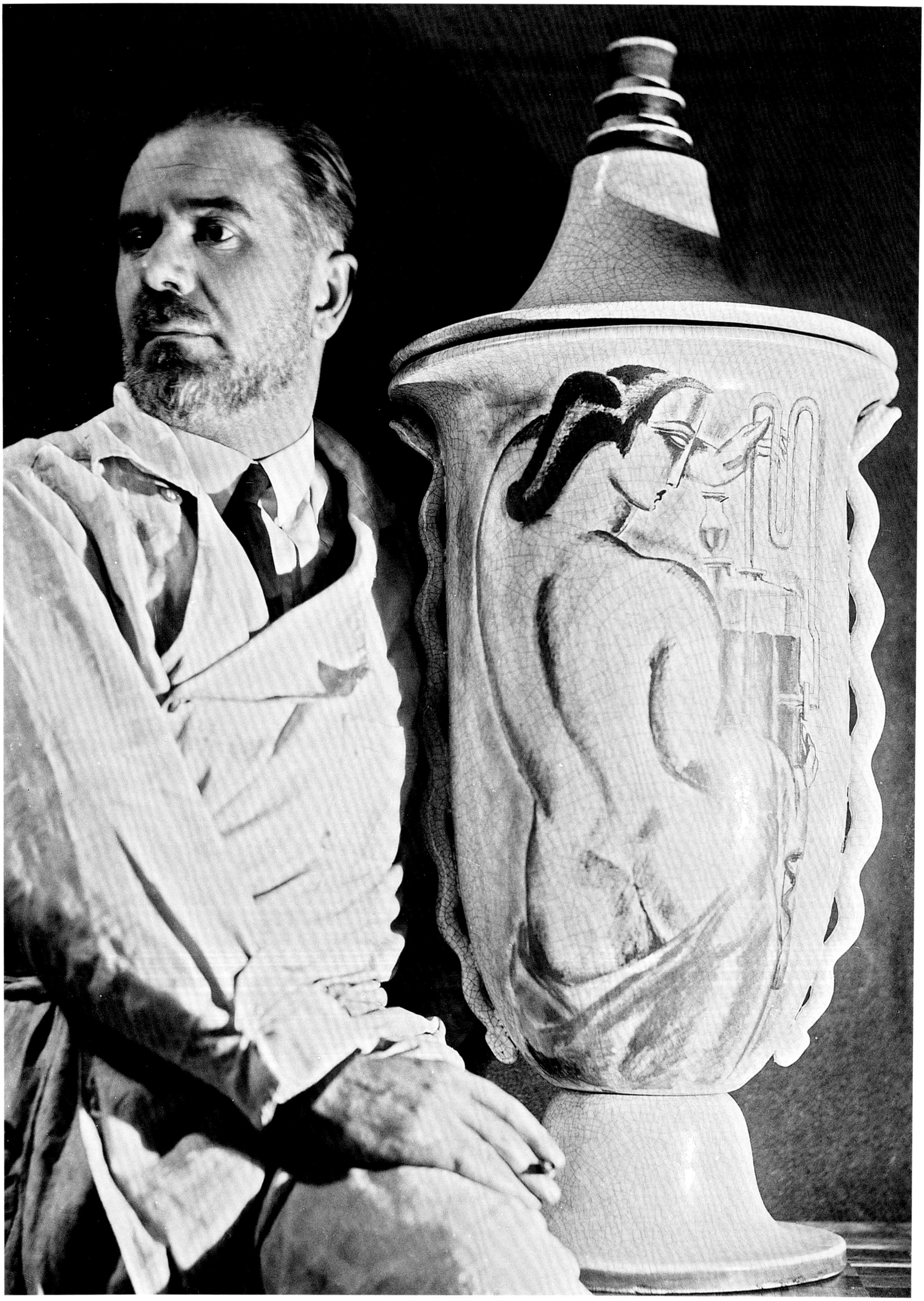

René Buthaud devant un de ses vases réalisés pour la pharmacie Bousquet, rue Sainte-Catherine, à Bordeaux.

De la grande guerre au grand décor. L'art de la commande

France Cruège de Forceville
Légataire des archives René Buthaud

From the Great War to Grand Decor. The Art Of Taking On Commissions

Ayant travaillé l'essentiel de sa vie à l'échelle du vase ou de la statuaire, René Buthaud aimait également à se confronter au monumental, comme le montrent les nombreuses commandes publiques ou privées qui lui ont permis de s'exprimer à plus grande échelle. Ces commandes, s'étalant sur plus de quarante ans, témoignent également de la place qui lui a été accordée dans l'espace public, comme de l'importance du rôle que l'artiste a joué dès les années 1920 et jusque dans les années 1960. René Buthaud était curieux de tout et de nombreuses circonstances lui ont permis, tout au long de sa vie, de prendre une route qu'il n'avait pas prévue.

Au lendemain de quatre années de guerre qui suivent deux années de service militaire, le travail étant rare, René Buthaud retrouve en 1919 à Bordeaux son camarade des Beaux-Arts et ami statuaire Jean-Élie Chaveron[1], en bien triste état. Parti sur le front, il a été blessé en 1916 sur le champ de bataille ; un soldat allemand qui vient de recevoir une grenade lui est tombé dessus et, tout en le protégeant, lui a fait perdre une oreille et lui a grièvement endommagé une jambe. Jean-Élie Chaveron fait donc partie de ces « mutilés de la face » pour lesquels « il fallait que des artistes redessinent les traits de ces malheureux, donnent des indications au chirurgien : le docteur Moure en était chargé »[2], aidé notamment de Jean Dupas, ami de Buthaud et artiste.

La paix revenue, la priorité des municipalités est de rendre hommage à ses neuf millions d'enfants disparus. La plupart des communes choisissent des monuments commémoratifs dans des catalogues d'entreprises locales. On trouve même, en 1919, une revue spécialisée, *L'Art funéraire et commémoratif*. *Le Poilu victorieux* du sculpteur Eugène Benet sera l'œuvre publique la plus répandue en France, diffusée par les fonderies Durenne. Elle sera concurrencée par *Le Poilu* d'Étienne Camus, commercialisé par les établissements Jacomet, à Villedieu, à plus de 900 exemplaires, ou encore par *Résistance* de Charles Henri Pourquet des fonderies du Val d'Osne.

C'est dans ce grand marché de la sculpture commémorative que Buthaud et Chaveron tenteront de s'implanter. Chaveron demande à René Buthaud, davantage introduit à Bordeaux et

1 Orphelin de naissance et élevé par ses grands-parents maternels, Jean-Élie Chaveron (Bordeaux : 27 octobre 1888 – 4 avril 1954) entre comme commis chez un architecte qui conseille à sa famille de l'inscrire à l'École municipale des beaux-arts de Bordeaux où, tout en continuant son apprentissage de dessinateur dans une agence d'architectes de la ville, il devient en 1907 l'élève du cours de statuaire et de sculpture décorative du professeur G. Veuvenot Leroux (1854-1942). Boursier de la ville de Bordeaux, il poursuit alors sa formation à l'École nationale supérieure des beaux-arts de Paris où il se lie d'amitié avec René Buthaud et termine sa formation scolaire avec un grand prix en 1908 : médaille d'argent de sculptures statuaires – 1er prix de concours en loge – 1er prix de bustes et figures d'après nature – 1er prix de plantes vivantes...
En 1924, Jean-Élie Chaveron sculpte deux matrices : une *Vénus au bain* et un « masque africaniste », toutes deux non signées, qui seront moulées et produites en dix exemplaires par l'intermédiaire de Buthaud, alors directeur technique des ateliers Primavera jusqu'en 1926. René Buthaud ne fut donc que le « donneur d'ordre » et non le créateur de ces œuvres.
Parallèlement à ces créations, Jean-Élie Chaveron exécute en 1928 pour la commémoration du centenaire de la mort du peintre Francesco Goya, décédé à Bordeaux, le médaillon de son cénotaphe au cimetière de la Chartreuse à Bordeaux et réalise des bustes de célébrités bordelaises et d'anonymes, des bas-reliefs décoratifs, des sculptures et des médailles commémoratives. Pendant la guerre de 39-45, il sculpte sa dernière œuvre, celle d'un Christ vivant détaché de sa croix (réf. : archives : famille Philippe Chaveron). J.-É. Chaveron terminera la route de sa vie dans le rôle d'architecte dont il avait reçu dans sa jeunesse la formation en réalisant des résidences de villégiature qu'il aménage de meubles et ferronneries de sa conception ; principalement dans les Landes et la région d'Arcachon. Le style de ses constructions reflète, en les modernisant, les traditions régionales qu'il personnalise parfois par un bas-relief de son ciseau.

2 Entretien de René Buthaud avec Jacques Sargos, enregistrement audio, septembre-octobre 1985.

Although René Buthaud spent most of his life working on smaller-scale vases and statuary, he also enjoyed taking on the challenge of monumental works, as is shown by the many public or private commissions which allowed him to express himself on a larger scale. The commissions, spanning over 40 years, are also evidence of the respect he was accorded in public spheres, as well as the major role he played from the 1920s all the way to the 1960s. Buthaud was curious about everything and, throughout his life, many different circumstances led him to choose unexpected paths.

Following four years of warfare which came after two years of military service, employment was scarce. In 1919 in Bordeaux, René Buthaud was reacquainted with the sculptor Jean-Élie Chaveron[1], a friend of his from the École des beaux-arts who was in a sorry state. Sent to the front, he had been wounded on the battlefield in 1916: a German soldier who had just been hit with a grenade fell on top of him and, while protecting him from gunfire, cost him an ear and inflicted a bad wound to his leg. Chaveron was therefore one of the "facially disfigured" for whom "artists needed to redraw their sad features, giving advice to the surgeons: Dr Moure was in charge,"[2] and in this he was assisted by Jean Dupas, an artist and friend of Buthaud's.

Once peace was restored, the priority of the towns was to pay homage to their 9 million dead. Most communes selected commemorative monuments from the catalogues of local companies. In 1919 there was even a specialized journal on this lugubrious topic called *L'Art funéraire et commémoratif*. *Le Poilu victorieux* ("Victorious infantryman"), designed by the sculptor Eugène Benet and produced by the Durenne foundry, became the most widespread public work in France. It was in competition with *Le Poilu* ("Infantryman") by Etienne Camus, distributed in 900 copies by the Jacomet establishments in Villedieu, and also with *Résistance* by Charles Henri Pourquet, cast by the Val d'Osne foundries.

It was in this considerable market for commemorative sculptures that Buthaud and Chaveron tried to find a place for themselves. As Buthaud was better established in Bordeaux

1 Orphaned at birth and raised by his maternal grandparents, Jean-Élie Chaveron (Bordeaux: 27 October 1888 – 4 April 1954) began working as an architect's assistant. The architect in question recommended that his family send him to the École municipale des beaux-arts de Bordeaux. In 1907, while continuing his apprenticeship as a draftsman in one of the town's architectural firms, he became a pupil of Professor G. Veuvenot Leroux (1854–1942) in his statuary and decorative sculpture class. With a scholarship from the town of Bordeaux, he then continued his education at the École nationale supérieure des beaux-arts de Paris, where he became friends with René Buthaud and concluded his education with a Grand Prize in 1908: silver medal for statuary sculptures – 1st prize in the *en loge* competition – 1st prize for busts and figures after nature – 1st prize for living plants.
In 1924 Jean-Élie Chaveron sculpted two molds, one "Venus bathing" and one "African mask," both unsigned, which were then cast and produced in 10 copies thanks to Buthaud's intercession, he having been the technical manager of the Primavera workshops until 1926. Buthaud therefore only placed the order for the works and was not their creator.
In parallel with these accomplishments, for the centenary of the death of the painter Francesco Goya, who died in Bordeaux in 1828, Jean-Élie Chaveron created the medallion for his cenotaph, located in the Chartreuse cemetery in Bordeaux. He also made busts of Bordeaux celebrities, anonymous busts and decorative bas-reliefs, sculptures and commemorative medals. During the Second World War he sculpted his final work, a living Christ having been taken down from the cross *(Réf.: archives: Philippe Chaveron family)*. Chaveron spent the last part of his career working in architecture – for which he had been trained in his youth – and building holiday homes that he equipped with furniture and ironwork of his own design, mainly in the Landes and Arcachon regions. The style of his constructions reflected local traditions, which he modernized and sometimes made his own with a chiseled bas-relief.

2 René Buthaud interview by Jacques Sargos, audio recording, September-October 1985.

dans le Sud-Ouest, de démarcher les communes pour proposer des projets de monuments commémoratifs. Ils obtiendront ensemble la commande de près de vingt monuments, tous situés en Aquitaine et d'esprit pacifiste, de 1920 à 1927, qui, pour la plupart, seront signés des noms de l'un ou des deux créateurs, à : Baignes-Sainte-Radegonde, Biscarosse, Cambes, Camblanes et Meynac, Cézac, Coutras, Cubzac-les-Ponts, Gujan-Mestras, Hostens, Jonzac, La Teste-de-Buch, Langon, Le Bouscat, Le Teich, (BH 66 – par arrêté du 3 février 2015), Mios, Mortagne-sur-Gironde, Parentis-en-Born, Pouillon, Ychoux.

Ces monuments témoignent d'un ancrage de l'artiste dans son temps comme de sa volonté de se confronter au monumental.

and the southwest, Chaveron asked him to solicit municipalities and put forward projects for commemorative monuments. From 1920 to 1927 they received commissions for nearly 20 monuments, all in the Aquitaine region and pacifist in spirit. Most of them were signed by one or by both artists and can be found in Baignes-Sainte Radegonde, Biscarosse, Cambes, Camblanes et Meynac, Cézac, Coutras, Cubzac les Ponts, Gujan-Mestras, Hostens, Jonzac, La Teste de Buch, Langon, Le Bouscat, Le Teich, Mios, Mortagne sur Gironde, Parentis en Born, Pouillon and Ychoux.

These monuments bear witness to Buthaud's commitment to the issues of the day and his desire to tackle monumental works.

Monument aux morts de Le Teich, sculpture de Jean-Élie Chaveron et René Buthaud, Jourde architecte, vers 1926.

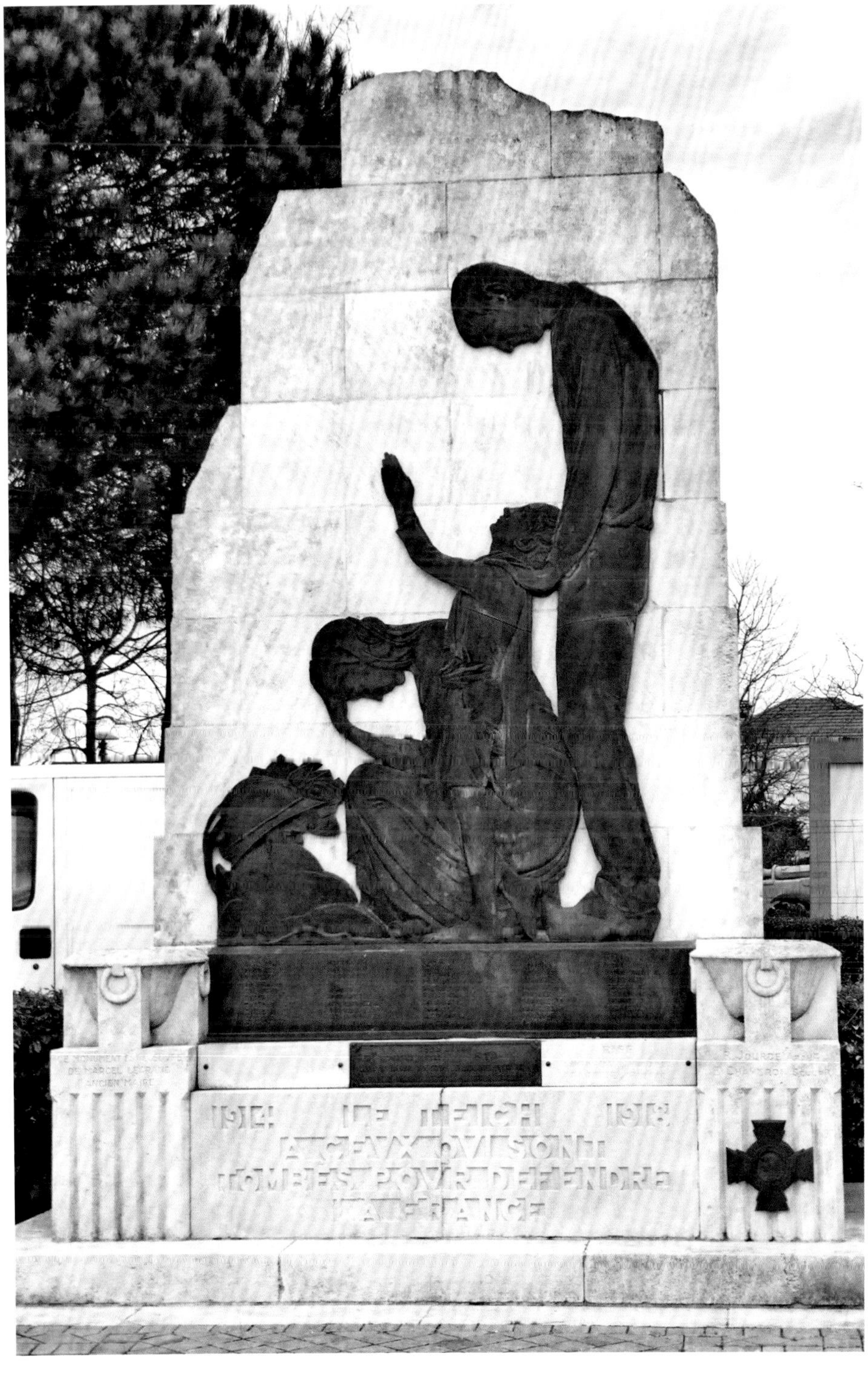

Dans les années 1920 toujours, René Buthaud, dorénavant bien établi à Bordeaux, est invité à participer à la décoration de l'hôtel Frugès, commandité par l'industriel Henry Frugès, dont les travaux, menés par l'architecte Pierre Ferret, ont débuté dès 1913 pour s'achever en 1927. De nombreux artistes et décorateurs participeront à ce projet, véritable synthèse des styles Art nouveau et Art déco, parmi lesquels Jean Dunand, Jean Dupas, Edgar Brandt, les verriers René Lalique et François Décorchemont ou Gentil et Bourdet pour les décors de mosaïque. Il ne reste de sa participation qu'un panneau préparatoire représentant deux sirènes se prélassant dans des fonds marins. Il faut attendre 1928 pour que Buthaud soit sollicité, cette fois en tant que céramiste, pour participer au décor de

Still in the 1920s, now that René Buthaud was well established in Bordeaux, he was invited to work on the decoration of the Hôtel Frugès, commissioned by the industrial tycoon Henry Frugès. The work, overseen by the architect Pierre Ferret, had begun in 1913 and ended in 1927. Many artists and decorators took part in the project, which was a true synthesis of the Art Nouveau and Art Deco styles. Among them were Jean Dunand, Jean Dupas, Edgar Brandt, the glass-makers René Lalique and François Décorchemont, and Gentil and Bourdet for the mosaics. Of Buthaud's work there remains only a preparatory panel representing two sirens luxuriating on the seabed. In 1928 Buthaud was solicited again, this time as a ceramicist, to work on the decoration of the Bousquet

Esquisse d'un panneau pour la décoration de l'hôtel Frugès, Bordeaux, vers 1920. ACF.

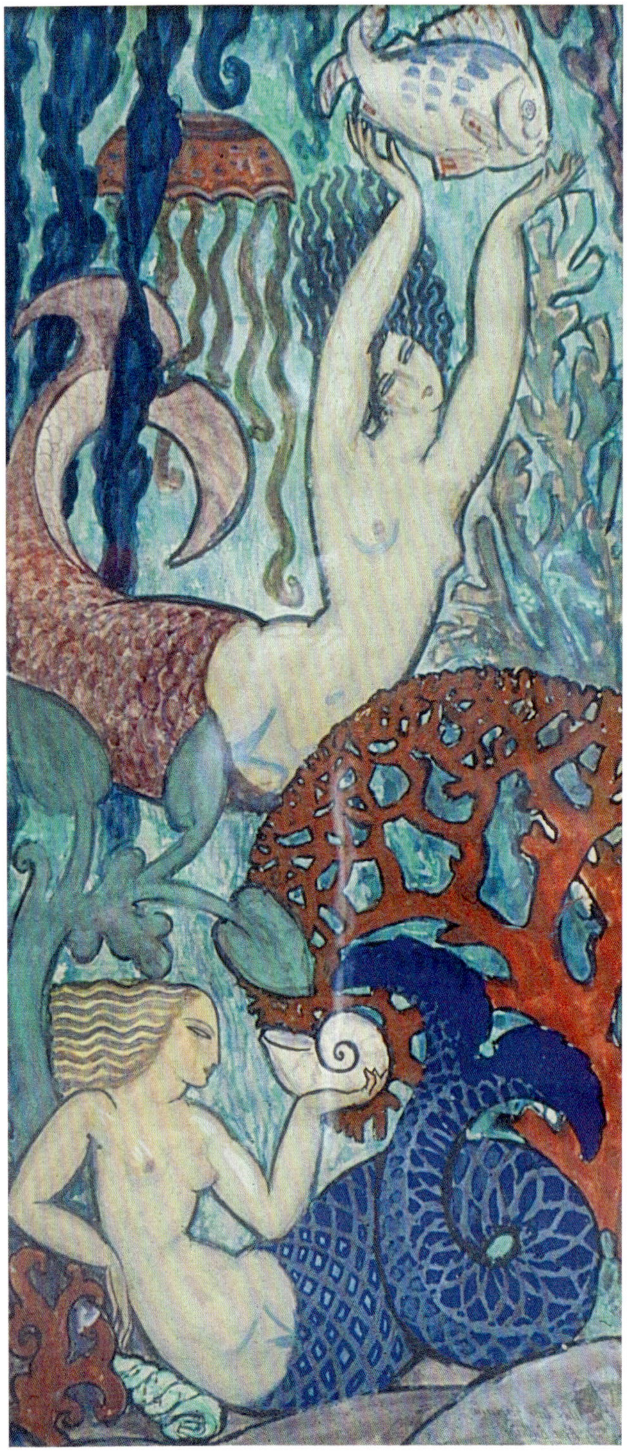

 la pharmacie Bousquet, rue Sainte-Catherine, à Bordeaux. Successeur de Pierre Bousquet en 1907, Georges Rivière, ami des arts, était notamment lié au décorateur Louis Süe, aux peintres Roger Bissière, Jean Dupas et Camille de Buzon, ou encore au sculpteur Alfred Janniot[3]. L'aménagement intérieur fut confié à la maison Siegel, tandis que Rivière demanda à Buthaud de réaliser quatre grands pots couverts de près d'un mètre de haut pour décorer quatre niches prévues à cet effet. Ses quatre vases sont inspirés des grands pots de monstre traditionnels en faïence de Bordeaux ou de Montpellier, avec leur piédouche, leur couvercle monumental et leurs anses en forme de serpents. Sur la face arrière, chaque vase est orné d'un serpent enserrant un symbole médicinal, tandis que la

3 Guy Devaux, Sylvie Arléry, « Les céramiques pharmaceutiques de Buthaud », *Revue d'histoire de la pharmacie*, n° 315, 1997, p. 279-288.

pharmacy, in Bordeaux's Rue Sainte Catherine. Georges Rivière, who succeeded Pierre Bousquet in 1907, was a friend of the arts and knew the decorator Louis Süe, the painters Roger Bissière, Jean Dupas and Camille de Buzon, and the sculptor Alfred Janniot.[3] The interior furnishings were entrusted to Maison Siegel, and Rivière asked Buthaud to create four large covered pots nearly one meter high to decorate four special alcoves. His four vases were inspired by the large, traditional *pots de monstre* faiences from Bordeaux and Montpellier, with their piedouches, monumental lids and handles shaped like snakes.

On the rear of each vase, a snake was coiled around a medical symbol, while the front featured the female nudes Buthaud was wont to draw. They too held scientific instruments:

3 Guy Devaux and Sylvie Arléry, "Les céramiques pharmaceutiques de Buthaud," *Revue d'histoire de la pharmacie*, no. 315, 1997, pp. 279–288.

Verso d'un des quatre pots à pharmacie réalisés pour l'officine de M. Rivère, rue Sainte-Catherine, Bordeaux, 1928. Jason Jacques Gallery, New York.

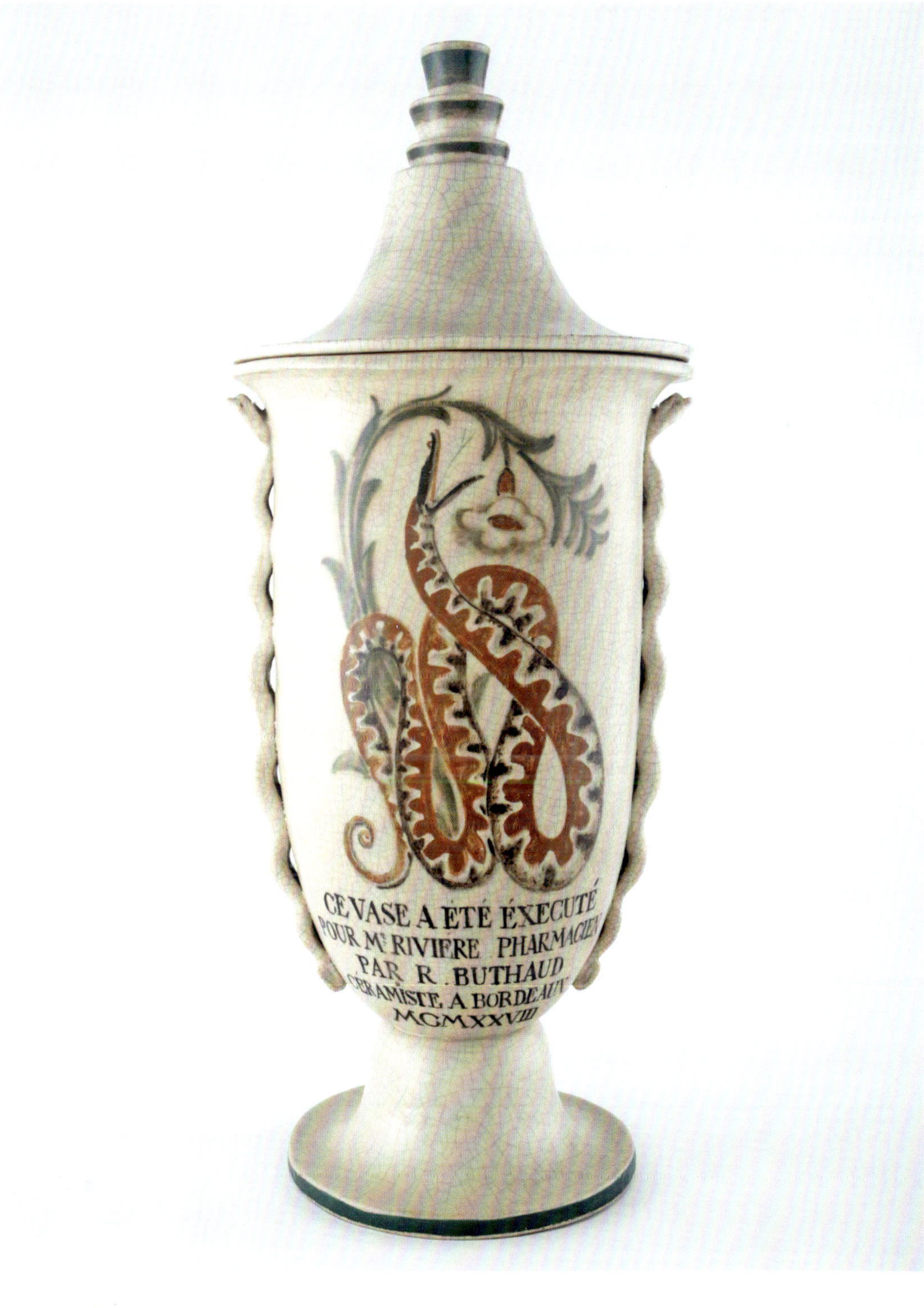

Ensemble des pots à pharmacie réalisés pour l’officine de M. Rivère, rue Sainte-Catherine, Bordeaux, céramique, h. 96,5 cm, 1928.

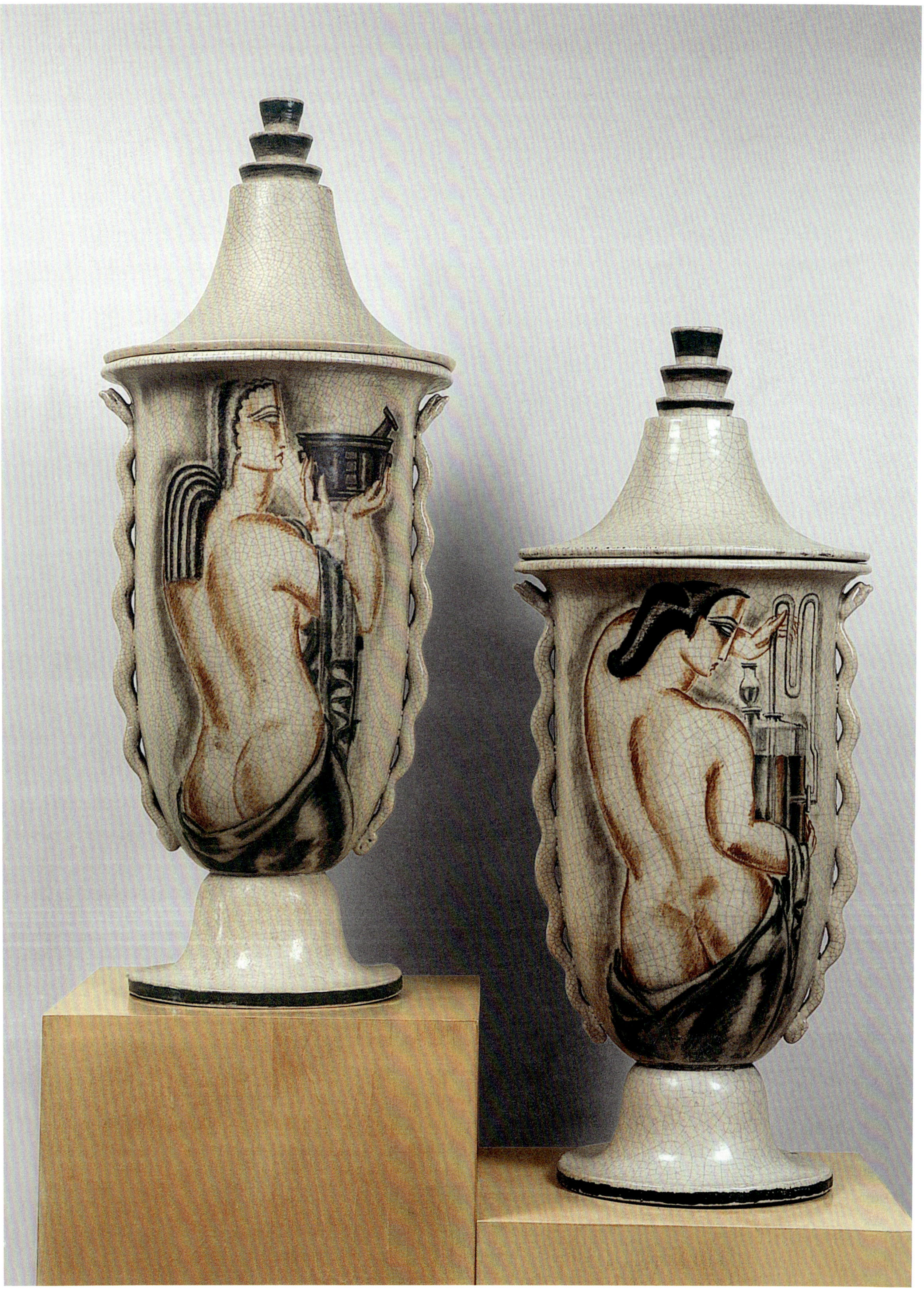

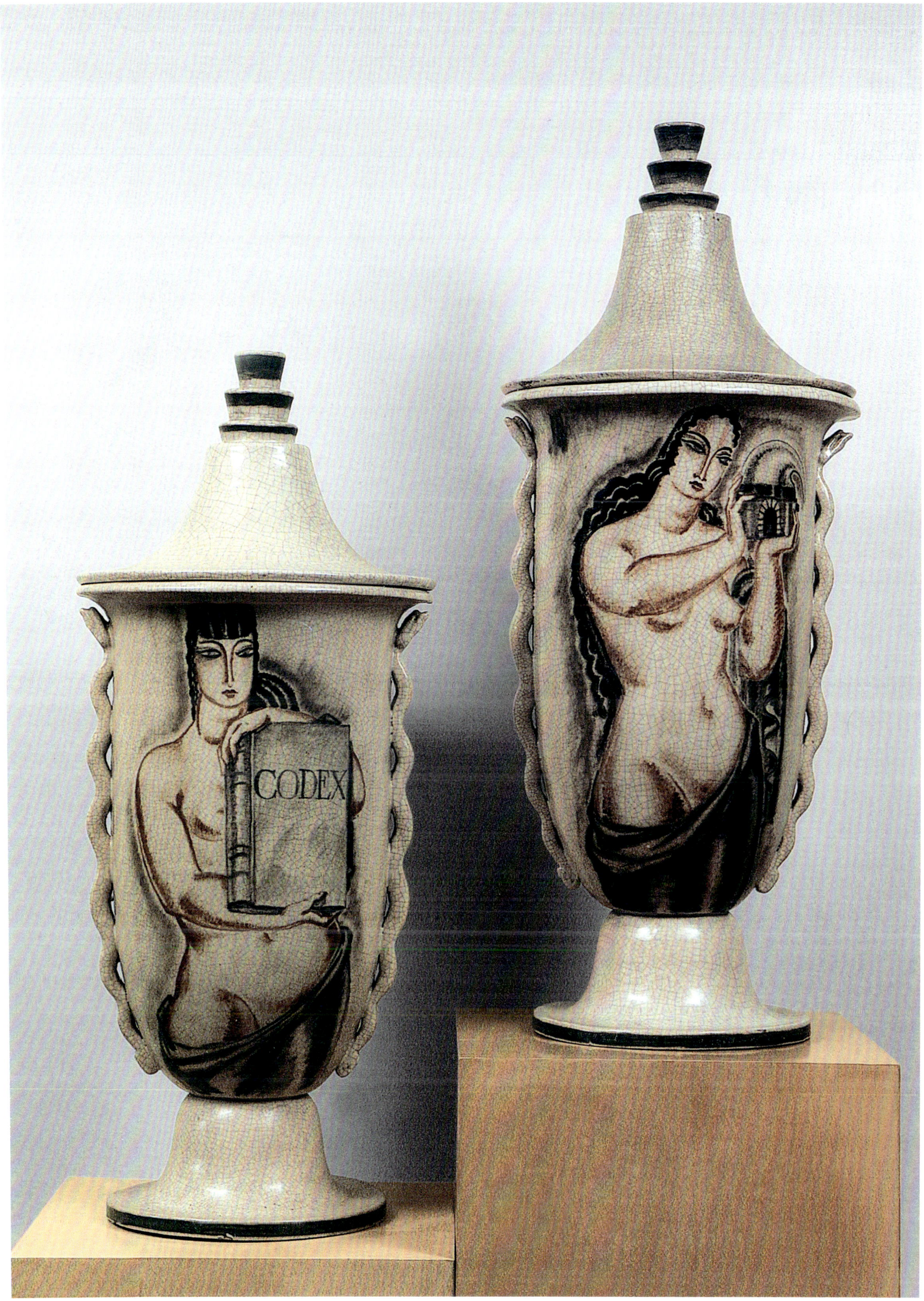
CODEX

face avant laisse place aux femmes nues chères au céramiste, elles aussi en prise avec la science : l'une tient un mortier, une autre un manomètre, une troisième un Codex, et la dernière un fourneau et une cornue. Le décor néoclassique rose, gris, brun, ocre et vert se détache du fond craquelé crème.

À la fin des années 1930, Buthaud est un artiste reconnu et auréolé de nombreux succès. C'est donc naturellement que sa région se tourne à nouveau vers lui à deux occasions. En 1937, la mairie du Bouscat lui passe commande de quatre bas-reliefs en plâtre autour du thème des quatre saisons pour décorer la salle des mariages. Deux femmes incarnent le printemps et l'été, deux hommes l'automne, symbolisé par la vigne, et l'hiver. Les saisons ont malheureusement été déposées puis égarées.

one had a mortar, another a manometer, a third had a Codex, and the fourth had a furnace and retort. The pink, gray, brown, ochre and green neoclassical decoration stood out against the cream-colored, crackled background.

By the late 1930s Buthaud had become a celebrated artist crowned with success. It was therefore only natural that his native region should solicit him, which it did on two occasions. In 1937 the Bouscat town hall commissioned four plaster bas-reliefs on the theme of the four seasons to decorate the wedding hall. Two women represented spring and summer, and two men represented autumn (symbolized by a grapevine) and winter. The seasons were unfortunately delivered and then lost. The same year, the Bordeaux town

Vase monumental décorant le stade Lescure (rebaptisé stade Chaban-Delmas).
Mosaïques réalisées par Bibes et Sayé.

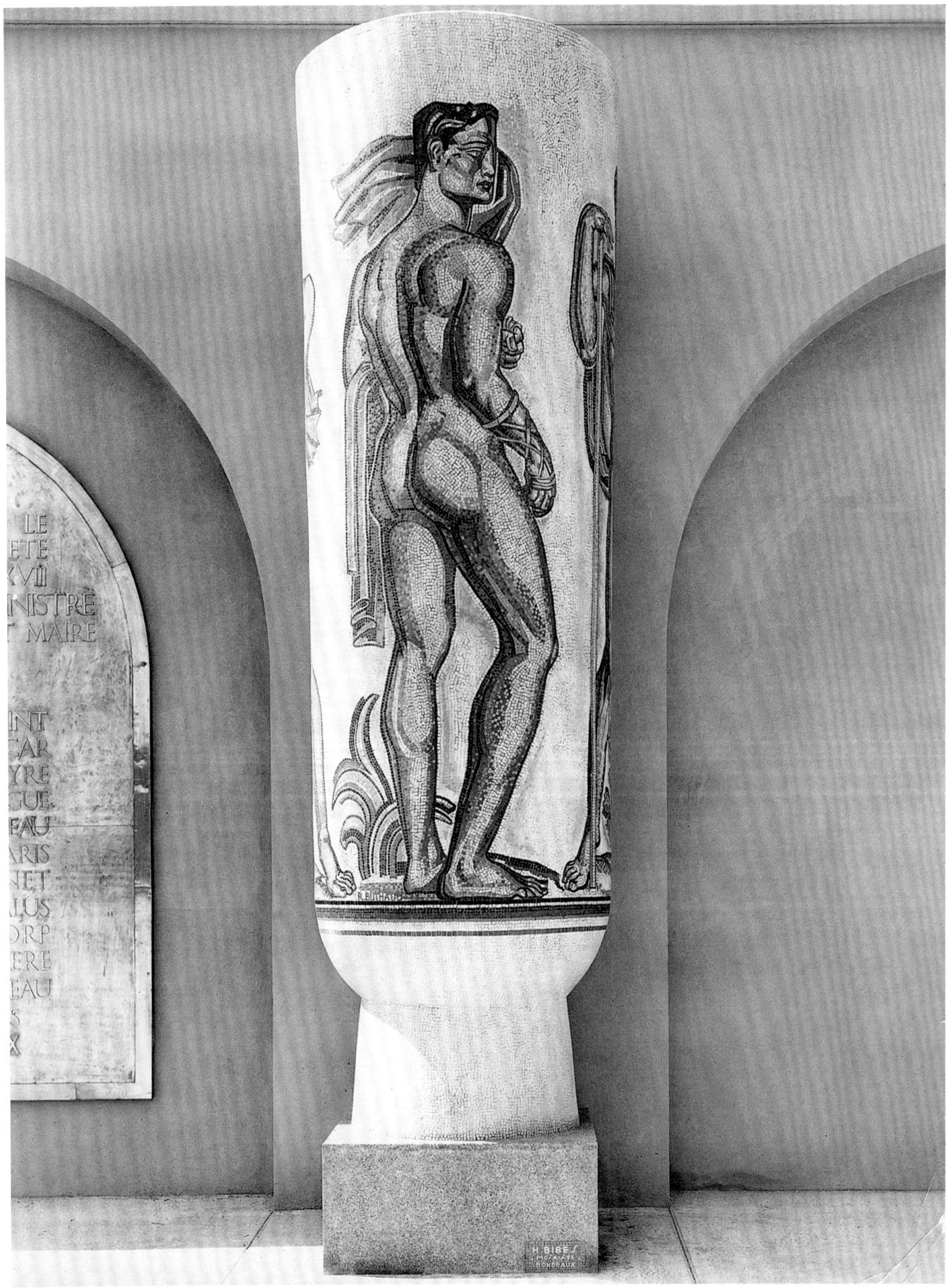

131 La même année, la mairie de Bordeaux lui passe commande de quatre vases monumentaux pour orner l'entrée du stade Lescure (rebaptisé depuis stade Chaban-Delmas) construit par les architectes Raoul Jourde, Jacques d'Welles. De quatre mètres de haut, les hautes formes en béton sont recouvertes de mosaïques dessinées par Buthaud et réalisées par Henri Bibes. Les quatre vases représentent des figures d'athlètes dénudés à l'antique, à la beauté néoclassique ; ils voisinent avec deux sculptures d'Alfred Janniot et de Marcel Damboise.

Sa veine de céramiste continue de s'exprimer à la fin des années 1930 lors d'une commande passée par une sécherie de morue, Sauveroche, installée à Bègles, commune girondine spécialisée dans le séchage des cabillauds en provenance de

hall commissioned him to design four monumental vases to decorate the entrance of the Lescure stadium (now called the Chaban-Delmas stadium), designed by the architects Raoul Jourde and Jacques d'Welles. The tall, four-meter-high concrete shapes were covered in mosaics drawn by Buthaud and crafted by H. Bibes. The four vases represented athletes of neoclassical beauty, naked as athletes were in Antiquity; they stand next to two sculptures by Alfred Janniot and Marcel Damboise.

His work as a ceramicist continued to be solicited in the late 1930s, when he received a commission from Sauveroche, a cod-drying facility in Bègles, a town near Bordeaux specialized in the drying of cod from Newfoundland. Both realistic and

Deux des quatre bas-reliefs créés pour la salle des mariages de la mairie du Bouscat, 1937.

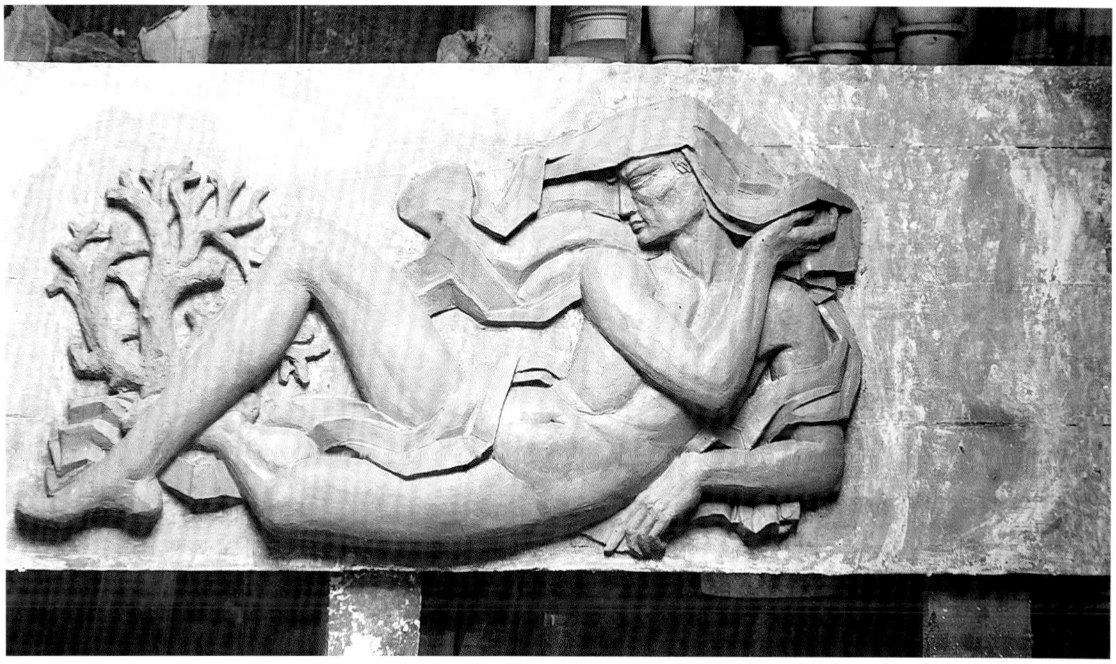

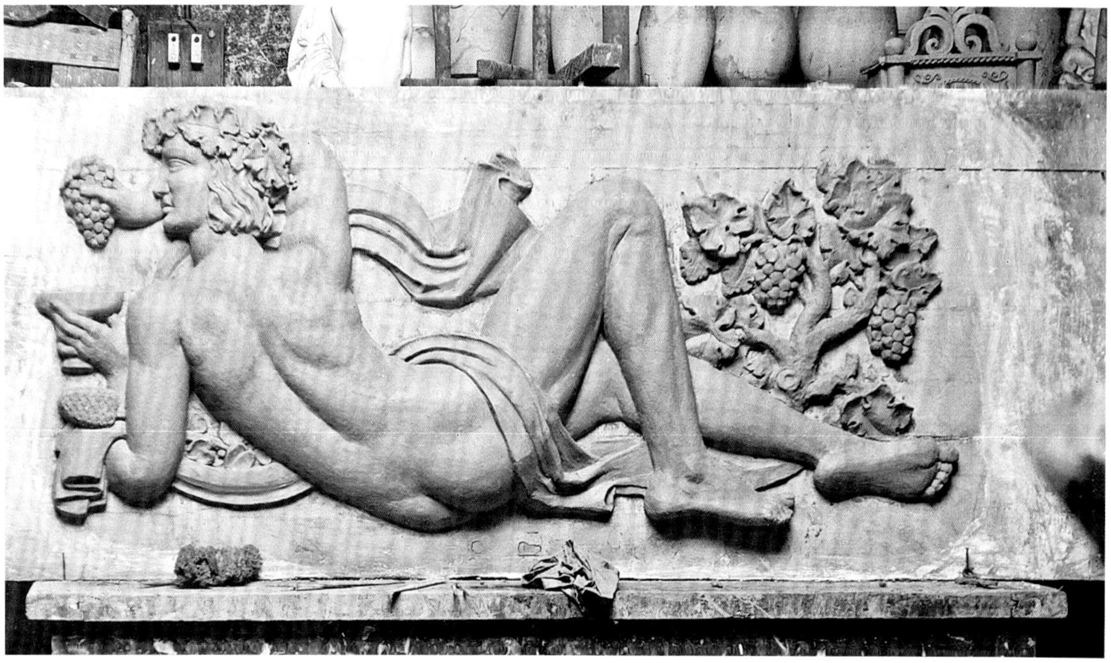

Les quatre vases monumentaux décorant le stade Lescure (rebaptisé stade Chaban-Delmas).
Mosaïques réalisées par Bibes et Sayé.

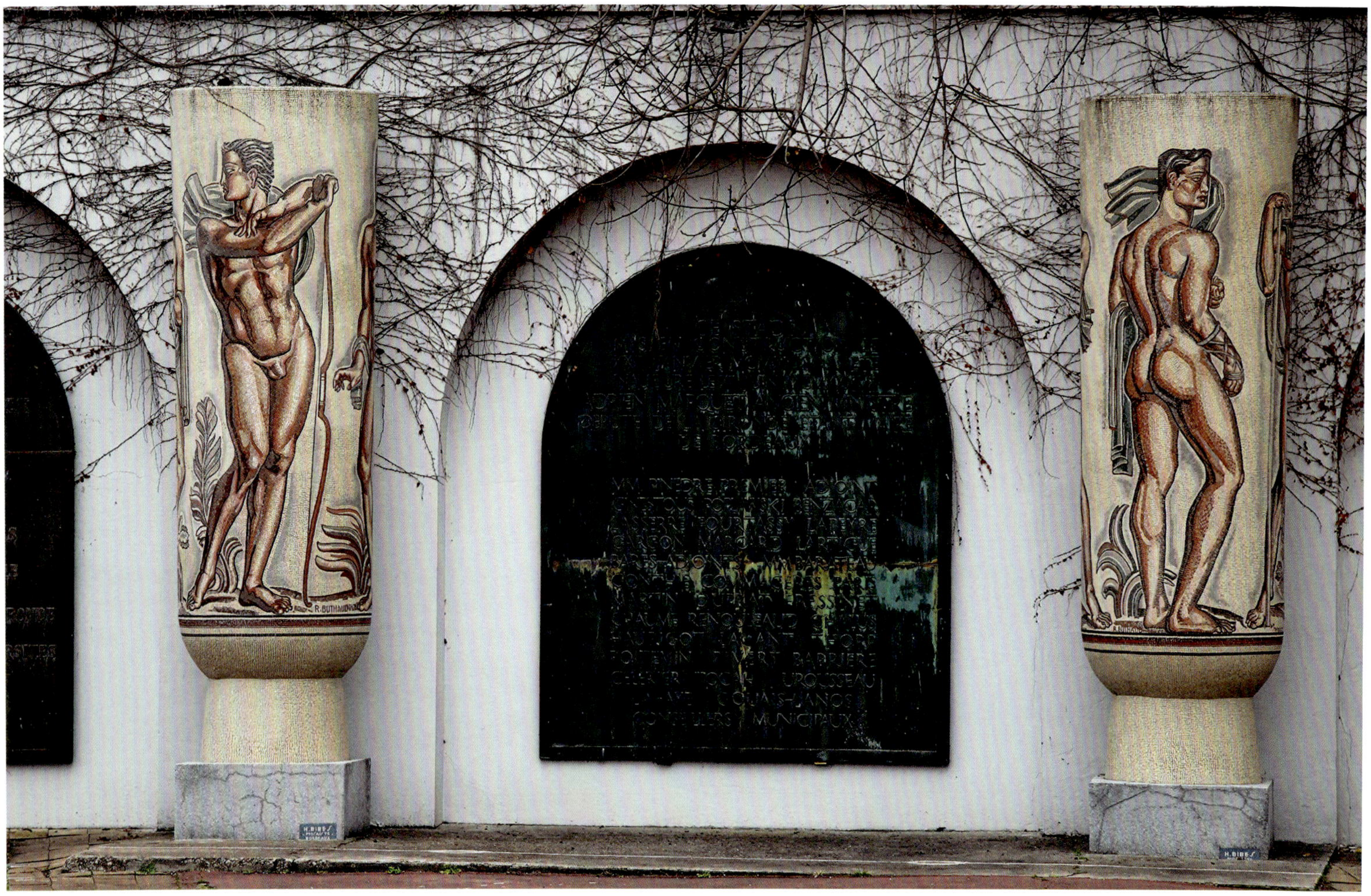

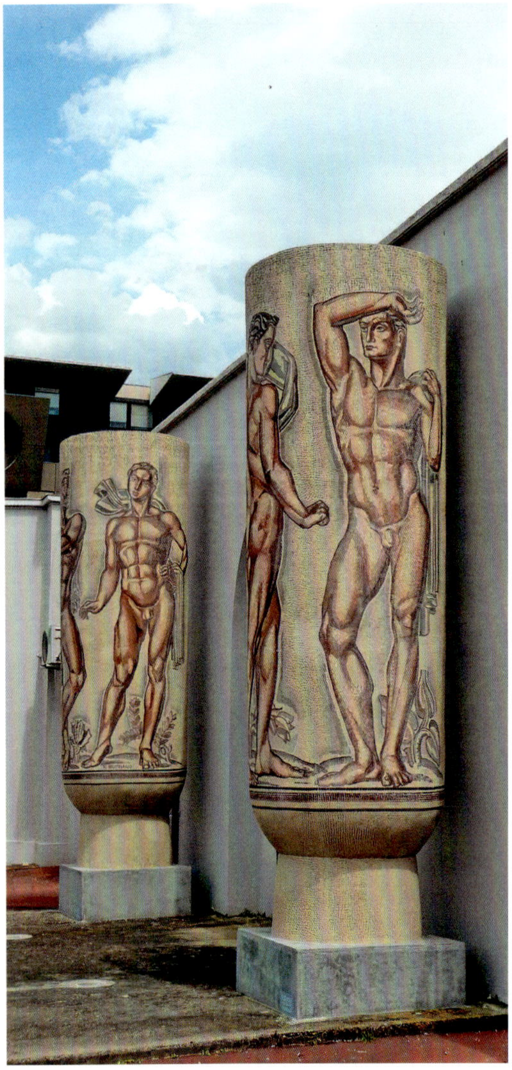

Dessins préparatoires pour les vases du stade Lescure.

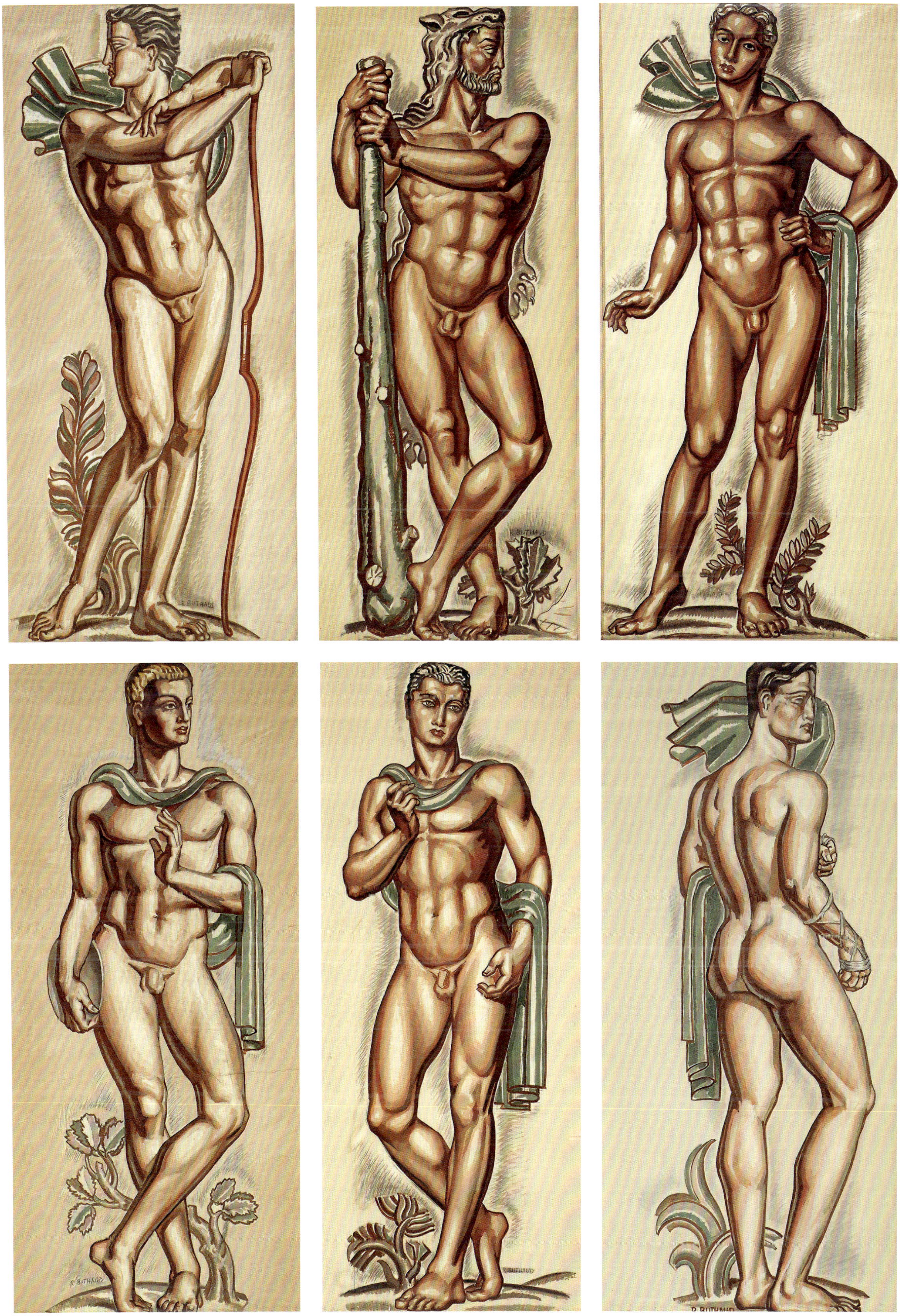

Terre-Neuve. À la fois littéral et ludique, un grand panneau de 98 carreaux de céramiques figure une morue noire sautant furieusement hors de l'eau à la poursuite d'un hameçon.

Ses dernières commandes suivent le reflet de l'évolution de son travail. Dorénavant engagé dans la sculpture et les statuettes, Buthaud est sollicité par son vieil ami Jean-Gabriel Domergue, ancien collègue des Beaux-Arts avec qui il a réalisé deux aquatintes à quatre mains. Le peintre lui commande une dizaine de statues pour sa propriété de Cannes, la villa Fiesole. Angelots, sirènes et pâtres se déploient dans les jardins du peintre mondain, avant que les œuvres ne disparaissent du site, rebaptisé villa Domergue. Dans les années 1950, la municipalité de Saint-Seurin-sur-l'Isle, proche de Libourne, entreprend la

playful, his large panel comprising 98 ceramic tiles features a cod jumping furiously out of the water to bite onto a hook.

His final commissions reflected the evolution of his work. Now more deeply engaged in sculpture and statuettes, Buthaud was solicited by his old friend Jean-Gabriel Domergue, an ex-colleague from the Beaux-Arts de Paris, with whom he had collaborated to create two aquatints. Domergue ordered a dozen statues from him for the villa Fiesole, his property in Cannes, renamed Villa Domergue. Cherubs, sirens and shepherds decorated the socialite painter's gardens, before the works disappeared from the site. During the 1950s, the Saint Seurin sur l'Isle town hall, near Libourne, initiated the construction of a community center. Buthaud was

Panneau mural en céramique décorant la façade de la sécherie Sauveroche, Bègle, fin des années 1930.

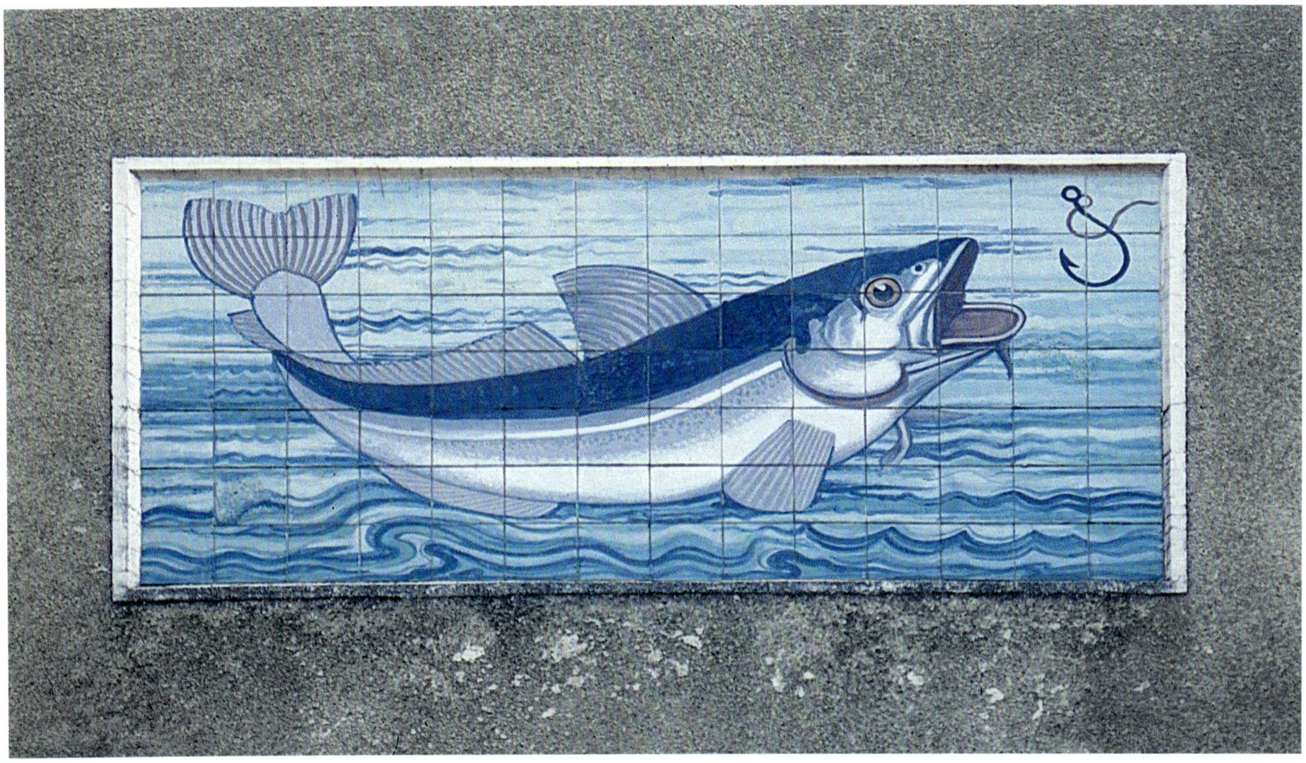

réalisation d'un foyer rural. Elle fait alors appel au céramiste pour orner la façade d'une grande mosaïque, réalisée, comme les vases du stade, par Bibes et Sayé. Si le foyer a été détruit depuis, la mosaïque de Buthaud a été conservée, comme la tour qui l'accueillait, grâce à une importante rénovation menée par la ville et l'architecte Nathalie Giezendanner.

commissioned to decorate the facade with a great mosaic, whose execution, as for the stadium, was entrusted to Bibes and Sayé. Although the building has since been demolished, Buthaud's mosaic and the "tower" on which it was placed have been preserved thanks to a major renovation project carried out by the municipality and the architect Nathalie Giezendanner.

Mosaïque murale du Foyer rural de la ville de Saint-Seurin, vers 1955. Réalisation Bibes et Sayé.

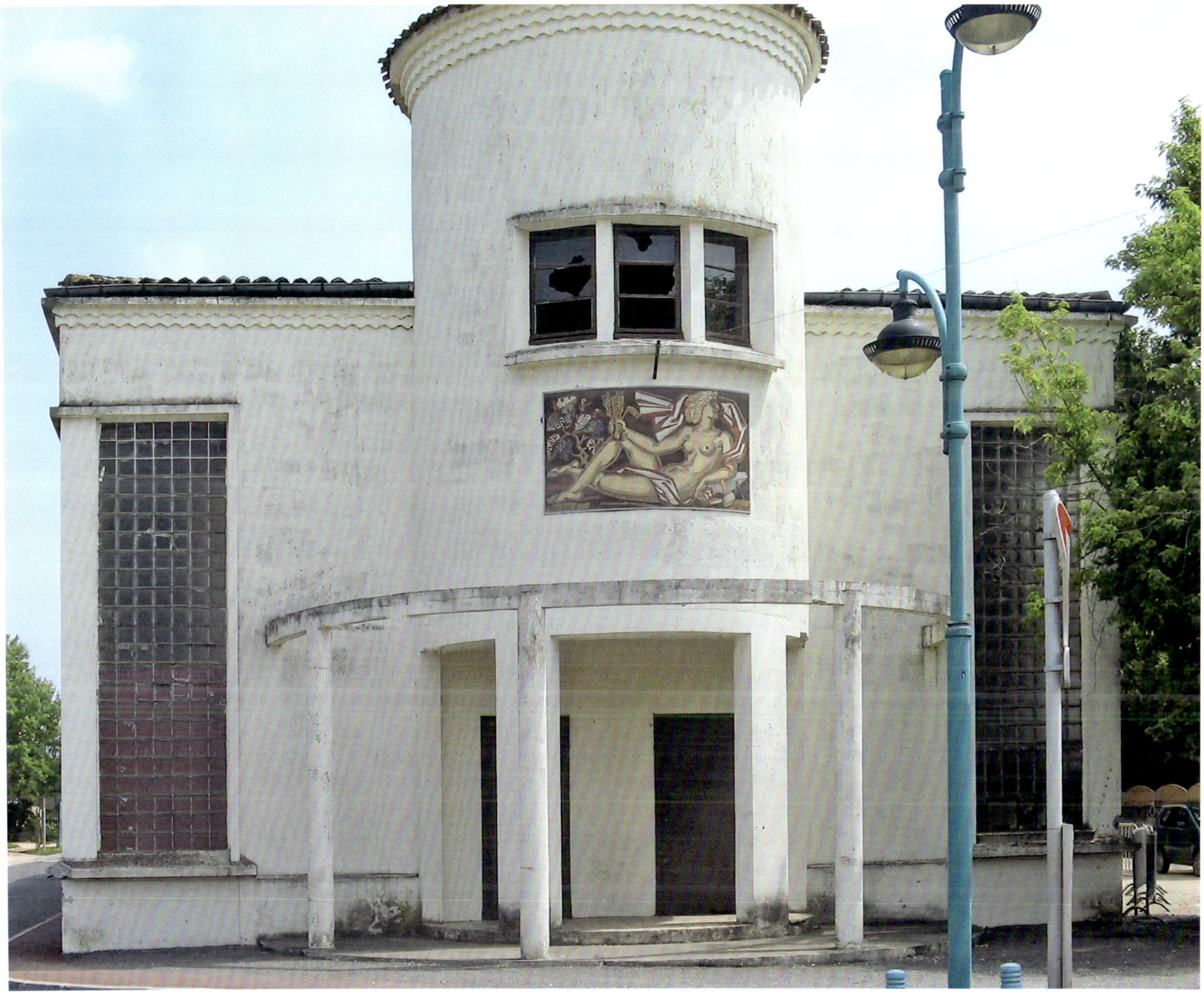

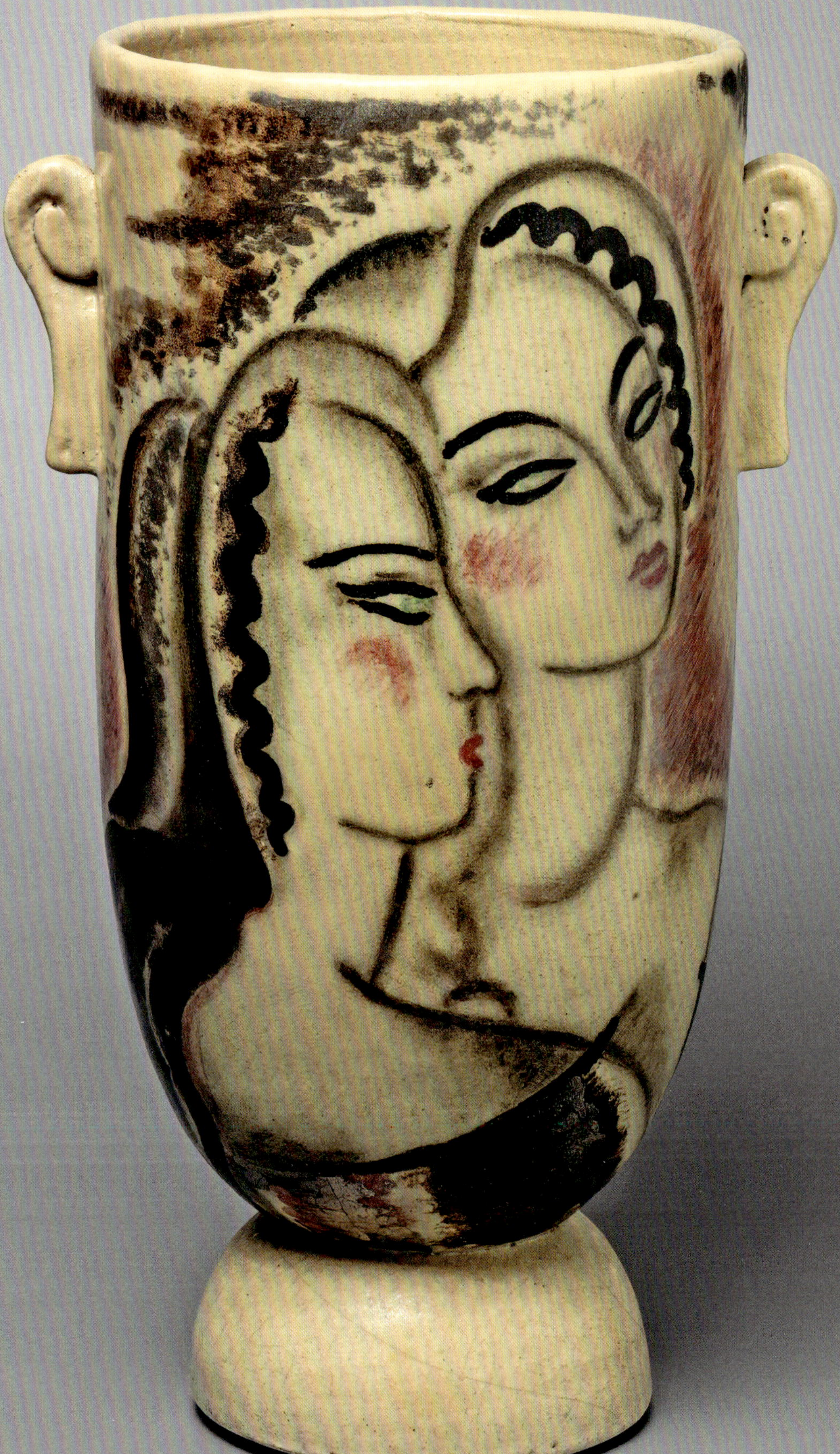

Vase, céramique rehaussé de palladium, h. 36 cm, 1936. CFC.

Chronologie

1886-1986

Chronology

1886 Auguste Léon Étienne René Buthaud naît à Saintes en Charente-Maritime, le 14 décembre. Il est le second enfant d'un père poitevin, Auguste Buthaud, né en 1855 et d'une mère bordelaise, Marguerite Pourcelet, née en 1859. Avec sa sœur aînée Marie-Louise, ils habitent une maison du centre-ville de Saintes, au 14 rue Saint-Michel.

Auguste Léon Étienne René Buthaud was born in Saintes in the Charente-Maritime department on 14 December. He was the second child of his Poitevin father Auguste Buthaud, born in 1855, and his mother Marguerite Pourcelet, born in Bordeaux in 1859. They lived together with his elder sister Marie-Louise in the town center of Saintes, at 14 Rue Saint-Michel.

1892 Auguste Buthaud, grossiste en mercerie et bonneterie, décide de quitter Saintes pour devenir exploitant viticole en Gironde. La famille acquiert ainsi les domaines de Bellevue, de la Rousselière et du château Poujade sur la commune de Citon-Cénac, dominant la rive droite de la Garonne, non loin de Bordeaux. René fréquente l'école communale de Cénac et poursuit ses études à l'internat du collège Saint-Genès à Bordeaux. Sensibilisé à l'art par son père, collectionneur de faïences, et par sa mère, peintre amateur, René occupe ses temps libres à peindre paysages et natures mortes.

Auguste Buthaud, a haberdashery and hosiery wholesaler, decided to leave Saintes to become a wine grower in Gironde. The family acquired the estates of Bellevue, Rousselière and the Château Poujade in the municipality of Citon-Cénac, which overlooks the river Garonne's right bank, near Bordeaux. René went to Cénac's elementary school before attending the Saint-Gènes boarding school in Bordeaux. Introduced to art by his father, who collected glazed earthenware, and by his mother, an amateur painter, René spent his free time painting landscapes and still lifes.

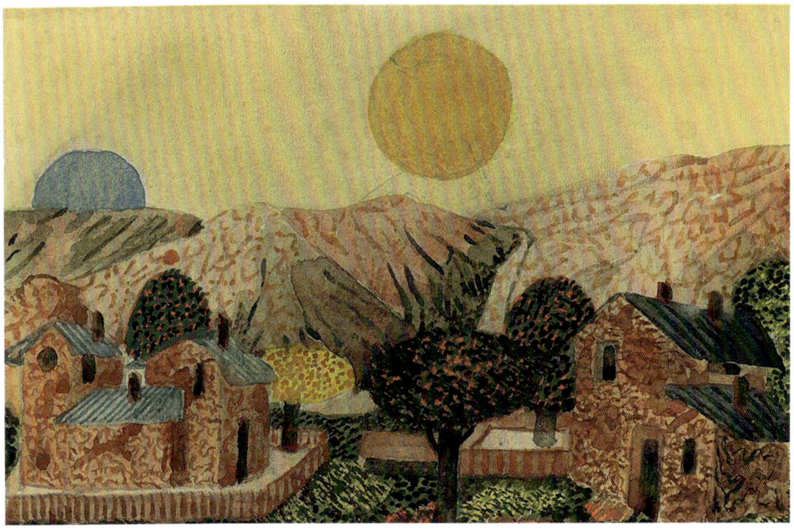

Gouache, vers 1896. ACF.

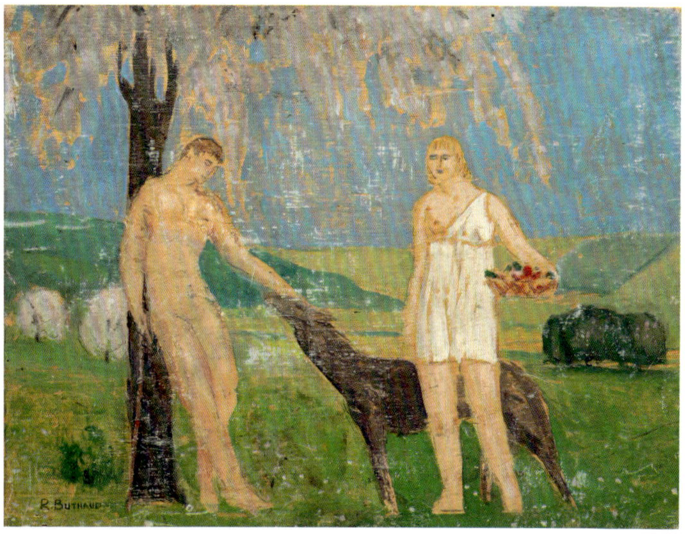

Huile sur panneau, vers 1896. ACF.

1903 René a 17 ans lorsque ses parents souhaitent l'initier à la viticulture dans laquelle son père a investi toutes ses ressources et sa passion. Mais le jeune homme désire emprunter une autre voie, celle de l'art. Devant son insistance, Auguste Buthaud l'envoie à Bordeaux chez un graveur en argenterie et bijoux de grande réputation, Émeric, dont l'atelier se trouve rue Grassi, qui accepte d'assurer l'enseignement du garçon. Il y apprendra le métier de graveur au burin.

René was 17 wh en his parents introduced him to viticulture, into which his father had invested all his love and resources. Young René preferred to take a different route: art. At René's insistence, Auguste Buthaud sent him to Bordeaux where he worked with the renowned jewel, and silver-engraver Émeric, whose studio was on Rue Grassi, and who agreed to educate the boy. René would learn the craft of burin engraving.

1904 Il débute son apprentissage à l'École supérieure des beaux-arts de Bordeaux. Les trois premières années se déroulent dans des ateliers de dessin. Il rentre ensuite dans l'atelier de peinture, dont l'emploi du temps peut être partagé avec celui de décoration, qui est alors dirigé par Paul-François Quinsac,

René began his apprenticeship at the École supérieure des beaux-arts de Bordeaux. His first three years there were spent learning draftsmanship. He then took painting classes (whose timetable could be shared with the decoration classes) taught by Paul-François Quinsac, an ex-student of the École des

ancien élève de l'École des beaux-arts de Bordeaux. Il y rencontre Roger Bissière dont il admire la créativité, et dont il restera proche toute sa vie.

beaux-arts de Bordeaux. There he met Roger Bissière, whose creativity he admired, and who remained a close friend all his life.

L'atelier de décoration est animé par deux peintres décorateurs du Grand-Théâtre, le professeur Pierre Gustave Artus Lauriol et le professeur adjoint, Jean Gustave Lauriol, son fils[1].

The decoration classes were taught by two decorative painters for the Grand-Théâtre, Professor Pierre Gustave Artus Lauriol and his son, the deputy professor Jean Gustave Lauriol.[1]

Le mardi 2 août a lieu la distribution des prix aux élèves de l'École des beaux-arts. René Buthaud inscrit dans la classe moyenne reçoit au sein de la première division, le deuxième prix de « Dessin figure » et le deuxième prix de « Figure décorative », derrière son camarade Edgard Mauret[2].

On Tuesday 2 August, the prize-giving ceremony was held at the École des beaux-arts. René Buthaud, in the middle class, received the second prize for "Figurative Drawing" and the second for "Decorative Figures" within the first division, behind his fellow Edgard Mauret.[2]

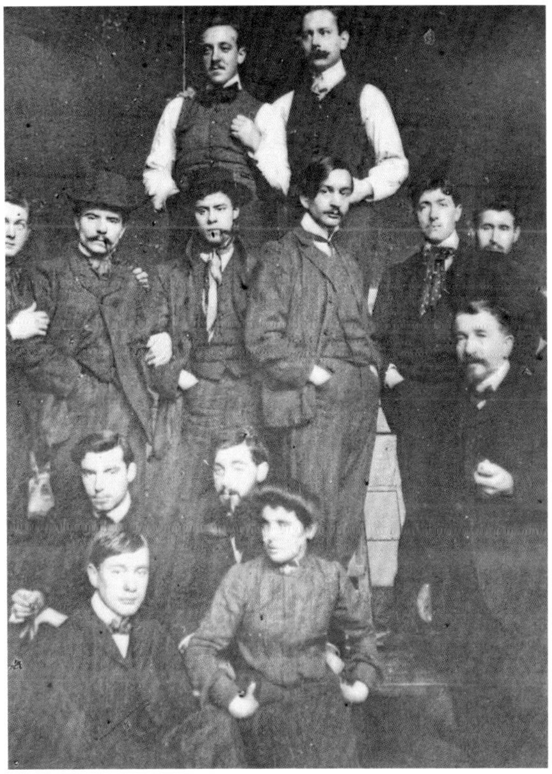

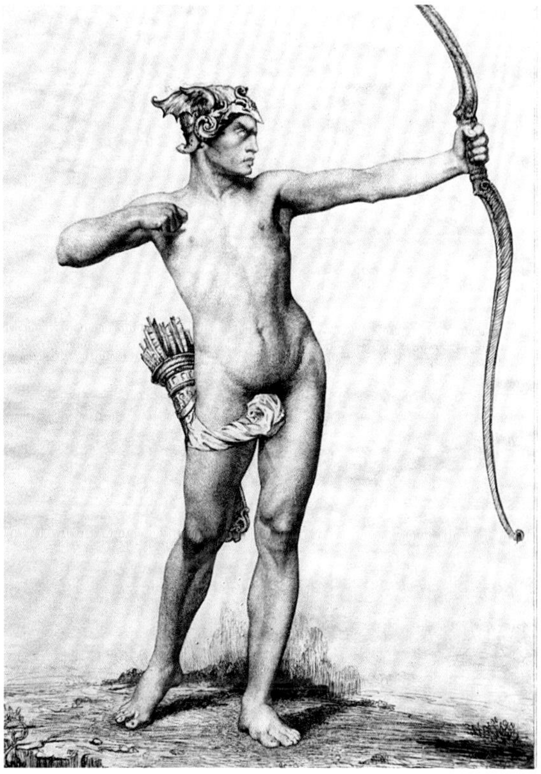

École des beaux-arts de Bordeaux, 1904. Au premier plan à droite, Paul Quinsac ; René Buthaud, pipe et chapeau, à gauche, à côté de Roger Bissière, au centre.

Tireur à l'arc, gravure au burin, 1914. Premier second grand prix de Rome.

1906 René Buthaud participe au concours en loge de peinture décorative. Le sujet traité est « Panneau décoratif pour un petit salon (l'été) ». Il obtient le premier prix pour la peinture et le second prix pour les attributs, derrière Jean Giraud[3].

René Buthaud took part in the decorative painting *en loge* competition. The chosen subject was "Decorative panels for a small living room (summer)." He was awarded the first prize for painting and the second prize for attributes, behind Jean Giraud.[3]

Après avoir examiné les travaux qui lui ont été présentés, le jury recommande à l'administration d'offrir la bourse de la chambre de commerce à Adrien Gestas ou à René Buthaud[4]. Cette bourse lui permet d'aller à Paris durant trois ans.

After examining the work presented, the jury advised the administration to award the chamber of commerce grant to Adrien Gestas or René Buthaud.[4] This financial help enabled him to live in Paris for three years.

1907 Avant de s'installer à Paris, René doit d'abord effectuer son service militaire à Besançon. Le soldat qui deviendra caporal, se distrait en illustrant ses cartes postales avec

Before moving to Paris, René first had to perform his military service in Besançon. As a soldier, and eventually promoted to corporal, he diverted himself by drawing humorous

humour. Libéré de ses obligations militaires, il prend aussitôt le chemin de Paris au début de l'année scolaire de 1909. Il s'installe dans un quartier apprécié des expatriés bordelais, rue de Vaugirard. Son atelier jouxte celui de cinq à six de ses camarades tels que Jules-René Bouffanais, Bordes, Delorme ou Forestier.

illustrations on postcards. Once freed from military obligations, he headed to Paris in the beginning of the 1909 school year. He set up his studio in a neighborhood widely appreciated by expatriates from Bordeaux, in Rue de Vaugirard. He was next to five or six of his fellows, among them Jules-René Bouffanais, Bordes, Delorme and Forestier.

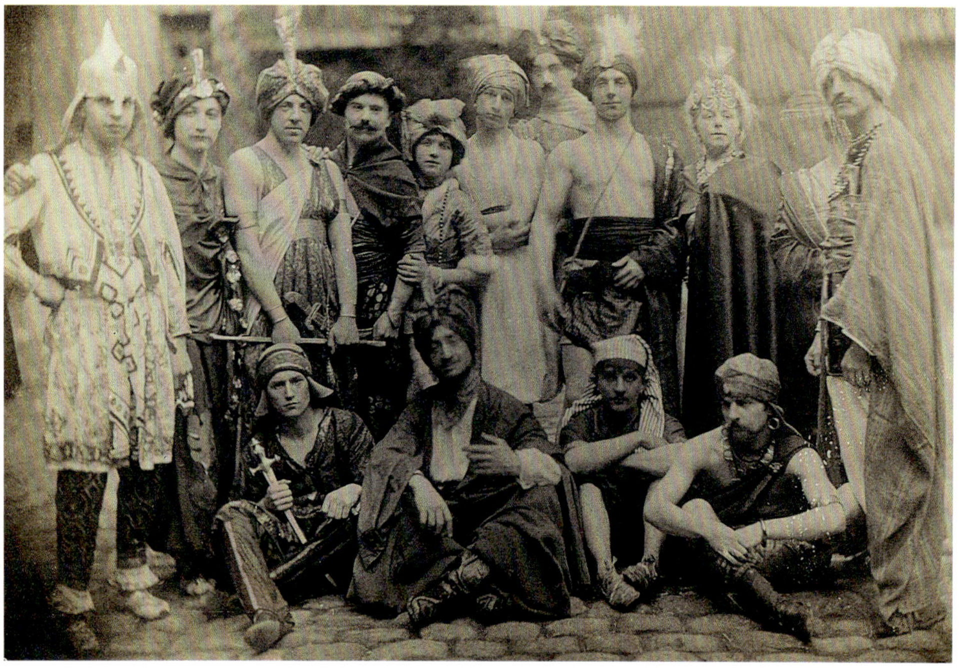

Bal des Quatz'Arts, École des beaux-arts de Paris, vers 1912. Au second plan, 4e à gauche, René Buthaud. ACF.

1910 Le jeune artiste s'inscrit le 16 février à l'École nationale supérieure des arts décoratifs de Paris, où il apprend la peinture. Quatre mois plus tard, le 14 mai, il s'inscrit à l'École nationale supérieure des beaux-arts de Paris dans l'atelier de Gabriel Ferrier, peintre orientaliste. Toutefois, l'enseignement académique des Beaux-Arts ne l'enthousiasme guère et René ne s'y présente que rarement.

On 16 February René Buthaud was admitted to the École nationale supérieure des arts décoratifs de Paris, where he studied painting. Four months later, on 14 May, he was admitted to the École nationale supérieure des beaux-arts de Paris, in the orientalist painter Gabriel Ferrier's class. However, René was not thrilled by the academic education at the "Beaux-Arts de Paris" and rarely attended.

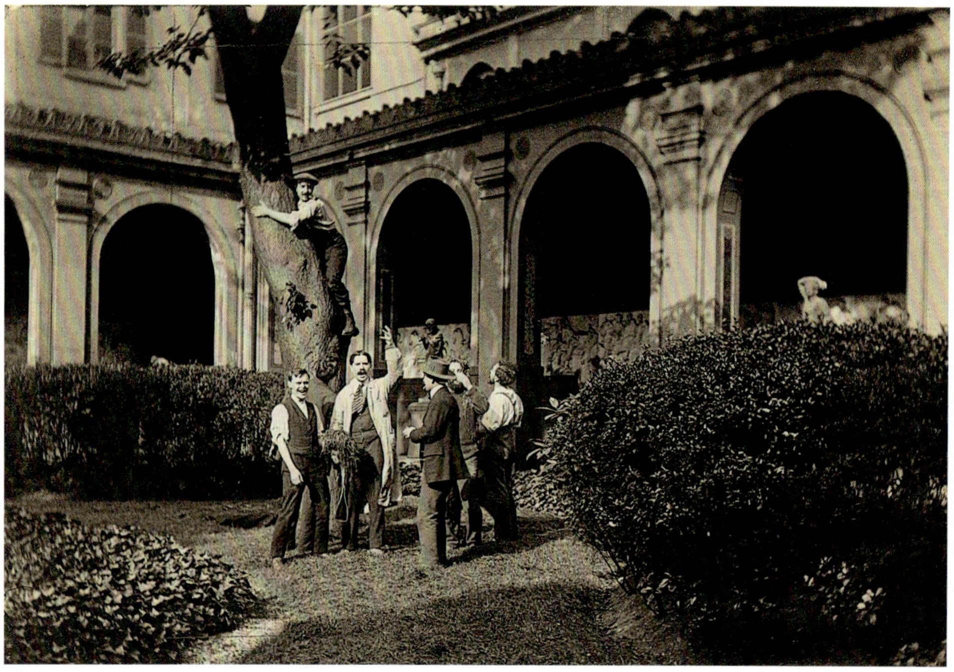

Les logistes du prix de Rome de gravure au burin dans la cour des mûriers de l'École des beaux-arts de Paris, 1912. ACF.

1911 Buthaud participe pour la première fois au Salon de la Société des artistes français et y expose des portraits et des paysages dans la section peinture, salle 39, dont le *Malade*[5]. Il suit les cours de Charles Paul Renouard à l'École nationale supérieure des arts décoratifs de Paris et termine second grand prix des concours en loge, tout comme l'année précédente.

Il reprend également le chemin de l'École des beaux-arts, où il est toujours inscrit. René souhaite affronter les étapes éliminatoires du concours du prix de Rome de gravure de 1912, mais n'atteindra pas la consécration du grand prix.

For the first time, Buthaud took part in the Salon de la Société des artistes français, exposing portraits and landscapes in the paintings section, in room 39, including *Malade*[5] ("Sick person"). He attended classes taught by Charles Paul Renouard at the École nationale supérieure des arts décoratifs de Paris, and ended up winning the second grand prize of the *en loge* competitions, just like the previous year.

He also resumed classes at the École des beaux-arts, where he was still a student. René wanted to take part in the elimination phase of the Prix de Rome's 1912 engraving competition but did not win the Grand Prize.

1912 René Buthaud présente au Salon de la Société des artistes français, *La Prière*, réalisée au burin « comme un maître »[6], d'après un dessin de Renouard.

René Buthaud presented *La Prière* ("The Prayer") at the Salon de la Société des artistes français. It was "masterfully" engraved with a burin, after a drawing by Renouard.

1913 Il remporte le concours Jauvin d'Attainville à l'École des beaux-arts de Paris, destiné à exercer les élèves au grand décor, avec son œuvre *Apollon et les neuf Muses*. Cette même année, il est aussi grand prix de la Fondation Stillman 1913-1914, en gravure en taille douce.

René Buthaud fait partie des artistes de la Charente-Inférieure dont les œuvres ont été admises au Salon des artistes français de 1913[7].

Buthaud won the Jauvin d'Attainville competition at the École des beaux-arts de Paris for his work *Apollon et les neuf Muses* ("Apollo and the Nine Muses"). The competition was devised to train students in the art of "grand décor." The same year, he also won the 1913–1914 Grand Prize for burin engraving awarded by the Stillman Foundation.

René Buthaud was among the artists from Charente-Inférieure whose works were admitted to the 1913 Salon des artistes français.[7]

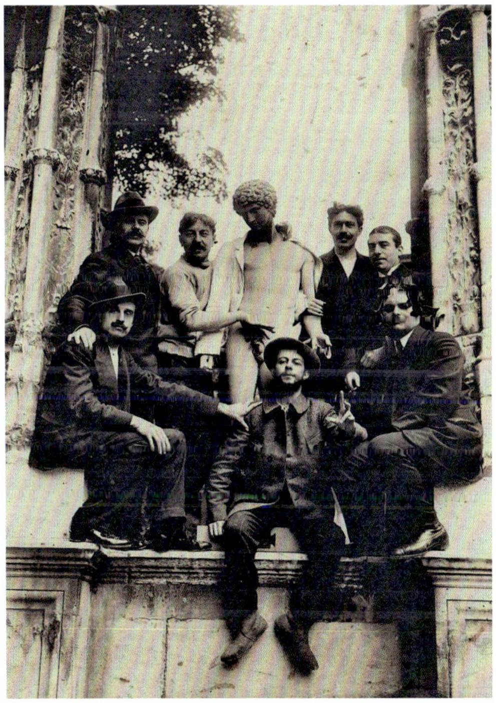

Les logistes du prix de Rome de gravure au burin à l'École des beaux-arts de Paris, 1914. ACF.

1914 Il décide de participer à nouveau au grand prix de Rome, dans la section gravure en taille douce. Malgré le succès de René dans la presse, le premier prix de Rome est attribué à un concurrent le 14 juillet. Il remporte néanmoins, le premier second grand prix, pour sa

René decided to compete for the Grand Prix de Rome again, in the burin engraving section. Despite his success in the press, on 14 July the first prize was awarded to a competitor. He nevertheless won the first second grand prize for his burin engraving *Tireur à l'arc*

gravure au burin *Tireur à l'arc*. Quelques jours plus tard, sonne la mobilisation de la Grande Guerre.

("Archer"). A few days later, mobilization for the Great War began.

René est aussitôt dirigé vers le front dans la région de Metz. Fantassin, il connaît les difficiles conditions de vie des tranchées jusqu'à son transfert après quelques mois pour cause de tuberculose, à l'hôpital militaire aménagé en rade de Marseille, dans le navire *Doukkala*. Il a la bonne surprise de recevoir du ministère de la Guerre, l'avis d'achat d'une peinture, *Paysage*, présentée au Salon des artistes aux armées, qui se tient à Marseille en 1915.

René was sent to the front at once, in the region of Metz. As an infantryman, he faced the hardships of life in the trenches. After a few months he contracted tuberculosis and was transferred to the hospital set up in the harbor of Marseille on the ship *Doukkala*. He had the pleasant surprise of receiving a procurement notice for a painting of his from the Minister of War. The painting in question was *Paysage* ("Landscape"), shown at the Salon des artistes aux armées, in 1915.

René Buthaud participe au Salon de la Société des artistes français et y présente un paysage bucolique[8].

René Buthaud took part in the Salon de la Société des artistes français, presenting a bucolic landscape.[8]

1916 Après avoir terminé sa convalescence, René travaille comme graveur pour le service géographique des armées, qui vient d'être transféré à Bordeaux, non loin de son foyer familial. Cet atelier a pour mission d'établir et d'imprimer en très grand nombre les cartes des zones de combat pour les distribuer aux militaires au fur et à mesure du déplacement des fronts. Il profite de cet atelier pour explorer d'autres procédés graphiques comme la lithographie, l'eau-forte et la gravure sur bois.

After he was cured, René was sent to work as an engraver for the army's geographical section, which had just been transferred to Bordeaux, near his family home. The workshop's mission was to draw and print large quantities of maps of combat zones, in order to distribute them to army officers according to the movements of the different fronts. He used the workshop to explore other graphical processes such as lithography, etching, and wood engraving.

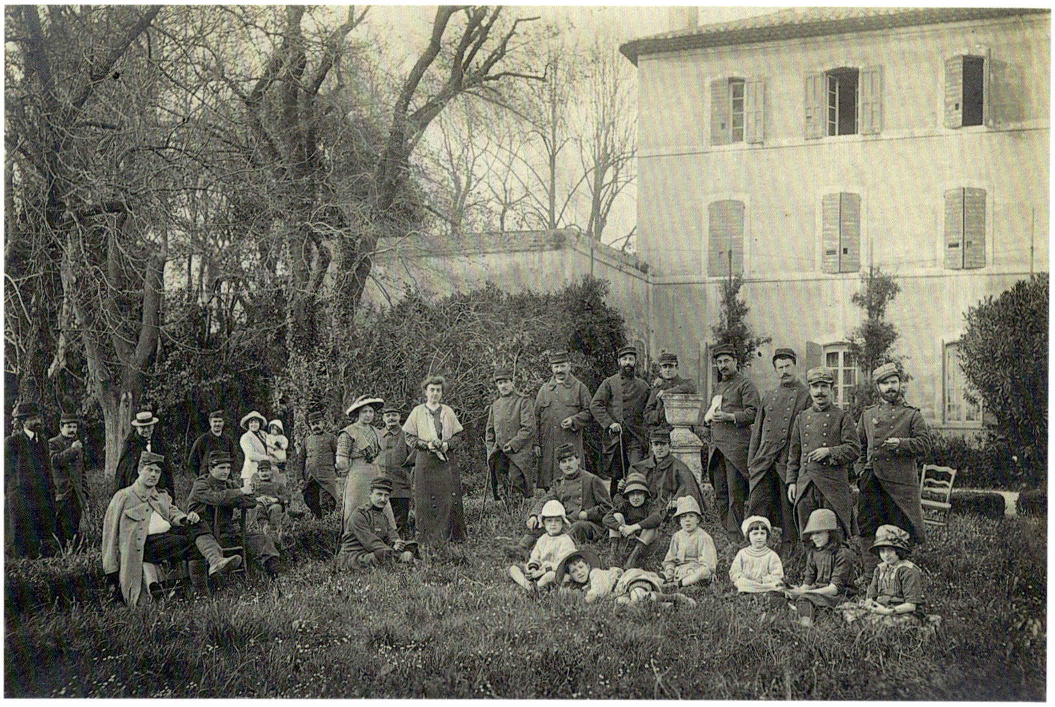

Convalescence de René Buthaud à l'hôpital Doukkala, Marseille, 1915. ACF.

1917 René effectue un stage dans une usine de verrerie de la banlieue de Bordeaux, spécialisée dans la production de petits éléments de verre industriel. Il s'initie ensuite à la céramique dans l'atelier du potier bordelais Taffet, fabricant de récipients culinaires en terre cuite. Il réalise alors des vases simples à décor esquissé et

René did an internship in a glassworks factory on the outskirts of Bordeaux. It specialized in the production of small elements made of industrial glass. He was then introduced to ceramics in the studio of a Bordeaux potter called Taffet, who made terracotta culinary vessels. Buthaud produced simple vases

limité à la palette de couleurs utilisée par cet artisan. Encouragé par ses amis Roger Bissière et Jean Dupas, il choisira plus tard de revenir au décor figuratif oublié des céramistes de son époque : personnages, sujets féminins, mythologiques ou non, végétaux, animaux fantastiques, thèmes exotiques, en l'adaptant aux vases qu'il fait tourner selon les formes qu'il dessine.

with a decorative outline, limiting himself to Taffet's color palette. Encouraged by his friends Roger Bissière and Jean Dupas, he later decided to return to the figurative decorations discounted by other ceramicists at the time – characters, female subjects (whether mythological or not) plants, fantastical beasts, exotic theme – adapting them to the vases he turned according to his chosen shape.

1919

Le 6 mai, René épouse Yvonne Rivière. Le nouveau ménage s'installe dans la maison des parents de la mariée, au 87 Cours-du-Médoc, à Bordeaux. Il construit un petit four dans le jardin, qui lui permet d'effectuer lui-même ses cuissons.
Il participe à l'exposition du Groupe des peintres modernes, réunissant des artistes parisiens et bordelais, place des Quinconces. Il est le seul céramiste présent de l'exposition.
L'année 1919 marque également sa première participation au Salon d'automne.
Au début du mois de novembre, sur proposition du conseil de perfectionnement de l'École municipale des beaux-arts et des arts décoratifs, deux bourses de voyage à l'étranger sont attribuées à MM. René Buthaud et Fernand Labat, pensionnaires de la ville à l'École nationale des beaux-arts[9].

On 6 May René married Yvonne Rivière. The couple moved to Yvonne's parents' house, at 87 Cours du Médoc in Bordeaux. He built a small oven in the garden, enabling him to conduct his own firings.
He took part in the exhibition of the Groupe de peintres modernes, which brought together artists from both Paris and Bordeaux, on Place des Quinconces. He was the only ceramicist present.
The year 1919 also marked his first participation in the Salon d'automne.
In early November, at the suggestion of the improvement council of the École municipale des beaux-arts et des arts décoratifs, two grants to travel abroad were attributed to Messrs. René Buthaud and Fernand Labat, town residents at the École nationale des beaux-arts.[9]

1920

Encouragé par ses anciens amis parisiens, dont le fidèle Jean-Gabriel Domergue, avec lequel il collaborera à plusieurs reprises, René Buthaud participe au Salon des artistes décorateurs. Cette année marque le début d'une participation active aux expositions annuelles parisiennes qui durera jusqu'en 1929 pour le Salon d'automne et 1931 pour le Salon des artistes décorateurs.

Encouraged by his old Paris friends, including the loyal Jean-Gabriel Domergue with whom he would collaborate several times, René Buthaud took part in the Salon des artistes décorateurs. That year marked the beginning of his active participation in annual Parisian exhibitions, which lasted until 1929 for the Salon d'automne and 1931 for the Salon des artistes décorateurs.

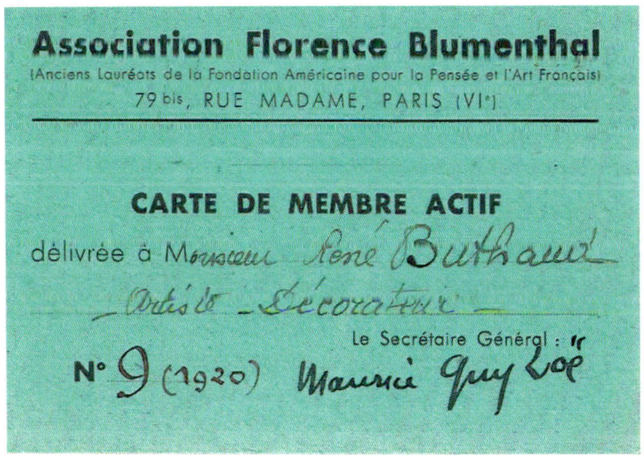
Association Florence Blumenthal
(Anciens Lauréats de la Fondation Américaine pour la Pensée et l'Art Français)
79 bis, RUE MADAME, PARIS (VIe)
CARTE DE MEMBRE ACTIF
délivrée à Monsieur René Buthaud
Artiste Décorateur
Le Secrétaire Général :
N° 9 (1920) Maurice Guy Loé

Carte de membre de l'Association Florence Blumenthal, 1920. ACF.

Au Salon d'automne, il présente des vases en faïence décorés « très largement et très modernement de personnages mythologiques ou d'aujourd'hui »[10].

At the Salon d'automne, he presented glazed earthenware vases decorated "in a modern style, with many characters from either mythology or the present day."[10]

Parmi de nombreuses propositions de collaboration, René Buthaud choisit la galerie Druet, 20 rue Royale, pour présenter ses céramiques.

Among the many galleries offering to collaborate, René Buthaud chose the Druet gallery at 20 Rue Royale to present his ceramics.

Il renouvelle sa participation à l'exposition annuelle du Groupe des peintres modernes à Bordeaux où exposent également ses amis Bissière, André Lhote, Paul Antin, Émile Brunet, Joseph Lépine et des invités parisiens : André Derain et Maurice Vlaminck. Ce dernier sera le premier grand artiste acquéreur d'un de ses vases, suivi par Paul Poiret, Paul Véra et son frère Jean, le peintre Maurice Asselin, Édouard Vuillard, Émile Lenoble, Jean Dunand, Alfred Janniot, la Princesse Murat par l'intermédiaire de laquelle des articles seront publiés dans *House and Garden* et *Vogue*.

En mai, le troisième groupe de l'Art contemporain, dont fait partie René Buthaud, expose à la galerie Marcel Bernheim, aux côtés de Léon Bonhomme, Issy de Botton, Charles Camoin...[11]

He renewed his participation in the annual exhibition of the Groupe des peintres modernes in Bordeaux where his friends Bissière, André Lhote, Paul Antin, Émile Brunet, and Joseph Lépine were also presenting works, as well as the Parisian guests André Derain and Maurice Vlaminck. Vlaminck became the first major artist to acquire one of his vases, followed by Paul Poiret, Paul Véra and his brother Jean, the painter Maurice Asselin, Édouard Vuillard, Émile Lenoble, Jean Dunand, Alfred Janniot and Princess Murat, thanks to whom articles were published in *House and Garden* and *Vogue*.

In May, the third Groupe de l'Art contemporain, which included René Buthaud, exposed works at the Marcel Bernheim gallery, alongside Léon Bonhomme, Issy de Botton, Charles Camoin, etc.[11]

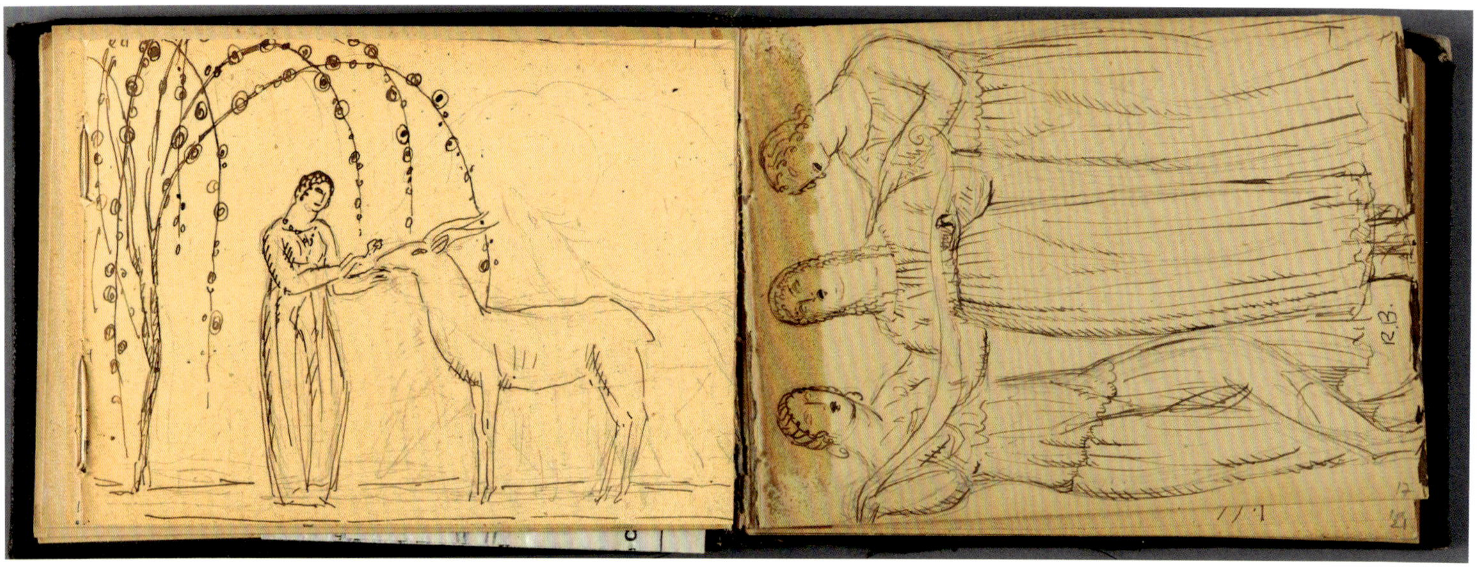

Dessins préparatoires, vers 1920. ACF.

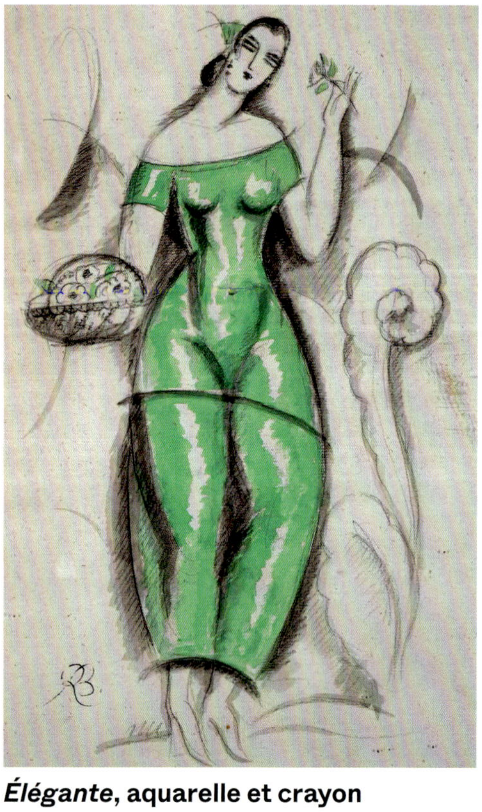

Élégante, aquarelle et crayon sur papier, 1924. Collection Cruège de Forceville.

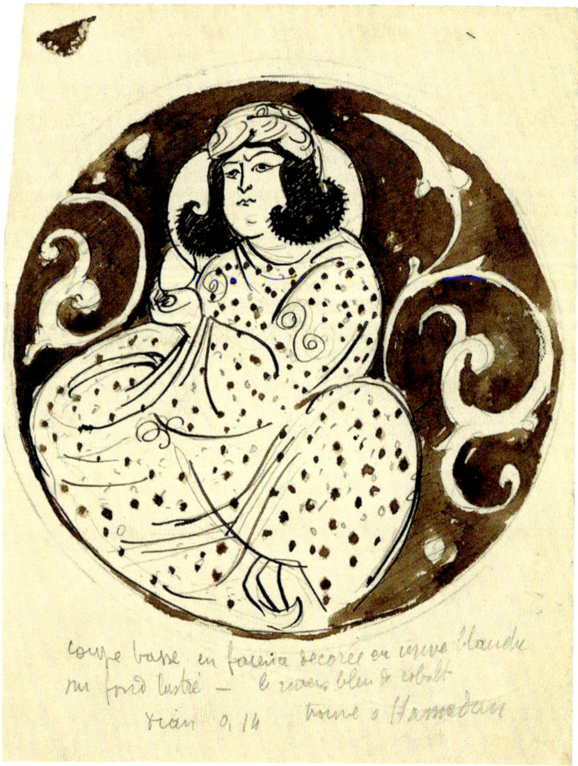

Étude, gouache sur papier, vers 1922. ACF.

Un ancien camarade sculpteur de l'École des beaux-arts, Jean-Élie Chaveron suggère à René Buthaud de faire équipe pour concevoir des projets et des maquettes de monuments aux morts[12]. Près de vingt de ces monuments seront édifiés dans le Sud-Ouest dont le plus important à Langon, en Gironde. Certains portent la signature jumelée : « R. Buthaud/J.-É. Chaveron ».
René Buthaud obtient la bourse du Maréchal-Joffre de la Fondation George et Florence Blumenthal. Créée en 1920, cette fondation récompense des artistes et écrivains français, anciens combattants, ayant moins de 35 ans. Cette bourse s'élève à 12 000 francs. Aux côtés de Paul Bablet, Georges Serré et Joseph Ingeninberly, René Buthaud fait partie des premiers décorateurs à en bénéficier[13].

Jean-Élie Chaveron, a sculptor and former fellow student at the École des beaux-arts, offered to team up with René Buthaud in order to devise projects and models for war memorials.[12] Around twenty of these memorials would be erected in the Bordeaux area, the most important one being located in Langon, Gironde. Some bear the twin signature "R. Buthaud/J.-É. Chaveron."
René Buthaud received the Maréchal-Joffre grant from the George and Florence Blumenthal Foundation. Created in 1920, the foundation rewarded French artists and writers who were war veterans and under 35 years of age. The grant amounted to 12,000 francs. Along with Paul Bablet, Georges Serré and Joseph Ingeninberly, René Buthaud was among the first decorators to receive it.[13]

1921 René Buthaud suit une formation technique offerte par les établissements L'Hospied à Golfe-Juan, une fabrique d'émaux et autres produits céramiques.

Il participe au Salon des artistes décorateurs et au Salon d'automne.

Il expose aux galeries Pierre Bracquenié et Devambez à Paris et au palais du Rhin à Strasbourg.

René Buthaud received technical training provided by the L'Hospied establishments in Golfe-Juan, a factory which produced enamel and other ceramic products.

He participated in the Salon des artistes décorateurs and the Salon d'automne.

He showed works at the Pierre Bracquenié and Devambez galleries in Paris and the Palais du Rhin in Strasburg.

1922 René Buthaud participe au Salon des artistes décorateurs, en tant que membre actif, n° 4580.

Il participe également au Salon d'automne et y présente des céramiques peintes de personnages[14], des flacons et des bouteilles « d'une note si heureusement moderne »[15]. Ses œuvres sont présentées au musée national de la Céramique à Sèvres, ainsi qu'aux galeries Dru et Nunes à Paris.

René Buthaud participated in the Salon des artistes décorateurs as active member n° 4580.

He also participated in the Salon d'automne, presenting ceramics painted with figures,[14] and flasks and bottles "in such a pleasantly modern style." His works were presented at the Musée National de la Céramique de Sèvres, as well as at the Dru and Nunes galleries in Paris.

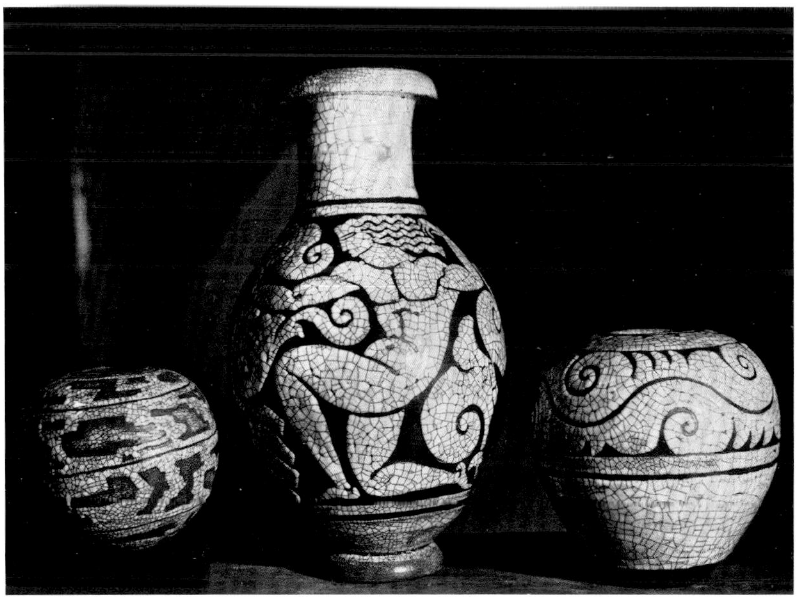

Vases craquelés produits dans l'atelier de Sainte-Radegonde, vers 1925.

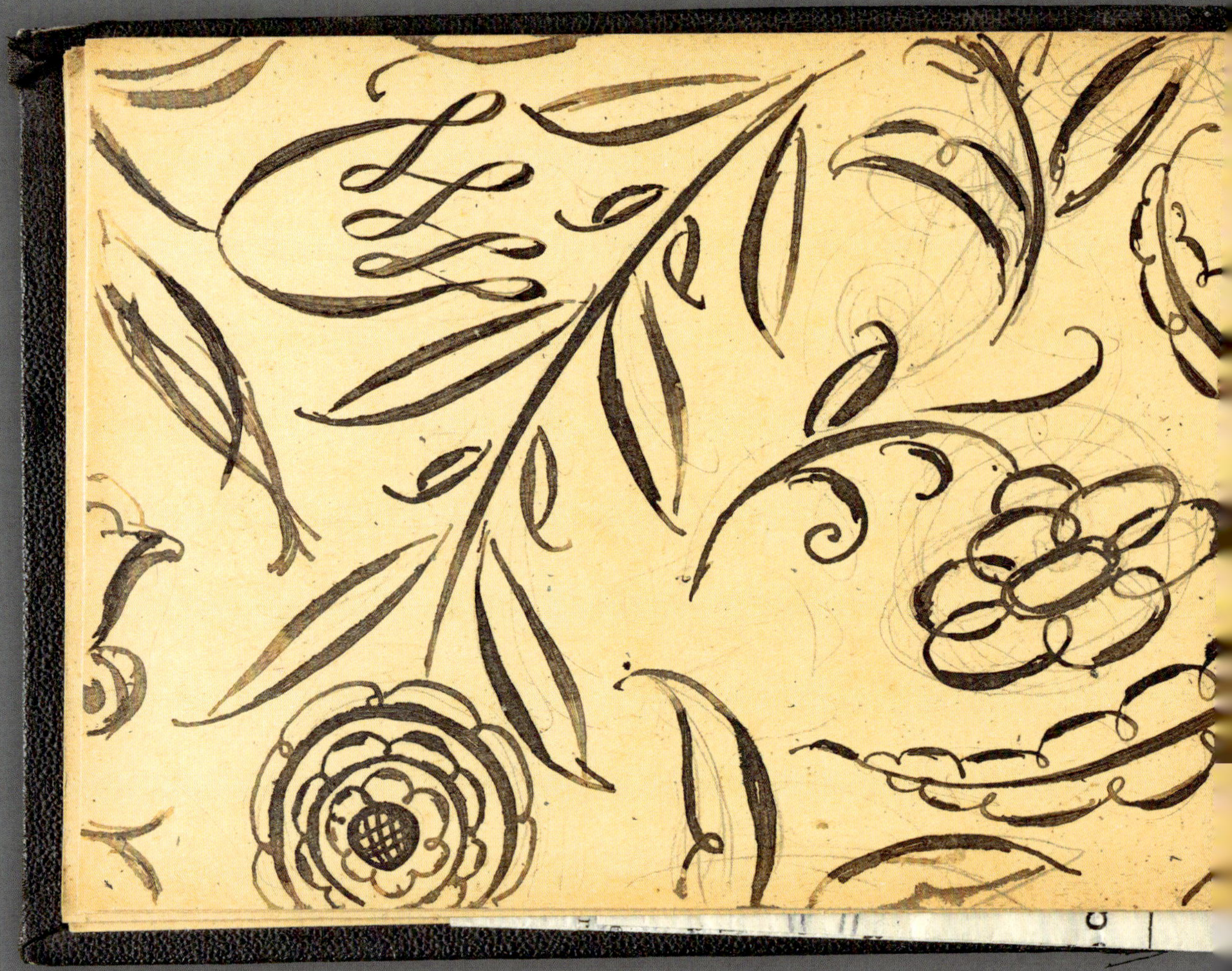

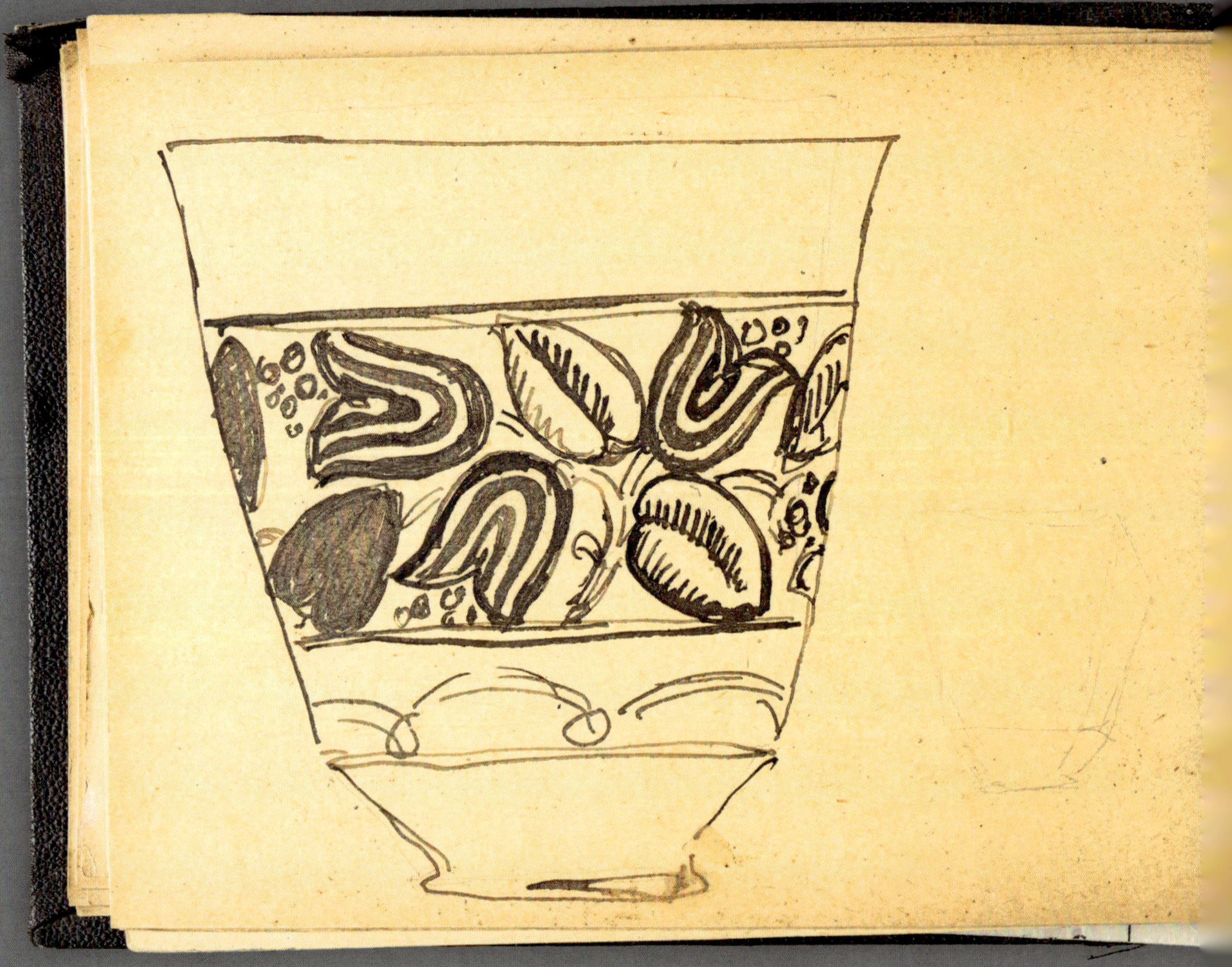

Dessins préparatoires, vers 1920. ACF.

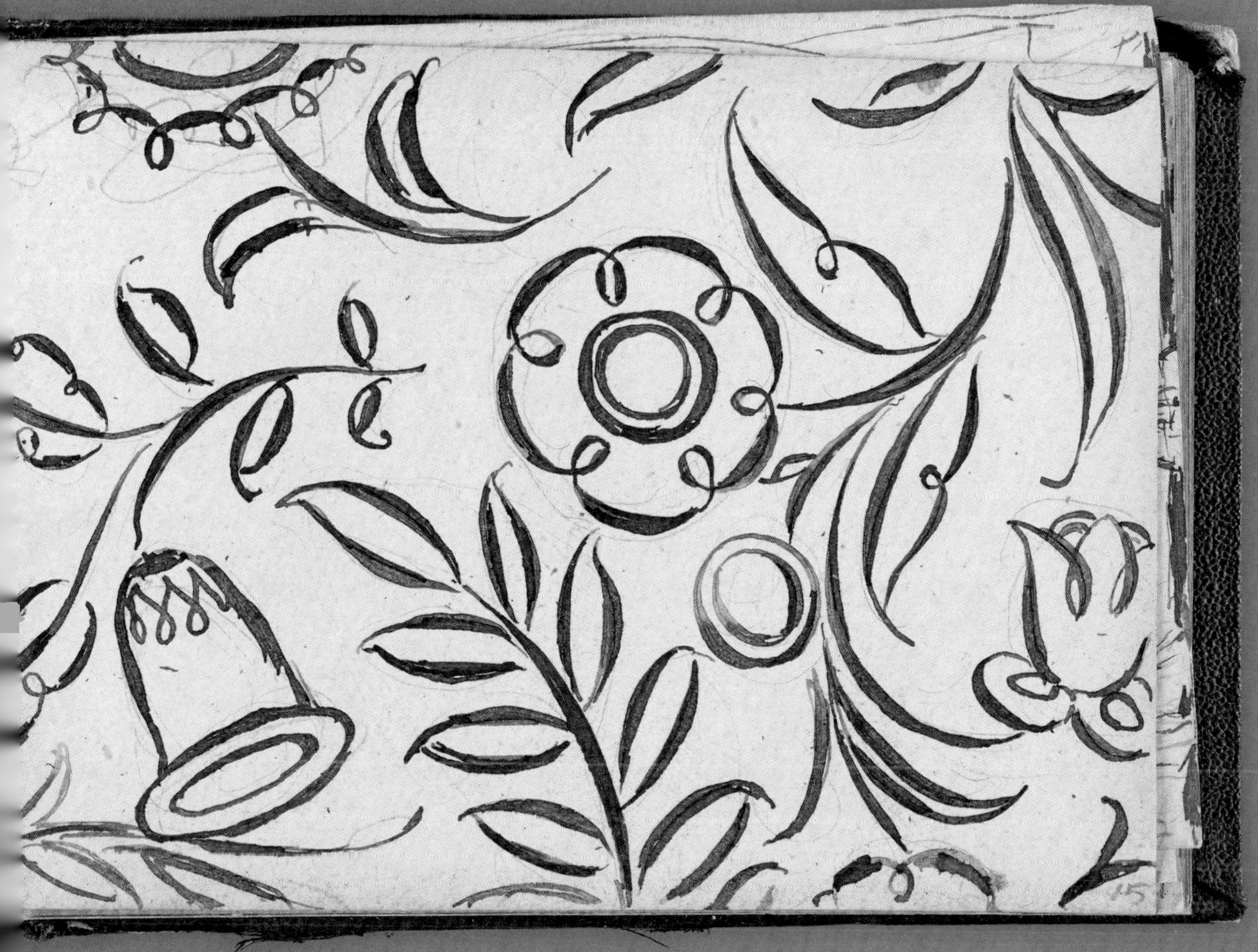

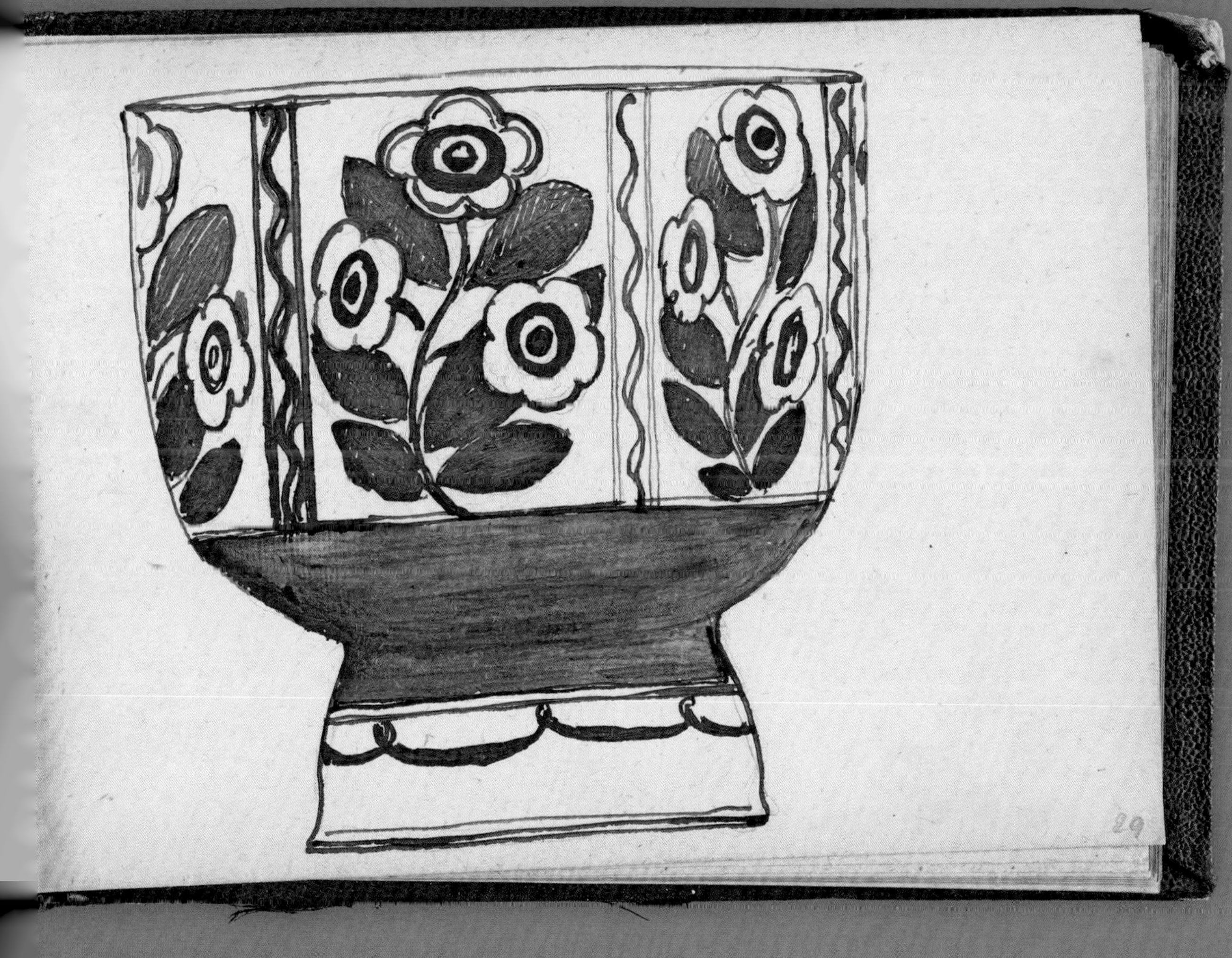

En juin, les visiteurs du Salon des arts décoratifs du Sud-Ouest à Bordeaux peuvent contempler les œuvres exposées par M. Rouard : Delaherche, Decœur, Lenoble, Mayodon et bien sûr, René Buthaud qui présente « des vases, des masques, des plats où la richesse des tonalités ne demande rien à la violence, s'impose à l'attention des amateurs à Bordeaux, comme à Paris »[16].
Naissance de leur premier enfant, Francine. Cet événement est l'occasion pour la famille de s'installer à Talence, une commune limitrophe de Bordeaux.

In June, visitors to the Salon des arts décoratifs du Sud-Ouest in Bordeaux could admire works shown by Rouard: Delaherche, Decœur, Lenoble, Mayodon and, of course, René Buthaud, who presented "vases, masks, dishes whose rich tones had nothing violent about them and which demanded the attention of viewers in Bordeaux as well as Paris."[16]
Francine, their first child, was born. The event was an opportunity for the family to move to Talence, a town right next to Bordeaux.

1923 René Buthaud participe au Salon des artistes décorateurs à Paris. La Société d'encouragement à l'art et à l'industrie lui offre, la quatrième prime, ce qui lui rapporte 100 francs et une plaquette en bronze[17].

René Buthaud participated in the Salon des artistes décorateurs in Paris. The Société d'encouragement à l'art et à l'industrie awarded him the fourth grant, earning him 100 francs and a bronze plaque.[17]

Par la suite, il prend part au Salon des arts décoratifs du Sud-Ouest à Bordeaux et au Salon d'automne à Paris. Enfin, il expose au musée national de la Céramique à Sèvres.

He later took part in the Salon des arts décoratifs du Sud-Ouest in Bordeaux and in the Salon d'automne in Paris. Finally, he presented works at the Musée National de la Céramique de Sèvres.

En fin d'année, les Grands Magasins du Printemps, et plus particulièrement René Guilleré, nouveau directeur de Primavera, proposent à René Buthaud la direction technique de la faïencerie d'art de Sainte-Radegonde en Touraine. Il accepte et porte ce rôle jusqu'en 1926. Atypique, son contrat de directeur salarié lui permet de jouir de ce nouvel équipement technique performant, et d'utiliser de façon indépendante les installations pour créer ses pièces. Il réalise ses premières céramiques de grand feu, qui marquent une évolution majeure dans son œuvre. Pour la démarquer, il change la signature de ses pièces au cours de l'année 1924. C'est là également qu'il met au point sa technique du craquelé, inspirée des savoir-faire chinois et coréens, qui va faire sa notoriété qu'il va transmettre aux artisans de l'usine.

At the end of the year, the department store Printemps, and specifically René Guilleré, the new technical manager of Primavera, invited René Buthaud to become the head of the art pottery works in Sainte-Radegonde in the Touraine region. He accepted the offer and remained in position until 1926. His atypical contract as a salaried director allowed him to use new the high-performance technical equipment at his leisure, and to use installations independently to create his own pieces. He made his first grand feu ceramics there, a major development in his career. To mark it, he changed the signature on his pieces in the year 1924. He also perfected his crackle technique, inspired by Chinese and Korean crafting skills, earning him and his factory a certain level of fame.

1924 René Buthaud participe au Salon des artistes décorateurs et au Salon d'automne. Son vase *Amazones* est acquis par l'État pour le musée national de Céramique à Sèvres.

René Buthaud participated in the Salon des artistes décorateurs and the Salon d'automne. For the Modern Ceramics Exhibition, he created his vase with the *Amazones* ("Amazons") decoration, acquired by the State for the Musée National de la Céramique de Sèvres.

1925 Sociétaire du Salon d'automne, il y expose des vases et des coupes de grand feu.

Now a member of the Salon d'automne, he exhibited vases and grand feu cups.

Alors qu'il se trouve encore à Sainte-Radegonde, René Buthaud est sollicité pour être membre de la commission d'admission et jury suppléant de la classe 11 dédiée à la céramique, pour l'Exposition internationale des arts décoratifs et industriels modernes à Paris. Il y expose trois pièces réalisées à Sainte-Radegonde

While still in Sainte-Radegonde, René Buthaud was solicited to become a member of the admissions committee and deputy jury of class 11, devoted to ceramics, for the Paris International Exhibition of Modern Decorative and Industrial Arts. He exhibited three works made in Sainte-Radegonde in the Decorative

dans la section Arts décoratifs, au pavillon « Une ambassade française » (salon et galerie d'art). Maurice Denis fera l'acquisition d'une d'entre elles.

Arts section, in the "French Embassy" pavilion (a salon and art gallery). Maurice Denis purchased one of them.

1926 Il participe au Salon des artistes décorateurs et au Salon d'automne.

En raison de l'aggravation de la santé de sa femme Yvonne, Buthaud donne sa démission de directeur de l'usine de céramique. La famille regagne Talence où Yvonne décède peu de temps après, le 15 octobre. Il épousera plus tard la sœur d'Yvonne, Henriette, qui élèvera sa fille Francine.
René Buthaud participe à l'exposition « Die neue Sammlung », au Bayerisches Nationalmuseum, à Munich.

He participated in the Salon des artistes décorateurs and the Salon d'automne.

Due to his wife Yvonne's worsening health, Buthaud resigned from his post as head of the ceramics factory. The family returned to Talence where Yvonne died a short while later, on 15 October. He later married Yvonne's sister Henriette, who would raise his daughter Francine.
René Buthaud participated in the "Die neue Sammlung" exhibition at the Bayerisches Nationalmuseum in Munich.

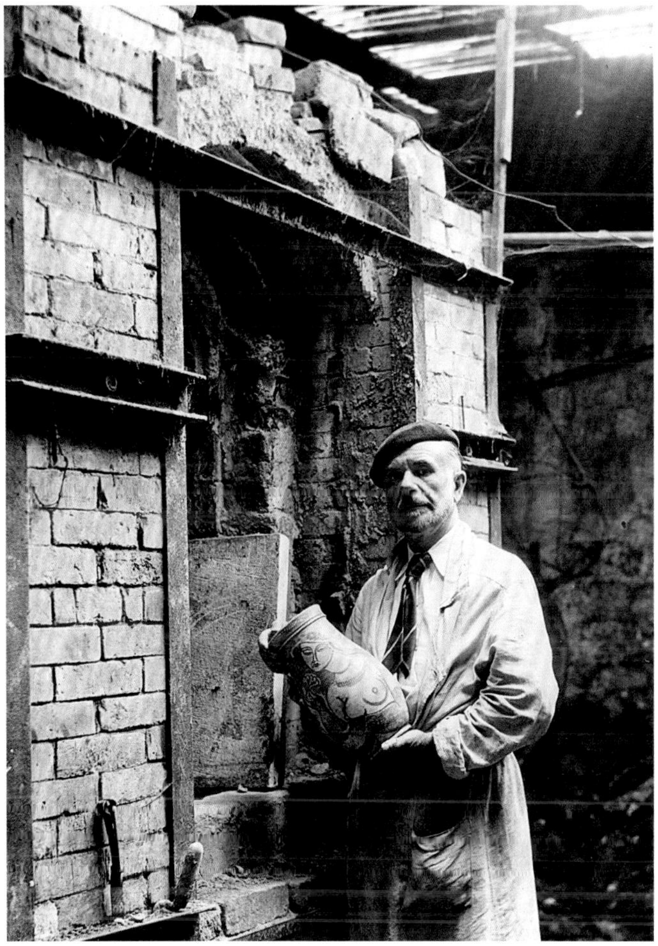

René Buthaud devant son four à Bordeaux, 1943.

1927 René Buthaud se fixe définitivement à Bordeaux. Il acquiert une maison au 34 rue Cantemerle, qu'il fait aménager par son ami et sculpteur Jean-Élie Chaveron, devenu architecte. Il transforme un vaste local en atelier qu'il équipe d'un troisième four, plus important que les précédents, d'une conception moderne à « flamme renversée ».

Il participe au Salon des arts décoratifs et Salon d'automne sous le n° 316. Il présente aussi des œuvres au musée national de la Céramique à Sèvres.

René Buthaud settled permanently in Bordeaux. He bought a house at 24 Rue Cantemerle, which he asked his sculptor friend Jean-Élie Chaveron, now an architect, to refurbish. He transformed a large space into a workshop, where he installed a third oven, larger than the previous ones and equipped with a modern "inverted flame" system.

He participated in the Salon des arts décoratifs and the Salon d'automne as n° 316. He also presented works at the Musée National de la Céramique in Sèvres.

Il expose au Sankyo building, Nihonbashi à Tokyo, par le biais de l'Association Florence Blumenthal.

He exhibited works at the Sankyo building in Nihonbashi, Tokyo, thanks to the Florence Blumenthal Association.

1928 Émile Lenoble présente René Buthaud à Georges Rouard qui engage sous contrat l'artiste dans sa galerie à Paris, 34 avenue de l'Opéra. Cette rencontre marque le début d'une collaboration qui durera jusqu'à sa fermeture en 1966. La galerie se charge de la commercialisation des œuvres de René Buthaud. Un carnet de l'artiste témoigne de l'envoi de 384 pièces chez Rouard de 1928 à 1962.
La galerie veille à ce que ses artistes participent aux expositions nationales et étrangères. Par son biais, il participe à de nombreuses expositions aux États-Unis, au Caire, à Milan ou au Japon.

Émile Lenoble presented René Buthaud to Georges Rouard, who decided to exhibit the artist's works in his Paris gallery at 34 Avenue de l'Opéra. The encounter sparked the beginning of a collaboration which lasted until 1966. The gallery was in charge of marketing René Buthaud's works. One of the artist's notebooks mentions the delivery of 384 pieces to Rouard's gallery from 1928 to 1966. The gallery ensured that its artists participated in national and international exhibitions. Thanks to its support, Buthaud was featured in many exhibitions, from the US to Cairo, Milan and Japan.

Il présente plusieurs céramiques[18] au Salon des artistes décorateurs au Grand Palais et participe au Salon d'automne. À la galerie du Grand Dépôt, il participe à l'exposition « La Céramique française de 1800 à 1828 ».

He presented several ceramic works[18] at the Salon des artistes décorateurs in the Grand Palais and participated in the Salon d'automne. At the Grand Dépôt gallery, he participated in the exhibition "La Céramique française de 1800 à 1828."

Il participe jusqu'en 1929, avec la galerie Géo Rouard, à l'exposition « International Exhibition of Ceramic Art », organisée par The American Federation of Arts, au Metropolitan à New York, puis à Philadelphie, Minneapolis, Cleveland, Baltimore, Detroit, Newark et Pittsburg aux côtés des Français Decœur, Delaherche, Goupy, Lachenal, Lenoble, Luce, Mayodon, Simmen…

Until 1929, through the Géo Rouard gallery he participated in the exhibition "International Exhibition of Ceramic Art," organized by The American Federation of Arts, at the Metropolitan in New York, followed by Philadelphia, Minneapolis, Cleveland, Baltimore, Detroit, Newark and Pittsburg, alongside the French ceramists Decœur, Delaherche, Goupy, Lachenal, Lenoble, Luce, Mayodon, Simmen, etc.

1929 René Buthaud expose au Salon des artistes décorateurs et au Salon d'automne au Grand Palais. Ses envois témoignent « d'une science et d'un goût qui placent leur auteur parmi les premiers artisans de l'époque »[19].

René Buthaud exhibited works at the Salon des artistes décorateurs and the Salon d'automne in the Grand Palais. The works he submitted showed "a level of science and refinement which place their creator among the greatest living craftsmen."[19]

1930 Le 15 mai, le 20e Salon des artistes décorateurs ouvre ses portes au Grand Palais. René Buthaud y présente des céramiques de grand feu.

On 15 May, the 20th Salon des artistes décorateurs was inaugurated at the Grand Palais. René Buthaud presented grand feu ceramics.

Le 30 mai ouvre dans les galeries Charpentier, au 76 Faubourg-Saint-Honoré, la première exposition de l'Association Florence Blumenthal, Académie des lauréats de la Fondation américaine pour la pensée et l'art français. René Buthaud expose dans la section des arts décoratifs, aux côtés de nombre de ses confrères parmi lesquels Adnet, Burkhalter, Chevalier, Linossier…[20] Après sa clôture à Paris, l'exposition est prolongée aux États-Unis, où elle doit se transporter de ville en ville[21].

On 30 May, the Florence Blumenthal Association, the Academy of Laureates of the American Foundation for French Art and Thought, inaugurated its first exhibition at the Charpentier galleries at 76 Faubourg Saint-Honoré. René Buthaud presented works in the decorative arts section, alongside several of his peers including Adnet, Burkhalter, Chevalier, Linossier, etc.[20] After closing in Paris, the exhibition was prolonged in the US, where it moved from city to city.[21]

Le 29 novembre a lieu le vernissage du Salon de L'Atelier dans la cité girondine. M. Adoue y

On 29 November, the Salon de L'Atelier had its opening in Bordeaux. Mr. Adoue noted "with joy

enregistre « avec joie l'entrée au sein de L'Atelier du grand céramiste et graveur bordelais, René Buthaud, brillante recrue »[22].

the inclusion in the Salon de L'Atelier of René Buthaud, the great ceramicist and engraver from Bordeaux, a splendid addition."[22]

En décembre, le public est invité pour la quatorzième fois chez Rouard, « à voir les œuvres de ces artistes français contemporains que Géo Rouard avait regroupés et qui restent fidèles à son fils, Paul Rouard, continuateur des traditions paternelles. Concernant les arts de la terre, parmi les artistes, nous retrouvons deux grands potiers, Émile Lenoble et Decœur ; d'autres plus jeunes sont présentés parmi lesquels se trouve René Buthaud[23]. »

In December, the public was invited to Rouard's gallery for the fourteenth time, "to see works by those French contemporary artists grouped together by Géo Rouard and who remain loyal to his son, Paul Rouard, who is continuing his father's efforts. Among the different ceramicists are two great potters, Émile Lenoble and Decœur; other younger artists are present, including René Buthaud."[23]

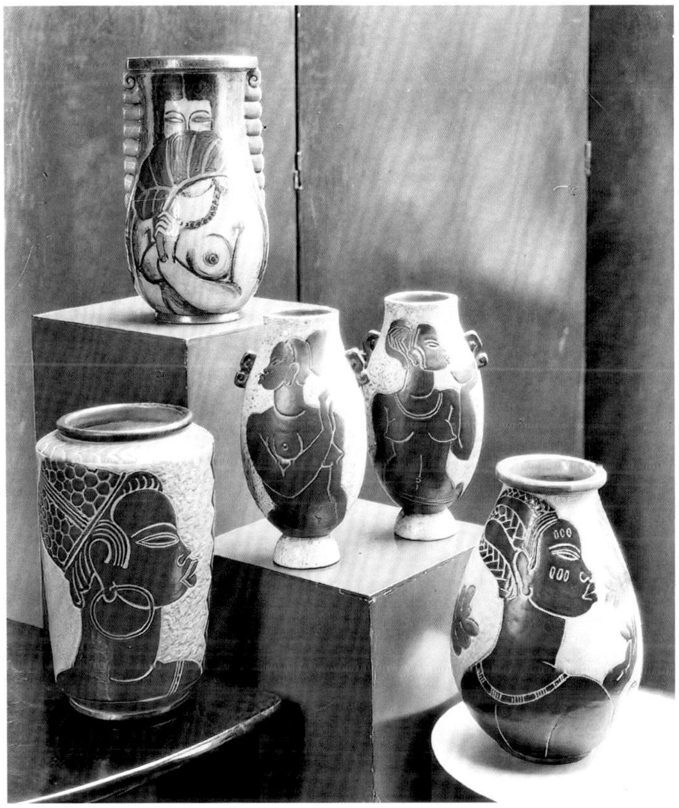

Ensemble de vases réalisés pour l'Exposition coloniale, 1931. Photographie de Thérèse Bonney.

1931 En octobre, l'administration municipale, en accord avec M. Roganeau, directeur de l'École municipale des beaux-arts et des arts décoratifs, confie les cours de décoration à M. René Buthaud, « artiste de valeur et céramiste réputé »[24]. Professeur apprécié et aimé, à partir de cette date, il partage son temps entre l'établissement scolaire et son atelier de la rue Cantemerle.

In October, the municipal administration, in agreement with Mr. Roganeau, the head of the École municipale des beaux-arts et des arts décoratifs, entrusted decoration classes to Mr. René Buthaud, "an excellent artist and a renowned ceramicist."[24] He was appreciated and well liked as a teacher. From then on, he divided his time between the school institution and his workshop in Rue Cantemerle.

L'artiste participe à l'Exposition coloniale internationale de Paris qui lui donne l'occasion d'exprimer, dans le décor de ses céramiques, sa passion pour l'art africain dont il est un collectionneur éclairé. Il réalisa quelques vases ornés de personnages en majorité africains, plus rarement asiatiques ou océaniens, ainsi que d'animaux exotiques.

Buthaud participated in the Paris Colonial Exhibition, giving him the opportunity to express his fondness for African art – of which he was a knowledgeable collector – in his decorations. He created several vases, usually adorned with African characters – less frequently with Asian or Australasian ones – as well as exotic animals.

Entre mai et juillet, il prend part à l'exposition « Céramistes modernes 1890-1930 » au musée national de la Céramique à Sèvres.

From May to July, he participated in the exhibition "Céramistes modernes 1890–1930" at the Musée National de la Céramique de Sèvres.

René Buthaud participe au Salon des artistes décorateurs au musée du Luxembourg[25]. Enfin, il est aussi présent à l'exposition de l'Association Florence Blumenthal à la galerie Druet à Paris.

René Buthaud participated in the Salon des artistes décorateurs at the Musée du Luxembourg.[25]
Finally, he was also part of the Florence Blumenthal Association's exhibition at the Druet gallery in Paris.

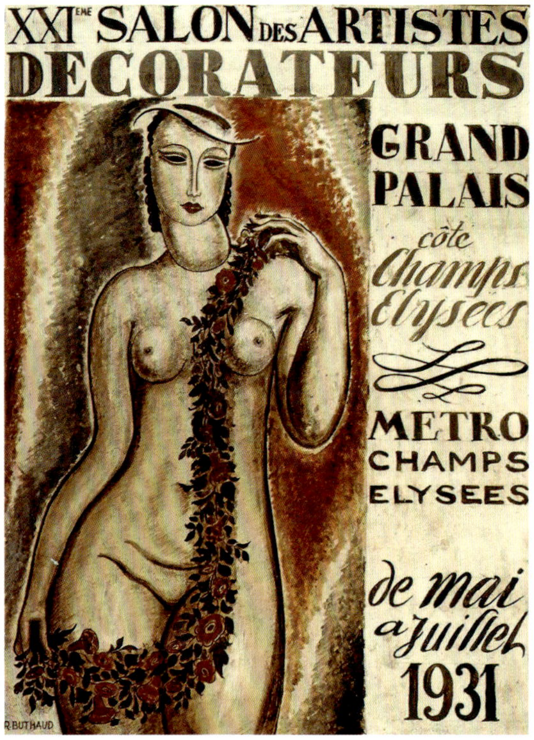

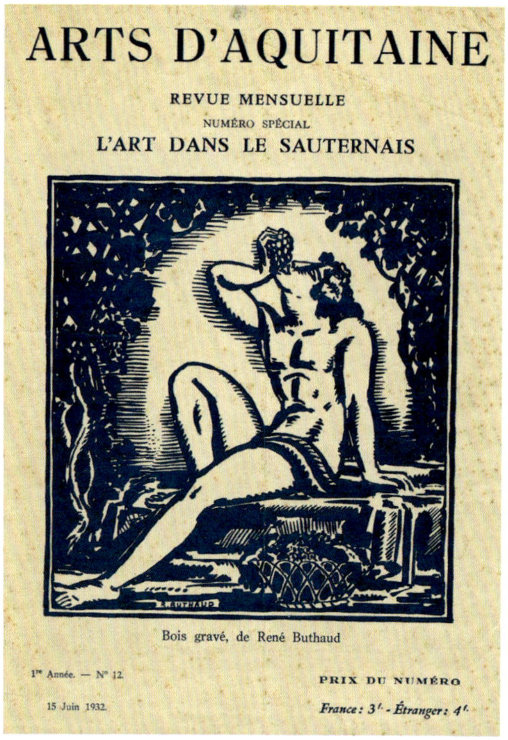

Projet d'affiche de René Buthaud pour le XXIe Salon des artistes décorateurs, 1931.

Couverture de la revue *Arts d'Aquitaine*, Juin 1932.

1932

En mars, René Buthaud présente au Salon des amis des arts à Bordeaux de « magnifiques pièces »[26] dans la section céramique.

In March, René Buthaud presented "magnificent works"[26] at the Salon des amis des arts in Bordeaux, in the ceramics section.

En mai, il prend part à la rétrospective « La faïence française de 1525 à 1820 » au musée des Arts décoratifs de Paris.

In May, he took part in the retrospective "La faïence française de 1525 à 1820" at the Musée des Arts décoratifs de Paris.

Au Salon de L'Atelier, qui réunit quelques personnalités artistiques en fin d'année pour fêter sa 23e année d'existence, René Buthaud présente un unique panneau de mosaïque « pour signaler sa présence »[27].

At the Salon de L'Atelier, which brought together several artists to celebrate its twenty-third anniversary, René Buthaud presented a unique mosaic panel "to signal his presence."[27]

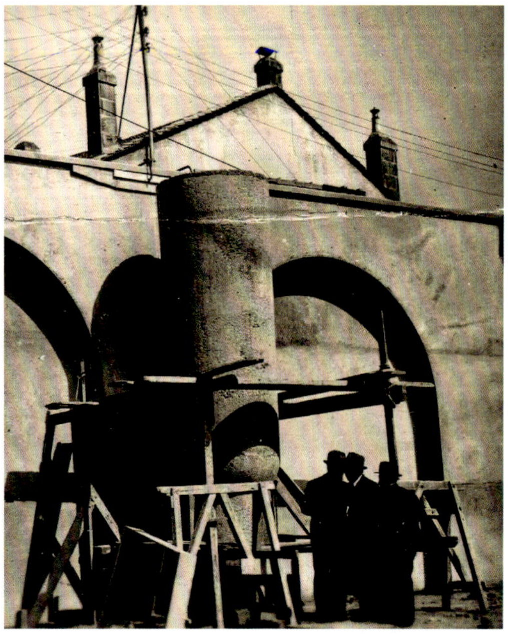

Installation des grands vases en béton pour le stade Lescure, 1933.

1933 René Buthaud réalise son premier panneau avec la technique du fixé-sous-verre. Il en produira, de 1933 à 1970, une quarantaine, souvent doublés de feuilles de métaux précieux juxtaposés.
Du 6 au 14 mai a lieu l'exposition annuelle de l'Association Florence Blumenthal. Elle présente au 79 bis rue Madame, les œuvres de quelques jeunes artistes dont René Prou, Raymond Martin, Paul Belmondo, Marcel Ginond, Jean Jegou, René Collamartin, Georges Hilbert et Le Bozec. Deux vitrines réunissent les céramiques de Georges Serré et René Buthaud[28].

René Buthaud created his first panel using the technique of reverse painting on glass. He would produce around forty panels from 1933 to 1970, often lined with juxtaposed precious metal foil.
From 6 to 14 May, the Florence Blumenthal Association's annual exhibition was held. At 79 bis Rue Madame, it presented the works of several young artists including René Prou, Raymond Martin, Paul Belmondo, Marcel Ginond, Jean Jegou, René Collamartin, Georges Hilbert and Le Bozec. Two window displays featured the ceramics of both Georges Serré and René Buthaud.[28]

Il expose fin décembre dans son atelier, au 34 de la rue Cantemerle, « les remarquables céramiques qui lui ont valu un renom universel »[29].

In late December, he exhibited "the remarkable ceramics that earned him universal renown" in his studio at 34 Rue Cantemerle.[29]

Adrien Marquet, ancien maire de Bordeaux, propose à René Buthaud de créer un décor pour orner l'entrée du Parc des Sports de Bordeaux, conçue par l'architecte Jacques d'Welles. Le céramiste y dresse quatre vases monumentaux en béton, tapissés de mosaïques figurant trois athlètes chacun. Il fait appel aux mosaïstes Anselme Foscato et Henri Bibes.

Adrien Marquet, ex-mayor of Bordeaux, suggested to René Buthaud that he create a decoration for the entrance to the Bordeaux Parc des Sports, designed by the architect Jacques d'Welles. Buthaud created four monumental concrete vases decorated with mosaics, each featuring three athletes. He called on the mosaicists Anselme Foscato and Henri Bibes for assistance.

1934 Un marchand américain, Salmicouri, propose à René Buthaud de vendre ses œuvres aux États-Unis alors que l'artiste est lié à la galerie Rouard. D'un commun accord, le contrat est reconsidéré, à la condition que René Buthaud change de nom et de style. C'est ainsi que naît « J. Doris » ou « J. D. » dérivé de « Douris », le peintre de vases grecs du Ve siècle avant notre ère dont Buthaud admirait l'œuvre. Cette collaboration dure jusqu'en 1940, et est interrompue par la guerre. Elle est caractérisée par l'usage marqué du craquelé.

Salmicouri, an American merchant, offered to sell René Buthaud's works in the US despite the artist's association with the Rouard gallery. By mutual consent, the contract was reworked on the condition that René Buthaud changed his name and style. This is how "J. Doris" or "J. D." derived from "Douris," was born. Douris was a painter of Greek vases from the fifth century BC and was much admired by Buthaud. The collaboration lasted until 1940 and was interrupted by the war. It was characterized by the strong use of crackle.

René Buthaud effectue le 1er décembre son premier envoi de statuettes à la galerie Rouard, couronné de succès. De l'année 1934 à 1964, elles représenteront l'essentiel de sa production, et environ quatre-vingt-quinze livraisons à sa galerie.
René Buthaud prend part à un nouveau groupement d'artistes, L'Œuvre. Une avant-première réunit, au début du mois de décembre, un ensemble de pièces à la galerie Vieudan. Outre René Buthaud, les fondateurs sont Marcel Bach, P.-A. Bégaud, Albert Binquet, Camille Berg, Camille de Buzon, Robert Charazac, Jean-Élie Chaveron, André Vidal, Robert Coulombié, Madeleine Dangla, A. Gourary, Joseph Lépine, Malric, Roger Mathias, Georges Marty, G. Pichon, Renée Seilhean, G. Rispal, René Rougerie et J. Sauboa[30].

On 1 December, René Buthaud sent his first statuettes to the Rouard gallery and met with great success. From 1934 to 1964, they constituted the main bulk of his output, prompting 95 deliveries to the gallery.

René Buthaud took part in a new grouping of artists called L'Œuvre. In early December a series of works were sent to the Vieudan gallery for a preview. In addition to René Buthaud, the founders were Marcel Bach, P.-A. Bégaud, Albert Binquet, Camille Berg, Camille de Buzon, Robert Charazac, Jean-Élie Chaveron, André Vidal, Robert Coulombié, Madeleine Dangla, A. Gourary, Joseph Lépine, Malric, Roger Mathias, Georges Marty, G. Pichon, Renée Seilhean, G. Rispal, René Rougerie and J. Sauboa.[30]

René Buthaud expose au Salon des amis des arts de Bordeaux en février. Pour la presse,

René Buthaud showed works at the Salon des amis des arts de Bordeaux in February.

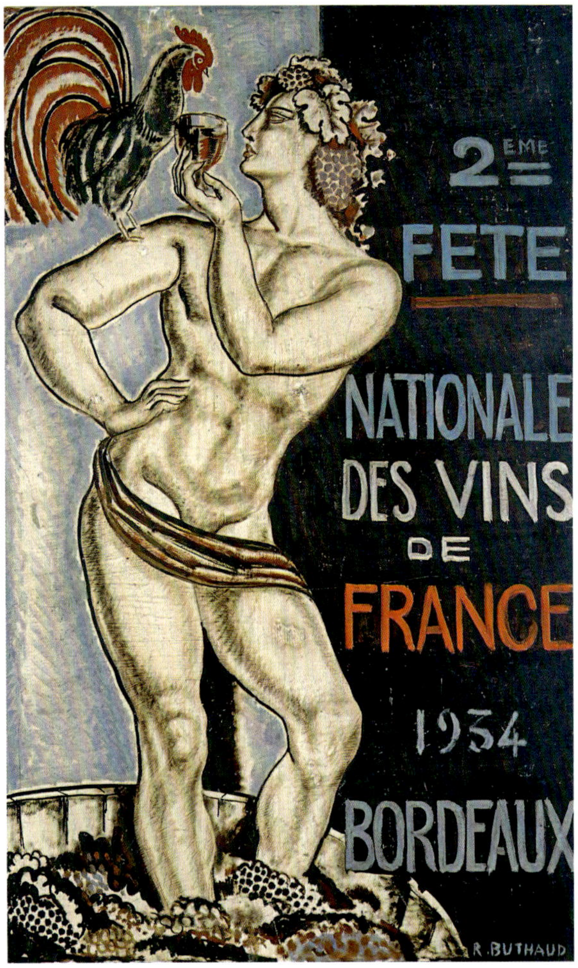

Affiche pour la 2e Fête nationale des vins de France, Bordeaux, 1934.

« tant dans sa faïence que dans ses émaux, il est un technicien consommé [...] Ses vases seraient nus qu'ils conserveraient leur élégante originalité »[31], ils sont « le témoignage le plus éloquent du talent de ce maître de la céramique »[32].
René Buthaud réalise un grand panneau, le projet d'une affiche pour la 2e Fête nationale des vins de France de Bordeaux.

According to the press, "as much for his earthenware as for his enameling, he is an accomplished technician [...] Even if his vases were bare, their elegance and originality would be preserved."[31] They are "the surest evidence of the talent of a true ceramics master."[32]
René Buthaud created a grand panel, a project for a poster for the second national celebration of Bordeaux wines.

1935 Au printemps se déroule le premier Salon de L'Œuvre à la galerie du Jardin-Public à Bordeaux. René Buthaud y expose plusieurs céramiques et un premier grand fixé-sous-verre[33].
Il expose également au Caire en Égypte, grâce à la galerie Géo Rouard.

In the spring, the first Salon de L'Œuvre took place at the Galerie du Jardin-Public in Bordeaux. René Buthaud presented several ceramics and his first large-scale reverse glass painting.[33]
He also exhibited works in Cairo in Egypt, thanks to the Géo Rouard gallery.

1936 René Buthaud organise en tant que président le deuxième Salon de L'Œuvre à Bordeaux où 400 œuvres sont exposées[34].

Il expose aussi avec le Groupe des artisans français contemporains, pour la Sixième Triennale de Milan.

As president, René Buthaud organized the second Salon de L'Œuvre in Bordeaux, where 400 works were shown.[34]

He also exhibited works with the Groupe des artisans français contemporains, for the sixth Milan Triennale.

1937 René Buthaud participe à l'Exposition internationale des arts et techniques dans la vie moderne à Paris, au sein du pavillon des artistes décorateurs. Il sera aussi présent dans le pavillon de la Creuse avec un projet de tapisserie, spécialité de cette région, sur

René Buthaud participated in the Exposition Internationale des Arts et Techniques dans la Vie Moderne in Paris, in the decorative artists' pavillion. He was also present in the Creuse pavilion with a project for a tapestry, one of the region's specialties, on the theme of

le thème de Pomone, par les ateliers Tabard à Aubusson. La Creuse commande également à René Buthaud, une grande carte historiée du département qu'il exécute en fixé-sous-verre.

Pomona, by the Tabard workshop in Aubusson. The Creuse department also commissioned René Buthaud to create a large, illustrated map of the area, which he executed as a reverse painting on glass.

En janvier, a lieu le troisième Salon de L'Œuvre à Bordeaux. René Buthaud présente *La Toilette de Vénus*, aussi appelée *La Petite Gironde*, un magnifique panneau de glace décoré « où il a fait jouer de la plus heureuse façon sa maîtrise savante des lignes et des volumes »[35].

In January, the third Salon de L'Œuvre was held in Bordeaux. René Buthaud presented *La Toilette de Vénus* ("The Toilette of Venus"), also known as *La Petite Gironde* ("The Little Gironde"), a magnificent panel for a decorated mirror "where he displays, in the most splendid fashion, his absolute mastery of lines and volumes."[35]

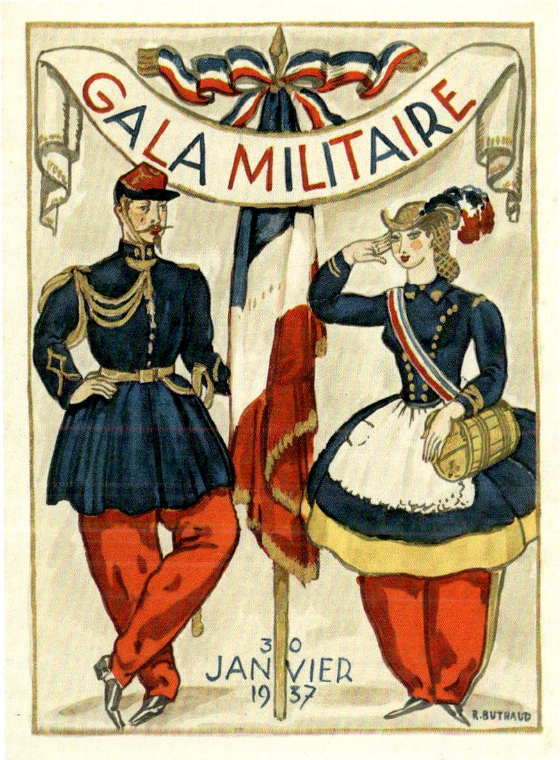

Programme pour un gala militaire, 1937.

1938 Le 31 octobre, René Buthaud est nommé chevalier de la Légion d'honneur aux côtés de trois autres artistes bordelais, Jean Dupas, Roger Expert et Louis-Marie Süe, promus officiers[36].

On 31 October René Buthaud was named Chevalier of the Legion of Honor along with three other artists from Bordeaux: Jean Dupas, Roger Expert, and Louis-Marie Süe, all promoted to the rank of officer.[36]

1939 Il expose à la galerie Révillon à Paris.

Buthaud presented works at the Révillon gallery in Paris.

1941 À partir de février, René Buthaud expose au Salon unique de Bordeaux (Salon des sociétés artistiques), au musée de peinture.

From February, René Buthaud exhibited works at the Salon unique de Bordeaux (Salon des sociétés artistiques), at the museum of painting.

Il expose à la galerie Goya de Bordeaux, aux côtés de Jac Belaubre, peintre bordelais[37].

He exhibited works at the Goya gallery in Bordeaux, alongside Jac Belaubre, a painter from Bordeaux.[37]

Il participe également à l'exposition organisée par le musée des Arts décoratifs de Bordeaux, qui prend place au pavillon de Marsan à Paris[38].

He also participated in the exhibition organized by the Musée des Arts décoratifs de Bordeaux, which was held at the Marsan Pavilion in Paris.[38]

Jusqu'en 1942, il participe à l'exposition des Artisans de France, d'abord à la galerie Rotgé à Paris, puis à la galerie Goya à Bordeaux.

Until 1942, he participated in the Artisans de France exhibition, first in the Rotgé gallery in Paris, then in the Goya gallery in Bordeaux.

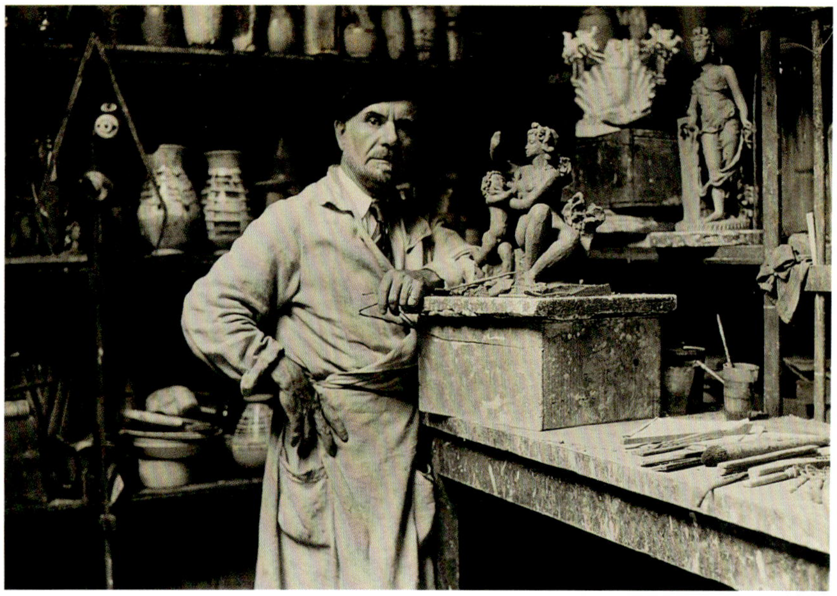

René Buthaud dans son atelier, années 1940.

1942 À la fin du mois de mars, René Buthaud participe à l'exposition « Jeune France », qui inaugure l'ouverture d'une galerie au 9 rue Mazagran à Biarritz, dirigée par Roger Darricarrère. Il y présente ses céramiques, parmi les peintures et gravures de ses confrères artistes[39]. Il participe également à l'exposition des Artisans de France, à la galerie Goya.

In late March, René Buthaud participated in the "Jeune France" exhibition, which inaugurated the opening of a gallery managed by Roger Darricarrère at 9 Rue Mazagran in Biarritz. He presented his ceramics there, alongside paintings and engravings by his peers. He also participated in the Artisans de France exhibition at the Goya gallery.

1944 Au début de l'année 1944, l'administration municipale du Bouscat procède à l'aménagement de son Hôtel de Ville et confie à René Buthaud le décor de la salle des mariages. Il réalise quatre panneaux représentant les quatre saisons, destinés à orner les panneaux de cette salle[40].

In early 1944 the municipal administration of Bouscat refurnished its town hall and entrusted René Buthaud with the decoration of the Wedding Hall. He created four pannels representing the four seasons to adorn the room's panels.

1945 René Buthaud expose au Salon unique de Bordeaux (Salon des sociétés artistiques).

René Buthaud exhibited at the Salon unique de Bordeaux (Salon des sociétés artistiques).

1947 Il participe à l'exposition itinérante, organisée par le service culturel du ministère des Affaires étrangères « Exhibition of Modern French Pottery », à Londres, Stoke-on-Trent, Derby, Swansea, et Birmingham.

Buthaud participated in the traveling "Exhibition of Modern French Pottery," organized by the cultural department of the French Ministry of Foreign Affairs, in London, Stoke-on-Trent, Derby, Swansea and Birmingham.

1951 Réalise les cartons des grands vitraux exécutés par Jacques-Charles Champigneulle commandés par le Conseil des vins de Bordeaux pour orner son siège.

Buthaud drew cartoons for the large stained-glass windows created by Jacques-Charles Champigneulle, commissioned by the Conseil de vins de Bordeaux for the decoration of its head office.

1955 Il est chargé, par les Monuments historiques, de la reconstitution de deux cadrans d'horloges monumentales du XVIIIe siècle en faïence, endommagés par les bombardements, qui décoraient le palais de la Bourse.

Buthaud was charged by the Monuments historiques with repairing two monumental eighteenth-century earthenware clock faces, damaged by bombing, which decorated the Palais de la Bourse.

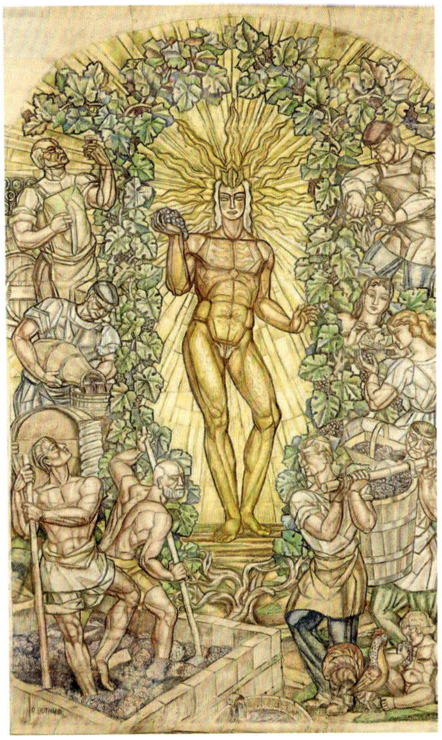

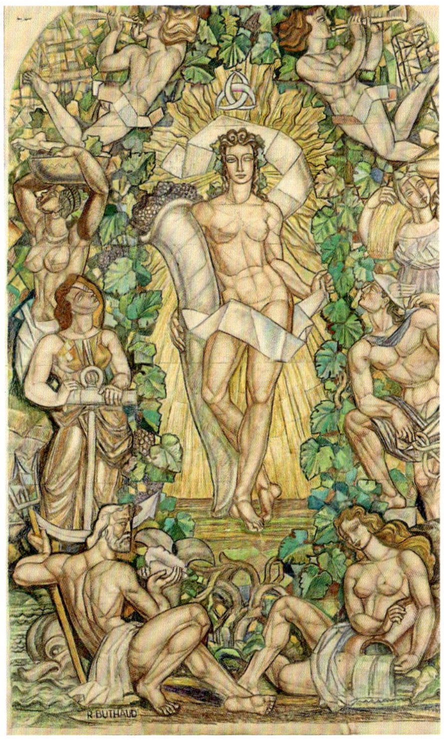

Cartons des vitraux pour le siège du Conseil des vins de Bordeaux, 1951.

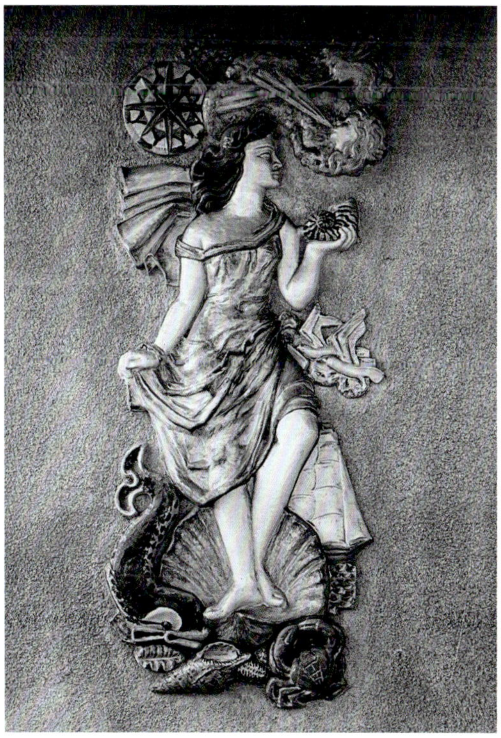

Bas-reliefs réalisés dans le cadre du 1% artistique pour le groupe scolaire La Benauge, 1955.

1956 Toujours à Bordeaux, chargé de l'atelier des arts décoratifs de l'École des beaux-arts, René Buthaud obtient l'ouverture d'un atelier de céramique. Il y enseigne jusqu'en 1962.

Still in Bordeaux, in charge of the decorative arts workshop of the École des beaux-arts, René Buthaud opened a ceramics workshop. He taught there until 1962.

Vers 1960 Il organise une exposition privée dans son atelier à Bordeaux.

He organized a private exhibition in his Bordeaux workshop.

1964 Chez Haviland, à Limoges, René Buthaud donne le modèle d'un vase et d'une coupe.

At Haviland's, in Limoges, René Buthaud provided the model for a vase and a cup.

1966 La galerie Rouard ferme ses portes.

The Rouard gallery closed.

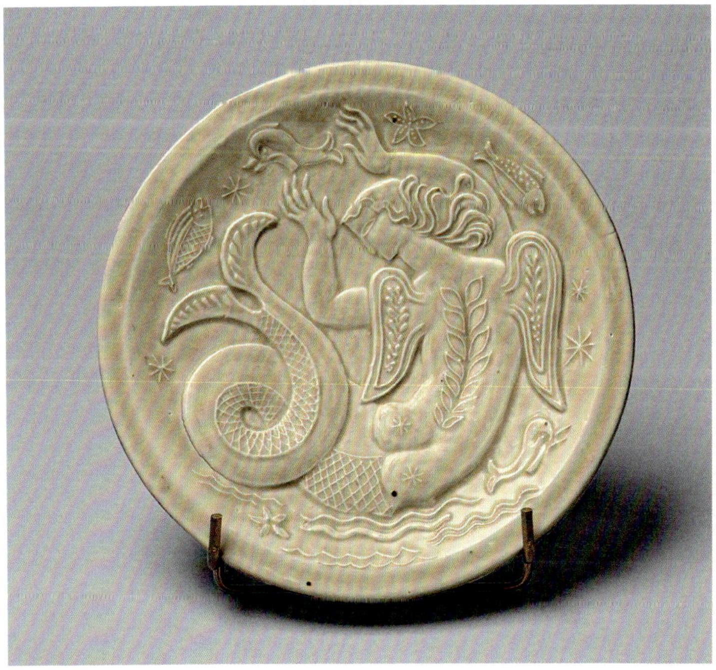

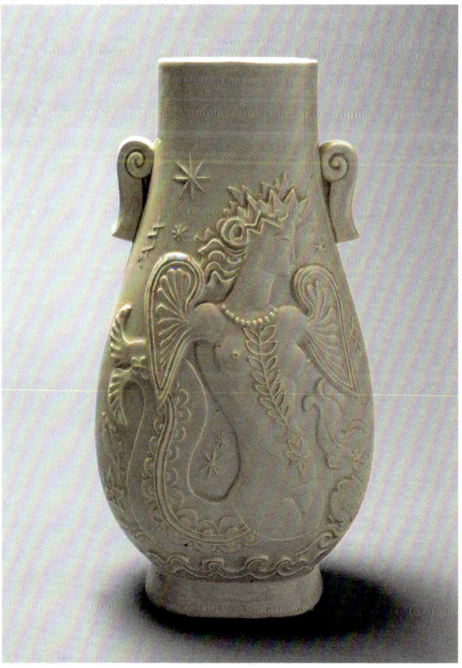

Décors d'assiette et de vase (avec ou sans oreilles) créés pour la manufacture d'Haviland, 1964.

1969 Une exposition « René Buthaud, céramiques » est présentée au musée des Beaux-Arts à Saintes.

An exhibition titled "René Buthaud, céramiques" was presented at the Musée des Beaux-Arts de Saintes.

1970 Les œuvres de René Buthaud sont présentées à l'exposition « Art deco » au Finch College Museum of Art à New York.

René Buthaud's works were presented at the "Art Deco" exhibition at the Finch College Museum of Art in New York.

1971 L'exposition « Art deco » se poursuit au Museum of Cranbook Academy à Bloomfield Hills. Une autre exposition au nom de « The World of Art Deco » est organisée au Institute of Arts à Minneapolis.

The "Art Deco" exhibition was prolonged at the Museum of Cranbook Academy in Bloomfield Hills. Another exhibition titled "The World of Art Deco" was organized at the Institute of Arts in Minneapolis.

Le musée national de Céramique à Sèvres présente de juin à octobre, sous le titre « L'art de la poterie en France de Rodin à Dufy », les œuvres de trente-cinq des plus prestigieux céramistes de cette période. René Buthaud est le seul artiste encore vivant.

From June to October, the Musée national de la céramique in Sèvres presented the works of 35 of the most prestigious ceramicists of the time, under the title "L'art de la poterie en France de Rodin à Dufy." René Buthaud was the only living artist.

Il est l'un des artistes exposés à l'exposition « Bordeaux, 2000 ans d'Histoire » au musée d'Aquitaine de Bordeaux.

Buthaud was one of the artists exhibited at the "Bordeaux, 2000 ans d'Histoire" exhibition at the Musée d'Aquitaine in Bordeaux.

1972 René Buthaud déménage au 27 rue Adrien-Baysselance à Bordeaux.

René Buthaud moved to 27 Rue Adrien-Baysselance in Bordeaux.

Il participe à l'exposition « Techniques de la céramique », au Centre de Recherche et Documentation pédagogique de Bordeaux.

He participated in the "Techniques de la céramique" exhibition at the Centre de Recherche et Documentation pédagogique in Bordeaux.

1974-1975 Il expose à la galerie du Luxembourg à Paris pour l'exposition « Néo-Classicisme 1920-1940 ».

He showed works at the Galerie du Luxembourg in Paris for the exhibition "Néo-Classicisme 1920–1940."

1976 Le musée des Arts décoratifs de Bordeaux, avec le concours de Jacqueline du Pasquier consacre à René Buthaud une rétrospective nommée « Céramiques de René Buthaud ». Il dessine lui-même l'affiche de l'exposition dont il dessine l'affiche.

The Musée des Arts décoratifs de Bordeaux, with the cooperation of Jacqueline du Pasquier, dedicated a retrospective to René Buthaud entitled "Céramiques de René Buthaud." He designed the exhibition's poster himself.

1977 Le musée des Arts décoratifs de Paris organise l'exposition « Cinquantenaire de 1925 » à laquelle participe René Buthaud. Jusqu'en 1978, ses œuvres sont présentées à l'Exposition de céramique française d'art de 1925 à Hambourg, Darmstadt et Hanovre.

The Musée des Arts décoratifs de Paris organized the "Cinquantenaire de 1925" exhibition, in which René Buthaud participated. Until 1978, his works were presented at the "Exposition de céramique française d'art de 1925" in Hamburg, Darmstadt, and Hanover.

1982 La galerie Michel Fortin à New York présente l'exposition « René Buthaud. Collection of the Artist ».

The Michel Fortin gallery in New York held the exhibition "René Buthaud. Collection of the Artist."

1983 Le 21 février, René Buthaud est fait officier des Arts et Lettres.
René Buthaud est l'un des artistes présentés à l'exposition « Fine and Art Decorative Arts » à la Galeria Dos à New York.

On 21 February, René Buthaud was made an Officier des Arts et des Letters.
René Buthaud was among the artists featured in the exhibition "Fine and Art Decorative Arts" at the Galeria Dos in New York.

1986 René Buthaud réalise une série d'entretiens avec Jacques Sargos.

Jacques Chaban-Delmas décore René Buthaud de l'Ordre du Mérite, le 19 avril.

René Buthaud was interviewed by Jacques Sargos.

Jacques Chaban-Delmas awarded René Buthaud the Ordre du Mérite on 19 April.

1987 Une deuxième exposition commémorative nommée « Hommage à René Buthaud : l'homme et l'œuvre » est consacrée à René Buthaud, au musée des Arts décoratifs de Bordeaux.

A second commemorative exhibition titled "Hommage à René Buthaud: l'homme et l'œuvre" was dedicated to René Buthaud at the Musée des Arts décoratifs de Bordeaux.

1996 Des pièces de René Buthaud sont exposées au musée des Arts décoratifs de Bordeaux à l'occasion de l'exposition « La céramique du xxe siècle sort des réserves ».

Works by René Buthaud were shown at the Musée des Arts décoratifs de Bordeaux for the exhibition "La céramique du XXe siècle sort des reserves."

2008 « Exposition rétrospective René Buthaud » à la galerie France A. de Forceville à Paris.

"Exposition rétrospective René Buthaud" at the France A. de Forceville gallery in Paris.

2012 Nouvelle exposition à la galerie France A. de Forceville à Paris, à la Biennale des Antiquaires au Grand Palais.

New exhibition held at the France A. de Forceville Gallery at the Biennale des Antiquaires, Grand Palais, Paris.

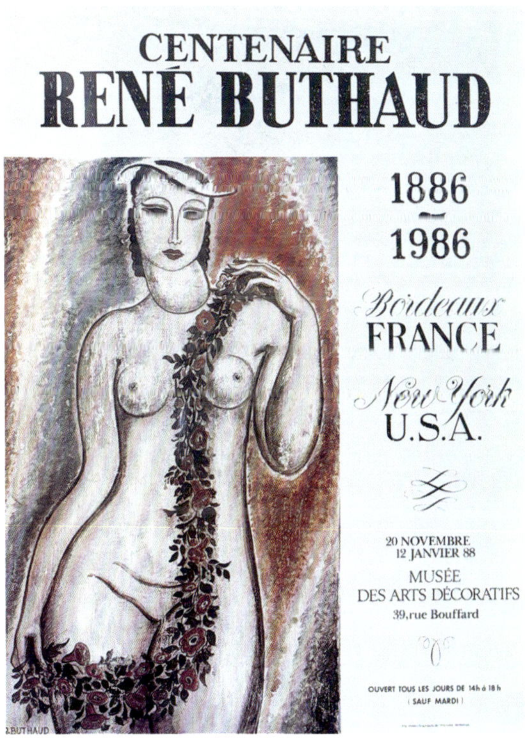

Affiche de l'exposition « Centenaire René Buthaud » au musée des Art décoratifs, Bordeaux, 1987.

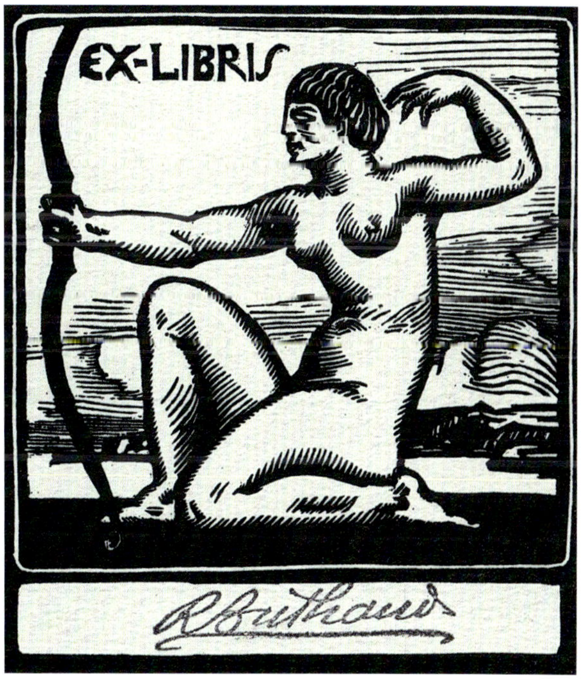

Ex-libris de René Buthaud, vers 1920.

2016 La galerie Vandermeersch à Paris présente une exposition sur les art du feu, de la Renaissance à l'Art déco, avec des œuvres de René Buthaud.

The Vandermeersch gallery in Paris presented an exhibition featuring works by René Buthaud.

2019 La galerie d'exposition CityU à Hong Kong présente « Art Deco & The French-China Connection ».

The CityU exhibition gallery in Hong Kong presented "Art Deco – The French – China Connection."

2021 L'espace Saint-Jacques à Saint-Quentin présente « Le Grand Magasin, mode et art de vivre, 1920-1930 ».

The Saint-Jacques space in Saint-Quentin presented "Le Grand Magasin, mode et art de vivre, 1920–1930."

2022 La Cité de l'Architecture et du Patrimoine à Paris présente « Art déco France Amérique du Nord ».

The Cité de l'Architecture et du Patrimoine in Paris presented "Art déco France Amérique du Nord."

1 *La Gironde*, 4 août 1906.
2 *La France de Bordeaux et du Sud-Ouest*, 3 août 1904.
3 *La Gironde*, 4 août 1906.
4 *Ibid.*
5 *Journal des débats politiques et littéraires*, 30 avril 1911.
6 *Le Soleil*, 17 mai 1912.
7 *La Croix*, 25 mai 1913.
8 *La Lanterne*, 17 mai 1914.
9 *La Gironde*, 6 novembre 1919.
10 *Comœdia*, 30 octobre 1920.
11 *Comœdia*, 14 mai 1920.
12 On lui doit notamment le décor du cénotaphe du peintre Goya, enterré au cimetière de la Chartreuse à Bordeaux.
13 *Paris-soir*, 10 juillet 1926.
14 *Comœdia*, 14 mai 1922.
15 *Le Petit Parisien*, 9 novembre 1922.
16 *La Petite Gironde*, 23 juin 1922.
17 *Le Journal des arts*, 26 mai 1923.
18 *Le Petit Parisien*, 11 mai 1928.
19 *Le Petit Parisien*, 7 novembre 1929.
20 *Comœdia*, 29 mai 1930.
21 *Le Temps*, 1er juin 1930.
22 *La France de Bordeaux et du Sud-Ouest*, 30 novembre 1930.
23 *Comœdia*, 12 décembre 1930.
24 *La Petite Gironde*, 21 octobre 1931.
25 *L'Europe nouvelle*, 30 mai 1931.
26 *La France de Bordeaux et du Sud-Ouest*, 1er mars 1932.
27 *La France de Bordeaux et du Sud-Ouest,* 26 décembre 1932.
28 *L'Intransigeant*, 6 mai 1933.
29 *La Petite Gironde*, 25 décembre 1933.
30 *La France de Bordeaux et du Sud-Ouest,* 5 décembre 1934.
31 *La France de Bordeaux et du Sud-Ouest*, 25 février 1934.
32 *La Petite Gironde*, 23 février 1934.
33 *La France de Bordeaux et du Sud-Ouest*, 5 décembre 1934.
34 *La France de Bordeaux et du Sud-Ouest*, 15 mars 1936.
35 *La Petite Gironde*, 28 janvier 1937.
36 *La Petite Gironde*, 13 novembre 1938.
37 *La France de Bordeaux et du Sud-Ouest*, 29 octobre 1941.
38 *La Petite Gironde*, 4 avril 1941.
39 *La Gazette de Biarritz-Bayonne et Saint-Jean-de-Luz,* 20 mars 1942.
40 *La France de Bordeaux et du Sud-Ouest*, 19 avril 1944.

1 *La Gironde*, 4 August 1906.
2 *La France de Bordeaux et du Sud-Ouest*, 3 August 1904.
3 *La Gironde*, 4 August 1906.
4 *Ibid.*
5 *Journal des débats politiques et littéraires*, 30 April 1911.
6 *Le Soleil*, 17 May 1912.
7 *La Croix*, 25 May 1913.
8 *La Lanterne*, 17 May 1914.
9 *La Gironde*, 6 November 1919.
10 *Comœdia*, 30 October 1920.
11 *Comœdia*, 14 May 1920.
12 He designed the cenotaph of the painter Goya, buried at the Chartreuse cemetery in Bordeaux.
13 *Paris-soir*, 10 July 1926.
14 *Comœdia*, 21 November 1922.
15 *Le Petit Parisien*, 9 November 1922.
16 *La Petite Gironde*, 23 June 1922.
17 *Le Journal des arts*, 26 May 1923.
18 *Le Petit Parisien*, 11 May 1928.
19 *Le Petit Parisien*, 7 November 1929.
20 *Comœdia*, 29 May 1930.
21 *Le Temps*, 1 June 1930.
22 *La France de Bordeaux et du Sud-Ouest*, 30 November 1930.
23 *Comœdia*, 12 December 1930.
24 *La Petite Gironde*, 21 October 1931.
25 *L'Europe nouvelle*, 30 May 1931.
26 *La France de Bordeaux et du Sud-Ouest*, 1 March 1932.
27 *La France de Bordeaux et du Sud-Ouest,* 26 December 1932.
28 *L'Intransigeant*, 6 May 1933.
29 *La Petite Gironde*, 25 December 1933.
30 *La France de Bordeaux et du Sud-Ouest,* 5 December 1934.
31 *La France de Bordeaux et du Sud-Ouest*, 25 February 1934.
32 *La Petite Gironde*, 23 Feburary 1934.
33 *La France de Bordeaux et du Sud-Ouest*, 5 December 1984.
34 *La France de Bordeaux et du Sud-Ouest*, 15 March 1936.
35 *La Petite Gironde*, 28 January 1937.
36 *La Petite Gironde*, 13 November 1938.
37 *La France de Bordeaux et du Sud-Ouest*, 29 October 1941.
38 *La Petite Gironde*, 4 April 1941.
39 *La Gazette de Biarritz-Bayonne et Saint-Jean-de-Luz,* 20 March 1942.
40 *La France de Bordeaux et du Sud-Ouest*, 19 April 1944.

Statuette, céramique, vers 1955.

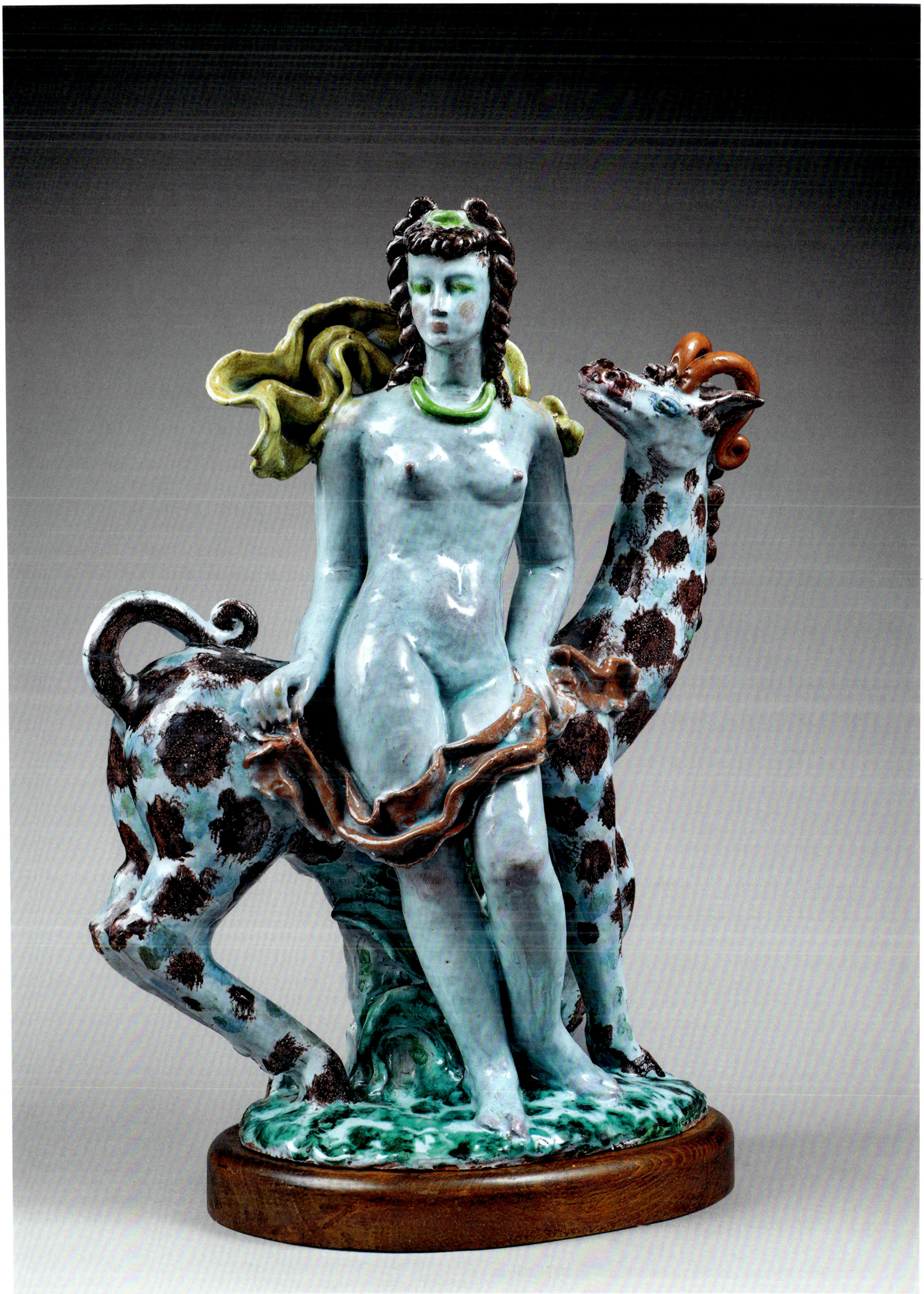

Bibliographie sélective
Selective Bibliography

Ouvrages / General Works

Quenioux, Gaston, *Arts décoratifs modernes*, Paris, Librairie Larousse, 1925, p. 231.

Clouzot, Henri, *Guide de L'exposition de 1925*, Paris, Hachette.

Rosenthal, Léon, *La Verrerie française depuis 50 ans*, coll. Architecture et Arts décoratifs, Paris, Van Oest, 1927.

Chavance, René, *La Céramique et la Verrerie*, coll. L'art français depuis vingt ans, Paris, Rieder, 1928, p. 43 et pl. XI.

Giacornotti, Jeanne, *La Céramique*, Paris, R. Ducher, 1935, p. 62-63.

Faré, Michel, *La Céramique française contemporaine*, Paris-Strasbourg, Compagnie des Arts photomécaniques, 1953, p. 22.

Brunhammer, Yvonne, *1925*, Paris, Les Presses de la Connaissance, 1976, p. 74.

Préaud, Tamara et Gauthier, Serge, *La Céramique, art du XXe siècle*, Paris, Éditions Vilo, Office du Livre, 1982, p. 160, ill. 84.

Lajoix, Anne, *La Céramique en France 1925-1947*, Paris, Éditions Vilo, 1983, p. 24, 26, 29, 34-35, 64-69, 140, 146-148.

Brunhammer, Yvonne, *Le Style 25*, Paris, Baschet, 1987, p. 143.

Du Pasquier, Jacqueline, *René Buthaud. Entretiens avec Jacques Sargos*, Bordeaux, Éditions de l'Horizon chimérique, 1987.

Cruège, Pierre, *René Buthaud, 1886-1986*, Paris, Éditions de l'amateur, 1996.

Desforges, André, *Les illustres de Bordeaux : galerie des illustres*, catalogue, vol. 1, Bordeaux, Dossiers d'Aquitaine, 2013, p. 80.

Cruège de Forceville, France, *René Buthaud, 1886-1986, céramiste*, Paris, Feu et Talent, 2016.

Coustet, Robert, *L'Hôtel Frugès à Bordeaux*, Bordeaux, Éditions Le Festin, 2018.

Catalogues d'exposition/Exhibition Catalogues

« Abteilung fur Gewerbekunst Sonderauf-stellung alte und neue Keramik », Munich, Bayerisches National Museum, sept.-oct. 1926, *Die Neue Sammlung*, n° 13, p. 17.

« Œuvres de céramistes modernes 1890-1930 », Sèvres, musée national de Céramique, mai-juill. 1931.

« René Buthaud, céramiques », Saintes, musée des Beaux-Arts, 1969.

« L'Art de la poterie en France de Rodin à Dufy », Sèvres, musée national de Céramique, juin-octobre 1971, p. 16, n°s 12 à 15.

« Les Céramiques de René Buthaud », Bordeaux, musée des Arts décoratifs, Hôtel de Lalande, 1976.

« Le Cinquantenaire de l'Exposition de 1925 », Paris, musée des Arts décoratifs, 1977, Paris, Presses de la Connaissance, 177, p. 52, n°s 290-295, et p. 120-121.

« Rene Buthaud : collection of the Artist », New York, Michel Fortin Gallery, 1981.

« Les Années 20. L'âge des métropoles », Montréal, musée des Beaux-Arts de Montréal, juin-nov. 1991, p. 510, ill. 60-61.

Articles

« École des beaux-arts. Distribution des prix », *La France de Bordeaux et du Sud-Ouest*, 3 août 1904.

« École municipale des beaux-arts. Palmarès », *La Gironde*, 4 août 1906.

« Le tour du Salon de la Société des Artistes Français. La peinture. II », *Journal des débats politiques et littéraires*, 30 avril 1911.

Domergue, Gabriel, « Les Salons de 1912. Société des Artistes Français », *Le Soleil*, 17 mai 1912.

« Échos et nouvelles. Les Salons de 1913 », *La Croix*, 25 mai 1913.

Ballu, G., « Le Salon de la Société des Artistes Français », *La Lanterne*, 17 mai 1914.

Alexandre, A., « Les concours de Rome. La gravure », *Le Figaro*, 21 juill. 1914.

Warnod, A., « Le prix de Rome de gravure en taille-douce », *Comœdia*, 21 juill. 1914.

Thiébault-Sisson, « Art et curiosité. Les concours du prix de Rome. La gravure en taille-douce », *Le Temps*, 21 juill. 1914.

« Bourses et voyage à l'étranger », *La Gironde*, 6 nov. 1919.

Léon-Martin, Louis, « La Société des Artistes décorateurs », *Le Crapouillot*, 15 mars 1920.

Vauxcelles, Louis, « [Salon des] Décorateurs », *Information*, 21 mars 1920.

J. V.-B., « Le Carnet des Lettres et des Arts », *Comœdia*, 14 mai 1920.

Vauxcelles, Louis, « La vie artistique. Art boche et art français », *L'Éclair*, août 1920.

Rey, Robert, *Le Crapouillot*, oct. 1920.

Mourey, Gabriel, *L'Amour de l'art*, oct. 1920.

Chavance, René, « L'art décoratif », *La Liberté*, 12 oct. 1920.

Vauxcelles, Louis, *L'Excelsior*, 15 oct. 1920.

Roger-Marx, Claude, *L'Humanité*, 20 oct. 1920.

Mourey, Gabriel, *Comœdia*, 30 oct. 1920.

Le Carnet de la semaine, 30 oct. 1920.

« Salles XIV. Des céramiques d'un goût personnel par René Buthaud », *Les Hommes du jour*, nov. 1920.

Janneau, Guillaume, « L'art décoratif au Salon d'automne », *Art et Décoration*, nov. 1920.

Doris, *Revue mondiale*, 1er nov. 1920.

Rey, Robert, *L'Opinion*, 14 nov. 1920.

Lemoine, *L'Intransigeant*, 12 mars 1921.

Le Carnet de la semaine, 13 mars 1921.

Vauxcelles, Louis, *L'Éclair*, 26 mars 1921.

Mourey, Gabriel, *L'Amour de l'art*, 1er mai 1921.

La Victoire, 2 mai 1921.

Paris-Journal, 22 mai 1921.

Le Carnet de la semaine, 24 juill. 1921.

Vauxcelles, Louis, *En formation*, 1er nov. 1921.

« À Strasbourg : une exposition d'art décoratif moderne », *Le Petit Journal*, 1er nov. 1921.

« Strasbourg aussi a son Salon d'automne », *L'Homme libre*, 5 nov. 1921.

Le Journal des arts, 5 nov. 1921.

Vauxcelles, Louis, « Vitrines et tapis », *L'Excelsior*, 5 nov. 1921.

Flament, *Le Monde illustré*, 12 nov. 1921.

L'Imagier, *L'Œuvre*, 12 nov. 1921.

Douce France, 1er janv. 1922.

Vauxcelles, Louis, *L'Excelsior*, 2 mars 1922.

Montpar, *Paris-Suède* (?), 2 mars 1922.

Vera, *Lettres*, 1er mai 1922.

Sarradin, *Gazette des Beaux-Arts*, juin 1922.

Berthelot, Paul, « Le Salon des Arts décoratifs de Bordeaux », *La Petite Gironde*, 23 juin 1922.

Vauxcelles, Louis, *Ère nouvelle*, 29 juin 1922.

Vauxcelles, Louis, « Chronique des arts modernes. Leurs artisans et les nôtres », *L'Information*, 28 oct. 1922.

Vanderpyl, Fritz-René, « Le Salon d'Automne. Sculpture et Arts appliqués », *Le Petit Parisien*, 9 nov. 1922.

Rey, Robert, *Le Crapouillot*, 1er nov. 1922.

L'Intransigeant, 18 nov. 1922.

René-Jean, « Le Salon d'Automne. Mobiliers et Arts décoratifs », *Comœdia*, 21 nov. 1922.

Mourey, Gabriel, *L'Amour de l'art*, déc. 1922.

Chavance, René, rubrique « Vitrines et objets isolés », *La Liberté*, 5 mai 1923.

Mourey, Gabriel, *L'Amour de l'art*, mai 1923.

Vauxcelles, Louis, *Ère nouvelle*, 15 mai 1923.

L'Écho patronal, 15 mai 1923.

La Presse, 22 mai 1923.

Le Journal des arts, 26 mai 1923.

Watelin, *L'Art et les Artistes*, juin 1923.

Copparle (?), « À Bordeaux », *Les Nouvelles littéraires*, 16 juin 1923.

Berthelot, *La Petite Gironde*, 28 juin 1923.

Chavance, René, « Le XIVe Salon des Artistes Décorateurs », *Art et Décoration*, juin 1923, p. 189.

Varenne, Gaston, *L'Amour de l'art*, févr. 1924.

Clouzot, Henri, *L'Amour de l'art*, avril 1924.

Vauxcelles, Louis, *L'Excelsior*, 9 mai 1924.

Rambosson, Yvanhoé, *Comœdia*, 12 mai 1924.

Rey, Robert, *Le Crapouillot*, 16 mai 1924.

Berthelot, *La Petite Gironde*, 8 juin 1924.

« Les céramistes », *L'Exportateur français*, 19 juin 1924.

Bulletin de la vie artistique, 15 juill. 1924.

Vauxcelles, Louis, « *L'Éclair* ouvre une grande enquête sur les rapports entre les arts, le plastique, le littéraire, le musical, et sur les affinités reliant les représentants de ces divers arts », *L'Éclair*, 5 août 1924.

Rémon, G., « Les lettres et les arts. Les correspondances en art », *Radical*, 25 oct. 1924.

Vauxcelles, Louis, *Ère nouvelle*, 31 oct. 1924.

Vauxcelles, Louis, L'Éclair, 31 oct. 1924.

Vauxcelles, Louis, *L'Excelsior*, 1er nov. 1924.

Vaudoyer, Jean-Louis, *L'Écho de Paris*, 20 nov. 1924.

Vaillat, Léandre, *Le Temps*, 28 nov. 1924.

Rambosson, Yvanhoé, *Comœdia*, s.d. [1924 ?].

Schmitz, *XXe Siècle* (Bruxelles), 15 juin 1925.

Janneau, Guillaume, *Beaux-Arts*, 15 juill. 1925.

« Les décorateurs », *Paris-Midi*, 4 oct. 1925.

Borelly, *Le Jour*, 14 oct. 1925.

Brécy, René, *L'Action française*, 30 oct. 1925.

Larousse mensuel, 1er nov. 1925.

Chavance, René, « Les bibelots », *La Liberté*, 16 mai 1925.

Volonté, 25 mai 1925.

Renoir, *Radical*, 1er juin 1925.

Chavance, René, « Les bibelots », *Peinture*, juin 1925.

Varenne, Gaston, *L'Amour de l'art*, juill. 1925.

Échos des industries d'art, juill. 1925.

Reuillard, Gabriel, « Pour la pensée et l'art français. Les Quatorze Bourses Blumenthal », *Paris-soir*, 10 juill. 1926.

Janneau, Guillaume, « Les poteries de René Buthaud », *Art et Décoration*, févr. 1927, p. 56-58.

Tisserand, Ernest, *L'Art vivant*, 1er juin 1927.

Roger-Marx, Claude, *Chantecler*, 4 juin 1927.

Janneau, Guillaume, « Au Salon des Artistes Décorateurs », *Céramique et Verrerie*, juin 1927, n° 780, p. 854.

Comœdia, 28 juin 1927.

Vaillat, Léandre, *Le Temps*, 29 nov. 1927.

Roger-Marx, Claude, « Le Salon d'automne », *Art et Décoration*, déc. 1927, p. 172.

Pawlowski, *Le Journal*, 11 mai 1928.

Vanderpyl, Fritz-René, « Salons et Expositions », *Le Petit Parisien*, 11 mai 1928.

Chavance, René, « Les habitués », *La Liberté*, 13 mai 1928.

Vanderpyl, Fritz-René, « Les arts décoratifs au Grand Palais. Les peintres de Montmartre. Quelques petites expositions particulières », *Le Petit Parisien*, 14 mai 1928.

Martin, *Paris-Soir*, 16 mai 1928.

Pourchet, Échos des industries d'art, juill. 1928.

Neue Pariser Zeitung [*La Nouvelle Gazette parisienne*], 28 juill. 1928.

Berthelot, Paul, *La Petite Gironde*, 29 juill. 1928.

Tisserand, Ernest, « La céramique française en 1928 », *L'Art vivant*, août 1928, p. 678, p. 680.

Lahalle, P., « Les œuvres de céramique de René Buthaud », *Mobilier et Décoration*, oct. 1928, n° 11, p. 207-214.

Vanderpyl, Fritz-René, *Le Petit Parisien*, 3 nov. 1928.

Paris Times, 3 nov. 1928.

Vauxcelles, Louis, *La Volonté*, 4 nov. 1928.

Chavance, René, « Les objets d'art », *La Liberté*, 8 nov. 1928.

René-Jean, *Comœdia*, 14 nov. 1928.

Orion, « Céramique et verrerie », *L'Action française*, 17 nov. 1928.

P.-E., *Le Journal des débats*, 25 nov. 1928.

H.E., « La XIIe Exposition des Artisans français contemporains », *L'Écho de Paris*, nov. (1928 ?).

Rambosson, Yvanhoé, *Comœdia*, 1er déc. 1928.

Comœdia, 2 déc. 1928.

L'Europe nouvelle, 2 déc. 1928.

Brécy, René, *L'Action française*, 11 déc. 1928.

Viollis, *L'Europe nouvelle*, 23 déc. 1928.

Rambosson, Yvanhoé, *Bulletin de l'art*, déc. 1928.

Henriot, *Le Mobilier*, déc. 1928.

Rambosson, Yvanhoé, *Bulletin de l'art*, 15 janv. 1929.

Rambosson, Yvanhoé, *Comœdia*, illustré, n° 5.

Rambosson, Yvanhoé, *Comœdia*, supplément, 15 janv. 1929.

Varenne, Gaston, *L'Amour de l'art*, févr. 1929.

Larousse mensuel, avril 1929.

Rambosson, Yvanhoé, *Comœdia*, 6 mai 1929.

Chavance, René, paragraphe « Les objets d'art », *La Liberté*, 10 mai 1929.

Lécuyer, *L'Ami du peuple*, 10 mai 1929.

Pawlowski, *Le Journal*, 12 mai 1929.

Tisserand, Ernest, *L'Européen*, 15 mai 1929.

Vaillat, Léandre, *Le Temps*, 21 mai 1929.

Chavance, René, *Échos des industries d'art*, juin 1929.

Tisserand, Ernest, *L'Art et les Artistes*, juin 1929.

Candide, 27 juin 1929.

Vauxcelles, Louis, *La Volonté*, 3 nov. 1929.

Platon, *Ère nouvelle*, 3 nov. 1929.

Vanderpyl, Fritz-René, « Salons et Expositions », *Le Petit Parisien*, 7 nov. 1929.

Chavance, René, *La Liberté*, 7 nov. 1929.

Lissim, « Au Salon d›automne », *Chantecler*, 9 nov. 1929.

Clar, F., *Le Soir*, 9 nov. 1929.

Vauxcelles, Louis, *L'Excelsior*, 11 nov. 1929.

Rambosson, Yvanhoé, *Comœdia*, 13 nov. 1929.

L'Écho de Paris, 21 nov. 1929.

La Volonté, 23 nov. 1929.

Brécy, René, *Revue française*, 24 nov. 1929.

Rambosson, Yvanhoé, *Comœdia*, 27 nov. 1929.

« Chez Rouard », *Chantecler*, 8 déc. 1929.

L'Art et les Artistes, déc. 1929.

Tisserand, Ernest, *L'Art vivant*, 15 déc. 1929.

Brécy, René, *L'Action française*, 16 déc. 1929.

Vauxcelles, Louis, *Le Carnet de la semaine*, 29 déc. 1929.

Vanderpyl, Fritz-René, *Le Petit Parisien*, 16 mai 1930.

« Les objets d'art et les bibelots chez les Artistes Décorateurs », *La Liberté*, 21 mai 1930.

Demeure, *Chantecler*, 24 mai 1930.

« Ouverture de l'Exposition de la Fondation Blumenthal », *Comœdia*, 29 mai 1930.

T.-S., « L'association Florence Blumenthal », *Le Temps*, 1er juin 1930.

Kahn, *Le Mercure de France*, 1er juin 1930.

Vauxcelles, Louis, *L'Excelsior*, 7 juin 1930.

Demeure, *Chantecler*, 7 juin 1930.

Tisserand, Ernest, *L'Art vivant*, 15 juin 1930.

Varenne, Gaston, « Les objets d'art au Salon des Décorateurs. Les arts décoratifs à l'exposition Blumenthal. Les arts d'Océanie à la Renaissance », *L'Amour de l'art*, juill. 1930.

Louis Merlet, J.-F., « Nos grandes enquêtes : les Beaux-Arts à Bordeaux. Conclusion : centre d'art ? Peut-être… Mais ! », *La France*, 13 nov. 1930.

Tisserand, Ernest, *L'Illustration*, 22 nov. 1930.

« Vernissage du Salon de l'Atelier », *La France de Bordeaux et du Sud-Ouest*, 30 nov. 1930.

Tisserand, Ernest, *L'Art vivant*, 1er déc. 1930.

« Vernissage du Salon de l'Atelier », *La France*, 1er déc. 1930.

La France, 11 déc. 1930.

Rambosson, Yvanhoé, « Les beaux-arts chez Rouard. Les artisans français contemporains », *Comœdia*, 12 déc. 1930.

Berthelot, *La Petite Gironde*, 24 déc. 1930.

Clar, F., *Le Soir*, 13 mai 1931.

Vanderpyl, Fritz-René, *Le Petit Parisien*, 16 mai 1931.

Jacques, Martin, « Verreries, poteries, porcelaines », *Paris-Nouvelles*, 17 mai 1931.

Roger-Marx, Claude, « Aux Artistes Décorateurs – Au Musée du Luxembourg », *L'Europe nouvelle*, 30 mai 1931.

Rambosson, Yvanhoé, « Quarante ans de céramique française ou la renaissance d'un art », *Comœdia*, 2 juin 1931.

Tisserand, Ernest, « La semaine à Paris (4 au 12 juin). Quarante ans de céramique française », *La Semaine de Paris*, 5 juin 1931.

Vanderpyl, Fritz-René, « Une belle manifestation de nos céramistes français au musée de Sèvres », *Le Petit Parisien*, 12 juin 1931.

« Les arts et les artistes », *La France*, 20 juin 1931.

Le prisme, *Le Miroir du Monde*, 19 sept. 1931.

Chavance, René, « Les arts appliqués métropolitains à l'Exposition coloniale », *Mobilier et Décoration*, oct. 1931, p. 46.

« École municipale des beaux-arts », *La Petite Gironde*, 21 oct. 1931.

« Artisanat », *Paris-Midi*, 28 nov. 1931.

Gros, *Le Mobilier*, déc. 1931.

J.-M. L., « Le Salon des Amis des arts », *La France de Bordeaux et du Sud-Ouest*, 1er mars 1932.

Rambosson, Yvanhoé*, Bulletin de l'art*, mai 1932.

Lewis et Irène, « René Buthaud », *Musique et Arts d'Aquitaine*, 1932, nos 9-13, p. 12-13.

« L'Association Blumenthal à Lyon », *L'Intransigeant*, 24 oct. 1932.

Roville, *Le Salut public*, 28 oct. 1932.

D'Hariel, *Les Nouvelles littéraires*, 26 nov. 1932.

Vanderpyl, Fritz-René, *Le Petit Parisien*, 4 déc. 1932.

Rambosson, Yvanhoé, *Comœdia*, 7 déc. 1932.

Morisse, P., *La Liberté* (Bordeaux), 19 déc. 1932.

Derys, Gaston, *Le Mobilier*, déc. 1932.

Berthelot, Paul, *La Petite Gironde*, 23 déc. 1932.

J.-M. L., « René Buthaud », *La France* (Bordeaux), 26 déc. 1932.

J.-M. L., « Le Salon de l'Atelier à Bordeaux », *La France de Bordeaux et du Sud-Ouest*, 26 déc. 1932.

Dayot, Armand, *L'Art et les Artistes*, déc. 1932.

Rambosson, Yvanhoé, *Bulletin de l'art*, janv. 1933.

« L'Exposition de sculpture de l'Association Florence Blumenthal », *L'Intransigeant*, 6 mai 1933.

Rémon, Georges, *Mobilier*, juin 1933.

De Wissant, J., « Les Arts. Exposition de René Buthaud », *La Petite Gironde*, 25 déc. 1933.

De Wissant, J., « Les Arts. La 78e exposition des Amis des arts », *L'Art vivant*, févr. 1934.

De Wissant, J., *La Petite Gironde*, 3 févr. 1934.

La Petite Gironde, 23 févr. 1934.

J.-M. L., « Le Salon des Amis des arts », *La France de Bordeaux et du Sud-Ouest*, 25 févr. 1934.

Sollar, *L'Art vivant*, 1er juill. 1934.

« Le Salon d'automne lyonnais », *Beaux-Arts*, 12 oct. 1934.

Roville, *Le Salut public*, 30 oct. 1934.

« Les expositions. L'Œuvre », *La France de Bordeaux et du Sud-Ouest*, 5 déc. 1934.

Kim, « Exposition du Groupe des artisans français contemporains », *Le Jour*, 6 déc. 1934.

Uldrif, *Beaux-Arts*, 14 déc. 1934.

Chavance, René, *Art et Décoration*, janv. 1935.

Chavance, René, *Le Mobilier*, janv. 1935.

Rambosson, Yvanhoé, *Comœdia*, 19 janvier 1935.

Leblond, « Les Artisans français contemporains font bravement tête à la crise », *La Vie*, 15 févr. 1935.

« À Bordeaux », *Beaux-Arts*, 12 avril 1935.

« L'Exposition des Artisans français contemporains », *Journée industrielle*, 30 nov. 1935.

Laroche, Suzanne, « L'exposition des Artistes français

contomporains chez Rouard », *L'Art vivant*, 1935, p. 20.

Moutard-Uldry, Renée, *Beaux-Arts*, 6 déc. 1935.

Champigneulle, Bernard, *L'Intransigeant*, 16 déc. 1935.

Mobilier et Décoration, déc. 1935.

Menjaud, Henri, « Nouvelles céramiques de Buthaud », *Art et Décoration*, n° 3, 1936, p. 108-110.

Comœdia, 4 janv. 1936.

Chavance, René, *La Liberté*, 24 févr. 1936.

La France de Bordeaux et du Sud-Ouest, 15 mars 1936.

De Wissant, J., *La Petite Gironde*, 25 mars 1936.

J. B., « L'Œuvre à Bordeaux », *Beaux-Arts*, 10 avril 1936.

« L'Exposition de L'Œuvre et de l'A. F. B. Un ensemble d'une tenue et d'une présentation remarquables », *Comœdia*, 14 avril 1936.

De Wissant, J., « Le Salon de L'Œuvre, Société des artistes de Guyenne », *La Petite Gironde*, 25 janv. 1937.

De Wissant, J., « Le Salon de L'Œuvre, Suite », *La Petite Gironde*, 28 janv. 1937.

Le Temps, 10 déc. 1937.

« Les artistes de ce temps au Petit Palais », *L'Époque*, 9 janv. 1938.

Jouqueray, Anne F., *Le Journal*, 14 janv. 1938.

Le Temps, 15 janv. 1938.

G. B. G., *L'Intransigeant*, 17 janv. 1938.

Heures de Paris, 18 janv. 1938.

Fedgal, *La Semaine à Paris*, 19 janv. 1938.

« Les décorateurs du XXVIe groupe », *Beaux-Arts*, 21 janv. 1938.

Brécy, René, *L'Action française*, 31 janv. 1938.

Le Journal des débats, 2 févr. 1938.

Escholier, Raymond, *Le Journal*, 12 avril 1938.

R. M. U., *Beaux-Arts*, 15 avril 1938.

« Dans la Légion d'honneur quatre artistes bordelais de grand talent : MM. Jean Dupas, Roger Expert, Louis-Marie Süe sont promus officiers et M. René Buthaud est nommé chevalier » [nommé au titre de l›Exposition de 1937], *La Petite Gironde*, 13 nov. 1938.

New York Herald, mai 1939.

Escholier, Raymond, *Le Journal*, 12 mai 1939.

Milo, Jean, *Beaux-Arts*, 12 mai 1939.

Vaillat, Léandre, *Le Temps*, 17 mai 1939.

Vauxcelles, Louis, « Arts appliqués. Bastard et Decœur. Jean Besnard, Bichoff, Tyra Lundgren », *L'Excelsior*, 10 juin 1939.

Varenne, Gaston, *Dessin*, 1939.

L.-P., « Les artisans de France », *L'Époque*, 13 avril 1939.

L.-P., « L'École des beaux-arts de Bordeaux », *La France*, 20 nov.1939.

Ferry, Lise, *L'Architecture française*, févr. 1941.

Diehi, Gaston, « Aujourd'hui au pavillon de Marsan vernissage de l'exposition d'Art décoratif », *Aujourd'hui*, 1er mars 1941.

Baysse, Jean-Valmy, « Ceux de chez nous au Pavillon Marsan », *La Petite Gironde*, 4 avril 1941.

Belaudre, Jac, *Beaux-Arts*, 4 avril 1941.

Diehi, Gaston, « Nécessaire actualité de la céramique », *Aujourd'hui*, août 1941.

Lécuyer, Raymond, *L'Illustration*, 10 mai 1941.

Vanderpyl, Fritz-René, « Au Salon 1941. Une visite à la céramique », *Paris-Midi*, 15 mai 1941.

Vaimy-Baysse, Jean, *La Petite Gironde*, 3 août 1941.

« René Buthaud à la galerie Goya », *La France de Bordeaux et du Sud-Ouest*, 29 oct. 1941.

Blancheterre, Guy, « À la galerie Goya », *Mon pays*, nov. 1941.

« René Buthaud et Jac Belaubre », *Beaux-Arts*, 14 nov. 1941, p. 9.

De Wissant, J., « Les arts à la galerie Goya. Exposition de René Buthaud et Jac Belaubre », *La Petite Gironde*, 30 nov. 1941.

« Quelques artistes de Bordeaux [à Paris] », *Beaux-Arts*, 26 déc. 1941.

Chavance, René, *Beaux-Arts*, 9 janv. 1942.

« Artistes de Bordeaux », *Aujourd'hui*, 13 janv. 1942.

« La peinture. L'exposition "Jeune France" », *La Gazette de Biarritz-Bayonne et Saint-Jean-de-Luz*, 20 mars 1942.

Belaubre, Jac, « Un grand artiste de chez nous : le céramiste René Buthaud », *La France de Bordeaux*, 13 août 1943.

« Le Bouscat », *La France de Bordeaux et du Sud-Ouest*, 19 avril 1944.

Darre, J.-P., « Artiste de chez nous : René Buthaud », *Panurge*, 10 déc. 1944.

J.-L. S., « Les maîtres céramistes chez Georges Faure », *Sud-Ouest*, nov. 1950.

Griolet, Roseline, « Rencontres avec le professeur René Buthaud à Bordeaux », *Le Cri de Royan*, 6 janv. 1951.

Castelnau, Robert, « Les vitraux du C.I.V.B. », *La Vie culturelle*, 1951.

Rèche, Albert, « René Buthaud », *Notre Bordeaux*, 28 mars 1953, p. 1-5.

« À la bourse, comme jadis, cette horloge va regarder le fleuve », *Sud-Ouest*, 22 déc. 1955.

« Le maître René Buthaud a signé le livre d'or de la manufacture Haviland », *Le Populaire du Centre*, 26 oct. 1963.

« Le maître René Buthaud à Limoges », *Centre-Presse*, 26 oct. 1963.

« Le vernissage des œuvres de René Buthaud confirme la vocation régionale du musée des Beaux-Arts de Saintes », *Sud-Ouest*, 24 mars 1964, p. 8.

Gabriel, Jean, « La céramique française », *Sud-Ouest*, mars 1966.

Blanchard, Michel, « Pour la première fois en province René Buthaud au musée des Beaux-Arts », *Sud-Ouest et France*, 29 avril 1969.

Dufillot, Armand, « René Buthaud », *Aquitaine*, mai 1976, n° 30, p. 40-41.

Paret, Pierre, « Au musée des Arts décoratifs, céramiques et dessins de René Buthaud », *Sud-Ouest*, 14 mai 1976.

Mirande, Raymond, « La vie des Arts. René Buthaud : l'aile et la flamme », *La Vie de Bordeaux*, n° 897, 22 mai 1976.

Dufillot, Armand, « Le néo-classicisme à Bordeaux », *Aquitaine*, juin 1979, n° 72, p. 74.

Sargos, Jacques, « René Buthaud », *Gironde-Magazine*, déc. 1985, p. 14-17.

« Céramiste et centenaire », *Courrier français de Gironde*, 28 avril 1986.

Espagnet, Françoise, « René Buthaud », *Revue de la céramique et du verre*, mai-juin 1986, n° 28.

Paret, Pierre, « Buthaud solitaire », *Sud-Ouest Dimanche*, 29 nov. 1987.

Brodes, Gélou, « Le charmant génie de René Buthaud », *Gironde-Magazine*, 23 nov. 1987.

Paret, Pierre, « René Buthaud, prophète en son pays », *Sud-Ouest*, 20 déc. 1990.

Index

Les chiffres composés en gras renvoient aux légendes des illustrations

Remerciements

Les Éditions Norma tiennent en premier lieu à remercier France Cruège de Forceville de leur avoir ouvert avec générosité ses archives et de les avoir accompagnées tout au long de ce projet.

Les auteurs et l'éditeur remercient également la mairie de Saint-Quentin : Frédérique Macarez, maire de Saint-Quentin et présidente de la Communauté d'Agglomération du Saint-Quentinois, Marie-Laurence Maître, maire-adjointe déléguée à la culture et aux centres sociaux, Stéphanie Savarre, direction du Patrimoine, directrice par intérim.

Ainsi que l'équipe du musée Antoine Lécuyer, Saint-Quentin, Victorien Georges, ancien directeur du musée des Beaux-Arts Antoine Lécuyer, Jérémy Le Bellégo et toute l'équipe du musée et de la direction du Patrimoine de la Ville de Saint-Quentin qui ont coordonné et monté l'exposition.

Ils remercient par ailleurs le madd-bordeaux, Constance Rubini, Étienne Tornier.

Ils remercient enfin toutes celles et ceux qui ont contribué à l'élaboration de ce livre : Jérémie Beylard, Philippe Henriot et David Bordes, photographes, Willy Huybrechts, Jason Jacques et Augustin David, galeristes, Alessia Rizzo, Le Printemps.

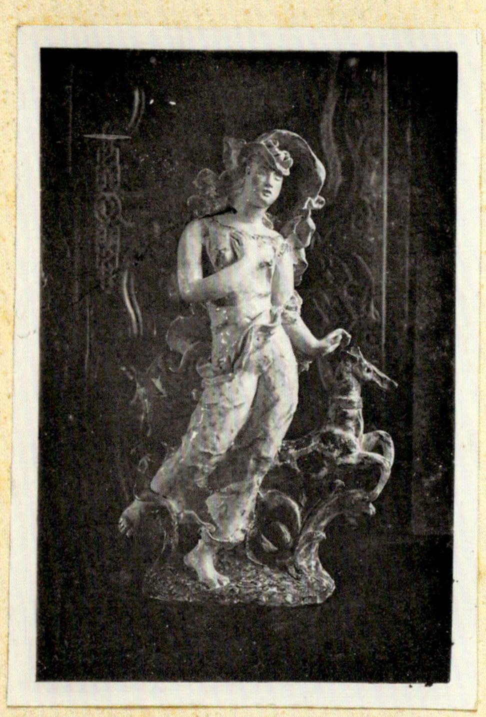

R. 46bis 1952

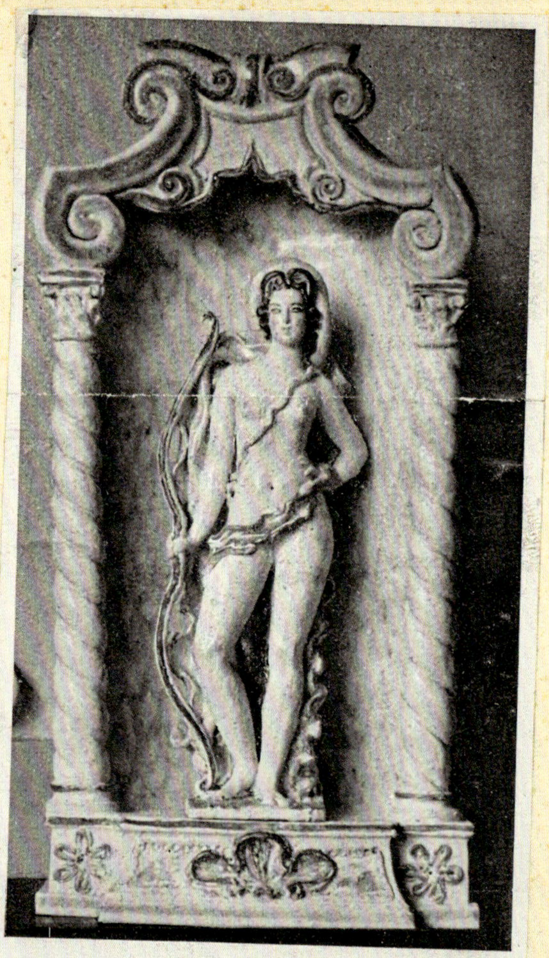

René Buthaud — Diane. Sculpture

CRUEGE

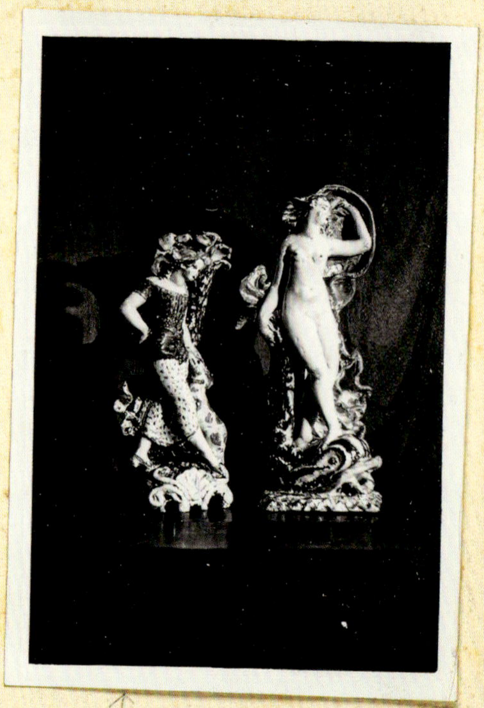

vitrine Rouard ?

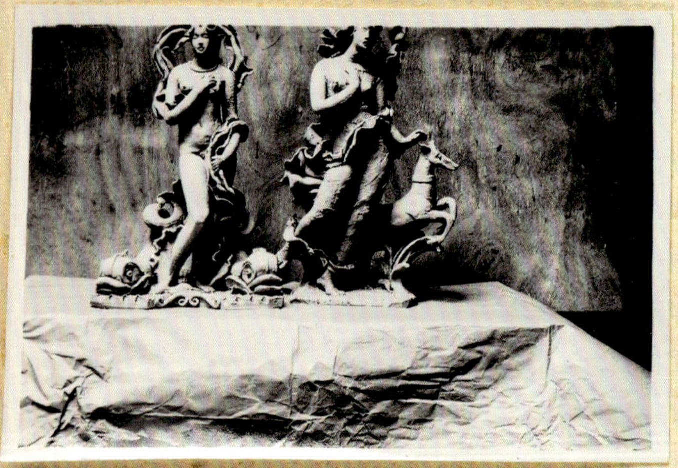

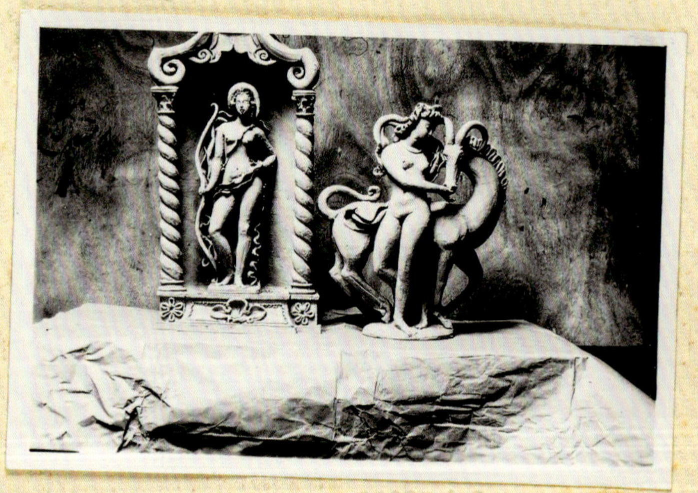

CROQUIS P. 105

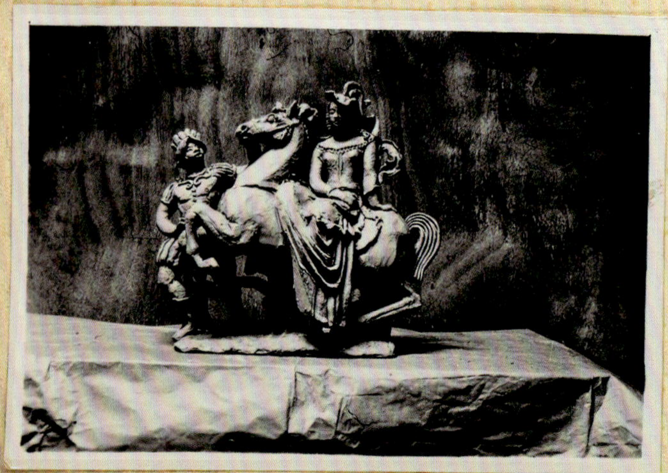

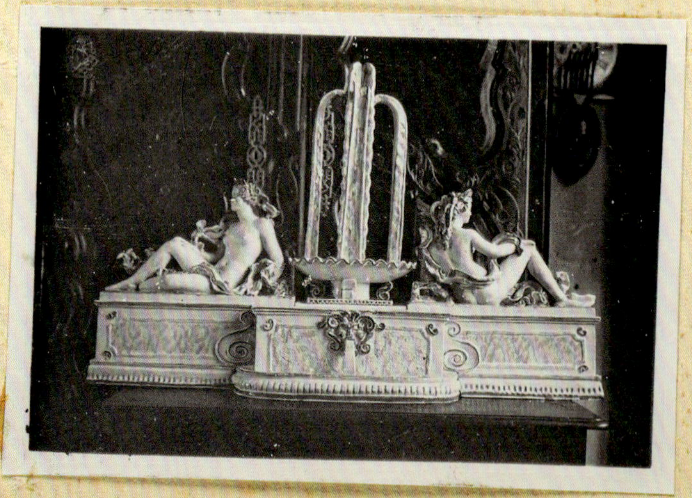

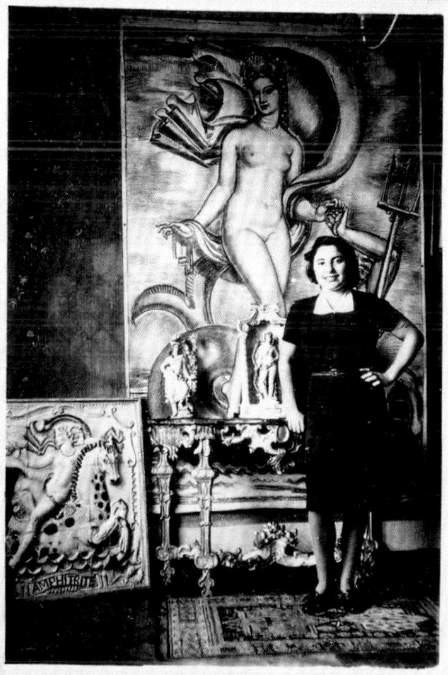

BARIL

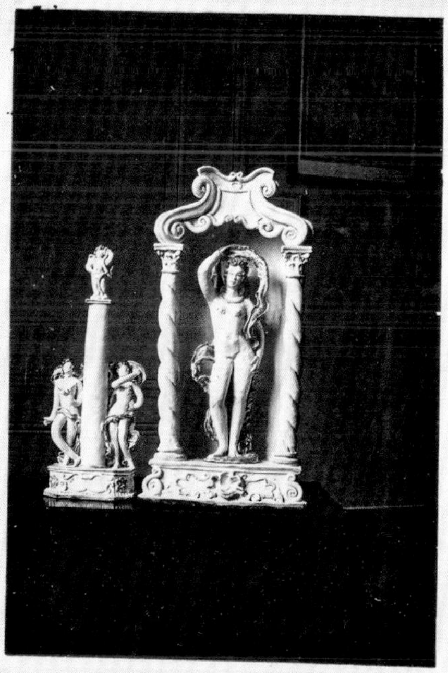

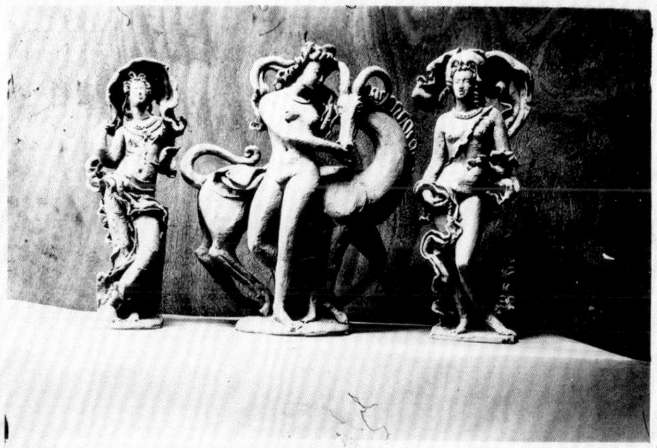

ENVIDINO
PARIS

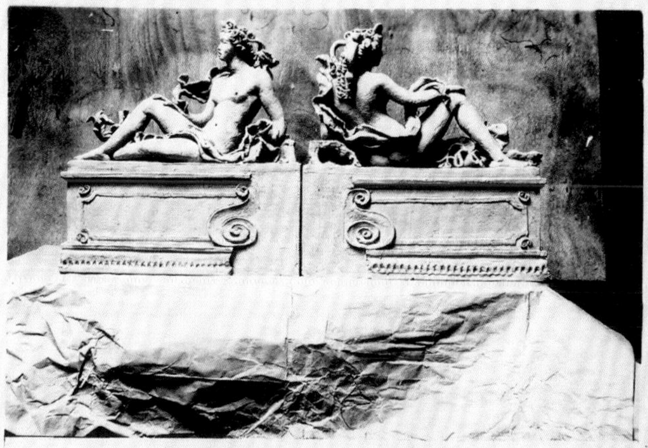

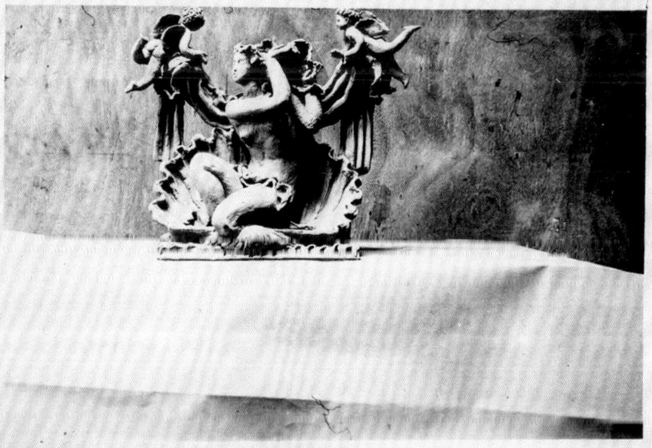

EMAIL. BARIL (ENVIDINO)

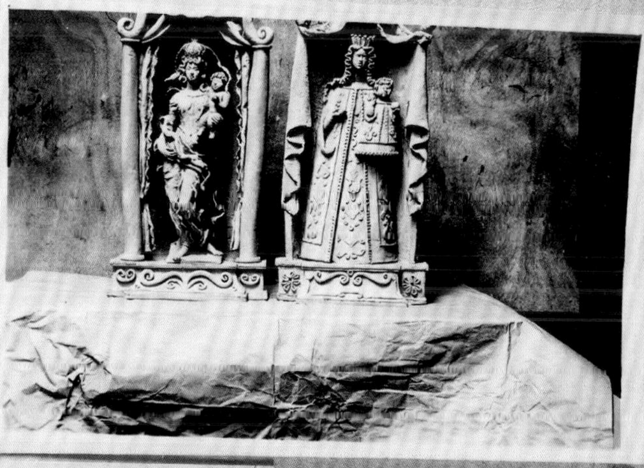

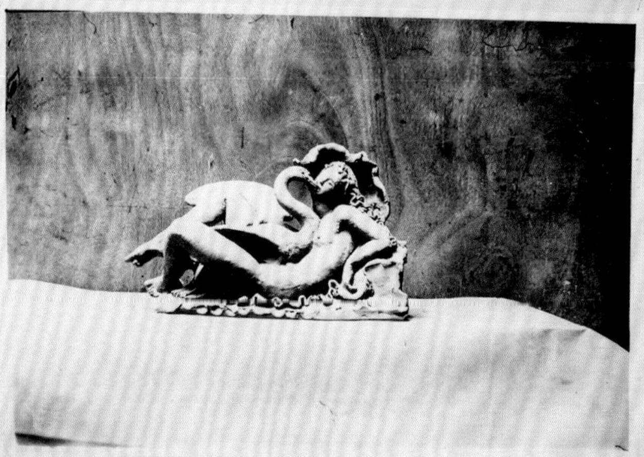

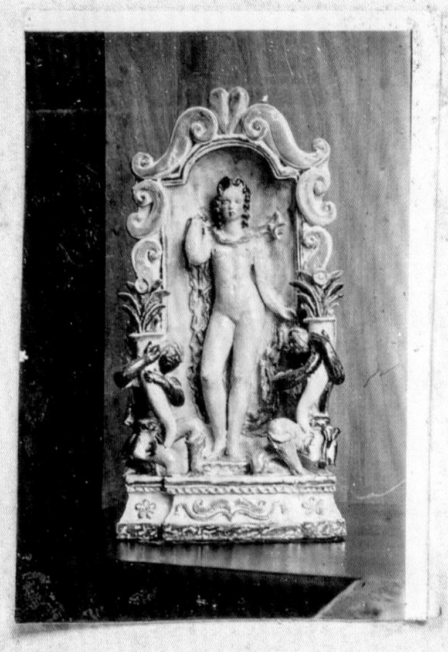

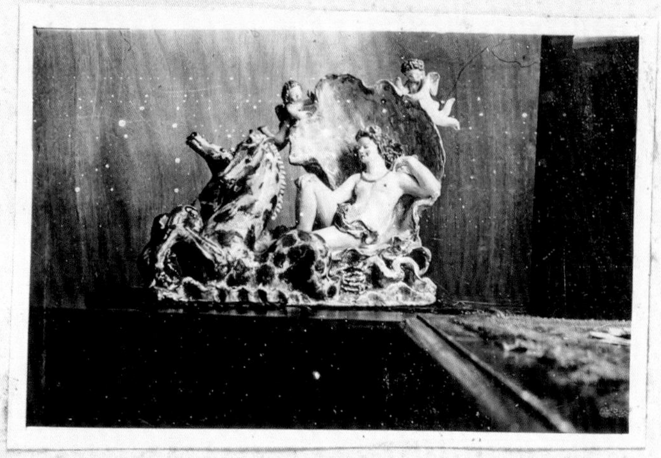

1945

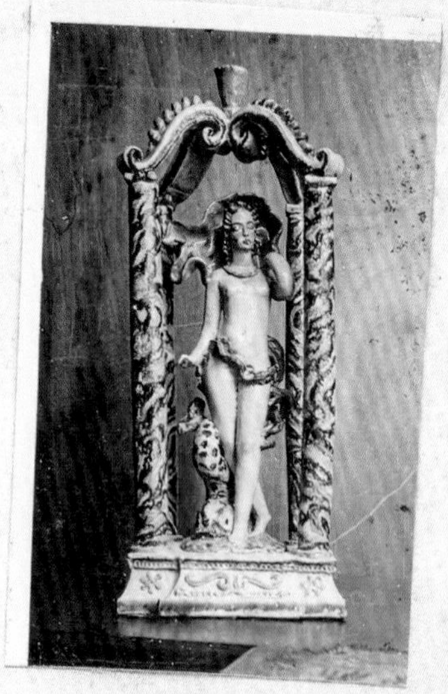

1945

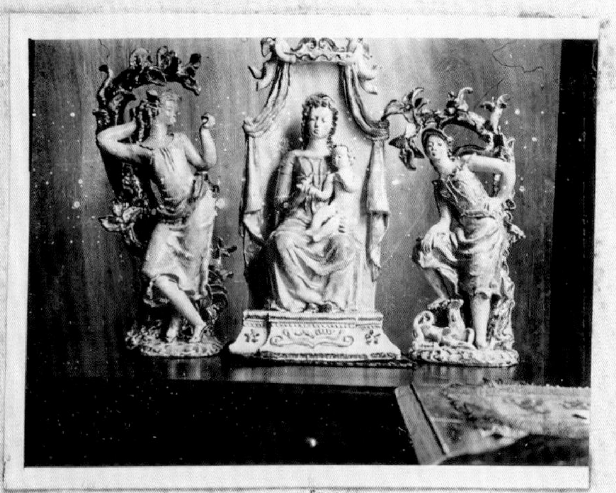

ORVEGE
Vierge
(maquette)

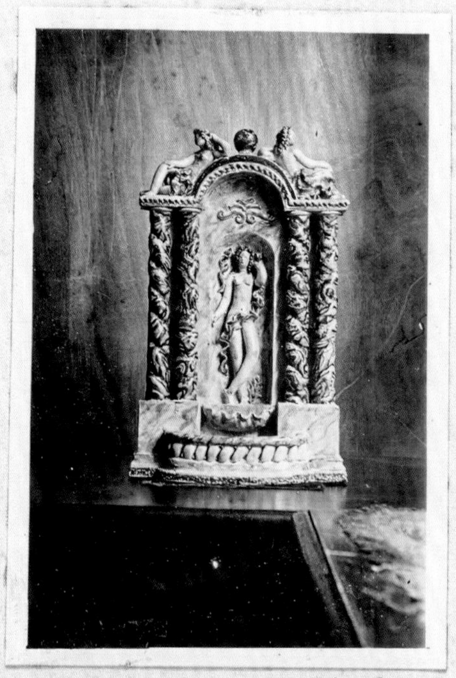

1945

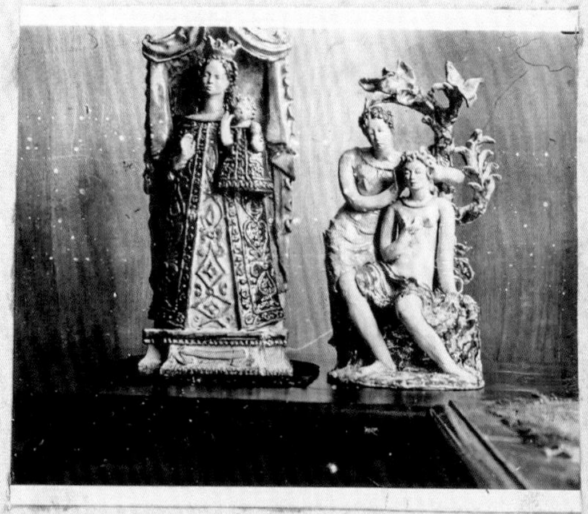

R 1952-42bis

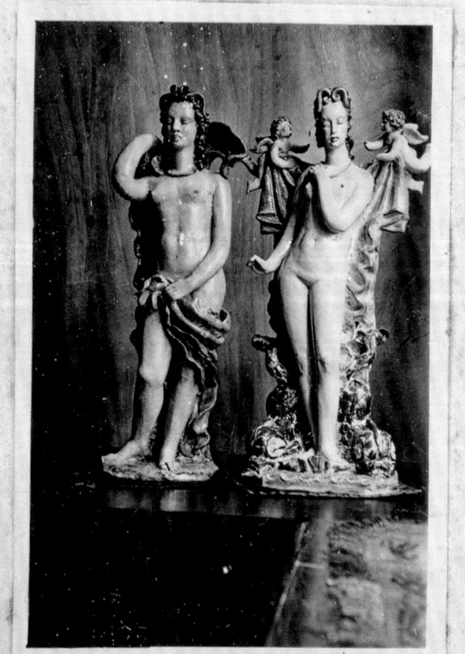

R-11-40
N° 37bis

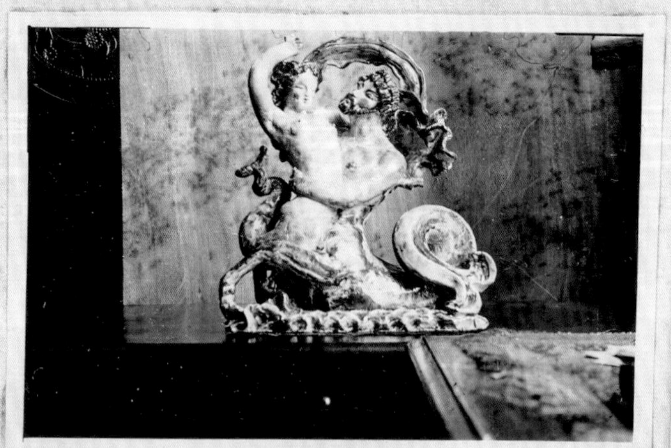

Vieil marin 1945

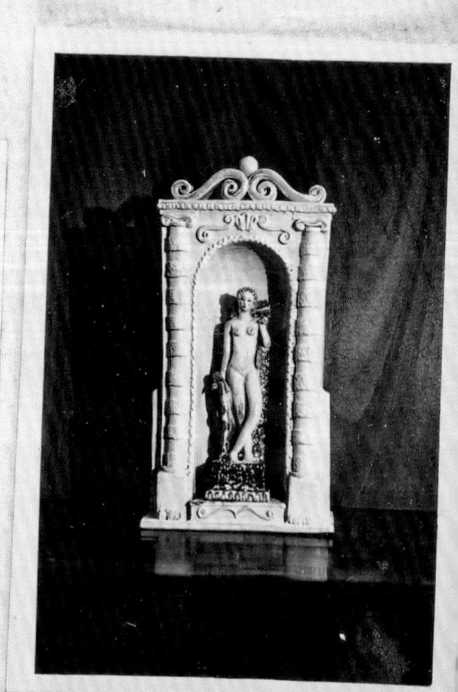

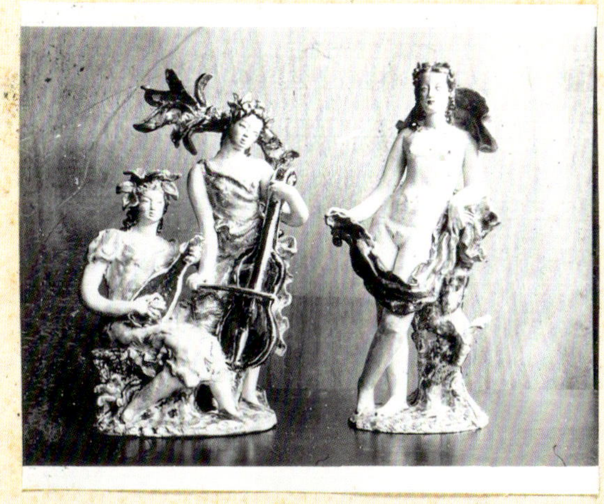

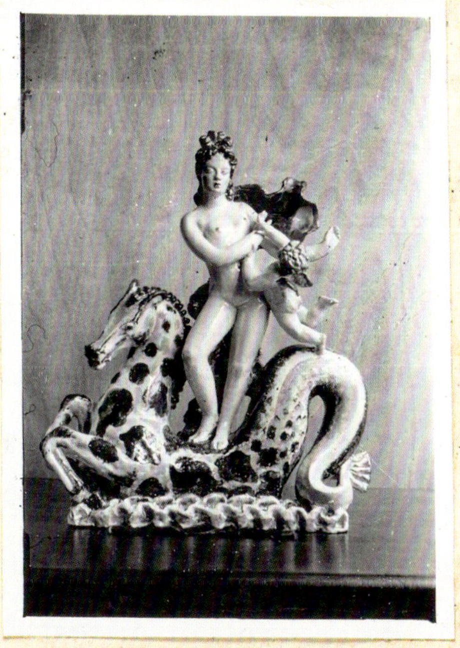

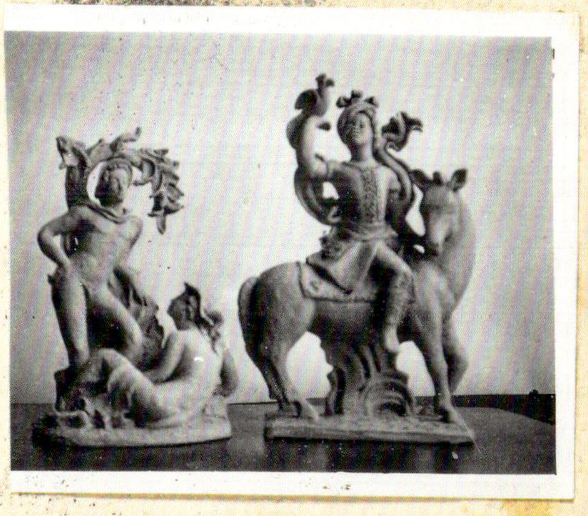

1945

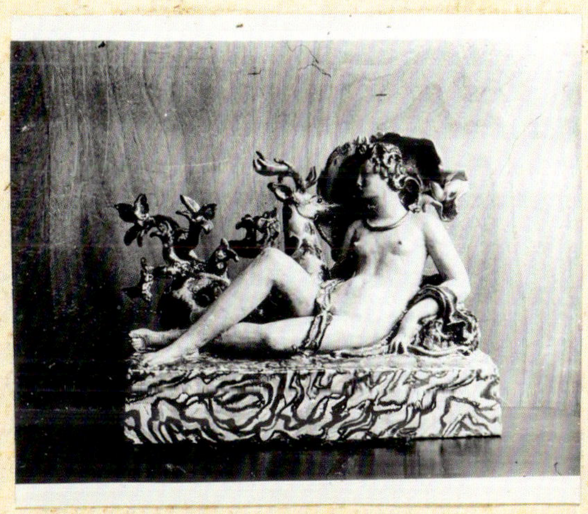

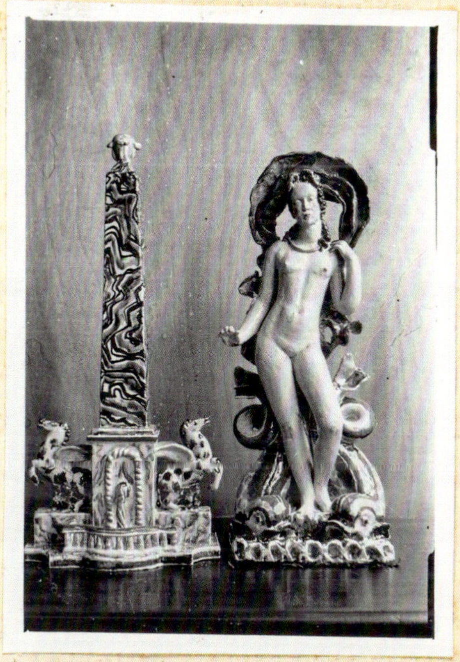

CIVIDINO 1990
VENTE 12-90

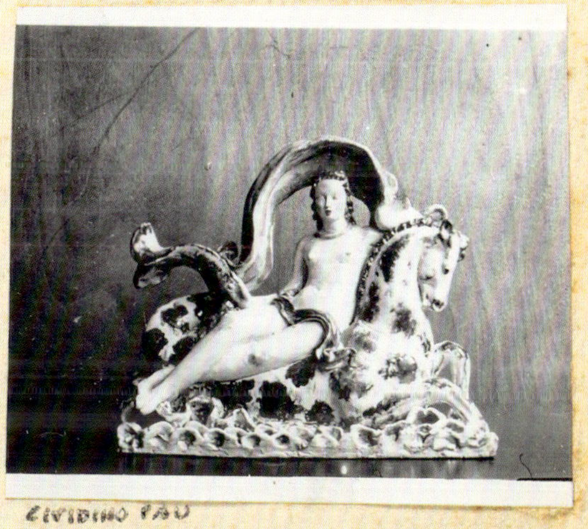

CIVIDINO 90

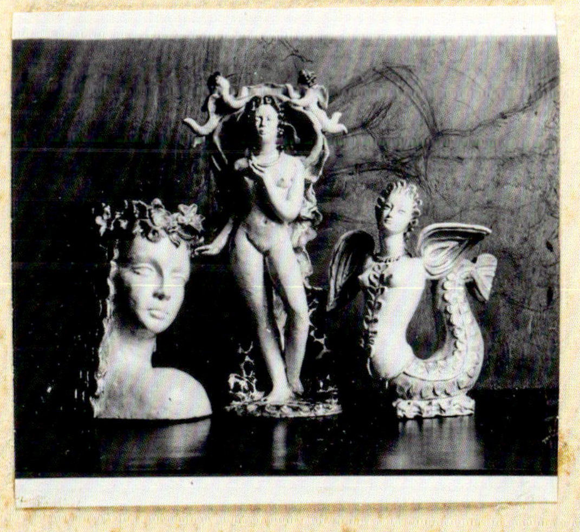

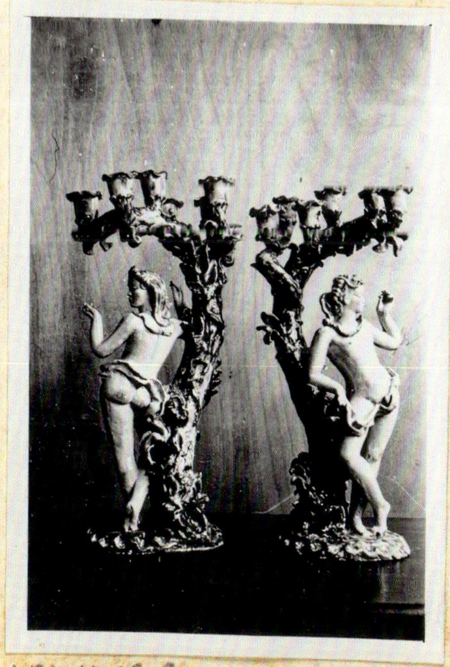

VENTE 12-90 – CIVIDINO-90

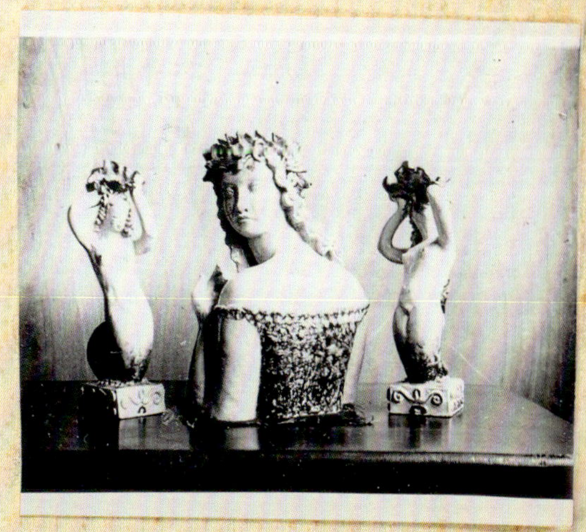

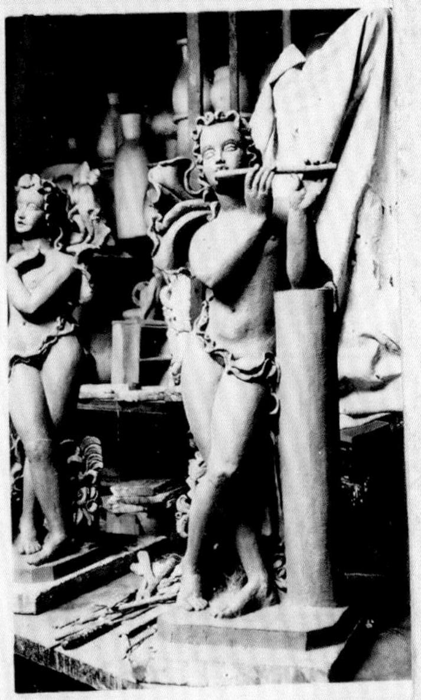

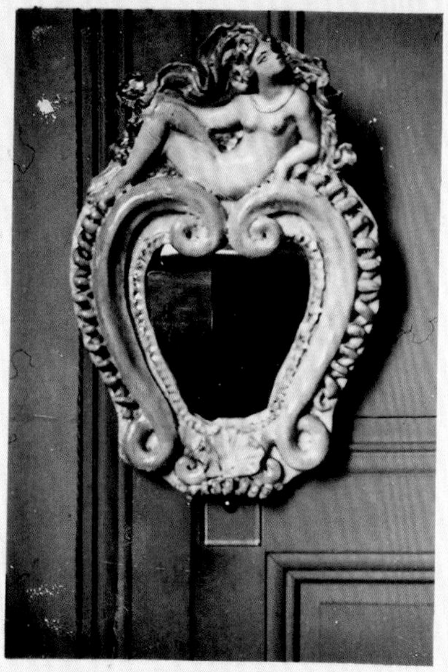

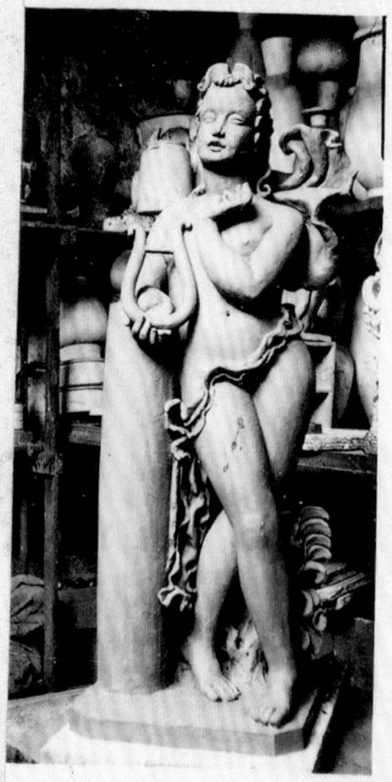

BARIL 1941

BARIL 1941

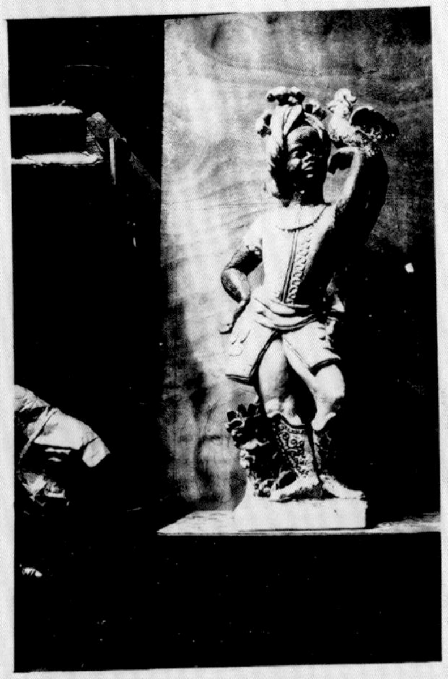

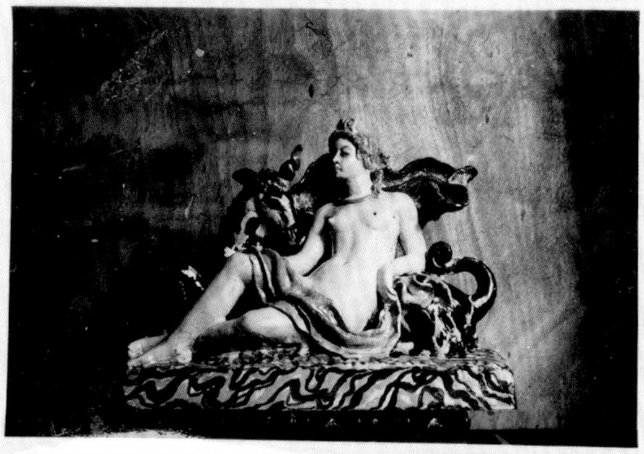

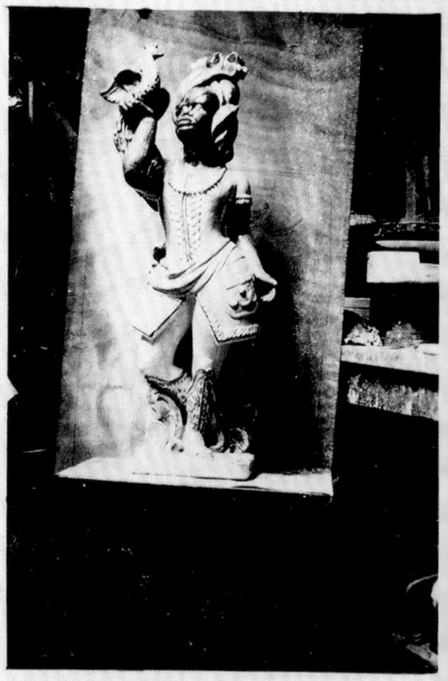

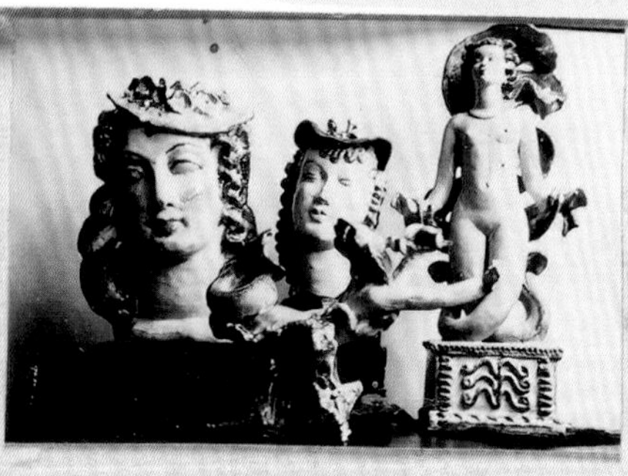

KALUSINER 1940

CRUEGE 1940

Au Salon d'automne

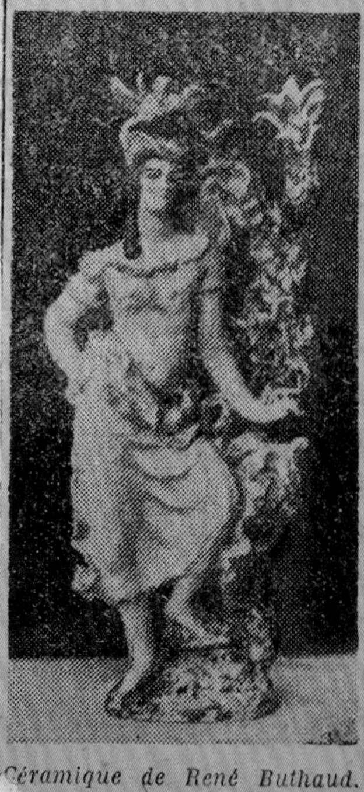

Céramique de René Buthaud.

1945

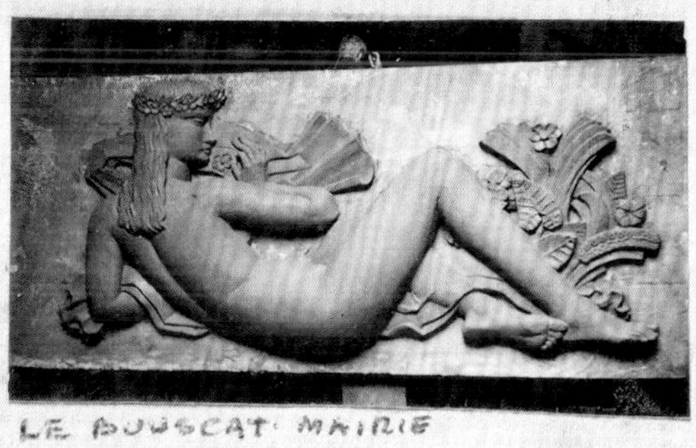

LE BOUSCAT MAIRIE

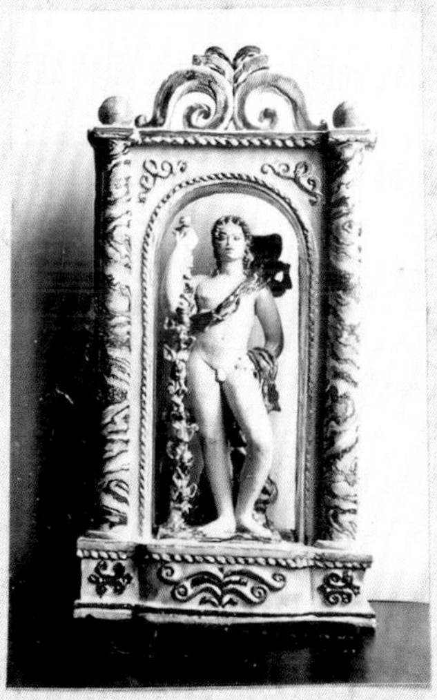

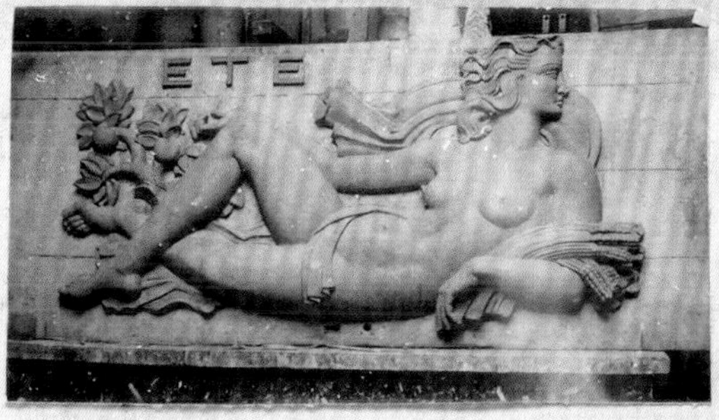

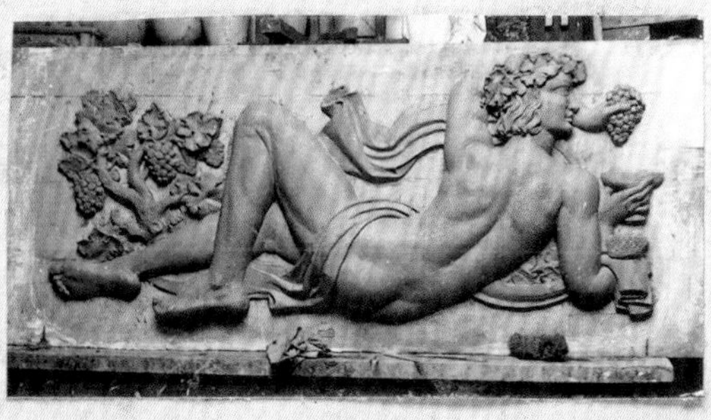

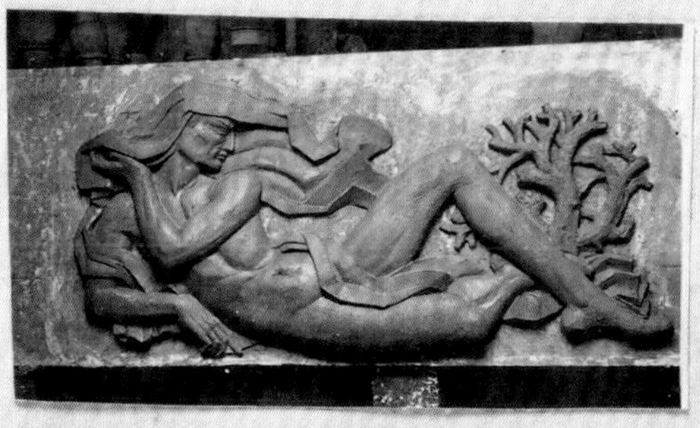

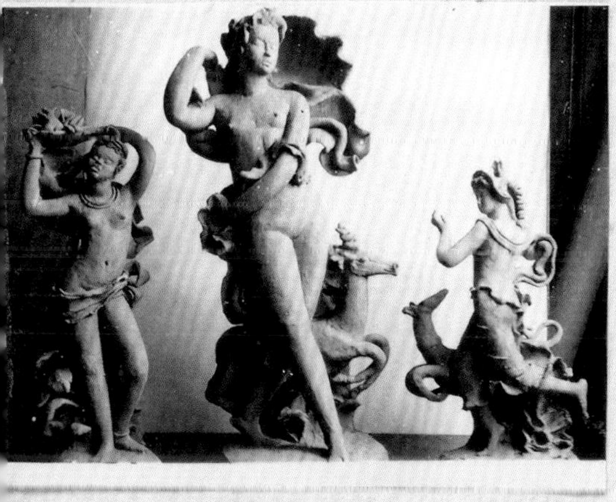

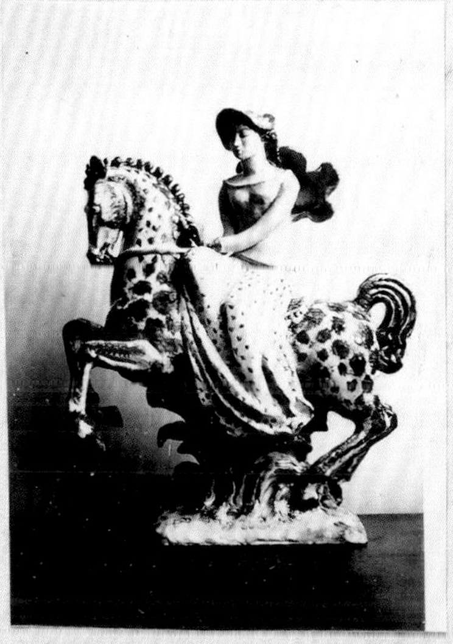

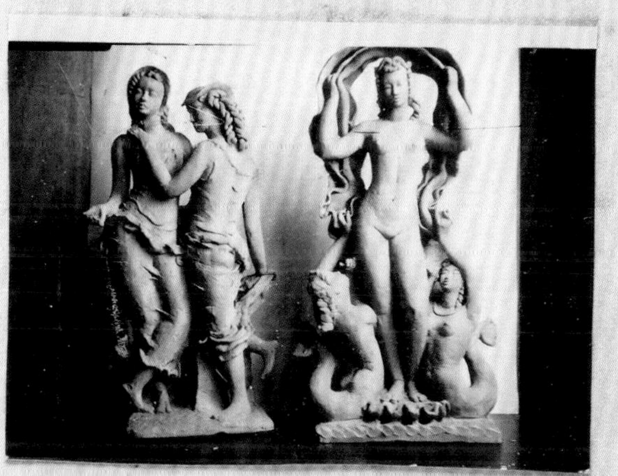

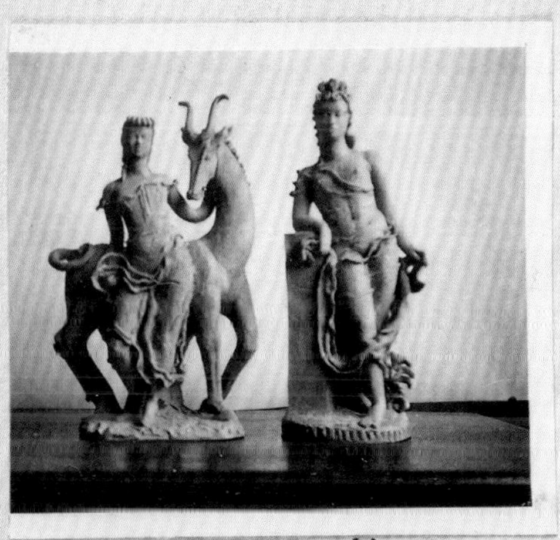

ERUEGE.

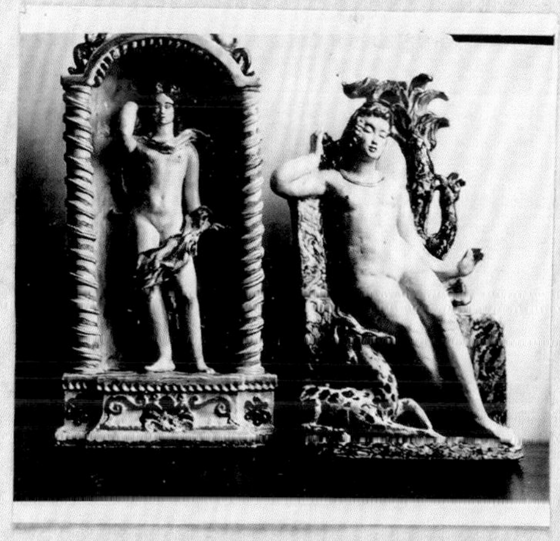

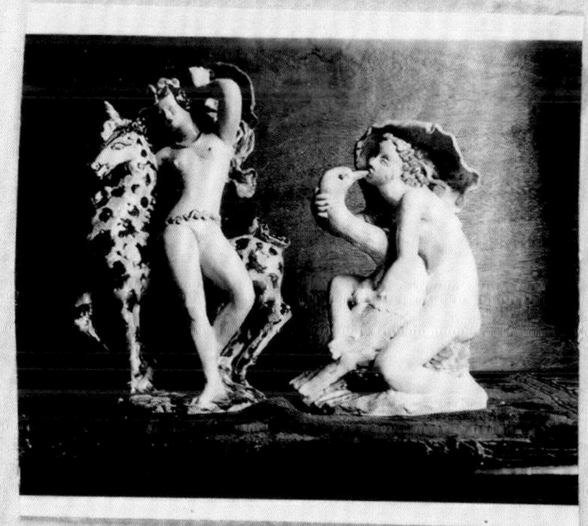

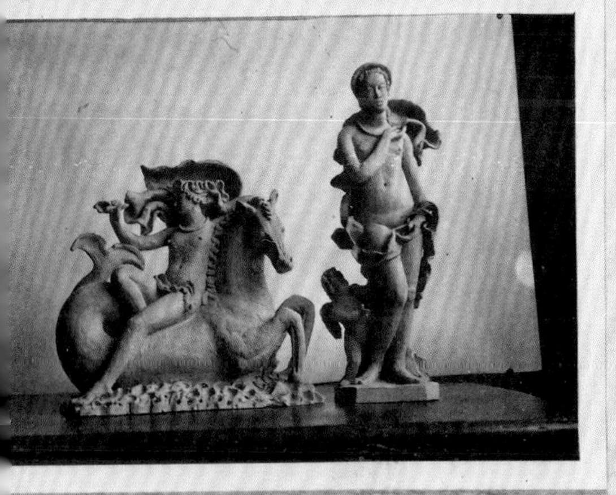

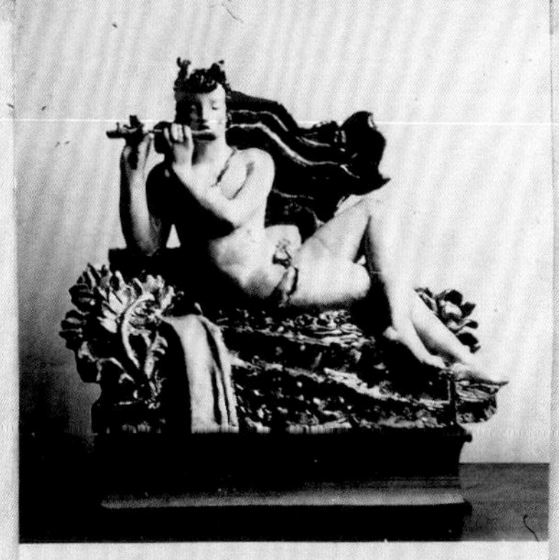

CRUEGE MET-N.Y

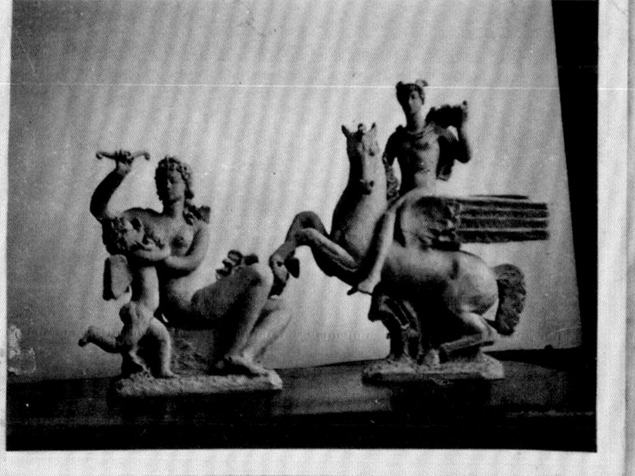

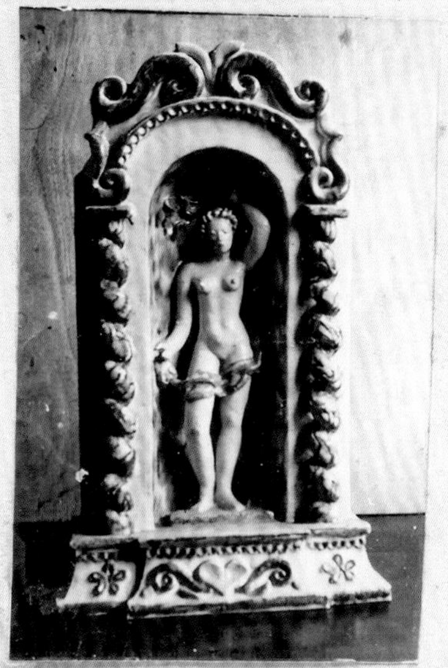

VENTE 1990 DROUOT

Cuège le Forceville

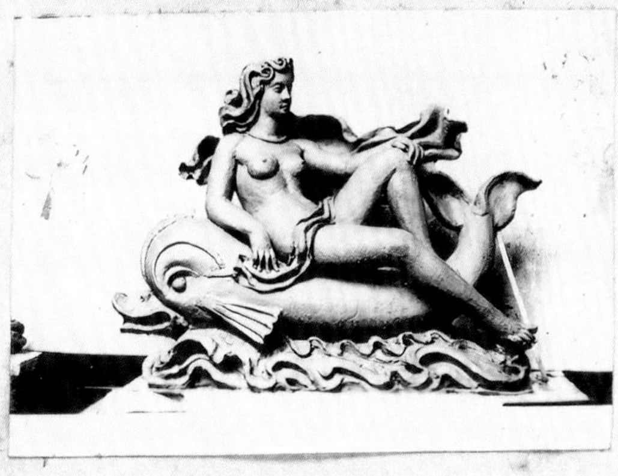

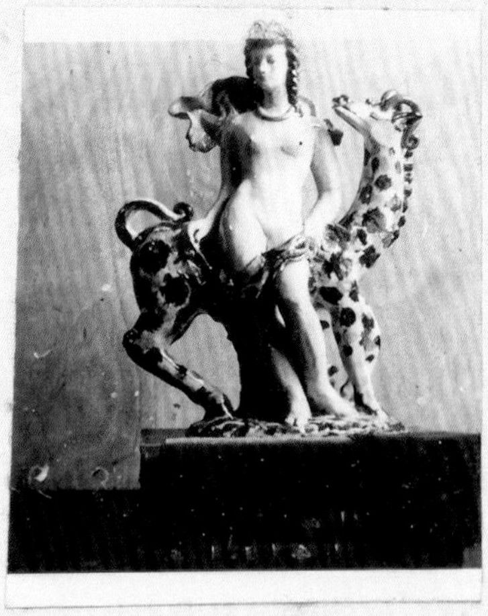

Cuège de Forceville

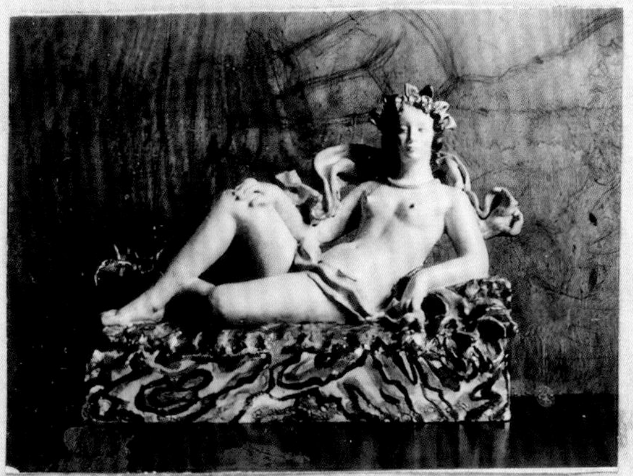

Croquis p. 103 ou 104

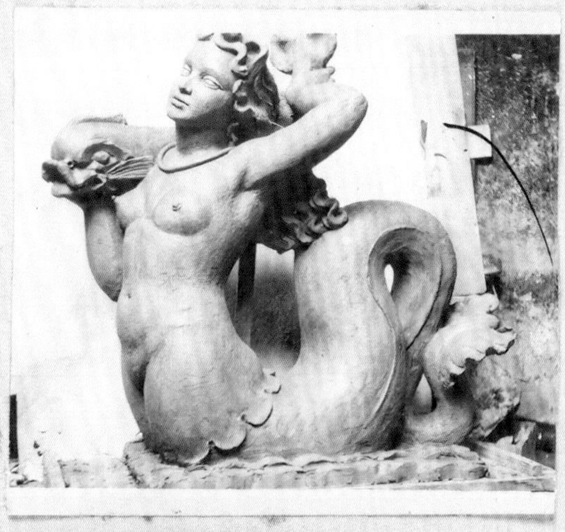

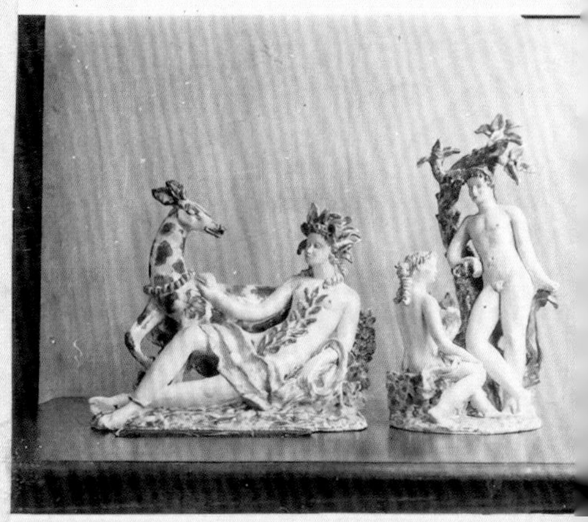

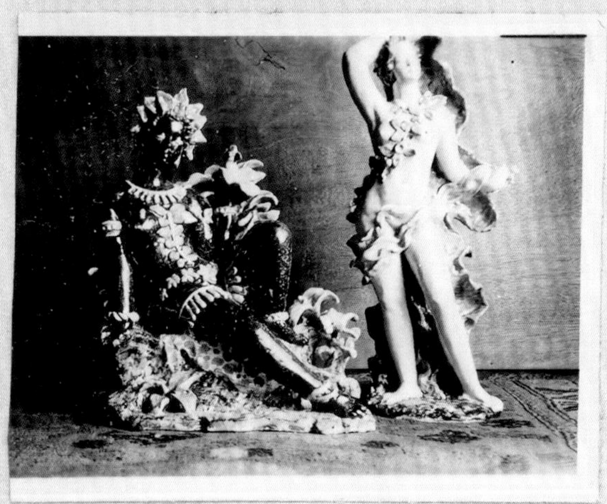

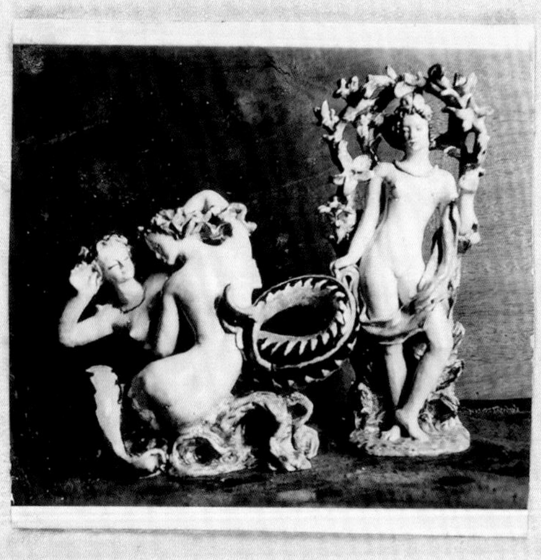

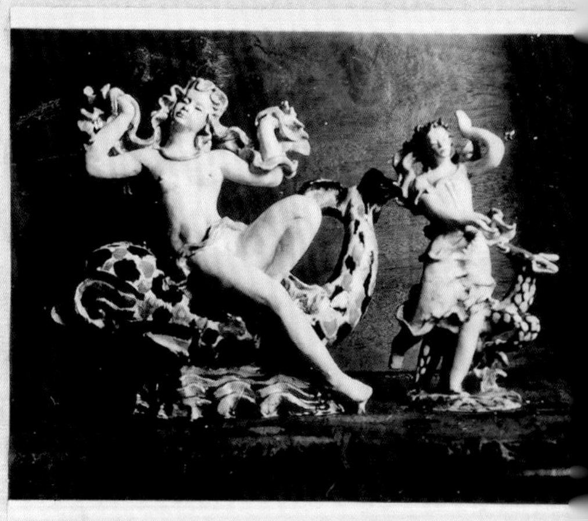

R = 56 cm 1954

R = 46 cm 195

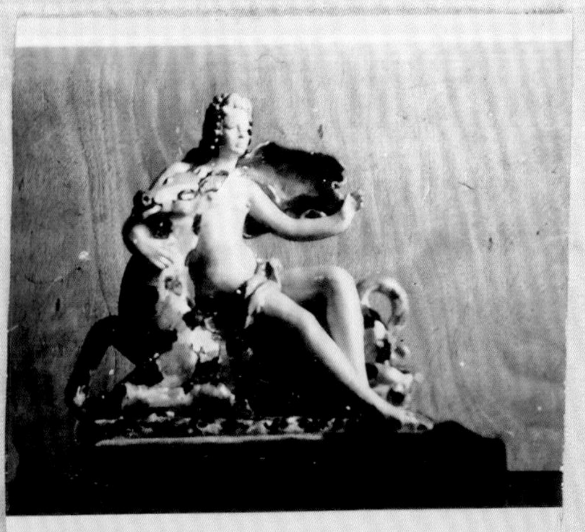

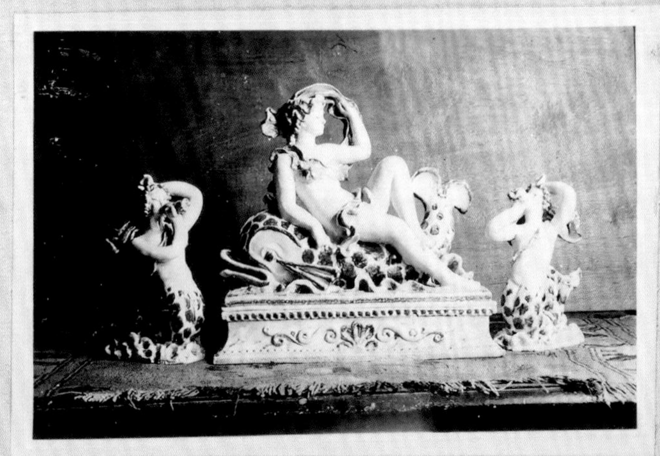

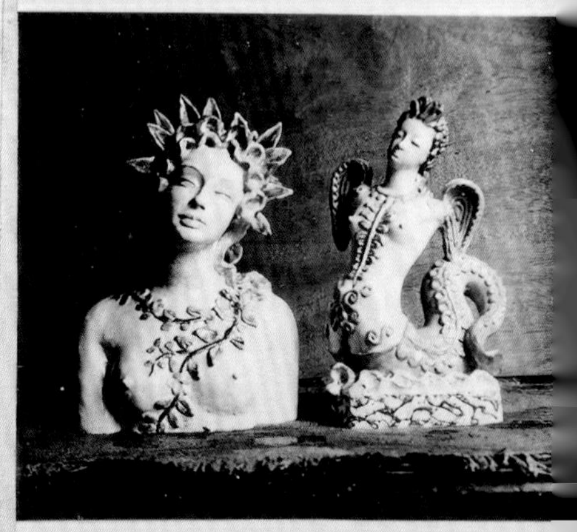

R = 30 cm 1939

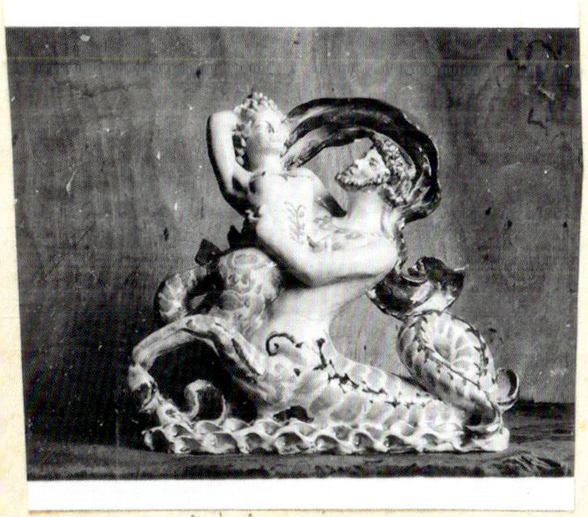

Viol menn

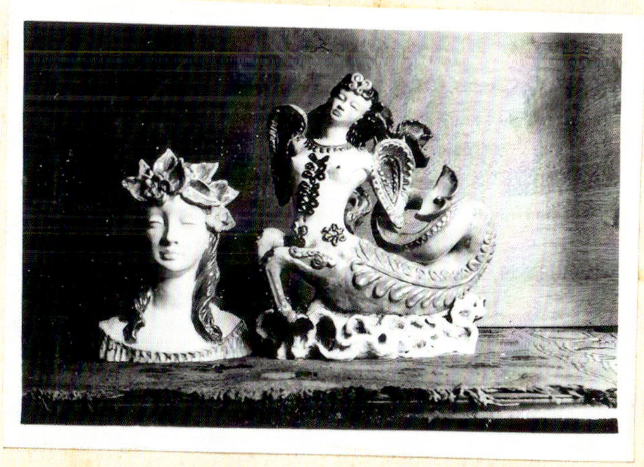

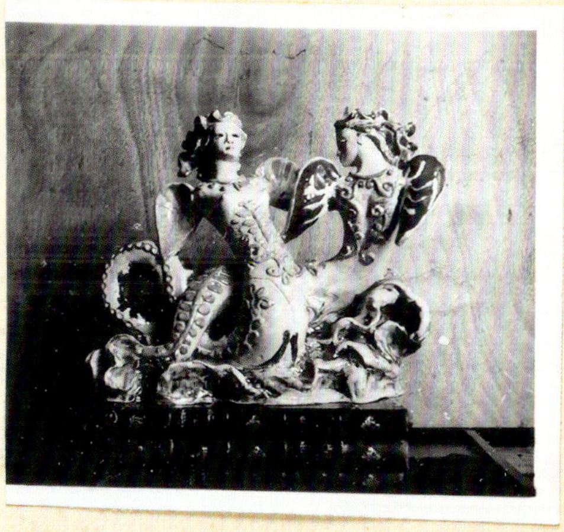

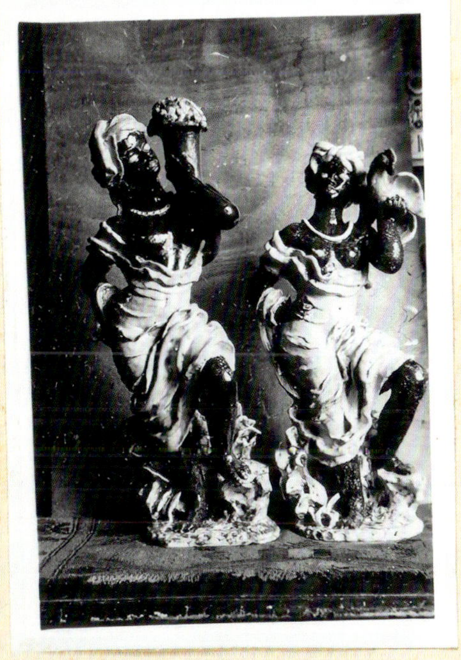

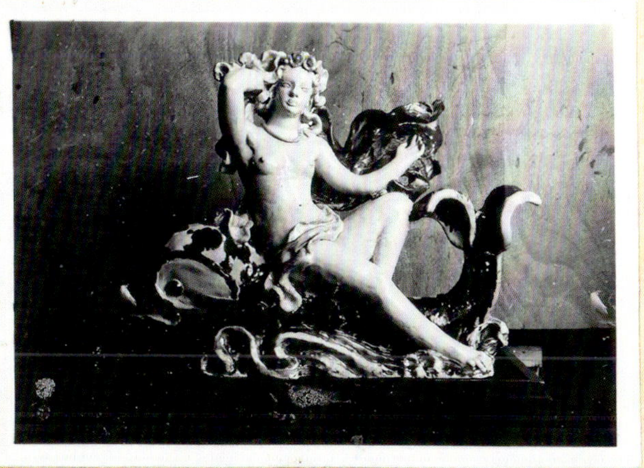

Croquis p.104

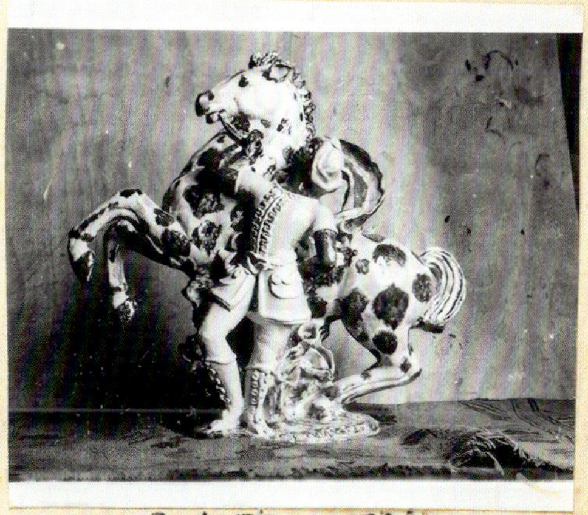

R. 1954 N° 57bis

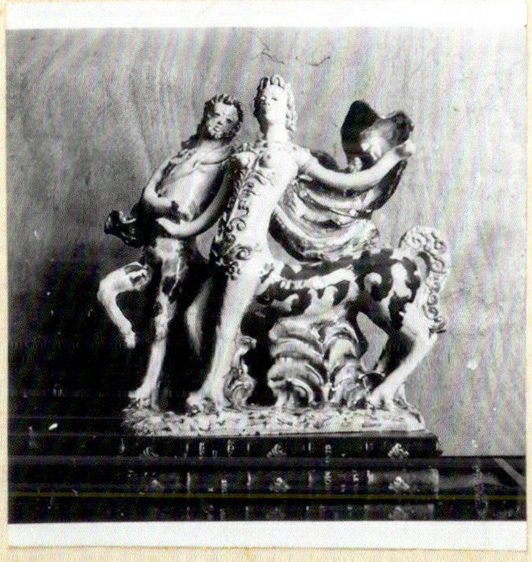

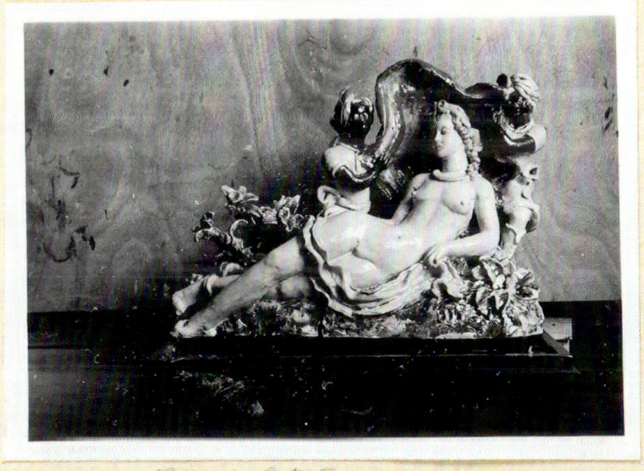

Croquis p.105.

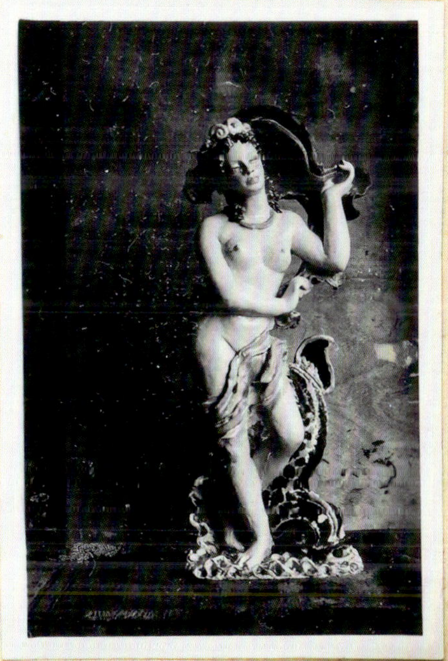

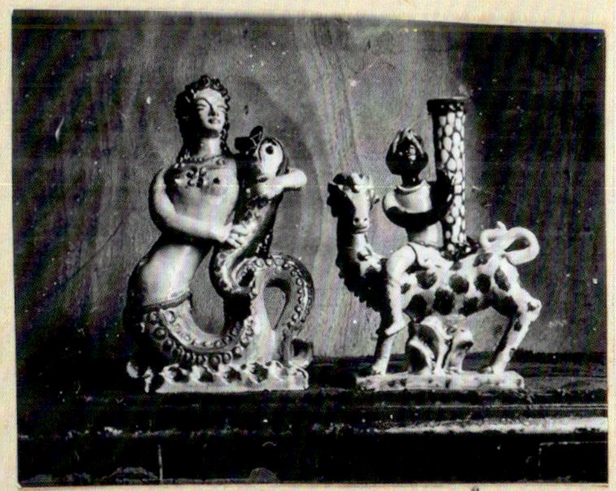

R1954 · 54bis R: 63bis 1954

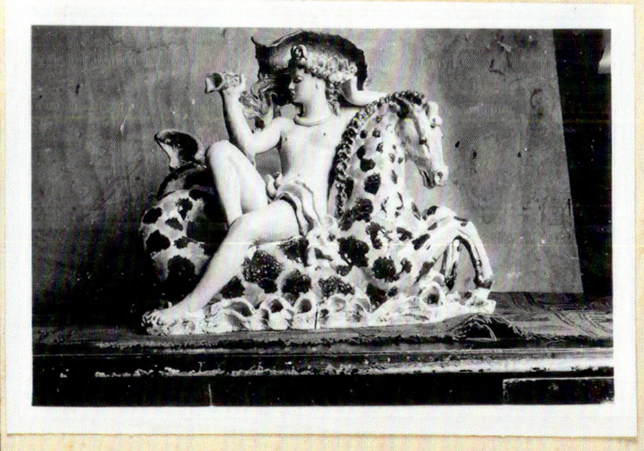

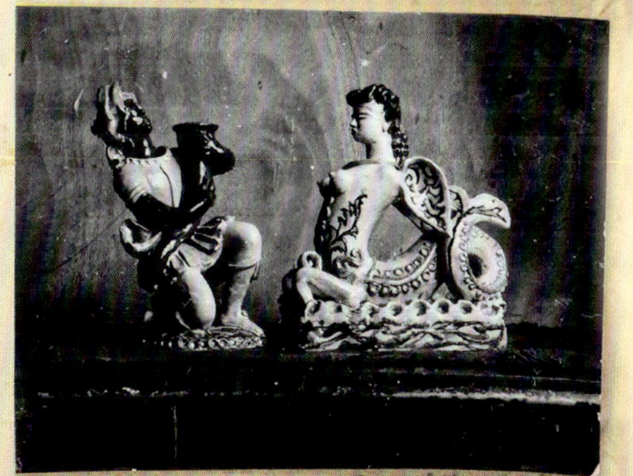

R. 44 - 1939 R=50bis

Crédits photographiques

CC0 Paris Musées / Petit Palais, musée des Beaux-Arts de la Ville de Paris 66 Christie's Images/Bridgeman Images 16, 17, 87 David Bordes 4-7, 30, 32hg et bd, 33, 38, 62, 77, 89, 104, 105, 117, 161 DR 10, 11, 14, 15, 22, 23, 32hd, 35, 36, 40, 42, 47, 50, 51, 70, 74, 78-79, 90, 91, 100g, 106, 108, 110g, 112, 113, 132, 134 House and Garden/DR 99 Jason Jacques Gallery, New York 127 Jérémie Beylard /Agence Phar 8, 9, 12, 13, 18, 19, 28, 37, 43, 48, 49, 59, 72, 75, 82-83, 88, 92, 103 madd-bordeaux/Lysiane Gauthier 34, 45, 52hd, 53, 85, 96, 98, 111 Mairie de Saint-Seurin-sur-l'Isle 135 Philippe Henriot 2, 3, 20, 21, 39, 54, 55, 56, 57, 58, 60-61, 157b Rago, New Jersey 65, 69, 100d, 133 RMN Grand Palais/Médiathèque du Patrimoine et de l'Architecture/Thérèse Bonney 64, 109 Sotheby's Images 121 Willy Huybroecht/DR 128-129

Coordination éditoriale Editorial coordination
Matthieu Flory

Traduction anglaise English translation
Alexei du Perier

Révision française French copyediting
Béatrice Obergfell

Révision anglaise English copyediting
Babel Editing

Mise en pages Layout
Catherine Barluet

Photogravure Lithographs
Graphium, Saint-Ouen

ISBN : 978-2-37666-078-1

149 rue de Rennes, 75006 Paris – France
www.editions-norma.com

Achevé d'imprimer en juillet 2023
sur les presses de l'imprimerie OGM, Padoue
Printed and bound in July 2023
by OGM, Padoue